westermann

Michael Klant • Raphael Spielmann • Josef Walch

GRUNDKURS 3
KUNST
ARCHITEKTUR

GRUNDKURS **3**
KUNST
ARCHITEKTUR

Materialien für die Sekundarstufe II
herausgegeben von Michael Klant, Raphael Spielmann und Josef Walch

Buch verfasst von
Michael Klant: Grundfragen der Architektur, Fantastische Architektur, Glossar
Raphael Spielmann: Sakralbau
Josef Walch: Wohnbau, Öffentliche Bauaufgaben

Arbeitsblätter verfasst von
Michael Klant: 102, 104, 106, 109, 110, 112, 114, 119–121, 123, 202, 203, 211, 212, 214, 216, 217, 222, 224
Raphael Spielmann: 101, 103, 108, 105, 111, 113, 115, 117, 122, 124, 126, 201, 204, 205, 207–210, 219, 223
Josef Walch: 107, 116, 118, 125, 206, 213, 215, 218, 220, 221

Interaktive Anwendungen und Videos erarbeitet von
Michael Klant und Raphael Spielmann

Umschlagabbildung
Dennis Oppenheim: Monumento al escape, 2017. Parque de la memoria, Buenos Aires, Argentinien
Foto: Pablo Cabado/VU/laif, Buenos Aires Arty, © Dennis Oppenheim Estate

westermann GRUPPE

© 2019 Bildungshaus Schulbuchverlage
Westermann Schroedel Diesterweg Schöningh Winklers GmbH, Braunschweig
www.westermann.de

Druck A¹ / Jahr 2019
Alle Drucke der Serie A sind im Unterricht parallel verwendbar.

Layout: Ulrich Birtel, fischwerk.de, Freiburg
Grafiken: Anna K. Lindner, Weddel/Cremlingen
Programmierung der interaktiven Anwendungen: art-media-edition Verlag Freiburg,
Florian Brückner, Cornelius Schiffmann
Layout und Umsetzung der Website www.grundkurs-kunst.de: Markus Diehl, Frankfurt am Main
Druck und Bindung: Westermann Druck GmbH, Braunschweig

ISBN 978-3-507-**10967**-4

Vorwort

Der vorliegende Band 3 der Reihe GRUNDKURS KUNST ist der zentrale Bestandteil eines modularen Lernsystems mit aufeinander abgestimmten Komponenten: Arbeitsblättern, Videos und interaktiven Anwendungen. Damit zeigt GRUNDKURS KUNST innovative Perspektiven für den Kunstunterricht in der Sekundarstufe II auf. Die Funktionen und Vernetzungen der verschiedenen Medien werden auf der Innenklappe des Umschlags vorn näher erläutert.

GRUNDKURS KUNST ist daher kein Lehrgang im klassischen Sinn. Der Einsatz des Lernsystems lässt größtmögliche Flexibilität zu. Auswahl ist hier notwendiges Prinzip: angefangen bei der Wahl eines Aspekts aus den »Grundfragen«, eines Kurses, der Setzung inhaltlicher Schwerpunkte innerhalb des gewählten Kurses bis hin zur Verknüpfung von Kursen oder Teilen untereinander.

Das einführende Kapitel »Grundfragen« vermittelt grundlegende Informationen. Im weiteren Fokus stehen vier thematisch orientierte Kurse, die bedeutende Themen aus der Geschichte der Architektur von der Antike bis zur Gegenwart aufgreifen:

• Wohnbau
• Sakralbau
• Öffentliche Bauaufgaben
• Fantastische Architektur.

Jeder der Kurse nimmt ein Thema oder eine Gattung der Architektur in den Blick, um daran exemplarisch Positionen, Stile und Funktionen zu erklären. Ausgewählte Abbildungen repräsentieren bedeutende Bauwerke, Persönlichkeiten oder Epochenmerkmale. Die chronologische Anordnung der Werke innerhalb der Kurse erlaubt es, Aspekte der Architekturgeschichte zum Gegenstand der Betrachtung und des Unterrichtsgesprächs zu machen.

Architekturhistorische und -wissenschaftliche Kurzanalysen von Expertinnen und Experten, Kritiken und andere Beispiele der Rezeption bieten eine Vielfalt von Zugängen.

In besonderem Maße laden die authentischen Äußerungen von Architektinnen und Architekten wie das von Gae Aulenti oben zur Diskussion und zum Vergleich unterschiedlichster Haltungen ein, ohne dass in den »Anregungen« jedes Mal erneut darauf hingewiesen wird.

So verstehen sich die »Anregungen« am Ende eines Abschnitts auch nicht als feststehende Aufgaben, sondern als Vorschläge zur näheren Beschäftigung mit dem vorgestellten Thema. Um die notwendige Offenheit für eigene kreative Prozesse zu gewährleisten, enthalten sie bewusst keine kleinschrittigen Handlungsanweisungen, sondern lassen sich variieren und ergänzen.

Damit entfaltet GRUNDKURS KUNST eine Lernumgebung, die gleichermaßen zur theoretischen wie zur handlungsorientierten Auseinandersetzung mit Architektur anregen möchte. Sie eröffnet neue Lernwege und gestalterische und planerische Entwicklungsmöglichkeiten für die Arbeit in der Gruppe und für die eigenständige, individuelle Tätigkeit.

Viele Bauwerke, die in diesem Buch vorgestellt werden, zählen zum »Weltkulturerbe«. So lautet eine Auszeichnung für Stätten von herausragender universeller Bedeutung, zu denen auch ganze Stadtviertel gehören können. Erteilt wird er von der UNESCO (United Nations Educational, Scientific and Cultural Organization / Organisation der Vereinten Nationen für Bildung, Wissenschaft und Kultur). Jeder einzelne Vertragsstaat darf der Kommission zwei neue Vorschläge pro Jahr unterbreiten. Mit dem Titel verbindet sich eine besondere Bewahrungspflicht für die Menschheit. Das Logo rechts weist in diesem Buch auf Bauwerke hin, die damit bereits ausgezeichnet wurden.

Fach- und Stilbegriffe, Fremdwörter und Personen werden im Glossar ab S. 176 näher erläutert und vorgestellt.

Inhalt

Grundfragen der Architektur

Wohnbau

Sakralbau

Öffentliche Bauaufgaben

Fantastische Architektur

Anhang

Darstellung spätmittelalterlicher Baustellen, die Kirchen- und Klostergründungen Girarts und Bertes zeigend.
Aus: Jean Vauquelin, Roman de Girart de Roussillon, entstanden 1447 im Auftrag von Philipp dem Guten

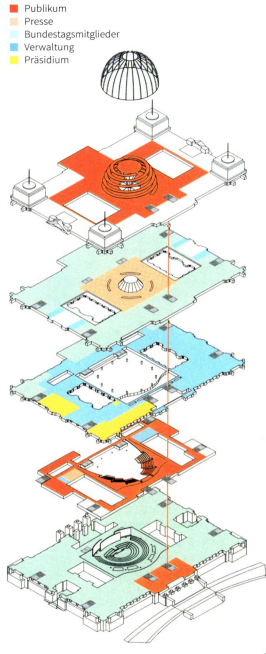

Publikum
Presse
Bundestagsmitglieder
Verwaltung
Präsidium

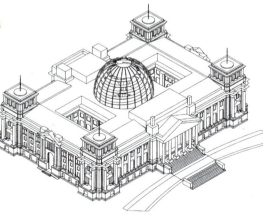

Explosionsaxonometrie des Reichstagsgebäudes, Berlin. Erster Bau von Paul Wallot, 1894 fertiggestellt, Umbau durch Norman Foster zum Sitz des Bundestags, 1999 eröffnet. Die Darstellung zeigt die Erschließungswege für die Besucher und die verschiedenen Funktionen (vgl. Abb. S. 34 u. 44).

Der Architekt mit Zirkel und Schlange (Sinnbilder für Gesetz und Freiheit) auf dem dornigen Weg von der Urhöhle zur Siegespalme. Kupferstich aus Philibert de l'Orme: Le premier tome de l'architecture, Paris 1568

Architektur wirft eine Vielzahl von Fragen auf: Welche äußere Form hat der Bau? Wie ist er konstruiert? Aus welchem Material besteht er? Ist er eher unter künstlerischen Aspekten oder unter denen eines Nutzhauses zu sehen? Weisen seine Fassade oder sein Grundriss besondere Merkmale auf? Schottet er sich mit der Außenwand gegen den Umraum ab oder öffnet er sich ihm? Wie wirkt sein Innenraum auf den Betrachter? Liegen dem Bau bestimmte Proportionen zugrunde? Versucht er den Menschen zu unterwerfen – oder besitzt er einen humanen Maßstab? Steht er in einem größeren architektonischen Zusammenhang? Ist er beispielhaft für einen Stil? Spiegeln sich in ihm Auffassungen von der Ordnung der Welt?

Für solche grundsätzlichen Fragen möchte diese Einleitung Offenheit wecken. Eine Vertiefung kann in den einzelnen Kursen erfolgen. Da es in der Architektur eine ausgeprägte eigene Terminologie gibt, sollen in diese Einleitung die wichtigsten Fachbegriffe einfließen. Sie werden bei ihrer ersten Nennung in »Anführungszeichen« gesetzt.

»Aber oft geschieht es, dass der Architekt sich dem Willen derer, die bezahlen, mehr unterordnen muss, als dem, was die Regeln vorschreiben.«

Andrea Palladio, 1570

Begriffsklärung

Der Begriff »Architekt« setzt sich, etymologisch betrachtet, zusammen aus dem griechischen Verb *archein*, das »der Erste sein, beginnen, herrschen« bedeutet, und dem Substantiv *tekton*, das für »Zimmermann, Handwerker« steht. Ein Architekt ist also jemand, der beim Zimmermannshandwerk vorangeht, es plant. Er ist gleichzeitig jemand, der das Bauen beherrscht. Er lässt sich deshalb auch – mit einem etwas altmodischen Wort – als »Baumeister« bezeichnen. Spätestens seit dem 20. Jahrhundert ergreifen auch immer mehr Frauen den Beruf.

Das Wort *tekton* ist zudem verwandt mit *techne*, das im Griechischen »Handwerk« bedeutet (unser Wort »Technik« leitet sich davon ab), aber auch »Kunst« und »Geschick«, denn die Griechen unterschieden nicht zwischen Kunst und Handwerk. Eine der gebräuchlichsten Übersetzungen für Architektur lautet dann auch »Baukunst«.

Architekturfunktionen

Das Wort Architektur enthält damit zwei scheinbar widersprüchliche Bedeutungen: Die eine weist auf das zweckgerichtete Handwerk, die andere auf die freie künstlerische Äußerung hin, was auch der Kupferstich links thematisiert.

Architektur unterliegt im Gegensatz zur Malerei und Plastik gesetzlichen Richtlinien, dem »Baurecht«. Und sie entsteht meistens nicht aus der freien Entscheidung von Architekt oder Architektin, sondern im Auftrag eines »Bauherrn«. Der unabhängig in seinem Atelier schaffende Künstler-Architekt ist eine eher romantische Vorstellung und stellt eine Ausnahme dar. Die Architekturgeschichte ist zwar eine Disziplin der Kunstgeschichte, doch nur die gelungensten Bauten gelten als Kunstwerke.

Da Architektur stark von der Nutzbarkeit geprägt ist, sprach Adolf Loos ihr den Kunstcharakter ab: *»Das kunstwerk wird in die welt gesetzt, ohne dass ein bedürfnis dafür vorhanden wäre. Das haus deckt ein bedürfnis. Das kunstwerk ist niemandem verantwortlich, das haus einem jeden.«* Hannes Meyer brachte das Bauen gar auf die Formel *architektur = funktion x ökonomie* und forderte: *»bauen ist kein aesthetischer prozess ... bauen ist nur organisation: soziale, technische, ökonomische, psychische organisation.«* Hugo Häring sah in der Organisation allerdings nicht die Aufgaben des Architekten, sondern die des Ingenieurs. Dessen Ziel sei die *»materielle Leistungserfüllung in den*

→ Michelangelo: Holzmodel l der Kuppel des Petersdoms, S. 16 • Petersplatz, S. 40 • Empire State Building, S. 23

Architekt und Auftraggeber. Michelangelo präsentiert Papst Paul IV. sein zweites Modell für den Petersdom in Rom (1547). Gemälde von Domenico Passignano, 1619. Öl auf Leinwand, 236 x 141 cm. Casa Buonarroti, Florenz

Bauen als soziale und technische Organisation. Bauarbeiter am Empire State Building, New York. Foto von Lewis W. Hine, 1930. Privatsammlung

»Der Stolz, an etwas Neuem zu bauen, eint diese Menschen. Sie bilden solidarische Gemeinschaften.«
Renzo Piano, 2018

Grenzen oder im Bereich ökonomischer Effekte«, während der Architekt *»eine Gestalt, ein Werk von geistiger Lebendigkeit und Erfülltheit«* schaffe. Walter Gropius äußerte sich ausgleichend: *»Es gibt keinen Wesensunterschied zwischen dem Künstler und dem Handwerker«,* betonte aber auch: *»Der Künstler ist eine Steigerung des Handwerkers.«*

An der Architektur ist, im Gegensatz zu den anderen Künsten, eine Vielzahl von Menschen, zunehmend auch weiblichen Geschlechts, beteiligt: von den Architekten, Innenarchitekten und Ingenieuren aus Hoch- und Tiefbau über die verschiedenen Handwerker – Maurer, Zimmerleute, Gerüstebauer, Schreiner, Dachdecker, Fliesenleger, Installateure, Maler, Glaser, Schlosser, Elektriker u. a. – bis hin zu den Arbeitern in der Industrie, der Baupolizei und den Verwaltungsbeamten in den Behörden. Bauen ist, wie schon in den »Bauhütten« des Mittelalters, eine Tätigkeit, die ein soziales Gefüge voraussetzt und dieses umgekehrt auch fördert. Entsprechend vielseitig ist der Beruf des Architekten. Die »Honorarordnung« fordert das Verständnis für die wesentlichen Aspekte, darunter *»städtebauliche, gestalterische, funktionale, technische, wirtschaftliche, öko-*

logische, bauphysikalische, energiewirtschaftliche, soziale, öffentlich-rechtliche«.

Als »nützliche Kunst« mit weltlicher Funktion, kurz: »Profanarchitektur«, dient Architektur dem Schutz des Menschen vor Unwetter oder anderen Gefahren, als Ort der Versammlung und der Sicherung von Besitz. Als »Sakralarchitektur« kann sie Ausübungsort eines Kults oder einer Religion sein. Architektur erfüllt aber nicht nur die Existenz sichernde Funktionen, sondern ist auch repräsentative Form, dient als Symbol (vgl. S. 50 f.) und verleiht den Zukunftsvisionen und Utopien des Menschen Ausdruck (S. 140 ff.). Gebäude sind zudem Dokumente und treffen Aussagen über die Bedürfnisse ihrer Entstehungszeit. *»Architektur schrieb die Geschichte der Epochen und gab ihnen ihre Namen«,* meinte dann auch Ludwig Mies van der Rohe.

Anregung Dokumentieren Sie Bauwerke in Ihrer Umgebung fotografisch in einem Portfolio und ordnen Sie sie auf einer Skala zwischen den Polen »rein funktional« und »vorwiegend künstlerisch« an.

*»Die Zeichnung hilft dem Gedanken, sich herauszukristallisieren,
Gestalt anzunehmen, sich zu entwickeln.«*   Le Corbusier, 1963

Zeichnerische Planung

Architektur beginnt stets mit einer Idee. Da ihre Umsetzung weniger spontan als in der Malerei erfolgen kann, muss die Idee zuerst visualisiert werden. Die »Honorarordnung« fordert vom Architekten und der Architektin bei der Entwurfsplanung die *»stufenweise Erarbeitung einer Lösung«*.

Im Anfangsstadium der Planung entsteht zumeist die »Architekturskizze«, oft nur als Studie oder Gedächtnisstütze gemeint. Viele große Bauwerke fanden auf diesem Weg einen ersten bildlichen Niederschlag, in welchem die spätere, gebaute Version nicht unbedingt zu erkennen ist. Dies kann u. a. daran liegen, dass der Architekt seine ursprüngliche Idee modifizierte, denn auf dem Weg des Zeichnens lassen sich neue Lösungen finden. Besonders im Expressionismus pflegte man die rasch hingeworfene, flüchtige Skizze, die auch eine subjektiv-künstlerische Komponente ins Spiel bringt (Abb. rechts).

Von der Skizze geht der Weg zur »Entwurfszeichnung«. Nicht zu allen Zeiten fertigte man ausgefeilte Zeichnungen für einen individuellen Bau an. Die Bauhütten des hohen Mittelalters arbeiteten nach einer Art Musterbuch, dem »Bauhüttenbuch«. Vom Hüttenmeister Villard de Honnecourt hat sich ein solches Buch erhalten. Unter den über 300 Federzeichnungen finden sich sowohl Baudetails als auch schematische Pläne (Abb. S. 185).

Erst seit der Renaissance sind individuelle Entwurfszeichnungen die Regel. Die genaue Ausarbeitung des Plans für ein Bauwerk erfordert zunächst einen »Grundriss«, den horizontalen Schnitt. *»Aus dem Grundriss entsteht alles. Ohne Grundriss ist Unordnung, Willkür«*, lässt sich Le Corbusier zur Bedeutung des Grundrisses zitieren. Am Grundriss wird ein generelles Problem der Architekturzeichnung deutlich: Sie ist nur eine Projektion und muss mit zweidimensionalen Mitteln auf einer Bildfläche die Vorstellung des dreidimensionalen Baus ermöglichen. Da der Grundriss dies allein nicht leisten kann, müssen ihm andere Darstellungen beigegeben werden. Zu ihnen gehört der »Aufriss«. Er zeigt die maßgerechte Außenansicht eines Baus. Zu Grund- und Aufriss gesellt sich der »Schnitt«: Er schneidet den Baukörper vertikal durch, entweder in der Längsachse als »Längsschnitt« (auch: »Longitudinalschnitt«) oder als quer dazu verlaufender »Querschnitt«. Sie wurden früher oft in einer Darstellung kombiniert (s. S. 57). Meistens genügen zur Veranschaulichung sachliche Linienzeichnungen.

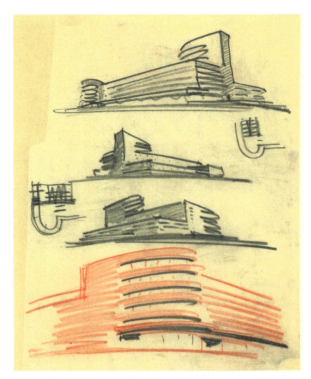

Skizze. Erich Mendelsohn: Entwürfe zum Kaufhaus Schocken, 1926. Bleistift, roter Farbstift, 31,6 x 23,9 cm. Kunstbibliothek, Staatliche Museen Preußischer Kulturbesitz, Berlin

Ausgeführter Bau. Erich Mendelsohn: Kaufhaus Schocken in Stuttgart, 1926–28 (um 1960 abgerissen). Alte Postkarte

Vom Aufriss unterscheidet sich die »Ansicht« – auch wenn die Begriffe oft synonym verwendet werden – durch eine illusionistischere Wiedergabe, gelegentlich kombiniert mit einer Licht-Schatten-Modulation. Es eignen sich insbesondere Schrägansichten, bei denen perspektivische Konstruktionen zum Tragen kommen (S. 12 oben).

→ Skizze von J. Paxton, S. 120 • Skizzen von Le Corbusier, S. 154 f. • Grundriss, Schnitt des Pantheon, S. 89 • Altes Museum von Schinkel, S. 183 • Zeichnung von Villard, S. 185 • Zentralperspektive, S. 27 o. links • Kaufhäuser des 19. Jahrhunderts, S. 123

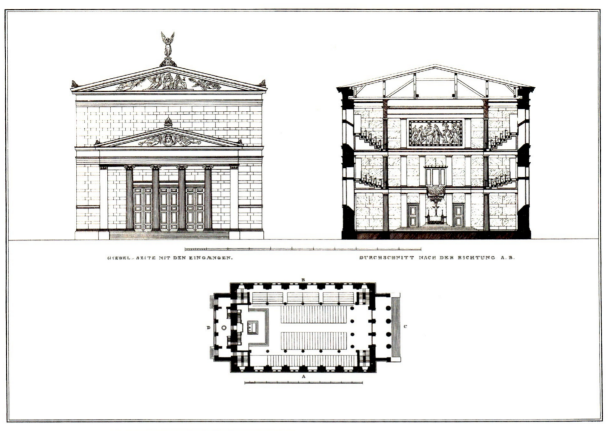

Innenraum-Zentralperspektive. Karl Friedrich Schinkel: Kirchenschiff, Apsis und Kreuzung einer Kathedrale für Berlin, 1827. Aquarell, ca. 40 x 50 cm (Ausschnitt). Privatbesitz

Aufriss, Schnitt und Grundriss. Karl Friedrich Schinkel Entwurf II zu einer Kirche, Oranienburger Vorstadt Berlin, 1866. Privatbesitz

Seit der Renaissance gibt es eine Darstellungsweise, die eine Illusion räumlicher Tiefe vermittelt: die wissenschaftliche, exakt konstruierbare Fluchtpunktperspektive. Sie wurde nicht von ungefähr von einem Architekten, nämlich Filippo Brunelleschi, erfunden. Ein frontal gesehener Innenraum zeigt eine »Zentralperspektive« mit nur einem Fluchtpunkt (Abb. links), eine übereck gegebene Außenansicht mindestens zwei Fluchtpunkte, bei Schrägdächern oder mehreren Gebäuden auch mehr (S. 27). Diese Konstruktionen haben unser Sehen bis heute geprägt.

Anregungen

1. Arbeiten Sie die unterschiedlichen Informationen heraus, welche die Darstellungen von Grundriss, Schnitt und Aufriss vermitteln.

2. Von der Idee zur Plandarstellung: Entwerfen Sie ein Gebäude (Jugendhaus, Schule, Disco) in mehreren Skizzen und zeichnen Sie darauf aufbauend dessen Grundriss und Ansicht.

Arbeitsblätter: Grundrissvergleich St. Michael, Hildesheim und Speyerer Dom (wie zu S. 92) • Perspektivische Konstruktionen • Architekturentwurf um ein Stück Natur • Vom Kaufhaus zum Internetversand (wie zu S. 125)

SDL-10967-207, 101, 116, 219   **11**

Perspektivische Ansicht. Ernst Ludwig Kirchner: Schlösschen für einen Kunstliebhaber, um 1904/05. Tuschfederzeichnung über Bleistift, Gouache und weiße Höhungen auf graublauem Karton, 26,5 x 38,5 cm. Galerie Henze & Ketterer & Triebold, Basel-Riehen

Bei Außenansichten mit Übereck-Perspektive kommen mindestens zwei Fluchtpunkte zum Tragen, die für die Darstellung der Fassaden notwendig sind. Je nachdem, welche Formen die anderen Bauelemente aufweisen, z. B. das Dach, werden weitere Fluchtpunkte nötig – wie in der Abschlussarbeit des Architekturstudenten und späteren Expressionisten E. L. Kirchner (Abb. oben).

Am anschaulichsten scheint die anspruchsvolle Verbindung zweier Methoden zu sein: die gleichzeitige Ausführung von Schnitt und Perspektive (Abb. S. 17 links). Walter Gropius sollte die Fluchtpunktperspektive allerdings eine »alte akademische Bilddarstellung« nennen, da sie »eine optische Täuschung« hervorrufe. An dem von ihm geleiteten »Bauhaus« wurde in den 1920er-Jahren die »Axonometrie« mit entwickelt, eine »Parallelprojektion« (alltagssprachlich: »Parallelperspektive«), die das Objekt neutral vorstellt und in einer einzigen Darstellung – einer Art durchsichtigem Kubus – leistet, wofür sonst Grundriss, Aufriss und Schnitt nötig wären. In der sogenannten »Isometrie« lassen sich Bauwerke sogar ohne Verkürzungen axonometrisch wiedergeben (Abb. rechts).

Während es früher den »Architekturzeichner« als eigenen Beruf gab, werden Entwürfe heute meistens von den Architekten selbst angefertigt. Frank Lloyd Wright hat 8 000 Zeichnungen hinterlassen (Abb. S. 70); Le Corbusier hat sich so auf das Entwerfen konzentriert, dass er einige seiner Bauten gar nicht im fertigen Zustand gesehen hat.

Am Schluss der Reihe zweidimensionaler Planungstechniken steht die »Ausführungszeichnung«, auch »Werkzeichnung«, »Reinzeichnung« oder – mit einem Begriff aus der Gotik – »Visierung« genannt. In ihr kommt nicht mehr das Künstlerische eines Entwurfs zum Ausdruck, sondern das exakt Technische (Abb. S. 35). Heute von Mitarbeitern eines Architektenbüros am Computer angefertigt, dient sie als Unterlage für die Handwerker, im Allgemeinen im Maßstab 1 : 50, für Details auch bis zum Maßstab 1 : 1. Sie muss Vorschriften, z. B. DIN-Normen, berücksichtigen, die bis zu den grafischen Zeichen für Zimmereinrichtungen reichen. Welche Ansichten auszuführen sind, ist genau vorgeschrieben.

Die Ausführungszeichnung gab es nicht zu allen Zeiten. In der Antike wurden die Maße für Tempelbauten im Originalmaßstab direkt auf dem »Stylobat«, dem Unterbau, »aufgerissen«. Auch an mittelalterlichen Bauten findet man Zeugnisse dieses Vorgehens. Frei Otto beschreibt ähnliche Maßnahmen alter Baumeister: »*Die Form von Steinen und Fugen wurde für Wände, Träger und Wölbungen mit Reißwerkzeugen wie Stahlnadeln aufgerissen. Auf diesen Rissen wurden die Steine nach ihrer Fertigstellung zusammengelegt, angepasst und kontrolliert, bevor sie verbaut wurden.*« Welch eine Entwicklung bis in unsere Gegenwart, in der Entwürfe in Sekundenschnelle via Internet verschickt werden können!

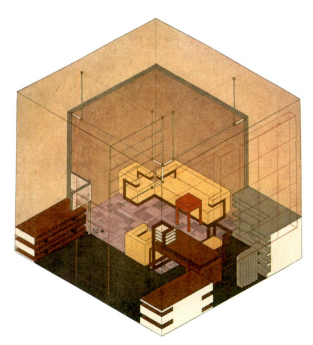

Isometrie (griech. isos, gleich). Längengleichheit bzw. Längentreue mit Winkeln von 30° zur Standlinie. Herbert Bayer: Arbeitsraum von Walter Gropius am Bauhaus in Weimar. Kolorierte Federzeichnung, 1923. Bauhaus-Archiv, Berlin

Collage- und Mischtechniken

Als weitere Darstellungsmittel bieten sich künstlerische Verfahren an, etwa wenn der Bezug der geplanten Architektur zur Umgebung hervorgehoben werden soll. So griff Hans Hollein für seinen – an die Pop Art erinnernden – Hochhausentwurf rechts zur Technik der Fotomontage.

Herbert Bayer wiederum kombinierte Temperafarben mit verschiedenen Zeitungsschnipseln; ein Collageprinzip, das kurz zuvor von den Kubisten und den Dadaisten in die Kunst eingeführt worden war (Abb. unten).

Der Kreativität sind bei experimentellen Herangehensweisen keine Grenzen gesetzt. Sie können ggf. auch die Modernität eines Entwurfs unterstreichen.

Fotomontage. Hans Hollein: Hochhaus: Zündkerze. Projekt, 1964. Collage auf Gelatinesilberabzug, 12,1 x 18,4 cm (Ausschnitt). Museum of Modern Art, New York

»Begrenzte Begriffsbestimmungen und traditionelle Definitionen der Architektur und ihrer Mittel haben heute weitgehend an Gültigkeit verloren.«

Hans Hollein, 1967

Mischtechnik. Herbert Bayer: Entwurf für einen Kiosk, 1924. Tusche, Temperafarbe und Collage aus Zeitungsschnipseln auf Karton, 64,5 x 34,5 cm. Bauhaus-Archiv Berlin

Bei der Parallelprojektion, die Bayer für den Kioskentwurf links einsetzte, wählte er nicht dieselben Winkel wie bei seiner »Isometrie« für den Arbeitsraum von Walter Gropius (Abb. S. 12 u.). Diese weist nämlich durchgehend gleich lange Kanten auf, besitzt keine Verkürzungen in die Tiefe und hat zwei vorgegebene Winkel von 30° zur gedachten Standlinie. Der Kiosk dagegen basiert auf einer »Dimetrie«, bei der zwei verschiedene Winkel zur Standlinie und leicht verkürzte Tiefenlinien zum Tragen kommen.

Anregungen

1. Wählen Sie ein Gebäude vor Ort aus, das Sie in Übereckperspektive zeichnen.
2. Geben Sie anschließend dieses Gebäude in einer Isometrie wieder.
3. Vergleichen Sie die Wirkungen der beiden Darstellungsarten. Welche wirkt natürlicher und illusionistischer, welche informativer und sachlicher?
4. Stellen Sie die Innenarchitektur eines Gebäudes einmal in Parallelprojektion und das andere Mal in Zentralperspektive dar.
5. Experimentieren Sie mit Mischtechniken für die Darstellung eigener Architekturentwürfe.

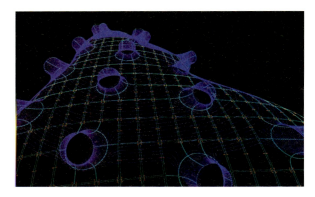

Der Einsatz des Computers: CAAD und BIM

Seit Ende der 1980er-Jahre werden in Architekturbüros
zunehmend Computer und CAAD-Programme eingesetzt
(Computer Aided Architectural Design, computergestützter
Architekturentwurf). Damit können die meisten der Aufgaben bewältigt werden, für die bislang Bleistift oder Tusche
eingesetzt wurden, auch wenn sich diese unmittelbarer
anwenden lassen. Im Gegensatz zur handgefertigten Plan-
zeichnung, bei der man sich für einen Maßstab entscheiden muss, können Computergrafiken skaliert werden.

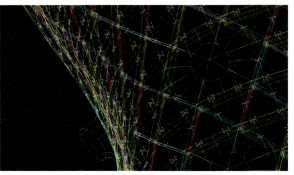

Der Computer erleichtert nicht nur die Arbeit, er macht
viele fantastische Bauformen überhaupt erst möglich, die
im Expressionismus vorausgedacht wurden (vgl. S. 150 f.).
So haben die Architekten Peter Cook und Colin Fournier
die biomorphe »Blob-Architektur« des Kunsthauses Graz,
das 2003 wie ein »friendly alien« in der historischen Mur-
vorstadt gelandet zu sein scheint, durch detaillierte Computerberechnungen erarbeitet, ob nun die Stahlrahmen-
konstruktion, die bläulich schimmernde Haut aus
Acrylglasscheiben oder die »nozzles«, die Düsen, die als
Tages- und Kunstlichtöffnungen dienen. So konnte die
durch Altbauten begrenzte Baulücke von den weichen, organischen Formen passgenau gefüllt werden.

CAAD-Programme erlauben inzwischen 3D-Simulatio-
nen mit realistisch anmutender Licht-Schatten-Modulation und Textur. Einige Architekten haben sich auf solche
Computerentwürfe spezialisiert. Zaha Hadid zum Beispiel
verdankte ihren Ruhm über ein Jahrzehnt lang den visio-
nären »Renderings« (S. 33 unten).

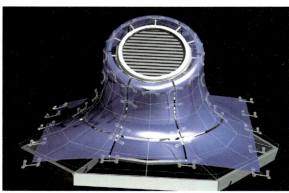

Computergenerierte Architektur. Peter Cook / Colin Fournier: Kunsthaus Graz, 2003. Struktur: Stahl, Haut: Acrylglas.
Spannweite 60 m, Höhe 23 m

Es erleichtert die Kommunikation über komplexe Sachverhalte, wenn sich die Objekte bei der Präsentation als 3D-Animationen drehen, aufklappen oder in interaktiven »walk-throughs« durchwandern lassen. Auch sind Änderungswünsche in der Computersoftware ungleich schneller herbeizuführen als bei einer Handzeichnung.

Effiziente Planung am Computer beinhaltet heute aber nicht mehr nur visuelle CAAD-Entwürfe. Hinzu kommt das »Building Information Modeling« (engl., Bauwerkdatenmodellierung), kurz BIM. Dabei handelt es sich um Softwaremodule, die in das CAAD-Programm integriert werden und das zu bauende Projekt mit allen zugehörigen Daten vernetzen. Wurden bis dato Informationen, die beim Planen, Bauen und Betreiben von Bauwerken entstehen, in unterschiedlichen Formaten und zudem dezentral erstellt, so können diese nun zusammengeführt und zwischen den Beteiligten ausgetauscht werden. Vom ersten digitalen Entwurf über den Baufortgang bis zur Bewirtschaftung lassen sich Vorgänge an einem einzigen Modell simulieren und mit anderen Personen teilen, etwa zum Energieverbrauch oder zu Wartungsfragen – späterer Abriss inklusive.

Als einer der ersten bedeutenden Bauten, bei denen das Vorgehen Anwendung fand, gilt das Mercedes-Benz Museum in Stuttgart mit seiner eleganten äußeren Erscheinung aus Aluminium und Glas, entworfen vom UNStudio von Ben van Berkel und Caroline Bos in Amsterdam. Seine Struktur basiert auf einer Doppelhelix, entstanden aus der Erweiterung eines kleeblattförmigen Grundrisses in den Raum. Innen gehen die gewölbten oder in sich gedrehten Wände und Decken in fließenden Formen ineinander über.

»Angesichts der Komplexität und des innovativen Charakters des Museums sowie des engen Zeitrahmens für Planung und Bau mussten wir effektiv arbeiten. Daher haben wir den gesamten Input – von Ingenieuren bis zu Ausstellungsdesignern – in einem digitalen Modell zusammengefasst. Dadurch konnten Änderungen schnell und effizient umgesetzt werden, und wir konnten sofort sehen, wie sie sich auf den Rest des Gebäudes auswirkten.«
Ben van Berkel und Caroline Bos, 2007

Anregungen

1. Vergleichen Sie die manuell erstellten Entwürfe von Bauwerken (S. 10 ff.) mit den digitalen.

2. Beschreiben Sie, wie sich architektonische Formen seit dem Einsatz des Computers formalästhetisch verändert haben.

3. Führen Sie Recherchen zu den Möglichkeiten der BIM-Software durch.

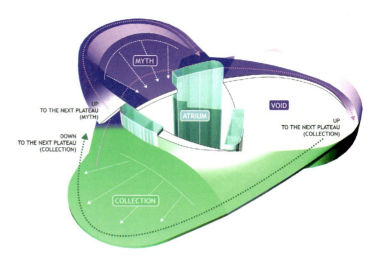

UNStudio: Ausgangsfigur für das Mercedes-Benz Museum. Ein Kleeblatt aus drei Kreisen mit ausgeschnittener Mitte. Durch die Erweiterung in den Raum entstehen die Überführungen auf den Besucherrouten.

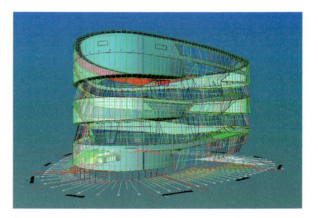

Das komplexe Computermodell für das Mercedes-Benz Museum

UNStudio: Mercedes-Benz Museum, Stuttgart 2006. Fassade aus Aluminium und Glas

Ideenmodell
für das Opernhaus in Sydney,
das 1957 fertiggestellt wurde. Der Architekt
Jørn Utzon schnitt die Gewölbesegmente »Orangen-schnitze« aus einer Kugelkalotte heraus (s. Abb. S. 39).

Wettbewerbsmodell. Daniel Libeskind: between the lines,
1988–1989. Siegreicher Entwurf für das Jüdische Museum,
Berlin, im städtebaulichen Kontext. Gebäude 2001 eröffnet

Ausführungsmodell. Michelangelo: Kuppel des Petersdoms,
1557. Lindenholz, bemalt, ca. 5 m hoch. Vatikanische Museen

Das Architekturmodell

Schon aus dem Mittelalter sind sogenannte »Stiftermodelle« bekannt (rechts). In der Renaissance entwickelte sich neben den wissenschaftlichen Konstruktionen der Perspektive auch das exakte Architekturmodell (ital. modello, Entwurf). Es gilt, einige Modellarten nach ihren Funktionen zu unterscheiden.

Stiftermodell. Kirchenstifter Kaiser Heinrich II. Bauplastik am Basler Münster. Sandstein, lebensgroß, um 1280

Das »Ideenmodell« dient der ersten Erfassung der Baugestalt, der Körperformen und Massen. Es wird auch »Massemodell« genannt. Dafür geeignet sind Holzstücke, Styropor, formbare Stoffe wie Plastilin, ja sogar Zündholzschachteln. Ein ungewöhnliches Ideenmodell gelang Jørn Utzon für das Sydney Opera House (Abb. o. links).

»Wettbewerbsmodelle« berücksichtigen oft den landschaftlichen und architektonischen Kontext. Sie sind meistens maßstabsgetreu und werden oft von Spezialisten ausgeführt (Abb. Mitte links).

Ein »Arbeitsmodell« ist noch differenzierter gestaltet. Es untersucht den Zusammenhang von plastischen Formen und räumlichen Wirkungen und ist meistens nicht mehr massiv. Verwendung finden hier Balsa- oder Edelholz und Kunststoffe wie Plexi- bzw. Acrylglas.

Das »Ausführungsmodell« wiederum ist eine realistische, formgetreue Darstellung in verkleinertem Maßstab. Es soll einen genauen Eindruck von der Ästhetik und von der Konstruktion des Baus geben (Abb. links). Neben Holz und Kunststoff werden Gips, Kork, Karton und Modellpappe eingesetzt, die sich schneiden, schleifen und kleben lassen. Das Ausführungsmodell kann gleichzeitig »Belastungsmodell« sein, an dem sich statische Prüfungen vornehmen lassen, ohne dass Berechnungen nötig sind.

Anregung Entwerfen Sie das Modell für ein eigenes Wohnhaus in mehreren Schritten und aus verschiedenen Materialien, mit denen sich jeweils unterschiedliche Elemente und Funktionen veranschaulichen lassen.

→ Opernhaus in Sydney, S. 39 • Michelangelo, S. 9, 19 • Petersplatz, S. 40 •
Kathedralen der Gotik, S. 6, 22, 94 f. • Gewölbeformen, S. 181

Statik

Welche »Kräfte« an einem ruhenden Körper angreifen und wie dieser sein Gleichgewicht wahrt, ist seit dem 19. Jahrhundert Untersuchungsgegenstand der »Statik« (lat. stare, stehen). Bedingt durch die Schwerkraft ergeben sich Kräfte aus dem Eigengewicht des Baus und aus seiner Nutzung (Einrichtung, Verkehrslasten). Dazu kommen äußere Einwirkungen (Sturm, Schnee, Vibrationen, Erdbeben). Eine Kraft ist definiert durch ihre Größe, ihren Angriffspunkt und ihre Richtung. Die wichtigsten Kräfte sind »Druck« und »Schub«, dazu kommen »Zug« (z. B. als Ausgleich von Druck- und Schubkräften), »Torsions-« (Verdrehung) und »Scherkraft«. Nicht immer sind alle Kräfte am Werk. Am antiken Tempel etwa herrscht eine einfache »Tektonik« von Stütze und Last zwischen Säule und Gebälk (vgl. S. 87).

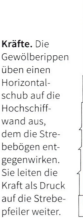
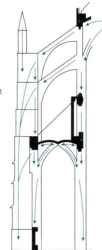
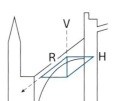

Kräfte. Die Gewölberippen üben einen Horizontalschub auf die Hochschiffwand aus, dem die Strebebögen entgegenwirken. Sie leiten die Kraft als Druck auf die Strebepfeiler weiter.

Krafteck. Der horizontale Schub (H) und der vertikale Druck (V) bilden zwei Seiten, die Resultierende (R) die dritte Seite eines Dreiecks. Aus der Verdoppelung des Kraftecks entsteht das Kräfteparallelogramm mit der parallel verschobenen Resultierenden R.

Ein Längsbalken überträgt die Last (den Druck) des Daches auf Stützen. Da die Last und damit die Kraft nach unten zunehmen, wurden die Säulen nach unten hin verbreitert. Dies verhindert, dass das »Kippmoment« zum Tragen kommt. Das »Moment«, ein wichtiger statischer Begriff, ist das Produkt aus Größe der Kraft und ihrer Entfernung zum »Auflager-« oder »Drehpunkt« (»Hebelarm«).

Eine aus einer Richtung angreifende Kraft kann durch eine Gegenkraft aufgehoben werden. Auch können zwei aus verschiedenen Richtungen angreifende Kräfte durch eine dritte, die »Resultierende«, kompensiert werden.

Ein Beispiel für die »Skelettbauweise« bieten gotische Kathedralen, z. B. die von Amiens (Abb. links, S. 95 f.). Hier verteilen die »Kreuzrippen« den Druck auf einige wenige Punkte der »Gliederkonstruktion«. Die Rippen üben wiederum einen Schub auf die »Hochschiffwand« aus. Die »Strebebögen« wirken ihm außen parallel entgegen und leiten die Kraft auf die »Strebepfeiler« weiter. Deren Gewicht gleicht, gesteigert durch eine beschwerende »Fiale«, die Schrägkräfte aus. So wird eine »diaphane« Wand mit ihren großen Fensteröffnungen möglich.

»Krafteck« und »Kräfteparallelogramm« sind grafische Möglichkeiten, den Vorgang zu veranschaulichen, durch den das »Gleichgewicht der Kräfte« entsteht (Abb. oben).

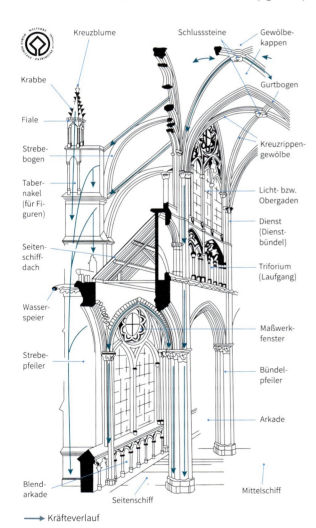

Gotischer Gliederbau. Kathedrale von Amiens, 1220–1243

Kreuzblume · Schlusssteine · Gewölbekappen · Krabbe · Gurtbogen · Fiale · Strebebogen · Kreuzrippengewölbe · Tabernakel (für Figuren) · Licht- bzw. Obergaden · Dienst (Dienstbündel) · Seitenschiffdach · Triforium (Laufgang) · Wasserspeier · Maßwerkfenster · Strebepfeiler · Bündelpfeiler · Arkade · Blendarkade · Mittelschiff · Seitenschiff

➜ Kräfteverlauf

Anregungen

1. Verfolgen Sie den Weg der Last bzw. Kraft des Schlusssteins der Kathedrale links bis zum Boden.

2. Wählen Sie ein leichtes, flexibles Material wie Zweige, Strohhalme, Papier o. Ä. und fertigen Sie daraus das Modell eines hohes Gebäudes, das seine Stabilität aus der Konstruktion gewinnt.

Anwendung: Kathedrale von Amiens · Videos: Konstruktion der Kathedrale von Amiens (wie zu S. 95) · Münsterbauhütten am Oberrhein (wie zu S. 95) · Arbeitsblatt: Konstruktion von Maßwerk (wie zu S. 22, 35, 94)

SDL-10967-305, 501, 502, 103   **17**

»Konstruktionen sind die wichtigsten Architekturformen. Sie prägen die tragende Baukunst. Dies gilt ausnahmslos, gleichgültig ob es sich nun um Stützen, Säulen, Pfeiler, Balken, Platten, Bögen, Gewölbe, Kuppeln, Schalen, Zelte, Netze, Membranen oder Lufthallen handelt.«

Frei Otto

Konstruktion

Welche Kräfte sich an einem Bauwerk entwickeln, ist auch eine Frage der Konstruktion. Welche Faktoren beeinflussen sie? Zunächst natürlich das Material und, davon ausgehend, Bauhandwerk und Geräte. In früheren Zeiten hatten Bauleute weitaus weniger Werkzeuge zur Verfügung als heute, und doch schufen sie beeindruckende Gebäude. Im Mittelalter wurden mit einfachen Zangen, Halterungen, Seilzügen und Kranhaken Steine gehoben (Abb. S. 6). Noch heute kann man an den großen Kirchenbauten der Gotik Spuren dieser Vorgänge, die »Zangenlöcher«, entdecken.

Die Konstruktion wird außer von den materialen Voraussetzungen auch von der Bauaufgabe und von ästhetischen Überlegungen bestimmt. Mit Camille Polonceau lässt sich ergänzend hinzufügen: *»Jedes Konstruktionssystem hat der doppelten Bedingung der Dauerhaftigkeit und Wirtschaftlichkeit zu genügen.«*

Es gilt, generell zwei Konstruktionsprinzipien zu unterscheiden: Das »Massivbauprinzip« und das »Skelettbauprinzip«. Sie werden oft auch »Bauweisen« genannt, sind aber nicht mit den Bauweisen im stadtplanerischen Bereich zu verwechseln (vgl. S. 32).

Beim Massivbau werden sowohl die tragenden Funktionen als auch der Raumabschluss gleichzeitig von einer homogenen Konstruktion übernommen. Öffnungen wie Fenster und Türen fallen beim Massivbau oft vergleichsweise klein aus. Die gemauerte Wand ist das klassische Beispiel für die Massivbauweise, wobei es verschiedene Möglichkeiten des »Mauerverbands« und des »Mauerwerks« gibt.

Im Gegensatz zum Massivbau werden beim Skelettbau die Tragfunktionen von einem System von Gliedern übernommen, deren Form in erster Linie vom Kräfteverlauf bestimmt wird (Abb. S. 17). Dieses Gliedersystem bildet das tragende Skelett, während die Funktion des Raumabschlusses von nichttragenden Füllungen geleistet wird. Traditionelle Skelettbauten sind neben den gotischen Kathedralen auch Fachwerkhäuser (vgl. S. 54 f.). Bei beiden ist das Skelett von außen erkennbar. Wird dieses verglast, spricht man von einer »Vorhangfassade« (S. 129 oben).

Seit dem 19. Jahrhundert kommen zunehmend Eisen und Stahl im Skelettbau zum Einsatz. Das hat zu einer größeren Systematisierung im Bauwesen geführt, wie der Kristallpalast von Joseph Paxton beweist (vgl. S. 120 f.). Hinzu kommt: Nie zuvor konnten so große Höhen und Flächen überdeckt oder überspannt werden.

Die Massivbauweise hatte den Architekten größere Einschränkungen auferlegt. Sprechende Beispiele sind die zwei im Bau befindlichen Brücken unten: Die eine, massiv aufgemauerte, muss über einem so genannten »Lehrgerüst« errichtet werden (Abb. u. links); die andere, ein Stahlskelettbau von Gustave Eiffel und seinen Ingenieuren, scheint in der Luft zu schweben (rechts). *»Die Verwendung von Eisenbeton und Eisen«*, schrieb dann auch der italienische Architekt Antonio Sant'Elia, *»machten eine Architektur im klassischen und herkömmlichen Sinn unmöglich.«*

Massiv gemauerte Brücke mit Tonnengewölben über einem Lehrgerüst während des Baus. Blackfriars Bridge in London von Robert Mylne, Kupferstich von Giovanni Battista Piranesi, 1766

Eisenskelettbrücke während der Errichtung. Viadukt zu Garabit, Höhe 60 m. Ingenieure: Gustave Eiffel, Maurice Koechlin und Émile Nouguier, April 1884

→ Ingenieurarchitektur, S. 120 f., 147 • Hochhausarchitektur, S. 13, 22 f., 31, 41, 160 f., 169 • Centre Pompidou, S. 20

Skelettbau. Louis Sullivan und Dankmar Adler: Wainwright Building, St. Louis, USA. Das erste über einem Stahlgerüst gebaute Hochhaus, links während der Bauarbeiten 1890, rechts im 1891 fertiggestellten Zustand. Das Bürogebäude gilt als Vorläufer der Wolkenkratzer.

High-Tech-Architektur. Renzo Piano und Richard Rogers: Centre Pompidou, Paris 1977 (im Volksmund: »Raffinerie«; vgl. Abb. S. 20)

»Das Ziel bei der Errichtung von Gebäuden, die den Eigentümern nicht als Unterkunft dienen, besteht insbesondere darin, eine Investition mit Aussicht auf Profit zu tätigen.«   Dankmar Adler, 1890

Als der Bierbrauer Ellis Wainwright 1890 sein neues Bürogebäude in St. Louis mit einem modernen Stahlgerüst hochziehen ließ, wurde die Fassade allerdings noch mit Terrakotta-Ornamenten verkleidet (Abb. oben).

Knapp ein Jahrhundert später verlagerte das Centre Pompidou in Paris, ein Kunstmuseum und Bildungszentrum, alle konstruktiven Elemente und viele Funktionen – Tragwerk, Haustechnik , Verkehrswege – nach außen, sodass sie nun die Fassade bilden, und unterschied sie sogar auffällig nach Farben: eine Kulturfabrik (Abb. links).

Anregungen

1. Beschreiben Sie die Auswirkungen der Konstruktion (Massivbau/ Skelettbau) auf die äußere Erscheinung der hier vorgestellten Bauwerke.

2. Finden Sie Begründungen pro und kontra die Verkleidung der konstruktiven Elemente von Gebäuden.

Video: Zeit Räume. Abriss und Neubau einer Bibliothek – ein filmischer Essay (wie zu S. 108) • Arbeitsblatt: Storyboard zu einem Architekturfilm (wie zu S. 108)

SDL-10967-**509**, 126   **19**

Gerberette aus Gusseisen am Centre Pompidou von Renzo Piano und Richard Rogers, Paris 1976. Kragträger, bestehend aus Stütze und Komponenten (vgl. Abb. S. 19 u.).

Materialien

Seit dem 19. Jahrhundert hat der Anteil des Ingenieurs bei der Planung von Eisenskelettbauten so zugenommen, dass man von einer regelrechten »Ingenieurarchitektur« sprechen kann. Damit haben auch Statik, Baustoffkunde und Festigkeitslehre eine größere Bedeutung erlangt.

Materialien unterscheiden sich in formaler und ästhetischer Hinsicht. So gibt es natürliche und künstliche Baustoffe. Natürliche sind Holz, Lehm und Naturstein. Holz- und Steinarten weisen in Struktur und Farbe reichhaltige Nuancen auf, die einen je eigenen Materialcharakter mit sich bringen. Holz vermittelt, besonders in Innenräumen, den Eindruck von Wärme und Gemütlichkeit, weißer Marmor den von Reinheit. Glas kann kalt oder auch entmaterialisierend wirken. Ein traditioneller Baustoff ist Ton bzw. Lehm: als »Ziegel«, »Backstein« oder »Klinker«. Aufgrund ihrer Porosität haben sie einen guten Wärmedämmwert,

»Manchmal beneide ich die Musiker und die Dichter um ihre Mittel, weil es viel einfacher ist, Leichtigkeit mit Tönen und Wörtern herzustellen als mit schwerem Stahl und Beton.« Renzo Piano 2018

sind saugfähig und durchlässig, sie »atmen«. Wie sich Baustoffe gekonnt kombinieren lassen, beschreibt Steen Eiler Rasmussen: »In reichen englischen Landhäusern aus dem 19. Jahrhundert setzte man sehr wirkungsvoll unbehandeltes Eichenholz, das grau und gefurcht ist, gegen groben, gehauenen Stein oder rote Klinkermauern.«

In der Baustoffkunde kommt es aber weniger auf die Ästhetik als auf »Druck-« und »Zugfestigkeit« an: Tanne ist weicher als Eiche, Sandstein weicher als Granit.

Druckfestigkeit wird in Newton pro mm² gemessen. Es ergeben sich beispielsweise für Sandstein ca. 70 N/mm², für Marmor ca. 150 N/mm² und für Granit ca. 200 N/mm².

Baustoffe bergen unterschiedliche Risiken. Holz, für die Beanspruchung auf Biegung oder Zug gut geeignet, kann sich verziehen, quellen, schwinden oder faulen. Bei Steinen ist Spaltgefahr die »Gefahrenquelle Nr. 1« (Frei Otto), dazu droht Trümmer- und Kantenbruch. Im 20. Jahrhundert ist dem Stein eine Bedrohung durch Umweltverschmutzungen wie dem sauren Regen erwachsen.

Im 18. Jahrhundert hatte das Bauen mit reinem Eisen begonnen, das sich als zu weich erwies. Gusseisen war zu spröde, sodass man auf den Baustahl kam, im Hochofen erschmolzenes, elastisches Roheisen. Er beginnt erst zu »fließen« und sich zu dehnen, bevor er bricht. Auch wenn Gusseisen heute noch zum Einsatz kommt (Abb. o. links), ist das meistverwendete Baumaterial doch Beton, ein künstlicher Stein, gemischt aus Sand, Kies, Zement und Wasser, der in flüssigem Zustand in Schalungsformen gegossen wird. Die Druckfestigkeit von Beton ist ausreichend hoch, seine Zugfestigkeit dagegen gering. Stahleinlagen schaffen hier Abhilfe. In »Stahlbeton« werden »Armierungseisen« (auch: »Moniereisen«) einbetoniert. Beim »Spannbeton« ist eine »Druckvorspannung« eingebaut, die sich bei Belastung durch Zug abbaut.

Spannbeton. Da ein einfacher Betonträger auf zwei Stützen bei Belastung bricht, werden Spanndrähte eingegossen und angezogen. Ohne Belastung wölbt sich der Träger, bei Belastung nimmt er eine waagerechte Stellung ein.

→ Centre Pompidou, S. 19 • Säulenordnungen, S. 40 o. rechts • Halbsäulen am Kolosseum, S. 112

Problem der Materialgerechtheit. Stuckverkleidete Säulen aus Ziegelsteinen vor einem Peristyl in Pompeji, vor 79 n. Chr.

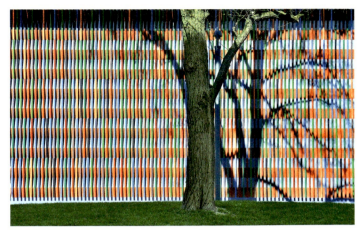

Farbe. Louisa Hutton / Matthias Sauerbruch: Museum Brandhorst, München, 2008. Vertikale Keramikstäbe in 23 Farben, angebracht vor einer zweifarbigen, horizontal gefalteten Blechhaut

Im Innenausbau gewinnen Kunststoffe immer mehr an Bedeutung, vor allem als Kälte- und Schallschutz. Kunststoffe können z. T. hohe Temperaturen aushalten, ein weiterer Vorteil ist ihre leichte Verformbarkeit. Sollen Kunststoffe tragende Funktionen übernehmen, lassen sie sich mit Glasfasern verstärken. Die Dachflächen des Olympiastadions in München (vgl. S. 136) sind aus einem Kunststoff, nämlich Acryl- bzw. Plexiglas. Kunststoffe sind die vielseitigsten, aber auch sehr problematische Baumaterialien in Bezug auf die Umweltverträglichkeit.

Ein zeitlos gültiges, »materialgerechtes« Vorgehen gibt es nicht. Die Tempel der Griechen, deren heller Stein heute geschätzt wird, waren bunt bemalt (vgl. S. 87). In der Antike, besonders aber im Barock verblendete man Fassaden mit Marmorplatten, die einen Eindruck massiver Blöcke ergeben sollten. Oder man verputzte und bemalte Ziegelsteine so, dass sie aus einem kostbaren Material zu bestehen schienen (Abb. oben). »Arme« Materialien wie Eisen und Stahl galten lange als verpönt und mussten verkleidet werden (S. 19 oben).

Ein entgegengesetzter Umgang mit dem Material lässt sich beobachten, wenn ein »unedler« Werkstoff wie Beton nicht länger verheimlicht, sondern als »Sichtbeton« extra betont wird (s. S. 104). In der Stilrichtung des Brutalismus findet sich dieses Prinzip oft. Hier gelten Materialgerechtheit, Ehrlichkeit und Wirtschaftlichkeit als Maßstäbe.

Oberfläche und Farbe

Das Spektrum der Materialien wurde in jüngster Zeit enorm erweitert. Werkstoffe werden heute gepresst, geschäumt, gesponnen, laminiert, gespritzt, 3D-geprintet und nach biologischen Prinzipien wie der Struktur von Knochen oder Bienenwaben gefertigt. »Smarte« Materialien reagieren auf Umweltveränderungen. Entsprechend vielfältig fallen auch die »Außenhäute« von Gebäuden aus.

Auch was die farbige Gestaltung betrifft: So versah das Architektenpaar Sauerbruch Hutton die Fassade des Museums Brandhorst in München mit 36 000 vertikalen Keramikstäben von je 4 x 4 x 110 cm, die in 23 verschiedenen Farben glasiert wurden.

»Wir kontrastieren gern die Abstraktion der farbigen Oberflächen mit den taktilen Eigenschaften bestimmter Materialien. Auf der anderen Seite versuchen wir oft, auch die materielle Qualität der Farbe selbst zu finden, in der Tiefe der Oberfläche. Das Museum Brandhorst erscheint aus der Distanz gesehen in neutralen Farben [...]. Nähert man sich, kommen die einzelnen Schichten mehr und mehr zum Vorschein, bis man aus nächster Nähe dann die Tiefe und besondere Haptik der Keramikglasur wahrnehmen kann.« Louisa Hutton, 2008

Anregung Experimentieren Sie mit Material- und Farbkombinationen. Erstellen Sie auf der Basis Ihrer Erkenntnisse das Modell eines Gebäudes mit einer zur Funktion passenden Fassade.

Fassadengliederung und ihre Wirkung. Notre-Dame in Paris (links) erscheint mit ihren horizontal verlaufenden Gesimsen und der Königsgalerie über der Portalzone breiter als die Kathedrale von Reims mit den aufragenden Fialen, Wimpergen und Fenstern (Mitte).

Plane Rasterfassade. Mies van der Rohe: Seagram Building, 1958

Fassade, Beleuchtung und Licht

Am sorgfältigsten durchgestaltet ist oft die Fassade, das »Gesicht« (lat. facies) eines Bauwerks. Gliedernde Elemente sind »konvex« hervortretende und »konkav« zurückspringende Formen, z. B. »Gesims«, »Pilaster«, »Risalit«, »Balkon« oder eines der bereits erwähnten Architekturelemente. Ihr Zusammenspiel ergibt eine Gliederung mit einer bestimmten Linienführung oder einem Rhythmus.

An den beiden gotischen Kirchen oben wird deutlich, wie bestimmend Bauelemente für die Gerichtetheit einer Fassade sein können: Obwohl die Kathedralen in Paris und in Reims ähnliche Proportionen aufweisen, erscheint die Erstere mit ihren horizontal durchlaufenden Gesimsen und der »Königsgalerie« breiter als die Letztere mit ihren aufstrebenden »Fialen« und »Wimpergen« .

Fassadengestaltung war früher oftmals nicht mehr die Arbeit von Baumeistern, sondern als »Kunst am Bau« ein Beitrag von Bildhauern oder Malern. Im Zusammenspiel der Künste erfüllte Architektur damit den alten Traum vom »Gesamtkunstwerk«, denn nur ihr gelingt es, alle Gattungen auf sich zu vereinen.

Wie unterschiedlich der Fassadenverlauf gestaltet werden kann, zeigt ein Vergleich mit dem Seagram Building von Mies van der Rohe (Abb. o. rechts). Im Gegensatz zu den plastisch bewegten gotischen Fassaden wirkt die des Hochhauses sachlich, ruhig und erhaben. Beim Seagram Building scheint der rechts unten zitierte Satz von Louis Henry Sullivan verwirklicht zu sein (vgl. Abb. S. 19). Dieser

beschreibt das Programm des Funktionalismus, wonach Bauteilen keine Berechtigung zukommt, die nicht zugleich aktiver Bestandteil der Konstruktion sind.

Die Wirkung der Fassade entfaltet sich tagsüber unter dem Licht der Sonne. Seit Thomas Alva Edison 1882 in New York das erste öffentliche Elektrizitätswerk baute, entstand eine regelrechte »Architektur der Nacht«, bei der künstliches Licht die tragende Rolle spielt.

Mit Licht lassen sich Fassaden nachts anstrahlen. Gebäude können auch aus sich heraus leuchten, vor allem aus ihren Fensteröffnungen (Abb. o. rechts). Architektur kann sogar rein aus Licht bestehen, wie das Beispiel »A Tribute in Light« in New York zeigt (Abb. S. 23). Es geht auf Vorläufer zu Beginn des 20. Jahrhunderts zurück, u. a. auf den »Lichtdom« des NS-Architekten Albert Speer.

Im Zeitalter komplizierter Computerberechnungen ist die Fassade oft nicht mehr genau zu definieren und geht in Architekturplastik über (Abb. S. 102 f.).

»Form follows function.«   Louis Henry Sullivan, 1896

Anregungen

1. Finden Sie Begründungen dafür, dass die Fassaden von Gebäuden heute weniger Bauschmuck als früher aufweisen.

2. Diskutieren Sie die oben zitierte These von Louis Henry Sullivan.

→ Gotischer Kathedralbau, S. 12, 17, 94 f. • Fensterrose der Gotik, S. 180 • Hochhausarchitektur, S. 13, 19, 39 • Attentat auf das World Trade Center, S. 41

Immaterielle Architektur aus Licht. Paul Myoda/Julian LaVerdiere: A Tribute in Light, 2002. Zwei von 88 Suchscheinwerfern erzeugte Phantomtürme aus Licht erinnern an die beim Angriff am 11.9.2001 zerstörten Twin Towers. Erstmals realisiert für eine Nacht am 11.3.2002, weitere Einsätze jeweils am 11. September. Blick vom East River auf die Brooklyn Brigde (1883, Ingenieur: John August Roebling). Vor den Lichttürmen: das Chrysler Building (1928–30, Architekt: William Van Alen) und das Empire State Building (1930–31, William F. Lamb)

Zukunftsweisendes Material- und Energiekonzept.
Werner Sobek: Haus R 128, Stuttgart, 1999–2000

Ökologische Aspekte

Wachsende Bedeutung angesichts steigender Umweltbelastung und immer knapperen Ressourcen kommt Bauweisen zu, die ökologisch unbedenklich sind und Energie einsparen helfen. Nehmen der Wohlstand und damit der Energiebedarf weiter zu, gerät das globale Ökosystem immer mehr in Gefahr. Da die Konsequenz aus dieser Erkenntnis nicht sein kann, den Lebensstandard in Drittweltländern niedrig zu halten, müssen die vorhandene Energie effizienter genutzt und der »ökologische Fußabdruck« verkleinert werden.

Eine Chance bot bereits das sogenannte »Passivhaus«, das ein komfortables Raumklima ohne aktives Heiz- und Klimatisierungssystem erzielt, indem die im Haus vorhandene Wärme »passiv« genutzt wird. Voraussetzungen sind einerseits die Verringerung des »Transmissionswärmeverlustes«, der auf luftundichte Bauteile zurückgeht, und des »Lüftungswärmeverlustes«, der konstruktionsbedingt durch ungewollten Luftwechsel entsteht.

Als unabdingbar gilt andererseits die Energieerzeugung durch Solarzellen und ein »innerer Wärmegewinn«, ausgehend von elektrischen Geräten wie Kühlschrank, Fernseher, Glühbirnen etc., nicht zu vergessen menschliche Körper. Der maximale Heizwärmebedarf eines Passivhauses darf 15 kWh/m²a betragen (15 Kilowattstunden pro Quadratmeter im Jahr). Ein »Niedrigenergiehaus« benötigt dagegen bis 140 kWh/m²a, ein Altbau sogar bis 300 kWh/m²a.

Einen Weg in die Zukunft wies bereits das Haus R 128 von Werner Sobek in Stuttgart (Abb. links). Vom Architekten selbst bewohnt, ist es ein ringsum verglastes, vollkommen recyclebares Gebäude, das darüber hinaus im Betrieb ein »Nullenergiehaus« und emissionsfrei ist. Die Probleme, mit denen beispielsweise das 1951 fertiggestellte gläserne House Farnsworth von Ludwig Mies van der Rohe noch zu kämpfen hatte, sind damit hinfällig (s. Abb. S. 30).

Das Stahlgerüst des viergeschossigen R 128 stand aufgrund seiner modularen Bauweise innerhalb von nur vier Tagen. Es gibt keinen Putz oder Estrich, sodass keine Werkstoffverbunde anfallen, die schwierig zu entsorgen wären. Die Innentemperatur wird durch ein neu entwickeltes Klimakonzept gesteuert, der für Heizung und Regelungstechnik erforderliche Strom wird photovoltaisch erzeugt. Zum einen sind Solarzellen auf dem Dach installiert, zum anderen ermöglicht die transparente Fassade – eine Dreifachverglasung mit Edelgasfüllung und Kunststofffolien aus der Raumfahrt als Konvektionsbarriere – eine ungehinderte Licht- und damit Energieeinstrahlung als Energiequelle. Die Wärme wird über wasserdurchflossene Kupferelemente in der Decke absorbiert und in einen Langzeitwärmespeicher geleitet. Von hier aus kann das Gebäude im Winter beheizt werden, wobei die Deckenelemente als Wärmestrahler fungieren und weitere Heizkörper überflüssig machen. Im Sommer wirken sie als Kühlaggregate. Das computergesteuerte System kann von jedem Ort per Telefon oder Internet bedient werden.

Mit dem Haus f 87 entwickelte Werner Sobek das »Nullenergiehaus« zum »Plusenergiehaus« weiter (s. S. 78 f.)

Anregungen

1. Recherchieren und analysieren Sie in Teams den Energieverbrauch Ihrer Schule. Erarbeiten Sie Vorschläge zur Reduktion des Bedarfs.
2. Überprüfen Sie Ihren eigenen ökologischen Fußabdruck, planen Sie Maßnahmen zur Verringerung.

→ Romanischer Sakralbau, S. 92 f. • H. Finsterlin, S. 150 • W. Gropius, S. 129 • W. Sobek: Haus F 87, S. 78 f.

»Architektur ist das kunstvolle, korrekte und großartige Spiel der unter dem Licht versammelten Baukörper. Unsere Augen sind geschaffen, die Formen unter dem Licht zu sehen: Lichter und Schatten enthüllen die Formen.«
Le Corbusier, 1963

Baukörper und Bauelemente

Wie angedeutet lässt sich das Gesamtvolumen eines Bauwerks als »Baukörper« oder kurz als »Körper« bezeichnen. Reine, massive Körperarchitektur gibt es kaum, fast immer ist ein Innenraum vorhanden. »Monumentalbauten« wie die ägyptischen Pyramiden kommen ihr nahe (Abb. S. 30).

Aus einer einzigen strengen, stereometrischen Form wie die Pyramiden bestehen aber nur wenige Bauwerke, etwa Türme oder Iglus. Die meisten anderen Gebäude sind entweder Gruppierungen, Durchdringungen oder Additionen verschiedener Elementarformen, wie bei der Abteikirche des Klosters in Cluny (Abb. rechts). Hier wurde, als die Zahl der zu verehrenden Heiligen stieg, die Choranlage ausgedehnt, wo die Priester täglich Messen gegen Entgelt lasen – eine lukrative Einnahmequelle für die Abtei.

Architektur, die nicht auf Elementarformen zurückgeführt werden kann, ist selten. Bei den geschwungenen Fassaden des Barock, etwa Balthasar Neumanns Wallfahrtskirche Vierzehnheiligen, trifft dies bedingt zu (Abb. S. 84 f.). Bauten des Expressionismus oder des Dekonstruktivismus scheinen keinen vorgegebenen Formen zu folgen (s. S. 150 ff.), während die Postmoderne der 1980er-Jahre sie geradezu als Versatzstücke benutzt (S. 134).

Die Reduzierung von Architektur auf stereometrische Grundformen erinnert an Baukästen für Kinder. Sie sind auch für den Architekten von Nutzen, der ein Ideenmodell erstellen will. Der Expressionist Hermann Finsterlin entwarf sogar eigene, als »Stilspiel« oder »Formdomino« bezeichnete Systeme. Am berühmten »Bauhaus« wurden nicht von ungefähr Spiele mit Bausteinen entwickelt. Der junge Walter Gropius hatte schon 1911 an einen Gönner geschrieben: *»Ich habe einen Anker-Steinbaukasten, aus dem ich je nach lokalen und individuellen Bedürfnißen mit Hülfe bestehender Ausführungsfirmen Häuser zusammensetzen kann«*, nicht ohne hinzuzufügen: *»von diesem System braucht aber niemand etwas zu wißen.«*

Während die Frage nach dem Baukörper entweder das Gebäude als Ganzes oder herausragende Teilkörper und Volumina berücksichtigt, lassen sich auch einzelne »Bauelemente« gesondert betrachten. Allein für die Bestandteile antiker Tempel oder gotischer Kathedralen, ja, sogar für Säulen, existiert eine Vielzahl von Fachbegriffen (vgl. S. 17, 87, 113).

Addition elementarer Körperformen, typisch für den Sakralbau der Romanik. Klosterkirche Cluny III, (3. Bau), begonnen 1088, zerstört 1807. Virtuelles Rekonstruktionsmodell

Es bietet sich an, Architekturelemente in zwei Gruppen aufzuteilen: Die konstitutiven Elemente, die den Bau und seine Funktion ausmachen, und die dekorativen, die ihn vorrangig schmücken. Zu den Ersteren gehören z. B. Tür, Fenster, Treppe, Fassade und Dach, ebenso konstruktive Teile wie Wand und Stütze. Sie können nicht nur unter funktionalem, sondern auch unter künstlerischem Blickwinkel betrachtet werden.

Dekorative Bauelemente sind z. B. das »Fries«, die »Rocaille«, die »Kartusche« oder der »Wasserspeier«. Einige Elemente nehmen eine Zwischenstellung ein, indem sie sowohl konstitutiv für den Bau sind, vielleicht sogar eine tragende Funktion ausüben, gleichzeitig aber Verzierungen aufweisen, etwa die »Fiale«, die »Volute« oder das »Säulenkapitell«. Solche Schmuckformen stießen gerade anfangs des 20. Jahrhunderts auf Gegner. *»Das ornament verteuert in der regel den gegenstand«*, proklamierte Adolf Loos, *»ornament ist vergeudete arbeitskraft und dadurch vergeudete gesundheit.«*

Es darf indessen nicht übersehen werden, dass viele Betrachter Gefallen an dekorativen Bauelementen finden. Architektur muss auch, so Charles Moore, *»auf das breite Spektrum menschlicher Gefühle ausgerichtet sein«*.

Anregungen

1. Entwerfen Sie ein System von Bauklötzen, aus denen sich additiv Architekturmodelle ergeben.

2. Adolf Loos' Ansicht (s. o.) wird oft auf die Formel »ornament ist ein verbrechen« reduziert. Nehmen Sie Stellung zu dieser Aussage.

Ansichtigkeit. Ein freistehender Bau des Dekonstruktivismus, aus verschiedenen Blickwinkeln betrachtet, verändert fortlaufend seine Erscheinung. Frank O. Gehry: Vitra Design Museum, Weil am Rhein, 1990

Blickführung, Bewegung, Rhythmus

Architekturbetrachtung ist ein aktiver Vorgang, bei dem verschiedene Sinne mitwirken, vor allem aber auch die Eigenbewegung des Betrachters, der das Gebäude durch seine individuelle »kinästhetische« Wahrnehmung mit konstituiert. Dieser Prozess wird vom Gebäude bzw. seinem Architekten ausgelöst und gesteuert.

So muss man, um einen Baukörper zu erfassen, das Bauwerk abschreiten. Dabei gewinnt der Aspekt der »An-

sichtigkeit« an Bedeutung, der nach dem aufschlussreichsten Blickwinkel fragt. Selbst freistehende Architektur ist nicht immer »allansichtig«, sondern kann auch eine »Schauseite« (bei Kirchen in der Regel die Westwand, vgl. Abb. S. 22, 95) oder eine »Hauptansicht« haben. Andere Bauten, etwa das Vitra Design Museum, verändern mit jedem Schritt des Betrachters ihr Aussehen (Abb. oben).

Die Faktoren Zeit und Bewegung spielen eine wichtige Rolle bei der Betrachtung, denn Wahrnehmung von Archi-

→ Dekonstruktivismus, S. 42, 107, 109, 134 u., 156 u. 164 • Lise Anne Couture, S. 162

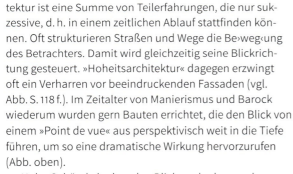

Blickführung in die Tiefe. Von Giorgio Vasari 1560–74 gestalteter Uffizienhof, Florenz, mit durchgehenden horizontalen Linien an Gesimsen und am Dach; hinten der Palazzo Vecchio als »Point de vue«, davor Skulpturen, u. a. der »David« von Michelangelo. Kupferstich von Giuseppe Zocchi

Rhythmus. Die Spanische Treppe in Rom von Francesco de Sanctis, um 1723–25. Oben die Kirche Santa Maria Aracoeli. Kupferstich von Giovanni Battista Piranesi (Ausschnitt), um 1750

tektur ist eine Summe von Teilerfahrungen, die nur sukzessive, d. h. in einem zeitlichen Ablauf stattfinden können. Oft strukturieren Straßen und Wege die Be‹weg‹ung des Betrachters. Damit wird gleichzeitig seine Blickrichtung gesteuert. »Hoheitsarchitektur« dagegen erzwingt oft ein Verharren vor beeindruckenden Fassaden (vgl. Abb. S. 118 f.). Im Zeitalter von Manierismus und Barock wiederum wurden gern Bauten errichtet, die den Blick von einem »Point de vue« aus perspektivisch weit in die Tiefe führen, um so eine dramatische Wirkung hervorzurufen (Abb. oben).

Hohe Gebäude lenken den Blick nach oben und provozieren damit eine Veränderung in der Körperhaltung. Architektur kann ebenso einen Rhythmus vorgeben, beispielsweise durch die Fassadengliederung. Das »Seagram Building« von Mies van der Rohe (Abb. S. 22 rechts) hat den Rhythmus 1, 1, 1, 1, …

Wie das Bauelement Treppe den Rhythmus von Architektur und Mensch strukturiert, hat Steen Eiler Rasmussen am Beispiel der »Spanischen Treppe« in Rom (Abb. oben) erläutert, die nach dem zeremoniellen Tanz der Polonaise geformt zu sein scheint: »... man geht zuerst zu vieren geradeaus, trennt sich dann, zwei gehen nach rechts und zwei nach links, man wendet und dreht sich, macht Komplimente, trifft sich wieder am großen Absatz, geht gemeinsam weiter, trennt sich wieder nach rechts und links, um sich endlich auf der obersten Terrasse zu vereinen.«

»Ich denke, dass Architektur viel mehr als nur drei Dimensionen fasst. Sie beinhaltet auch Zeit und Erinnerung. Und ebenso etwas, das ungeachtet der Theorie dahinter oder dem Stand der verwendeten Werkzeuge existiert. Architektur muss auch einen gewissen Kontrapunkt erzeugen, der – auf hoffentlich positive Weise – zur menschlichen Erfahrung beisteuert und das tägliche Leben inspiriert. Dies sollte auf möglichst unbewusste Art stattfinden und einige zusätzliche Dimensionen ergänzen. Vielleicht ist das Schönheit. Schönheit sollte uns auf metaphysische oder philosophische Weise bewusst machen, im Hier und Jetzt der Gegenwart zu sein.«

Lise Anne Couture, 2008

Anregungen

1. Suchen Sie ein freistehendes Gebäude, dokumentieren Sie es ringsum aus verschiedenen Blickwinkeln und beschreiben Sie die sich dadurch ergebenden unterschiedlichen Ansichten und Informationen.

2. Recherchieren Sie anhand exemplarischer Abbildungen in diesem Buch, wie sich bestimmte Bauelemente – z. B. die Treppe oder das Fenster – im Lauf der Architekturgeschichte verändert haben.

»Wir müssen darüber nachdenken, was hier als ›Außen-haut‹ des Menschseins gebaut wird. Jedes Gebäude hat Einfluss auf uns.« Yvonne Farrell, 2018

Innenraum

Ein architektonischer Körper kann nur im Raum existieren, und umgekehrt ist Raum ohne darin befindliche Körper unendlich und deshalb unanschaulich. Der Architekt muss mit Raum in zwei Richtungen umgehen: mit Innen- und Außenraum. Den einen grenzt er mittels eines Körpers ein, den anderen aus. Zu einem Bauwerk entwickelt der Betrachter in der Regel eine andere Beziehung als zu einem Gemälde oder einer Skulptur: Er steht ihm nicht nur gegenüber, sondern er geht in es hinein.

Architektur ist in der Regel ein »Raumbehälter«. Die Form des Raumes richtet sich nach Konstruktion, Funktion, Lage im Bauwerk und stilbildenden Kriterien. Es existieren zahlreiche Spielarten. Ein Innenraum kann von großer oder von geringer Ausdehnung sein. Er kann »liegen«, z. B. als quaderförmiger »Longitudinalraum« (Langseite größer als Höhe), er kann »stehen«, etwa ein Rundtempel- oder Turminnenraum (Langseite kleiner als Höhe), oder er kann »ruhen«, wie ein Iglu bzw. ein Kugel- oder Würfelraum als sogenannter »Zentralraum« (Langseite gleich Höhe). Es gibt den strengen und überschaubaren »Einheitsraum« oder den vielschichtigen »komplexen Raum«, der mit »Nischen«, »Konchen«, »Kapellen«, »Emporen«, »Galerien«, Nebenräumen zergliedert bzw. erweitert ist. Von Bedeutung ist in diesem Zusammenhang die »Raumfolge«, ob und welche Übergänge es in benachbarte Räume gibt, die dem Betrachter evtl. eine Laufrichtung vorgeben. Durch die Addition von Räumen können eine Hierarchie, eine Dynamik oder ein Rhythmus entstehen.

Wichtig sind die »Raumgrenzen«: Wand, Boden und Decke, auch als »Trennungskörper« bezeichnet. Sie können rechtwinklig–plan angeordnet sein oder geschwungene Formen aufweisen, wie bei einem »Ovalraum« oder verschiedenen »Gewölben« (Abb. S. 181). Meistens nehmen Trennungskörper Bezug auf die Innenraumverhältnisse: Der Betrachter kann außen erahnen, wie die Räume innen beschaffen sind. Eine konvexe Form außen korrespondiert

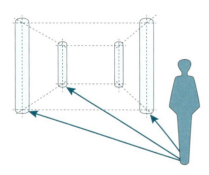
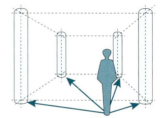
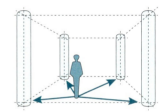

Raumbestimmung durch Kinästhetik. Veränderte Wahrnehmung in der Bewegung. Ein Mensch geht auf vier Eckpfeiler zu und bewegt sich zwischen sie, in einen gedachten Raum hinein (Grafik in Anlehnung an Jürgen Joedicke).

Longitudinalraum. St. Michael, Hildesheim, 1010–1033, Langhaus, Blick nach Osten. Quaderförmiger, »liegender« Einheitsraum mit Horizontalachse (vgl. S. 92)

Zentralraum. Santa Costanza, Rom, 4. Jahrhundert. »Ruhender« Einheitsraum im kreisförmigen Grundriss, mit Nischen und Mittelkuppel

Komplexer Raum. Treppenhaus des Gran Teatro, Havanna, Kuba, 1914. »Bewegter« Raum des Neobarock mit geschwungenen Treppen und Balkonen

→ St. Michael in Hildesheim, S. 92 • B. Neumann: Vierzehnheiligen, S. 98 • Pantheon, S. 88 f. • Holzmodell der Kuppel des Petersdoms, S. 16

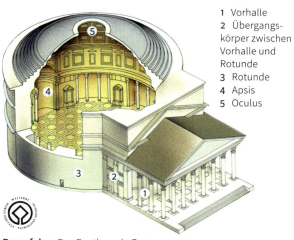

1 Vorhalle
2 Übergangs-
  körper zwischen
  Vorhalle und
  Rotunde
3 Rotunde
4 Apsis
5 Oculus

Raumfolge. Das Pantheon in Rom,
118–128 n. Chr., in isometrischer Darstellung

»Das Universalproblem der Architektur ist die Umfassung des Raumes.« Richard Buckminster Fuller

meist mit einer konkaven Form innen und umgekehrt. Es gibt jedoch Fassaden, die das Innere verschleiern, etwa bei der Wallfahrtskirche Vierzehnheiligen, die von außen einen eckigen Innenraum andeutet, sich innen aber als Abfolge von Ellipsen herausstellt (Abb. rechts).

Prinzipiell kann ein Innenraum offen oder hermetisch abgeschlossen wirken. Für den Übergang nach außen bzw. das Eindringen der Außenwelt in den Innenraum gibt es die unterschiedlichsten Möglichkeiten. Neben den Türen spielen Fenster – die »Augen des Hauses« – die größte Rolle, weil sie nicht nur gestaltete Formen darstellen, sondern gleichzeitig für die »natürliche« Beleuchtung sorgen.

Licht, das auch »künstlich« im Innenraum erzeugt werden kann, bestimmt in großem Maße die Atmosphäre. Es kann gerichtet oder diffus sein (für Künstlerateliers sind z. B. Nordfenster obligatorisch). *»Die Verlegung eines Fensters von der Mitte einer Wand zur Ecke hin«*, schreibt Rasmussen, *»kann den gesamten Charakter eines Zimmers auf merkwürdigste Weise verändern.«* Licht kann kühl und sachlich sein oder metaphysisch-überirdisch wirken, wie in Kirchen mit »Glasmalerei« in den Fenstern (Abb. 95).

Beachtenswert ist auch, welche Temperatur im Raum herrscht, welche Akustik er hat, ob ein Baumaterial oder eine bestimmte Farbe zur Wirkung beitragen. Wie subjektiv Raumwahrnehmung ist, belegt ein Test, bei dem die Testpersonen einen orangefarben angestrichenen Raum erst bei einer Temperatur von 11° als kalt empfanden, einen blaugrün gestrichenen dagegen bereits bei 15°.

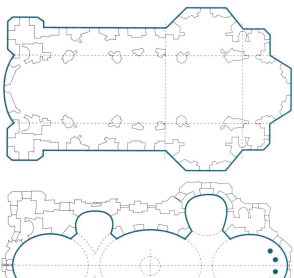

Außenwandverlauf und Innenraumwahrnehmung. Wallfahrtskirche Vierzehnheiligen von Balthasar Neumann, 1744. Von oben: Holzmodell, aufgeklappt. Historischer Verein Bamberg • Außenwand • Innenraum in der Wahrnehmung des Betrachters

Anregung Finden Sie Beispiele für die drei auf S. 28 vorgestellten Arten von Innenräumen in Ihrer Umgebung und dokumentieren Sie sie in einem Portfolio mit Skizzen, Fotografien und Beschreibungen.

*»Das Sichtbare bildet die Form eines Werks,
das Nicht-Sichtbare macht seinen Wert aus.«*
Tao Te King, 4. Jahrhundert v. Chr.

Außenraum

Es gibt Architektur, die fast nur Körper ist und die Funktion eines Raumbehälters kaum erfüllt, z. B. die ägyptische Pyramide (Abb. unten). Während sie den Außenraum an ihren Flächen abprallen lässt, gehen andere Baukörper offener mit dem Raum um. Antike Tempel etwa weisen ein ausgeglichenes Wechselspiel zwischen Körper und Außenraum auf. Einzelkörper wie die Säulen sind raumabweisend, in die Partien dazwischen kann Raum eindringen – wie viel, bestimmt das »Interkolumnium«. Ähnliche Raumeinschließungen gibt es bei Gebäuden mit »Lauben« oder »Arkaden«.

Den Gegenpol zur »Körperarchitektur« der Pyramiden bilden Bauwerke, die die Materialität ihrer Wände verneinen und als »Raumarchitektur« bezeichnet werden könnten. Hierzu gehört die gotische Kathedrale mit ihrer »Auflösung der Wand« (Abb. S. 95). Geradezu entstofflicht wirkt der durchbrochene Helm des Freiburger Münsterturmes (Abb. S. 40 o. links). Auf dem Gebiet des Wohnbaus ist Ludwig Mies van der Rohe eine fast vollständige Auflösung des Gegensatzes zwischen innen und außen gelungen, indem er Glasflächen als Wände und gleichzeitig als Fassaden einsetzte. So durchdringen sich bei seinem Haus für Edith Farnsworth Außen- und Innenraum (Abb. rechts).

An diesem extremen Beispiel wird deutlich, welch wichtige Rolle das Bauelement Fenster auch nach außen einnimmt. Viele im 20. Jahrhundert entstandenen Bauten weisen die Umgebung durch spiegelverglaste Fassaden zurück. Indem sie den Raum reflektieren, bilden sie ihn aber auch ab und machen ihn so gleichzeitig zum Bestandteil der Architektur (Abb. S. 79).

Interessante Raumverhältnisse ergeben sich, wenn ein Bauwerk den Außenraum an mehreren Seiten so umschließt, dass er fast Innenraumqualitäten bekommt. Er wird manchmal »Negativraum« genannt und findet sich beim »Atriumhaus« (S. 51), dem »Lichthof« (S. 61), dem »Cour d'Honneur« (S. 118) oder dem »Kreuzgang«.

Oft hilft benachbarte Architektur bei der Eingrenzung von Außenraum: Auf diese Weise bilden sich Gassen, Straßen, Alleen, Kreuzungen, Plätze. Napoleon hat vom Markusplatz in Venedig gesagt, er sei *»der größte Salon auf Erden«.* Abstrakt betrachtet gibt es keine wesentlichen Unterschiede im Körper-Raum-Verhältnis zwischen einem Atriumhaus und einem Platz wie der Piazza del Campo in Siena (Abb. S. 31 unten): Bei beiden wird Außenraum durch Architektur geformt.

Unterscheiden lässt sich zwischen dem »architektonischen«, dem »städtischen« und dem »natürlichen Raum«. Wie komplex die Abfolge und das Ineinandergreifen dieser drei Arten von Außenraum sein können, kann man sich am Beispiel einer mittelalterlichen Stadt vor Augen führen, die, durch eine Stadtmauer von der umgebenden Landschaft abgegrenzt, innen von Straßen und Plätzen durchzogen ist (S. 33 o. links).

Entmaterialisierung des Baukörpers/ Durchdringung von Innen- und Außenraum durch deckenhohe Fenster als Wände. Ludwig Mies van der Rohe: Haus für Edith Farnsworth, Plano, Illinois, 1946–1951

Reine Körperarchitektur, raumabweisend. Pyramiden von Gizeh, 2650–2575 v. Chr. Vorn die drei kleinen Königinnenpyramiden, dahinter (von links) die Pyramide des Mykerinos, die des Chephren und die des Cheops

→ Ägyptische Pyramiden, S. 86 f. • Rathaus von Siena, S. 114 f.

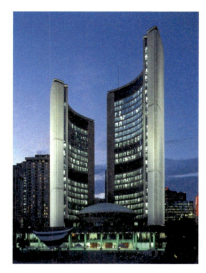

Formung von Außenraum durch begrenzende Körper. Viljo Revell: Rathaus von Toronto, 1955–56

Formung von Negativraum. Johann Otto von Spreckelsen: La Grande Arche, Paris, 1982–89

Untersuchen Sie Plätze an Ihrem Wohnort daraufhin, inwieweit diese planvoll mit Gebäuden oder Naturelementen eingegrenzt wurden oder sich eher ungeplant entwickelt haben.

Anregung

Formung städtischen Raumes durch benachbarte Gebäude. Piazza del Campo, Siena, gepflastert 1413. Rechts im Bild das Rathaus mit dem Rathausturm (vgl. Abb. S. 114 f.)

*»Städte müssen auf neue Probleme eine Antwort finden.
Sie können nicht nur auf schematischen Ideen von Form,
Abstraktion oder Utopien aufbauen, sondern sie müssen
eine Flexibilität, eine völlige neue Idee von Infrastruktur
und ganz allgemein einen ökologischen Ansatz der
Planung gewinnen.«* Daniel Libeskind, 1996

Städtebau

Eine große Rolle spielt im städtischen Zusammenhang
die »Bauweise«, die Art der Zuordnung von Baukörpern
in Stadtteilen oder Siedlungen. Sie ist wichtiger Bestandteil des Baurechts. Bei Straßenzeilen, in denen Häuser mit
ihren Brandmauern aneinanderstoßen, spricht man von
»geschlossener Bauweise«. Sind die Häuser durch einen
Zwischenraum, den »Bauwich«, voneinander getrennt,
liegt eine »offene Bauweise« vor. Die Anordnung langer
Baukörper parallel zur Straße heißt »Zeilenbauweise«,
die einheitliche Bebauung eines von mehreren Straßen
umgürteten Grundstücks »Blockbauweise« (Abb. unten).

Auch im Städtebau ist der Außenraum von elementarer Bedeutung. Nach Auffassung von J. J. P. Oud ist Architektur *»eine Kunst der Raumbestimmung und als solche
am gültigsten im Städtebau auszudrücken«*. Keine Stadt
kann ohne ein System von Gassen und Straßen, von Plätzen und anderen freien Feldern auskommen (Sportstätte,
Markt, Freilichttheater). Ein »Stadtbild« wird in gleichem
Maße vom gestalteten Raum bestimmt wie vom herausragenden Baukörper, der sich in der Silhouette oder »Skyline« einer Stadt als »Wahrzeichen« bemerkbar macht
(Kirchturm, Kuppel, Triumphbogen, Wolkenkratzer). Nicht
von ungefähr gibt es den Begriff der »Stadtlandschaft«.

Auf dem Gebiet des Städtebaus müssen wir zwischen
der gewachsenen und der geplanten Stadt unterscheiden. Die eine nimmt eher passiv Rücksicht auf Vorgegebenes, vor allem auf die »topografischen« Gegebenheiten,
die andere setzt ihre Vorstellungen aktiv durch. Aus Handelsknotenpunkten hervorgegangene Städte des Mittelalters wirken aufgrund ihrer unregelmäßigen Grundrisse oft
organischer, während geplante Städte meist geometrisch
streng verlaufende Straßenzüge aufweisen, ob nun linear-
rechtwinklig und uniform gerastert, wie in vielen Städten der USA, oder als »Radialstadt« axial von einem Punkt
ausgehend, wie im Barock von einem Schloss (Abb. S. 33).

Planung kann Städten von Beginn an zugrunde liegen,
etwa bei der sogenannten »Gründungsstadt«. Sie kann
auch nachträglich greifen, wie in Paris, wo der Präfekt
Georges-Eugène Haussmann im 19. Jahrhundert ganze
Viertel niederreißen ließ, um seine Boulevardachsen wie
Breschen in die Stadt zu schlagen (Abb. S. 122 u.).

Zur Aufgabe des »Stadtplaners« gehört es, dem Gemeinwesen Stadt als Gesamtkunstwerk eine sinnvolle
Ordnung in funktioneller, sozialer und ästhetischer Hinsicht zu geben. Dies gelingt nicht immer, wie der Typ der
»zersiedelten Stadt« beweist, ein Gegenwartsphänomen,
bei dem Verkehrswege ohne Rücksicht auf gewachsene
Strukturen die Oberhand bekommen. Straßen stellen hier
keine räumlichen Einschnitte mehr dar, sondern werden
zu dominanten Baukörpern (Abb. S. 33 u. rechts).

Auch im kleineren Rahmen ist der Umgang mit gewachsener Stadtlandschaft von Bedeutung. New York
und Frankfurt am Main sind Städte mit Gegenden, an denen Altes mit Neuem oft unversöhnlich, gelegentlich aber
auch reizvoll konfrontiert wird (Abb. S. 23). Demgegenüber
stehen Neubauten, die formal eigenständig und trotzdem
mit alter Architektur kombiniert sind, etwa die Elbphilharmonie und der Kaispeicher A in Hamburg von Herzog & de
Meuron (Abb. S. 133). Zu den stadtplanerischen Fragen gehören auch die Siedlungspolitik (vgl. S. 64 ff., 72 f.), und die
Utopie der Idealstadt (vgl. S. 141, 145).

Wie in alle Arbeitsbereiche so hat auch in die Stadtplanung längst der Computer Einzug gehalten. Software und
Cybercities im Internet fördern sogar die Partizipation des
Bürgers auf einem Gebiet, das bislang Spezialisten vorbehalten war. Mit Videogames wie »SimCity« (»Simulationsstadt«) lassen sich nicht nur Wolkenkratzer, Bürogebäude,
Läden und Straßen zu einer Stadt aus der Retorte errichten, sondern auch die Bewältigung realistischer Probleme
einüben: in der Energieversorgung, Umwelt, Bildung, Gesundheit, Sicherheit oder dem Verkehr.

Global brennt das Problem der Überbevölkerung gerade in Ballungsgebieten auf den Nägeln. Visionäre
Computerlösungen liefern hier MVRDV mit »Metacity /
Datatown« (S. 163). Eine Antwort vieler Städte lautet
»Hochverdichtung« – Bauen in die Höhe. Zaha Hadid konzentrierte sich dagegen in ihren Stadtentwürfen oft auf
die Morphologie natürlicher Landschaftsformen. Den geometrisch strengen Anlagen anderer Metropolen setzt sie
gezielt sanft gewellte, künstliche Architekturlandschaften
entgegen und findet so wieder zur organischen Form zurück (Abb. S. 33 unten).

Bauweisen. Offene Bauweise • gemischte Bauweise •
geschlossene Bauweise • Zeilenbauweise • Blockbauweise

→ Schlossanlage von Versailles, S. 118 • Stadtutopien von Le Corbusier, S. 154 f.

Vier verschiedene Stadtanlagen. (Oben links:) Nördlingen, historisch gewachsene Stadt mit Wachstumsringen: mittelalterlicher Kern, barocke Bastionen. (Oben rechts:) »Fächerstadt« Karlsruhe, barocke Planstadt mit radialem, vom Schloss ausgehenden Straßensystem, Residenz des Markgrafen von Baden. Stich von Chr. Thran, 1739. (Unten links:) Chicago, Raster-Metropole mit rechtwinklig angelegtem Straßensystem, Postkarte von 1915. (Unten rechts:) Los Angeles, durch Highways zersiedelte Stadt der Gegenwart

Morphologische Stadtlandschaft. Zaha Hadid: One-North Masterplan für Singapur (2016), Stadtviertel für 138 000 Menschen ab 2021

»Es ist von großer Bedeutung, dass man es historischen Städten ermöglicht, ihre Zukunft neu zu erfinden.«
Zaha Hadid, 2009

Anregungen

1. Dokumentieren Sie mit Fotografien die verschiedenen Bauweisen (S. 30) in unterschiedlichen Vierteln Ihres Wohnorts.

2. Überprüfen Sie Ihren Wohn- oder Schulort auf seine allgemeine Stadtanlage hin. Nutzen Sie Darstellungen aus der Vogelsperspektive im Internet und leiten Sie daraus eine eigene Zeichnung ab.

Integration von alter und neuer Architektur. An- und Umbau des ehemaligen, 1894 von Paul Wallot errichteten Reichstagsgebäudes in Berlin zum Sitz des Deutschen Bundestags durch Norman Foster, eröffnet 1999

»Sie zieht die Sonne an, wo Glänzen und Funkeln sein soll, sie stellt ihre Werksteine hoch in die Himmelsluft.«   J. J. P. Oud

Architektur im Kontext

Bauwerke stehen immer in einem größeren Zusammenhang, ob nun zu anderen Gebäuden oder zur Landschaft. Eine besondere Herausforderung stellt das Bauen dar, wenn es auf ein Nachbargebäude antworten oder als Anbau realisiert werden soll. Beim ehemaligen Reichstagsgebäude Berlin konstruierte der britische Architekt Norman Foster eine neuartige gläserne, für Besucher zugängliche Kuppel und nahm vertikale Schnitte durch die Stockwerke vor, um den Blick hinab zum Plenarsaal zu ermöglichen und das parlamentarische Geschehen transparent zu machen (Abb. oben). *»Das umgebaute Gebäude atmet einen neuen Geist, greift aber auch – wo angebracht – auf den alten Reichstag zurück«*, erklärte Norman Foster.

Gottfried Semper sah zwar in der Architektur einen Gegensatz zur Natur, *»denn für ihre Formen gibt es keine fertigen Prototypen in der Natur, sie sind freie Schöpfungen der menschlichen Fantasie und Vernunft«*. Sie steht jedoch immer in Wechselwirkung mit der Natur und ist den Naturgewalten ausgesetzt. Natur lässt sich aber auch umleiten, wie die Verkehrswege aus Wasser in Venedig und Amsterdam zeigen. Manchmal muss die Architektur weichen: Der Tempel von Abu Simbel mit den kolossalen Figuren des ägyptischen Pharao Ramses II. (1290–1224 v. Chr.) wurde von 1964 bis 1968, als der Assuan-Staudamm gebaut wurde, ganz abgetragen und 180 m landeinwärts versetzt.

Architektur kann durch pflanzliche Motive einen direkten Bezug zur Natur herstellen, wie im Jugendstil um 1900 (vgl. S. 60 f.). Sie kann in die Landschaft integriert sein wie beim Haus Fallingwater von Frank Lloyd Wright, dem Verfechter einer organischen Architektur, die auch auf die Umgebung Rücksicht nimmt (Abb. S. 70 f.). Nach wie vor muss Natur für Bauwerke ausgebaggert, umgeformt, planiert und angetragen werden. In jüngster Zeit hat sich mit wachsendem ökologischen Bewusstsein auch eine Tendenz herausgebildet, wieder mehr mit der Natur zu bauen.

Anregung Finden Sie sowohl Beispiele, in denen neue Architektur konfrontativ gegen bestehende Bauwerke oder gegen die Natur eingesetzt wurde, als auch solche, die integrative Lösungen darstellen.

Maß, Zahl, Proportion

Eine zentrale Frage lautet: Welches Bauwerk wird bei der Betrachtung als schön oder ausgewogen empfunden? Bereits in der Antike wurden Gestaltungsgesetze entwickelt, die bis in die Gegenwart hinein wirken. Vitruv hat sie in dem berühmten Werk »Zehn Bücher über die Architektur« beschrieben. Dort nennt er als Kriterien der Gestaltung:

- ordinatio (Rangfolge und Ordnung der Bauteile),
- dispositio (erfindungsreiche Zusammenstellung),
- eurythmia (Zusammenklang der Formen),
- symmetria (Ebenmaß, Symmetrie) und
- decor (Geschmack, angemessene Schmuckformen).

Der Renaissance-Architekt Leon Battista Alberti hat Vitruvs Erkenntnisse später unter dem Begriff »concinnitas« zusammengefasst, der kunstgerechte Verbindung, Harmonie, Schönheit bedeutet (s. Zitat o. rechts).

Welche Maße muss nun ein harmonisches Bauwerk haben? Zwar existieren keine zeitlos gültigen Regeln, wohl aber einige prinzipielle Möglichkeiten von größerer Bedeutung. Als »schön« wurden zunächst geometrische Figuren und die entsprechenden stereometrischen Körper aufgefasst: Kreis (bzw. Kugel), Quadrat (Würfel), Dreieck (Pyramide). Diese müssen nicht immer voll ausgeformt sein, sondern können auch in der Vorstellung des Betrachters komplettiert werden. So ergibt die Kuppel des Pantheons zu Rom, in Gedanken fortgeführt, eine Kugel, deren unterer Rand den Boden tangiert (Abb. S. 29 und 88 f.).

Geo- bzw. stereometrische Formen können ein Gebäude auch durchziehen. Beim sogenannten »Gebundenen System« der Romanik beispielsweise wird der Grundriss eines Gewölbefeldes durch ein sich wiederholendes Quadrat bestimmt (s. Glossar). Bauten der Gotik sind häufig durch »Triangulationen« (Dreiecksformen) geprägt. Beim Turm des Ulmer Münsters sind diese Dreiecke in Quadrate einschreibbar (Abb. rechts). Die Renaissancekirche S. Spirito in Florenz wiederum ist über einem Quadratraster entworfen (Abb. S. 36). Die Ausgangsfigur, die sich wiederholt (in diesem Fall das Quadrat), wird auch »Modul« genannt. Es bildet das größte gemeinsame Maß.

Vorstellungen von idealen Städten wurden seit alters her ebenfalls mit geometrischen Formeln verbunden (vgl. S. 141). Diese Vorliebe für die Geometrie hat ihre Ursache nicht allein im Schönheitsempfinden, sondern auch in der Planungsmethodik und der Umsetzung auf dem Bauplatz. Gerade die Absteckung des rechten Winkels war dort nur mithilfe von Seilstrecken mit den Längen 3, 4 und 5 möglich, mit denen sich der bekannte Lehrsatz des Pythagoras ($a^2 + b^2 = c^2$) anwenden ließ.

> »Schönheit entsteht dadurch, dass die einzelnen Teile untereinander zum Ganzen in gutem Verhältnis stehen, ohne dass etwas hinzugefügt oder weggenommen werden könnte, was die ganze Harmonie zerstören würde.«
>
> Leon Battista Alberti, um 1450

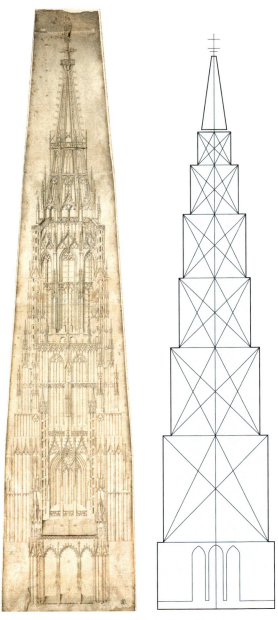

Quadrat und Triangel am Turm des Ulmer Münsters.
Links: Visierung von Jörg Syrlin d. J., um 1480. Zeichnung, 332 x 72 cm, Württembergisches Landesmuseum, Stuttgart.
Rechts: Schemazeichnung

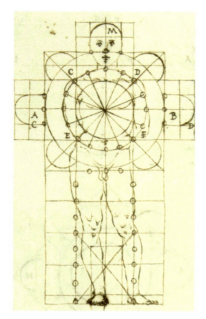

Kirchengrundriss nach dem Maß des Menschen von Francesco di Giorgio Martini, um 1480. Biblioteca Nazionale, Florenz

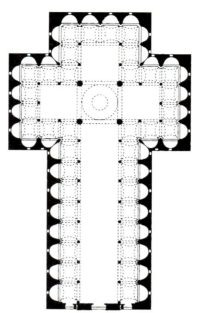

Quadrat-Rasterschema am Grundriss von Santo Spirito in Florenz von Filippo Brunelleschi, begonnen um 1444. Achsabstand zwischen den Säulen = 2 Module à 5,5 florentinische bracci (Armlängen)

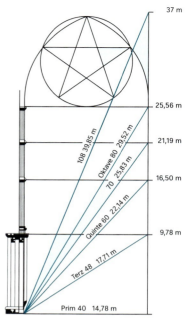

Proportionen einer Molltonleiter an der Innenwandgliederung der gotischen Kathedrale von Chartres (12. Jahrhundert). Die »Fensterrose« oben enthält ein Pentagramm (s. S. 39).

Schlüsselfiguren des Mittelalters aus Quadrat, Dreieck, Fünfeck

Grund und Auszug **Grund und Aufzug**

Im Mittelalter fand man Harmonie in »Schlüsselfiguren«, planimetrischen Grundformen, die für alle weiteren Abmessungen den Schlüssel lieferten, vor allem Quadrat, gleichseitiges Dreieck und Fünfeck (Abb. oben). In den Bauhütten hießen sie »gerechte Gründe«, da nur sie das rechte Maß vermittelten. Sie lieferten als sogenannter »Grund und Auszug« die Maße für den Grundriss und als »Grund und Aufzug« die Maße für den Aufriss. Vorbilder sind z. T. in der Natur zu finden, etwa in Schneekristallen.

Auch der menschliche Körper bildet einen Ausgangspunkt für das Bauen, denn seine Anatomie weist geo-

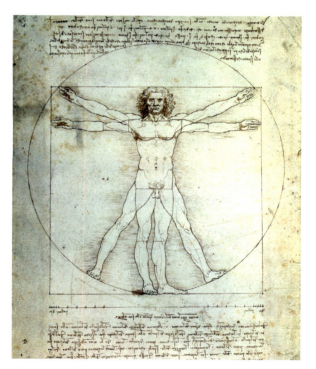

Proportionsschema. Leonardo da Vinci: Illustration zu Vitruv, 1485/90. Zeichnung, 34,4 x 24,5 cm. Accademia, Venedig

→ Schlüssel zu Palladios Villen, S. 57 • Karyatide, S. 183

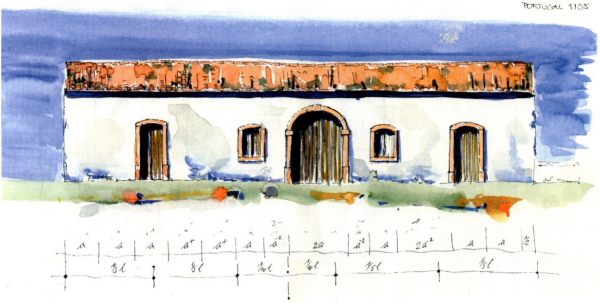

Reiseskizze mit Proportionsstudie. Wolfgang Frey: Vila Rinhos, Portugal, 1985. Aquarell, 20 x 32 cm. Privatbesitz

»Kein Tempel kann ohne Symmetrie und Proportion eine vernünftige Formgebung haben, wenn seine Glieder nicht in einem bestimmten Verhältnis zueinander stehen, wie die Glieder eines wohlgeformten Menschen.«
Vitruv, 1. Jh. v. Chr.

metrisch-mathematische Bezüge auf, wie bereits Vitruv wusste: *»Setzt man die Zirkelspitze an der Stelle des Nabels ein und schlägt einen Kreis, dann werden von dem Kreis die Fingerspitzen beider Hände und die Zehenspitzen berührt. Ebenso wie sich am Körper ein Kreis ergibt, wird sich auch die Figur des Quadrates an ihm finden.«* Leonardo da Vinci hat dies später illustriert (Abb. S. 36 u. rechts). Francesco di Giorgio Martini legte die menschliche Anatomie um 1480 einem Kirchengrundriss zugrunde (Abb. S. 36 o. links).

1570 beschrieb Palladio die Maße für sieben gut proportionierte Räume: *»Entweder macht man sie rund [...] oder quadratisch«* (1:1); *»oder ihre Länge soll gleich der Diagonale des Quadrats sein, das auf der Breite des Raumes gebildet wird«* (1 : √2=1 : 1,41); *»oder ein Quadrat und ein Drittel«* (3 : 4); *»oder ein Quadrat und ein Halbes«* (2 : 3); *»oder ein Quadrat und zwei Drittel«* (3 : 5); *»oder zwei Quadrate«* (1 : 2). Er berücksichtigte die Maße in seinen Bauten (vgl. S. 56 f.).

Ein weiteres Harmonieprinzip leitet sich aus der Musik ab: Als Pythagoras einmal wohlklingende Geräusche in ei-

ner Schmiede vernahm, entdeckte er, dass die Handwerker Hämmer verwendeten, deren Gewichte in bestimmten Verhältnissen zueinander standen. Pythagoras experimentierte daraufhin mit einem Monochord und fand die der Harmonie zugrunde liegenden Verhältnisse in ganzzahligen Intervallen der Saitenlänge. 1:2 entspricht der Oktave, 2:3 der großen Quint und 3:4 der großen Quart.

Louis Charpentrier zufolge ist die Innenwand der Kathedrale von Chartres nach einem harmonikalen Teilungsverhältnis aufgebaut, das eine Molltonleiter ergibt (Abb. S. 36 o. rechts). Schon griechische Tempel spiegelten Klanggestalten: Länge, Breite und Höhe des Parthenon auf der Akropolis bilden einen großen Akkord (Abb. S. 87). Noch im 20. Jahrhundert pflegte Hans Poelzig zu gelungener Architektur zu sagen: *»Da ist Musike drin.«* Im Grunde lässt sich an vielen Bauwerken ein Rhythmus entdecken, wie das Aquarell von Wolfgang Frey oben belegt.

Anregung

1. Zeichnen und aquarellieren Sie die Ansicht eines ausgewählten Gebäudes in Ihrer Umgebung und notieren Sie dazu die zugrundeliegenden Proportionen.

2. Entwickeln Sie in mehreren Zeichnungen ein Gebäude aus einer Schlüsselfigur.

Der Goldene Schnitt

Auf die Anatomie des Menschen lässt sich eine Proportionsregel anwenden, die sich von den bisher beschriebenen dadurch unterscheidet, dass sie nicht in rationalen Zahlen ausdrückbar und nur durch Konstruieren leicht erhältlich ist. Gemeint ist der »Goldene Schnitt«, der beim Menschen durch den Bauchnabel geht (Abb. S. 39 oben).

Angeblich schon bei der Cheops-Pyramide angewandt (Abb. S. 30, 85), aber erst von Euklid um 300 v. Chr. mathematisch-geometrisch formuliert, beinhaltet der Goldene Schnitt die Teilung einer Strecke in der besonderen Weise, dass sich die Länge der gesamten Strecke zum größeren Teilstück (Major) so verhält wie dieses größere Teilstück zum kleineren (Minor). Ein Rechteck aus Major und Minor gilt als »Goldenes Rechteck« (Abb. u. rechts).

Der Goldene Schnitt begleitet die Baukunst seit dem Altertum. Die Fassade des Kolosseums beispielsweise ist darauf aufgebaut (Abb. S. 112), ebenso Grund- und Aufriss der alten Petersbasilika in Rom (Abb. u. links). Das Tempietto von Bramante (Abb. u. rechts) basiert im Aufriss auf Goldenen Rechtecken (und, in Abwandlung des Pantheon-Schemas, auf zwei übereinanderliegenden Kreisen).

Der Goldene Schnitt lässt sich zwar nur schwer errechnen, aber gut in einer Zahlenreihe andeuten, die der Mathematiker Fibonacci um 1300 entwickelt hat. Diese steigt so an, dass jede Zahl die Summe der beiden vorhergehenden ist: 1, 1, 2, 3, 5, 8, 13, 21, 34, 55 … Je höher die benachbarten Zahlenpaare, desto »goldener« die Proportion. Eine Verwendung der Fibonacci-Zahlen und deren Halbierungen liegt bei der Kuppel des Doms zu Florenz vor (unten).

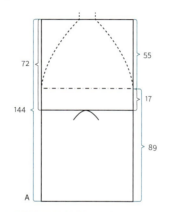

A Fibonacci-Maßverhältnisse an der Florentiner Domkuppel, nach dem Modell von 1367 (vgl. Abb. S. 96)
B Fibonacci-Zahlen und ihre Halbierung (nur jede dritte ist in ganze Zahlen halbierbar)

Konstruktionsschema zur Ermittlung des Goldenen Schnittes auf der Strecke AB (AC: AB= CB: AC)

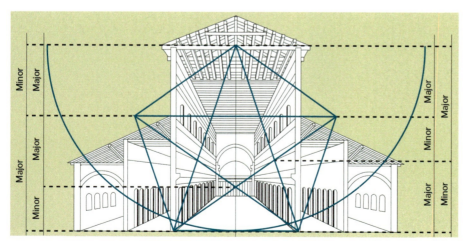

Der Goldene Schnitt als Proportionsschema. Alte Petersbasilika in Rom, 324–326. (1506 legte Papst Julius II. an ihrer Stelle den Grundstein für die neue Peterskirche.)

Goldene Rechtecke am Tempietto di San Pietro in Montorio von Bramante, Rom 1502

→ Architektur der Renaissance, S. 38 • Dom zu Florenz, S. 96 f. • Bautyp Basilika, S. 96 f. • Architektur von Le Corbusier, S. 66, 74 f., 102 f.

Aus dem Goldenen Schnitt lässt sich das Pentagramm gewinnen, dem eine »magische Wirkung« zugeschrieben wird (Abb. unten). Das Pentagramm ist häufig in der Architektur wiederzufinden, ob nun als »Schlüsselfigur« für einen Grundriss oder in einzelnen Bauelementen, etwa einem gotischen Maßwerk-Fenster (Abb. S. 36 o. links, 180).

Kein Architekt hat den Goldenen Schnitt so radikal zum Gestaltungsprinzip mehrerer Gebäude gemacht wie Le Corbusier im 20. Jahrhundert. Als Grundmaß für die Unité d'Habitation in Marseille wählte Le Corbusier einen Menschen mit einer Körperhöhe von 1,83 m, die er als durchschnittlich annahm (vgl. S. 74 f.). Diesen Prototyp nannte Le Corbusier »Modulor«, Maßregler (Abb. rechts). Durch sukzessive Teilung nach dem Goldenen Schnitt entsteht die »blaue Reihe« (226, 140, 86, 53 cm etc.). Aus der Nabelhöhe ist die »rote Reihe« (113, 70, 43, 27) ableitbar. Mit seinen Maßen, deren Summen, Differenzen oder auch Halbierungen setzte Le Corbusier seine als human verstandene Architektur zusammen.

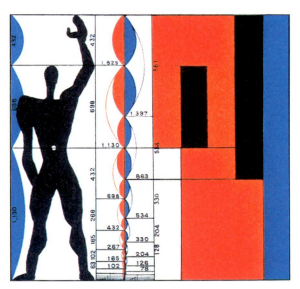

Le Corbusier: Der Modulor. Zeichnung von 1950 mit den – dem Goldenen Schnitt angenäherten – Zentimetermaßen

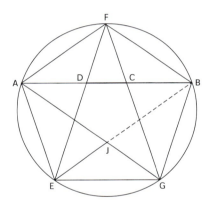

Pentagramm (Fünfeck) mit sich stetig im Goldenen Schnitt teilenden Strecken. Die fett markierte Strecke verhält sich zur halbfetten wie diese zur gestrichelten (= Summe der beiden erstgenannten); die halbfette verhält sich zur gestrichelten wie diese zur ganzen Diagonale.
DC : CB = CB : JB
CB : JB = JB : EB

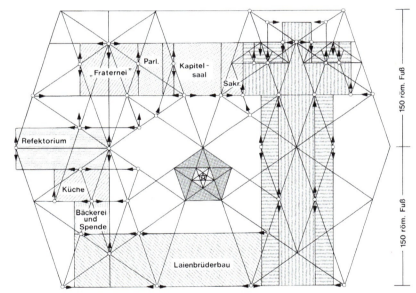

Im Netz des Pentagramms: Grundriss der romanischen Bauten des um 1145 begonnenen Klosters Eberbach (nach Spieß und Naredi-Rainer)

»Es ist folglich so, dass die Proportionen, Maße und Ornamente von Säulen ebenso wie die von anderen Architekturelementen nicht auf der Grundlage allgemeiner Regeln und Theorien, sondern nur durch praktische Beispiele verstanden werden können.«

Philibert de l'Orme, 1568

Anregungen

1. Schulen Sie Ihren Blick für den Goldenen Schnitt, indem Sie Bauwerke unter Zuhilfenahme der Fibonacci-Reihe auf ihre Proportionen hin analysieren.

2. Unterteilen Sie eine Strecke im Goldenen Schnitt. Entwickeln Sie daraus ein Gebäude.

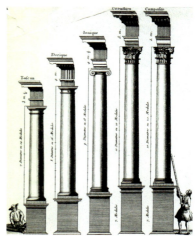

Architektur als Ausdruck der Jenseits-orientierung (Theozentrik) im Mittelalter. Freiburger Münster, Turm 1260–1330

Architektur als Ausdruck der Erdbezogenheit (und Anthropo-zentrik) in der Renaissance. Peters-dom in Rom, beendet 1667

Die Säulenordnungen nach Vitruv, »Zehn Bücher über die Architektur«, 1. Jh. v. Chr.: toskanisch, dorisch, ionisch, korinthisch, Komposit (französischer Stich, 1750)

»Wertvolle Gebäude haben, genau wie interessante Menschen, Charakterzüge, die die Zeit überdauern – Eleganz, Großzügigkeit oder Poesie – und dennoch, sie sind immer verwurzelt im Kontext ihrer Zeit.«

Louisa Hutton, 2008

Wirkung, Bedeutung, Symbolik

Der Wert eines Bauwerks liegt nicht allein in seiner Funktion, sondern auch in der Wirkung oder »Anmutungsqualität«. Bruno Taut beschrieb 1919 ihre Bedeutung: *»Bloß an das Nützliche denken ist Langeweile für unser Fühlen und Wollen. Kinder, die sich langweilen, prügeln sich – und Völker führen Krieg, d.h. morden, lügen, stehlen. – Deshalb Architekturprogramm 1a das Allerwichtigste.«*

Dazu kommen die »repräsentativen« Eigenschaften. Die Treppe eines barocken Schlosses etwa soll nicht nur der Verbindung von Stockwerken dienen, sondern dem Besucher Respekt und Bewunderung abverlangen.

Architektur kann also ein tieferer Sinn zugrunde liegen. *»Architektur ist eine geistige Ordnung, verwirklicht durch Bauen«*, erläutert Hans Hollein. Für die Griechen spiegelte sich in der geometrisch erfassbaren Harmonie ein kosmisches Prinzip, weshalb sie ihre Bauten entsprechend proportionierten, z. B. im Goldenen Schnitt (s. S. 38 f.). Der »Helm« des Freiburger Münsters erklärt sich nicht mehr nur als Wetterschutz, er will mit seiner durchbrochenen, entmaterialisierten Form und aufstrebenden Höhe die Orientierung des spätmittelalterlichen Menschen auf das Jenseits versinnbildlichen (Abb. o. links). Damit spiegelt er das Weltbild seiner Zeit. Die Kuppelbauten der Renaissance dagegen, von Gebäuden der wiederentdeckten Antike wie dem Pantheon angeregt, bringen eine stärkere Rückbesinnung auf das Irdische (Abb. oben Mitte, S. 16 unten). Elliptische Formen können die seit dem 16. Jahrhundert neu gewonnenen Kenntnisse vom Lauf der Gestirne symbolisieren (Abb. S. 29). Architektur ist Bedeutungsträger!

Der zugrunde liegende Sinn entsteht manchmal nur intuitiv. Daneben gibt es eine verabredete Symbolik. Die altchristliche Basilika stellt den himmlischen Thronsaal dar (Abb. S. 38 u. links); die gotische Kathedrale versinnbildlicht das himmlische Jerusalem (S. 94 f.). Zudem ist sie Ausdruck des Konkordats zwischen der Kirche und den Königen, die sich dort krönen oder zu Grabe legen ließen. Da Jerusalem im Osten liegt, sind die Altäre christlicher Kirchen »geostet«. Ähnliches gibt es im Städtebau: Halberstadt hat eine nach Osten ausgerichtete »heilige Baulinie«, Bamberg und Hildesheim haben Straßenzüge in Form eines Kreuzes. Dieses bildet ebenso den Grundriss der meisten Kirchen und erinnert damit an den Opfertod Christi.

Schon Vitruv hatte anthropomorphe Formen in der Säule erkannt. Für ihn entsprach die gedrungene dorische Säule der *»Stärke und Anmut des männlichen Körpers«*, die ionische Säule der *»fraulichen Schlankheit«* und die korinthische der *»jungfräulichen Zartheit«* (Abb. oben). Dieser »Säulenkanon« mit den verschiedenen Kapitellen behielt bis in das 19. Jahrhundert seine Gültigkeit. In christlichen Kirchen stehen zwölf Säulen für die zwölf Apostel. Der »Schlussstein« eines Gewölbes verweist auf Christus, der das Gebäude zusammenhält.

→ Freiburger Münster, Innenansicht, S. 181 • Petersdom, S. 9, 16 • Säulenordnung am Kolosseum, S. 113 • Modell zum Opernhaus in Sydney, S. 16 • Twin Towers als Lichtskulptur, S. 23 • Vitruv, S. 35, 36 unten

Freie Symbolik. Architekur mit skulpturaler Wirkung, Abkehr von funktionaler Zweckmäßigkeit. Opernhaus Sydney von Jørn Utzon, 1957 (Modell s. S. 16)

Angriff auf Architektur als Machtsymbol. Die Twin Towers des World Trade Centers 1 und 2 in New York City, 417 und 415 m hoch, zerstört durch zwei Flugzeugattentate am 11. September 2001

Die Zahl Acht, die sich endlos schlängelt und im Oktogon romanischer Vierungstürme spiegelt, zeigt die Ewigkeit und das Reich Gottes an (Abb. S. 181 u.). Ein Dreieck versinnbildlicht die göttliche Trinität, ein Viereck die Welt.

Nicht selten werden nachträglich Bedeutungen unterlegt. Dem von Gianlorenzo Bernini entworfenen Petersplatz in Rom wird nachgesagt, dass er die Pilger mit seinen Kolonnaden einfange (Abb. S. 40 Mitte). Das Opernhaus in Sydney hat zu so vielen Vergleichen wie kaum ein anderes Bauwerk angeregt: zu Wellen, Wolken, aufgehenden Blüten, Nonnenhäubchen, Segelschiffen, sich gegenseitig fressenden Fischen und sogar Verkehrsunfällen (Abb. oben).

Nicht zuletzt hat Architektur eine Identität stiftende Funktion. Nach der deutschen Wiedervereinigung im Jahr 1990 kam die Frage auf, ob der 1976 fertiggestellte »Palast der Republik« der DDR in Ostberlin erhalten bleiben solle. Nach langer ideologischer Kontroverse wurde er – auch wegen darin verbauter Schadstoffe – abgerissen, an seiner Stelle wurde bis 2019 das Humboldt Forum als Teil des im Zweiten Weltkrieg zerstörten, rekonstruierten Berliner Schlosses errichtet. Damit hatte man sich für die Geschichte Preußens und gegen die der DDR entschieden.

Anregung Ursprünglich sollte das neue World Trade Center (rechts) »Freedom Tower« heißen. 2009 benannte die Bauherrin, die New Yorker Hafenbehörde, das Gebäude in »One World Trade Center 1« um, um es besser vermieten zu können. Diskutieren Sie die unterschiedlichen Botschaften der beiden Namen.

Die politische Dimension

Architektur ist auch Ausdruck von Macht, wirtschaftlicher oder politischer Natur. So spiegelt die barocke Radialstadt das System des Absolutismus und greift das Bild des »Sonnenkönigs« Ludwig XIV. auf, der alle Macht auf sich konzentrierte (Abb. S. 33 o. rechts, 118).

Kein Ereignis hat die politische Dimension von Architektur so zu Bewusstsein gebracht wie die Terrorangriffe vom 11. September 2001 auf das World Trade Center in New York, Symbol der westlichen Wirtschaftsmacht. Das neue »One World Trade Center 1«, einer von fünf Türmen an dieser Stelle (Abb. rechts), hat in Anlehnung an das Jahr der amerikanischen Unabhängigkeitserklärung eine Höhe von 1776 Fuß – zum Zeitpunkt der Errichtung das höchste Gebäude der USA und das sechsthöchste der Welt.

Politische Botschaft. One World Trade Center 1 (bis 2009: »Freedom Tower«), New York, 2006–2014, Höhe 1776 Fuß (541 m), entworfen von David Childs, Büro SOM (Skidmore, Owings and Merrill). Ground Zero, Ort der am 11. Sept. 2001 zerstörten Twin Towers (Foto ganz oben)

Links: **NS-Architektur.** Kongresshalle auf dem von Architekt Albert Speer geplanten Reichsparteitagsgelände in Nürnberg, Entwurf von Ludwig und Franz Ruff, Länge 275 m, Breite 265 m. Baubeginn 1937, Einstellung der Bautätigkeiten 1939, seit 1973 unter Denkmalschutz. Rechts: **Architektonische Konfrontation.** Günther Domenig: Dokumentationszentrum Faszination und Gewalt, 2001. Einbau in die nördliche Eckarchitektur der Kongresshalle Nürnberg aus Glas, Stahl, Beton und Pfahl mit 130 m Länge

Der Wettstreit um die höchsten Gebäude zeigt, wie wichtig es den Nationen ist, ihre Leistungsfähigkeit unter Beweis zu stellen. Dabei sind die Architekturbüros meistens international: So bauten Skidmore, Owings and Merrill (SOM) nicht nur das »One World Trade Center 1« in New York, sondern auch den »Burj Khalifa« in Dubai, den mit 828 m damals höchsten Wolkenkratzer (vgl. S. 160).

Bauwerke weisen dem Menschen Positionen und Achsen zu, auf denen er sich ihnen nähern soll. Symmetrische Anlagen erzwingen eine En-face-Ansicht. Umgekehrt kann die Vermeidung von strenger Axialität und frontaler Stellung einer demokratischen Gesellschaftsform Ausdruck verleihen (Bauhaus Dessau, S. 129). Henrik Petrus Berlage war der Auffassung, dass Baukunst »*nicht die Kunst des Einzelnen, sondern die Kunst aller, die Kunst der Gemeinschaft*« sei.

Während Stadtanlagen eine Unterordnung des Menschen unter räumlich-architektonische Zusammenhänge bewirken, können ihm einzelne Gebäude, z. B. Schlossbauten, ein Gefühl von Kleinheit und Bedeutungslosigkeit vermitteln. Auf diese Wirkung zielt auch die Erhabenheitsarchitektur des Nationalsozialismus, etwa die monumentale Kongresshalle in Nürnberg, ein hufeisenförmiger, granit-

verkleideter NS-Bau aus Ziegelsteinen auf dem ehemaligen Reichsparteitagsgelände (Abb. oben). 1937 begonnen, war das Gebäude für 50 000 Menschen geplant, aber mit Beginn des Zweiten Weltkriegs 1939 liegen geblieben.

2001 durchbrach der Architekt Günther Domenig einen der halbfertigen Eckbauten und trieb eine Rampe aus Glas und Stahl in einer dekonstruktivistischen Diagonale durch die steinernen Achsen. Sein 130 m langer, pfahlartiger Bau ist Teil des »Dokumentationszentrums Faszination und Gewalt«. Er endet genau über dem geplanten Rednerpult in einer Aussichtsplattform. So gelang es Domenig, dem Nazi-Bauwerk einen Stachel ins Fleisch zu jagen.

Anregungen

1. Begründen Sie, warum Gebäude immer höher hinaus gebaut werden (vgl. S. 160 f.).

2. Diskutieren Sie den angemessenen Umgang mit Bauwerken aus untergegangenen Staaten: vom Abriss des Palasts der Republik der DDR (Text S. 39) bis hin zu Denkmalschutz und architektonischen Konfrontationen wie bei der NS-Kongresshalle in Nürnberg (Abb. oben).

Slum in Rio de Janeiro, Brasilien. Blick über die Favela Rocinha zu den Stränden am Südatlantik und den Hochhäusern von São Conrado in der Ferne

Die soziale Dimension der Architektur

Wohnen deckt ein menschliches Grundbedürfnis ab. Doch die soziale Kluft ist enorm, umfassen Behausungen doch das ganze Spektrum von der »Platte« des Stadtstreichers bis zur Villa des Millionärs. Westliche Industrienationen wie Deutschland müssen Architekturprogramme entwickeln, die der Überalterung ihrer Gesellschaften, der Vereinzelung und kleinen Familien gerecht werden.

Global betrachtet besteht das größte Problem im Anwachsen der Weltbevölkerung: nach der Prognose der Vereinten Nationen (UN) von derzeit fast 8 auf etwa 9,7 Milliarden Menschen bis zum Jahr 2050. Architektur als Kunst und Repräsentation auf der einen Seite stehen riesige Elendsviertel auf der anderen Seite gegenüber. In Rio de Janeiro z. B., mit 6,7 Millionen Einwohnern zweitgrößte Stadt Brasiliens, liegen die »Favelas« an den Berghängen zum Stadtrand hin (Abb. oben). Abseits der Touristenströme am Strand der Copacabana wuchern hier die ärmlichen Behausungen des größten Teils der Einwohner von Rio. Wenn in der Regenzeit die aufgeweichte Erde ins Rutschen gerät, kommt es regelmäßig zu Katastrophen.

Die Zahl der Bewohner solcher Slums hat weltweit bereits die Marke von einer Milliarde erreicht und droht, so die Berechnung der UN, sich bis zum Jahr 2030 zu verdoppeln. Gab es um 1900 nur 13 Millionenstädte, so sind es heute bereits etwa 500. Bis 2030 soll sich die Anzahl auf über 700 steigern. Der größte Ballungsraum der Welt ist aktuell die Metropolregion Tokio mit rund 36 Millionen Einwohnern. Damit gehört Tokio zu den »Megacities«, laut UN Städte mit mehr als 10 Millionen Einwohnern. Andere Institutionen zählen schon 5-Millionen-Städte dazu. Demnach gibt es heute bereits fast 50 Megacities, die meisten in Asien und Lateinamerika. Mit enormer Geschwindigkeit entstehen immer neue Megacities, in denen um 2050 die Mehrheit der Weltbevölkerung leben wird.

»Wenn wir die Vorstädte nicht beleben und zu urbanen Orten verdichten können, wenn wir so nicht das Entstehen neuer Peripherien verhindern, führt das zu einer ökologischen und sozialen Katastrophe.«

Renzo Piano, 2018

Anregungen

1. Überlegen Sie, ob die bunten Fassaden in manchen Favelas das Elend abmildern können.

2. Entwerfen Sie in Teams Programme zum Problem der Bevölkerungsentwicklung, die neben den architektonischen und städteplanerischen auch sozialpolitischen Maßnahmen in den Blick nehmen.

Arbeitsblätter: Eine neue Nutzung für das Olympiastadion Berlin (wie u. a. zu S. 127) • Regelungen des Sozialen Wohnungsbaus (wie zu S. 58, 76)

SDL-10967-121, 215   **43**

Malerische Auseinandersetzung. Robert Delaunay: Die Fenster zur Stadt, 1912. Öl/Leinwand, 53,4 x 207 cm. Museum Folkwang, Essen

Die Architektur im Dialog mit der Kunst

Auseinandersetzung, Aneignung und Interpretation mit und von Architektur erfolgt nicht nur verbal, sondern auch bildnerisch. Zu den wichtigsten Mitteln gehört seit dem 19. Jahrhundert die Fotografie. Sie dient meistens der objektiv-sachlichen Wiedergabe. Daneben gibt es eine subjektiv-interpretierende Fotografie, die z. B. mit stimmungsvollem Licht arbeitet oder, wie bei Marianne Brandt, mittels Collage zu Aussagen gelangt (Abb. rechts).

Aneignung von Architektur kann auch eine Zeichnung auf einer Studienreise sein, wie das Aquarell von Wolfgang Frey (Abb. S. 37). In der Malerei stellt das Architekturbild seit der Renaissance eine eigene Gattung dar. Die sogenannte »Vedute« gibt Stadtansichten topografisch genau wieder (ital. veduta, Ansicht, Abb. S. 190). Zu den bekanntesten Veduten zählen die des Kupferstechers Matthäus Merian d. Ä. aus dem 17. Jahrhundert. In der Moderne kam es zu freieren Auseinandersetzungen, etwa den Eiffelturm-Interpretationen des Robert Delaunay (Abb. oben).

Im Dialog der Architektur mit der Kunst schufen Christo und Jeanne-Claude mit ihren Verhüllungen von Baukörpern eine ganz eigene Ästhetik, wie bei ihrem 1995 realisierten Reichstagsprojekt in Berlin (Abb. unten).

Collage. Marianne Brandt: Unsere irritierende Großstadt, 1926. 63,5 x 48,5 cm. Galerie Berinson, Berlin

Architekturverhüllung. Christo und Jeanne-Claude: Wrapped Reichstag, Berlin. Geplant seit 1971, realisiert vom 24.6.–6.7.1995. Foto: Wolfgang Volz / laif

Anregungen

1. Identifizieren Sie die Architekturmotive in den Bildern von Robert Delaunay und Marianne Brandt. Finden Sie Begründungen für die jeweilige Art der Darstellung.

2. Überprüfen Sie Fotografien von Gebäuden in diesem Buch daraufhin, ob ihnen eher ein sachliches oder ein künstlerisches Konzept zugrunde liegt. Legen Sie dazu ggf. eine Skala an.

Ludwig Mies van der Rohe: Wohnblock, 1927. Riegel aus vier Mehrfamilienhäusern, Am Weißenhof, Stuttgart

Zur Geschichte des Wohnbaus

Von der Urhütte zum Plusenergiehaus

Charles Eisen: Urhütte, 1755. Radierung aus: M.-A. Laugier, Essai sur l'Architecture

Neben der Ernährung, der Fortpflanzung, der Kleidung und der Bildung ist das Wohnen eines der wichtigsten Bedürfnisse des Menschen. Die ursprünglichste Aufgabe in der Geschichte der Architektur ist deshalb der Wohnbau, angefangen bei den primitiven Höhlenwohnungen bis zu den Einfamilien- oder Wohnhochhäusern unserer Zeit. Welche immensen sozialen Aufgaben mit dem Wohnbau noch heute verbunden sind, zeigen die Slums in den großen Städten der Dritten Welt. Mehr denn je sind Menschen obdachlos, unbehaust oder führen ein nomadisches Leben.

Hütte und Höhle als Unterschlupf

Die frühesten Formen der Behausung sind von Menschen als Unterschlupf in Anspruch genommene Felsvorsprünge oder Höhlen: natürliche Räume, die als Schutz vor Unwetter und Feinden dienten, wie archäologische Funde, vor allem Werkzeuge und Speisereste, belegen. Die Höhle entwickelte sich in verschiedenen Kulturen zu einer dauerhaften Wohnform und wurde zum gestalteten Raum.

Solange die Menschen ein Nomadenleben führten, entstanden Bauten provisorischen Charakters, die leicht zu errichten waren. Mit Laub oder Fellen bedeckte Zeltkonstruktionen sind die ältesten Formen. Archäologische Erkenntnisse lassen den Schluss zu, dass die erste Hütte vor ungefähr 400 000 Jahren errichtet wurde (s. S. 48).

»Eine architektonische Ordnung besteht aus nichts anderem als einer reizvollen Kombination von Stützen, die in einem Gebäude die Querstreben tragen müssen.«
Marc-Antoine Laugier, 1755

Herausbildung von Siedlungen

Erst mit der Sesshaftigkeit des Menschen, dem Anbau von Pflanzen und dem Ackerbau entstanden dauerhafte Wohnbauten. Zur Schutzfunktion kamen soziale Funktionen, verbunden mit der Herausbildung der Familie oder dem Zusammenleben in Siedlungen, in denen die einzelnen Gebäude zu einer geschlossenen räumlichen Einheit zusammengefügt wurden. Siedlungen an den Hängen des Zagros- und Taurusgebirges (Anatolien, Palästina, Irak) begleiten um 8 000 v. Chr. den Übergang von der Kulturstufe des Jägers und Sammlers zum Ackerbauern.

Lehmziegelhäuser standen auf rechteckigem Grundriss, für Heinrich Klotz eine rationale Maßnahme, denn *»der Kreisschlag um ein Zentrum, um den geborgenen Menschen herum, schien für die neue Gesellschaft keinen Sinn mehr abzugeben. Vielmehr konnte das Rechteckhaus unproblematischer und auch großformatiger erbaut werden«*.

Erste Hochkulturen

Von hier geht die Entwicklung zu den Hochkulturen Ägyptens und Mesopotamiens, wo sich erstmals auch Kenntnisse der Stadtplanung nachweisen lassen (vgl. S. 50).

Frühe Wohnbauten zeichnet aus, dass sie in Harmonie mit der Natur entstanden. Geografische, topografische oder klimatische Voraussetzungen wurden ebenso in die Planung einbezogen wie ein ökonomischer und naturnaher Umgang mit den Baumaterialien. Solange keine Transportwege ausgebaut waren, wurden Materialien wie Holz, Stein oder Lehm am Ort ihres Vorkommens verarbeitet, in Ägypten z. B. Lehmsteine aus Nilschlamm. Die Bedeutung des Wohnbaus in dieser Zeit trat jedoch hinter die der repräsentativen Kult- oder Sakralbauten zurück.

um 1900 v. Chr. Ägyptisches Seelenhäuschen

um 1000 v. Chr. Höhlenwohnung in Kappadokien

1. Jh. v. Chr. Römisches Atriumhaus

ca. 2. Jh. Insula, Römischer Wohnblock

um 1320 Fachwerkhaus Marburg

1566–1570 A. Palladio: Villa Rotonda, Vicenza

Bildreihe nicht maßstabsgetreu

Altes Ägypten		Antike			Mittelalter	Neuzeit
2000 v. Chr.	1500 v. Chr.	1000 v. Chr.	500 v. Chr.	0	500	1000	1500

→ historische Ereignisse und Stilentwicklungen siehe S. 82 f. und 140 f.

Differenzierung der Funktion von Wohnen

Wesentlich für die Entwicklung des Wohnbaus ist das Atriumhaus in der römischen Antike (vgl. S. 51). Außer Einfamilienhäusern gab es im römischen Reich erstmals mehrstöckige Mietshäuser (»Insulae«) in den Großstädten. Soziale Unterschiede führten zu weiteren Differenzierungen, wie dem Bauernhaus, Bürgerhaus, Patrizierhaus und Adelspalast, der Villa als Landsitz des Adels oder der Burg als Wehr- und Wohnbau des Mittelalters.

Mit der Unterteilung des Grundrisses von Häusern entstand im Mittelalter die typische Form des bürgerlichen Wohnens. Im Kern bestand eine mittelalterliche Wohnung aus einer beheizbaren Stube, an die Kammer und Küche angegliedert waren. Seit dieser Zeit stehen die Größe und Pracht des Wohnhauses repräsentativ für die gesellschaftliche Stellung des Bauherrn. In der Renaissance wurde die Raumaufteilung des Bürgerhauses immer differenzierter, während sich das Raumprogramm einer Wohnung der unteren sozialen Schichten kaum veränderte.

Die soziale Frage

Neue Anforderungen und Formen des Wohnbaus entwickelten sich im Zuge der industriellen Revolution mit der Herausbildung der modernen Großstädte seit dem späten 18. Jahrhundert. Es entstanden Metropolen wie London, Paris oder Berlin. Je stärker der Zuzug, desto schlechter die Wohnbedingungen für die breite Masse der Bevölkerung (vgl. S. 58 f.). Die »Wohnungsfrage« wurde zu einem zentralen Thema für Sozialreformer und Politiker (S. 144 f.).

Als Folge der tiefgreifenden Veränderungen um 1900 kam die Idee der industriefernen »Gartenstadt« auf. Es entstanden Arbeiter- und Werkssiedlungen, in denen der Bezug zur Natur und hygienische Fragen eine besondere Rolle spielten. Die intensivsten Bemühungen einer Reform des Wohnbaus und seine Anpassung an die Erfordernisse und Bedingungen der modernen Industriegesellschaft fielen in die Zeit der Weimarer Republik (vgl. S. 64 f.).

Kommunale Bauprogramme und Baugenossenschaften, die sich seit Ende des 19. Jahrhunderts als Form der Selbsthilfe gegen die zunehmende Spekulation mit Grund und Boden entwickelten, hatten zum Ziel, Wohneigentum breiter zu streuen. Neue Bauweisen, z. B. der Skelettbau, und neue Baumaterialien brachten weitere Veränderungen mit sich (vgl. S. 20 f.). Durch industrialisiertes Bauen konnten die Kosten stark verringert werden.

Die zentrale Frage blieb vor allem die soziale, so auch in der Phase des Wiederaufbaus nach dem Zweiten Weltkrieg (1939–1945). Mit dem Wohlstand wuchs in der Nachkriegszeit in Deutschland auch der Wunsch nach einem eigenen Haus oder einer größeren Wohnung.

Aktuelle Entwicklungen

Heute wird die Entwicklung des Wohnbaus zunehmend auch durch ökologische Überlegungen bestimmt. Möglichkeiten der Einsparung von Energie, der Nachhaltigkeit, der Verwendung natürlicher, recyclebarer Baustoffe und der Verringerung des »ökologischen Fußabdrucks« gewinnen immer mehr an Bedeutung (s. S. 78 f.).

Dies geht mit Kritik am rein funktionalen Bauen neuer Siedlungen einher, die für die Menschen immer weniger »Heimat« darstellen, da sie soziales Leben und Kommunikation eher zerstören als fördern. Darüber hinaus kommt dem Sanieren und Erhalten alter Stadtkerne oder Bausubstanzen eine ebenso große Bedeutung wie dem Abreißen und Neubauen zu, zumal ein sorgfältiger Umgang mit noch vorhandenen Bauflächen eine Herausforderung an die Wohnbaupolitik der Industriestaaten bedeutet.

Anregungen

1. Interpretieren Sie C. Eisens Radierung (S. 46) hinsichtlich Geschichte und Theorie des Wohnbaus.

2. Erläutern Sie die Zusammenhänge zwischen:
• Wohnbau und Vorstellungen von »Heimat« und
• Wohnbau und der »sozialen Frage«.

3. Erstellen Sie eine Liste, welche Funktionen Wohnungen heute erfüllen müssen.

4. Diskutieren Sie die Wohnqualität an Ihrem Ort.

1904–1906 A. Gaudi: Casa Batlló, Barcelona

1926 E. May: Siedlung Bruchfeldstraße Frankfurt a. M.

1936/37 F. Lloyd Wright: Haus Fallingwater USA

1946–1952 Le Corbusier: Unité d'Habitation Marseille

2011 W. Sobek: Plusenergiehaus F87 Berlin

2019 Houben/van Mierlo: 3D-Druck-Haus Eindhoven

Moderne							Gegenwart					
1900	1910	1920	1930	1940	1950	1960	1970	1980	1990	2000	2010	2020

Die Anfänge des Wohnbaus

Schutzhütten, frühe Siedlungen und Höhlenarchitektur – vom Pleistozän bis zur frühen Bronzezeit

In der Natur vorfindbare Räume unter Felsvorsprüngen oder in Höhlen stehen genauso wie Schutzhütten aus Naturmaterialien am Anfang des Wohnbaus. Die ältesten, 1965 bei Nizza in Südfrankreich entdeckten Hütten entstanden um 380 000 v. Chr. (Abb. rechts). Sie werden dem Homo heidelbergensis zugeschrieben und nach der Straße beim Fundort »Terra Amata« (lat., geliebtes Land) genannt. Ringförmig angeordnete Steine dienten als Stützen für schräg gegeneinandergestellte Äste.

Noch heute werden u. a. in Australien oder in Afrika Hütten ganz ähnlich aus Ästen konstruiert und die Lücken mit verschiedenen Materialien gefüllt und gedeckt, mit Flechtwerk, Lehmbewurf oder Fundmaterial. Auch heute leben zahllose Flüchtlinge in Hütten und Zelten, die oft nur notdürftig aus Dachlatten und Folien gebaut sind (Abb. unten).

Der italienische Kunst- und Architekturhistoriker Ettore Camesasca beschreibt im Text rechts die frühen Wohnformen von der Höhle bis zum Windschutz aus Zweigen.

Bau einer Hütte in der Zeit des Pleistozän, um 380 000 v. Chr. Rekonstruktionszeichnung auf Grundlage der bei Terra Amata in Nizza, Südfrankreich, gefundenen Steinanordnungen für 21 Hütten mit Grundrissen zwischen 4 x 8 m und 6 x 15 m. In ihnen hatten bis zu 25 Hominini Platz. Illustration von Karen Carr

Unter besonderen Verhältnissen von Klima und Boden wurden die Höhlen zu Wohnstätten, aber dies muss ganz sicher erst in jüngeren Zeiten geschehen sein. Dabei beließen es die Höhlenbewohner, wenn sie sich erst einmal niedergelassen hatten, nicht bei dem vorgefundenen Zustand. Sie vervollkommneten ihr Heim, erweiterten hier einen Eingang, schlossen dort einen, oder gruben vielleicht, noch anspruchsvoller, eine neue Höhle aus. Alles in allem sollten wir uns unsere Vorfahren nicht vorstellen in Felsenhöhlen herumtappend, oder in den primitiven Vorstufen der Baumhäuser Indiens und Malaysias hockend, noch geduckt hinter Windschutzen aus Laub und Zweigen, die unbeholfen geflochten oder aus großen Stücken von Baumrinde zusammengefügt waren. Dies sind die einfachsten Wohnungen des Menschen, sie werden immer noch von den Eingeborenen Australiens und den Buschmännern in Afrika benutzt. Die Periode, in der diese Wohnformen gebräuchlich waren, bildet bei Weitem die längste in der Geschichte der Menschheit. Es dauerte viele Tausend Jahre, bis der Windschutz entwickelt und die Höhle dienstbar gemacht war. Aus diesem jahrtausendlangen Zeitraum blieben nur wenige Überbleibsel von den Werkzeugen erhalten, die die Menschen gebrauchten, um in ihrer Umwelt zu bestehen und sie zu erobern: Steinäxte, Schaber, Pfeilspitzen und Speere, mit denen sie die Tiere jagten, die sie mit Nahrung und Kleidung versorgten, mit denen sie die Felle bearbeiteten und sich Unterkünfte aus Zweigen und Tierhäuten herstellten.

Ettore Camesasca

Flüchtlingslager »Dschungel von Calais«, Frankreich, 2015. Im August 2016 kampierten hier bis zu 10 000 Menschen. Das Lager wurde im Oktober 2016 geräumt.

→ frühe Holzbauten, S. 54 • R. Buckminster Fuller: Dome, S. 142

Siedlung Catal Hüyük, um 7300 v. Chr.
Modell des Museums für Ur- und Frühgeschichte Thüringens in Weimar

Archäologen gruben im Osten der Türkei seit 1961 eine Siedlung der Mittelsteinzeit mit über 200 Häusern aus, genannt »Çatal Hüyük« (türk., Gabelhügel). Ihre Anfänge werden auf den Beginn des 8. Jahrtausends v. Chr. datiert, eine Epoche des Übergangs vom Jagd- und Nomadenleben zur Sesshaftigkeit.

Die neuen Formen des sozialen Lebens bedingten auch veränderte Arten des Wohnens. Neu ist der Typ des Rechteckhauses, errichtet aus Holz und Lehm. *»Die Lehmziegelformate von Çatal Hüyük«*, schreibt der Architekturhistoriker Heinrich Klotz, *»waren allerdings bis zu einer Länge von 90 cm angewachsen, waren also großformatige Bauelemente geworden, die von sich aus nicht zuließen, Wände in Kreisform zu errichten.«*

Die Kunsthistorikerin Evelyn Hils stellt die Aufteilung der Räume in ihrem Text rechts vor.

Der Wohnraum wurde in mehrere Kompartimente unterteilt: Die erhöhten Plattformen dienten zum Sitzen, Arbeiten und Schlafen. Unter den Plattformen hatte man die Toten begraben (die Männer lagen unter der kleineren Eckplattform, während die Frauen mit den Kindern unter der weit größeren Plattform begraben waren). Ein Drittel der Gesamtwohnfläche nahm der Küchentrakt mit der Feuerstelle ein, die unterhalb der Einstiegsleiter angeordnet war. Der Rauch konnte so durch die obere Einstiegsluke abziehen. Die Wände waren zum Teil mit farbigen Wandmalereien geschmückt. Man vermutet, dass es sich bei den Räumen, die mit besonders sorgfältigen Malereien sowie zusätzlich mit Gipsreliefs, Tierköpfen oder Stierhörnern geschmückt gewesen waren, im Übrigen aber die gleiche Grundausstattung wie die anderen Räume besaßen, um Kulträume gehandelt hat.

Evelyn Hils

In der frühen Bronzezeit (ca. 2200–800 v. Chr.) kam es in Kappadokien, einem Gebiet in der Zentraltürkei mit turmartigen Hügelformationen vulkanischen Ursprungs, zu einer ausgiebigen Höhlenarchitektur. Das weiche Tuffgestein ließ sich leicht bearbeiten. Daraus entstanden hier Wohnräume ebenso wie Kirchen und Klöster, ja ganze Städte.

1985 wurde die künstliche Höhlenlandschaft Kappadokiens von der UNESCO zum Weltkulturerbe erklärt.

Höhlenwohnungen in Kappadokien, seit ca. 2 000 v. Chr.

Anregungen

1. Diskutieren Sie Grundlagen des Zelt-, des Rund- und des Rechteckbaus unter konstruktiven und symbolischen Aspekten.

2. Beschreiben Sie die Merkmale der Häuser von Çatal Hüyük.

3. Überlegen Sie, inwiefern Felsarchitekturen noch heute von Bedeutung sein können.

4. Betreiben Sie Recherchen zur Räumung des »Dschungels von Calais« (Abb. S. 48) und beziehen Sie Stellung zu diesem Vorgang.

5. Bauen Sie eine Schutzhütte rein aus Naturmaterialien (in bewohnbarer Größe oder im Modell).

6. Entwickeln Sie Kriterien für temporäre Notunterkünfte.

Wohnarchitektur im Altertum

Vom Stadthaus im Alten Äypten zum Atriumhaus und der Insula in der römischen Antike

Von ihrer Bedeutung her tritt die Wohnhausarchitektur im Alten Ägypten hinter die der großen Kultbauten Tempel und Pyramide zurück (vgl. S. 84 f.). Da sie aus Lehmziegeln und Holz bestanden, existieren von den ägyptischen Wohnbauten keine Überreste. Als Informationsquellen dienen vor allem Wandmalereien (Abb. links).

Hauptsiedlungsgebiet war das Tal des Nil, mit dessen Schlamm die Felder gedüngt wurden. Die niederen Schichten nutzten Schilfhütten als Unterkünfte. An den Baustellen der Tempel entstanden spezielle Arbeitersiedlungen, die – einem »Ghetto« vergleichbar – mit hohen Mauern umgeben und streng bewacht waren.

Um möglichst viel wertvollen Ackerboden zu sparen, wurden bei der Anlage eines Dorfes oder einer Stadt Reihenhäuser errichtet. Beamte höheren Ranges lebten in mehrgeschossigen Häusern mit Dachterrassen und Gärten. Obere Klassen bewohnten Häuser mit einem Hof.

Eine Besonderheit sind die »Seelenhäuschen« aus Ton, schlichte Grabbeigaben für die mittlere Elite (Abb. unten). Sie wurden oberirdisch über den einfachen Gräbern aufgestellt. Auf ihnen finden sich Darstellungen von Nahrungsmitteln, die für die Versorgung nach dem Tod stehen.

Ägyptisches Stadthaus mit drei Stockwerken, Neues Reich, um 1400 v. Chr.
Wandmalerei aus dem Grabmal von Prinz Tutnefer, Schatzmeister des Pharao Amenhotep II. Nekropole von Theben, oberägyptisches Niltal.
Unten links eine Weberei, rechts eine Wäscherei. Im ersten Stock darüber private Räume mit kleinen Fensterdurchbrüchen, links ein Mann und eine Frau. In den Räumen rechts davon Bedienstete, die Waren bringen. Deren Tätigkeit setzt sich im Treppenhaus rechts darüber fort. Ganz oben links der Hausherr in seinem Büro, der sich Luft zufächeln lässt, während im Raum rechts davon Schreiber auf seine Anweisungen warten. In den Zwischendecken befinden sich Schächte für die Luftzirkulation.

Rechts: **Ägyptisches Seelenhäuschen, um 1900 v. Chr.** Grabbeigabe, Terrakotta, Höhe 17,5 cm. British Museum, London. Im Hof liegen Gemüse, Brot, Fische, Fleisch und Krüge. Eine Treppe führt durch einen Torbogen auf eine Dachterrasse mit Luftabzug.

→ Ägyptische Pyramiden, S. 84 f. • Massenwohnungsbau im 19. Jahrhundert, S. 58 f. • Anna Haag Mehrgenerationenhaus (Atriumhaus), S. 77

In der römischen Antike erlangte das private Wohnhaus eine zentrale Bedeutung. Unterschieden wurde zwischen dem »Domus«, lateinisch für Stadthaus, und der »Villa«, dem Landhaus.

Als Domustyp verbreitete sich seit dem 4. Jahrhundert v. Chr. das »Atriumhaus« mit seinem zentralen Innenhof, dem Atrium, dessen Name sich dem Rauchabzug verdankt (lat. ater, rauchgeschwärzt). Im Zentrum des Atriumhauses steht ein Becken für das Regenwasser, das von der nach innen geneigten, offenen Dachkonstruktion hinabfließt. Durch die Öffnung gelangt auch Licht, weshalb die Fassaden fast fensterlos sein können.

Das Atrium ist axialsymmetrisch von Räumen umgeben, teilweise als offene Flügel (alae). Seit dem 2. Jahrhundert läuft um das Becken oft ein »Peristyl«, eine Säulenreihe, die das Gebälk tragen hilft. Dieser Typ nennt sich »Atrium corinthicum« (korinthisches Atrium). Später kamen eigene Peristyl-Gärten hinzu. Kein Wunder, dass das Atriumhaus der wohlhabenden Oberschicht vorbehalten blieb.

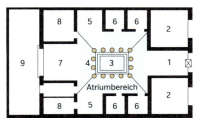

Grundriss

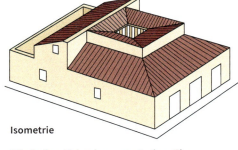

Isometrie

Schnitt

Römisches Atriumhaus, ca. 2. Jh. v. Chr.
1 Eingangskorridor (fauces) 2 Ladengeschäft (taberna) 3 Wasserbecken (impluvium) 4 Peristyl (umlaufende Säulenreihen) 5 Speise- und Wohnzimmer in offener Flügelform (ala) 6 Schlafraum (cubiculum) 7 Empfangs- o. Geschäftszimmer (tablinum) 8 Esszimmer (triclinium) 9 Garten (hortus)

Im 2. Jahrhundert v. Chr. begannen die Einwohnerzahlen der römischen Städte stark zu wachsen. Allein in Rom lebten zur Kaiserzeit (27 v. Chr.–284 n. Chr.) über eine Million Menschen. Der Wohnungsnot begegnete man durch hohe Mietshäuser, die »Insulae« (lat., Inseln). Eine Insula konnte sechs und mehr Stockwerke aufweisen und war oft nur aus Zement und luftgetrockneten Ziegeln gebaut, die sich bei Hochwasser vollsaugten und einsturzgefährdet waren.

Im Erdgeschoss brachte man Werkstätten und Läden (tabernae) unter, in der ersten Etage lagen größere Wohnräume und darüber gab es kleine, günstig zu mietende Kammern. Auf den Dächern wurden zusätzliche Holzverschläge errichtet. Bei Bränden konnten daher ganze Stadtviertel dem Feuer zum Opfer fallen.

Anregungen

1. Vergleichen Sie die Funktionen des altägyptischen und des römischen Wohnhauses.

2. Untersuchen Sie, welche Räume Atriumhaus und Insula gemeinsam sind.

3. Beschreiben Sie die ökologischen Aspekte, die in den Häusern des Altertums bereits zum Tragen kommen.

4. Vergleichen Sie die römischen Insulae mit heutigen Mietshäusern.

5. Erarbeiten Sie eine Präsentation über die farbige Ausgestaltung (Wandmalerei) der römischen Atriumhäuser.

6. Recherchieren Sie Beispiele moderner Atriumhäuser.

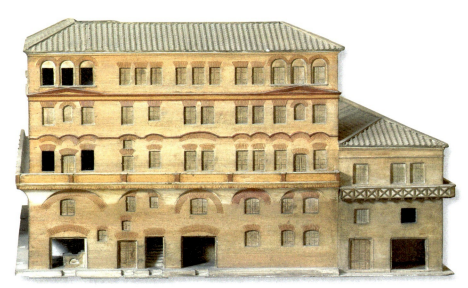

Römische Insula, Mietshaus, ca. 1. Jh. v. Chr. Modell von Tommaso Gismondi. Museo della Civiltà Romana, Rom

Die Burg als Wehr- und Wohnbau des Mittelalters

Burg Eltz an der Mosel, 1150–1650

Burg Eltz an der Mosel, 1150–1650.
Ansicht von Nordwest

Malerisch liegt die Burg Eltz, umringt von Wäldern und dem Elzbach, auf einem schmalen Felssporn im Tal der Mosel südlich von Koblenz. Friedrich I. Barbarossa, der erste Staufer auf dem Kaiserthron, schenkte sie 1157 der Adelsfamilie von Eltz, in deren Besitz die mehrfach ausgebaute Burg bis heute ist. Geprägt von eng aneinanderliegenden Baukörpern, wurde sie nie von Feinden eingenommen.

Sogar Walt Disney soll sich für seinen Film »Cinderella« an der Burg Eltz orientiert haben. Die romantische Verklärung der Burgen geht auf das frühe 19. Jahrhundert zurück, als man den Reiz vieler nur als Ruinen erhaltener Bauten neu entdeckte.

Im Mittelalter hatte es im deutschen Sprachraum etwa 10 000 Burgen gegeben, von denen heute noch ungefähr 400 erhalten sind. Die sogenannte »Burgenstraße« führt über 770 Kilometer von Mannheim bis Bayreuth.

Die Burg hatte sich seit etwa dem 9. Jahrhundert als Wohn- und Wehrbau in den unterschiedlichen Formen entwickelt. Als Vorläufer gelten die germanischen Flucht- und Wallburgen sowie die römischen Kastelle. Dem mittelalterlichen Feudalherren diente die Burg nicht nur als Wohn- und Wehrbau, sondern auch als Verwaltungs- und Amtssitz (Residenz), ein Garant der mittelalterlichen Gesellschaftsordnung. Fehdehandlungen innerhalb der Burg waren verboten. Für die Einhaltung der Regeln und Fragen der Gerichtsbarkeit war ein belehnter Burggraf zuständig.

Wurde ein »Burgbann« ausgesprochen, konnte die im Umfeld der Burg lebende Bevölkerung zu Bau- und Unterhaltungsaufgaben ebenso wie für Verteidigungszwecke herangezogen werden.

Der Kunsthistoriker Wolfgang Kaiser beschreibt auf S. 53 die für eine Stauferburg typischen Baukörper.

Burg Eltz, Schlafgemach

Burg Eltz, Kapellenerker

→ Schlossbauten, S. 116 ff.

Aufbau einer Burg (Höhenburg)

1 Bergfried (Hauptwehrturm)
2 Palas (Wohngebäude)
3 Kemenate (Wohngemach mit Kamin)
4 Kapelle (Bet- und Gottesdienstraum)
5 Wirtschaftsgebäude (nicht bewohnbar)
6 Vorburg (vorgelagerte Räume)
7 Burghof (freier Platz)
8 Mauertürme (Eck-, Flankierungstürme)
9 Burgmauer (Befestigung, Abgrenzung)
10 Wehrgang (überdachter Gang)
11 Zinnen (Aufsätze zur Deckung)
12 Scharwachttürmchen (Erkerturm)
13 Schießscharte (Öffnung zum Schießen)
14 Pechnase (unten offener Wehrerker)
15 Zugbrücke (hochklappbare Brücke)
16 Schildmauern (auf Hauptangriffsseite)

Mittelalterliche Burg. Schulwandbild, um 1950. Westfälisches Schulmuseum Dortmund

In der staufischen Burg fügten sich die einzelnen Bauteile zu einer ausgedehnten Gruppe. Rund, quadratisch oder polygonal konzipiert, bildeten die Bergfriede den fortifikatorischen Mittelpunkt der staufischen Burgen. Festsäle und Wohnungen waren in einem eigenen Gebäude, dem Palas, untergebracht. Im Schutz des Bergfrieds und der Ringmauer lag er in der Regel am innersten Burghof. Da der Palas nicht allein Wohnzwecken, sondern vor allem auch höfischer Repräsentation vorbehalten war, konnte er sich bezüglich innerer Aufteilung, Ausstattung und Gliederung im Rahmen der topografischen Gegebenheiten frei entwickeln und künstlerisch gestaltet werden. Die der Wohnnutzung dienende Kemenate und die Burgkapelle rundeten das Bild einer Burg ab. Dieses grundsätzliche Ensemble blieb für alle Burgen verbindlich, ob Kaiserpfalz, Ministerialenburg oder Burg eines Landesherrn. Über funktionale Zusammenhänge hinausgehend, suchte man nach klaren Grundrissformen, die jedoch immer topografischen Gegebenheiten unterworfen waren.

Wolfgang Kaiser

Anregungen

1. Erläutern Sie die historischen Gründe für die Entstehung von Burgen.

2. Legen Sie die Abhängigkeit der Burgen von der topografischen Situation dar.

3. Erfassen Sie eine Burg in Ihrer Nähe durch Fotos und Zeichnungen. Erläutern Sie Entstehungszusammenhang, Bautyp und Baugeschichte.

4. Bauen Sie das Modell einer fiktiven Burgruine, von der nur wenige Wände stehen.

Mittelalterliche Burgtypen. Von links: Normannische Burg in Form eines Donjon (Wohnturm), 11. Jahrhundert • Castel del Monte, Burg der Hohenstaufer, um 1240 • Ringburg Schloss Büdingen, 12. Jahrhundert • Wasserburg, Sully-sur-Loire, 14.–15. Jahrhundert

Das Fachwerkhaus des Mittelalters und der Renaissance

Skelettbauten aus Holz

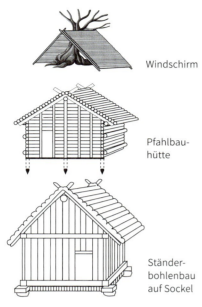

Windschirm

Pfahlbau-
hütte

Ständer-
bohlenbau
auf Sockel

Frühe Holzkonstruktionen in der Geschichte des Wohnbaus

Hieronymus Rodler: Arbeiten auf dem Zimmerplatz, 1531. Holzschnitt aus »Underweisung der Kunst des Messens«

Menschliche Behausungen aus hölzernen Pfählen und Pfosten lassen sich bis in die Altsteinzeit, das Paläolithikum, nachweisen. Damals – vor über einer Million Jahren – wurden auch die ersten Steinwerkzeuge zur Holzbearbeitung eingesetzt.

Schon in den frühen Kulturen wurden die Holzskelette mit Flechtwerk oder Lehmbewurf abgedichtet. Ein bedeutender Schritt bestand darin, dass im frühen Mittelalter die zuvor in den Boden gerammten Pfosten auf Schwellen gestellt wurden.

Grundlage des Fachwerkhauses ist eine Tragekonstruktion – das Skelett – aus Holz, wobei die Druck- und Zugkräfte durch horizontale, vertikale und schräge Balken oder Gurte und Stäbe aufgenommen und abgeleitet werden. Die Füllung der »Gefache« zwischen den Balken hat beim Fachwerkbau keine »tragende«, sondern nur »schließende« Funktion.

Fachwerkhäuser sind in England, Nordfrankreich, Deutschland und Osteuropa verbreitet, besonders in der Nähe von Eichenhochwäldern. 1990 haben sich über 100 Städte von Nord bis Süd zur »Deutschen Fachwerkstraße« zusammengeschlossen. Je nach Region gibt es eigene Fachwerkbilder und Farbgebungen.

Seine ganze Entfaltung fand das Fachwerkhaus vom 15. bis zum Ende des 17. Jahrhunderts, in kunsthistorischen Begriffen von der Gotik über die Renaissance bis zum Barock. Je weiter die Zeit voranschritt, desto schmuckvoller wurde das Fachwerk, immer auch abhängig vom Etat.

Die Kunsthistoriker Horst Büttner und Günter Meißner stellen ein Fachwerkhaus aus Marburg näher vor.

Vom Massivbau unterscheidet sich das städtische Fachwerkhaus weder in der Höhe noch in der Grunddisposition, wohl aber durch die sichtbar gemachte Struktur des Raummantels, vom dem eine eigentümliche Faszination organischer Harmonie ausgeht. [...] Sie beruht vor allem auf der Variabilität der Gefache, ihrer symmetrischen Reihung sowie dem Material- und Farbkontrast zwischen verputzter Flächenfüllung und dunkler, linearer Holzkonstruktion. [...]

Fachwerk-Bürgerhäuser, die den raschen Fortschritt des konstruktiven Systems vom 13. bis zum 15. Jahrhundert demonstrieren können, sind in deutschen Städten nur wenige erhalten. Eines der ältesten, ein um 1320 in Marburg erbautes Handwerkerhaus, kann über die frühgotische Ständerbauweise informieren [Abb. S. 55]. Die Ständer ruhen hier noch direkt auf den Mauern und werden geschossweise durch Riegel und Rahmhölzer verbunden. Eine Reihe Ständer ist außerdem durch Kopf- und Fußstreben versteift. Die Gefache, sofern sie nicht für die Fenster ausgespart worden sind, enthalten verputztes Mauerwerk. Vordem waren sie häufig mit Geflecht oder Staken, die mit Lehm beworfen wurden, gefüllt. Wenig später entwickelte sich aus den unteren Riegeln als wichtige Neuerung die Schwelle, in die die Ständer eingelassen werden konnten, sodass mit dem oberen Rähm eine in sich geschlossene Rahmenkonstruktion entstand.

Horst Büttner / Günter Meißner

→ Kräfteverlauf, S. 17 • Hütten von Terra Amata, S. 48

Das Schiefe Haus von Ulm, 1406–1443.
Spätgotisches Fachwerkhaus, eingesunken in den Kiesgrund mit einer Neigung bis zu 10°. Das auskragende Obergeschoss über dem Flüsschen Blau diente der Überdachung der anlegenden Fischerboote.

Fachwerkhaus Forchheim, spätes 16. Jahrhundert. Eckhaus auf Steinsockel mit Renaissance-Zierfachwerkgiebel

Fachwerkhaus. Schäfersches Haus in Marburg, 1320. Abgerissen gegen Ende des 19. Jahrhunderts. Zeichnerische Rekonstruktion von Carl Schäfer, Lithografie 1889

Anregungen

1. Stellen Sie Beispiele von Fachwerkbauten aus unterschiedlichen Regionen zusammen und vergleichen Sie sie, u. a. hinsichtlich Sockel, Fachwerkbild, Farbgebung.

2. Recherchieren Sie Gründe für den Umbau und den Abriss alter Fachwerkhäuser in Ihrer Umgebung anhand von Archivmaterialien (Chroniken im Stadtarchiv u. a.).

3. Fertigen Sie Skizzen eines Fachwerkhauses in Ihrer Nähe.

4. Gestalten Sie in Teams die Fassade eines Fachwerkhauses mit ursprünglichen Holzverbindungen.

Das Landhaus der Neuzeit

La Rotonda von Andrea Palladio in Vicenza, 1567–1591

Andrea Palladio: Villa Almerico Capra, genannt »La Rotonda« oder auch »Villa Rotonda«, 1567–1591. Vicenza, Region Venetien, Italien

»La Rotonda«, die Runde, gilt als die vollkommenste Villa überhaupt, ein Zentralbau mit dem gleichen Portikus auf allen vier Seiten. Auf einem Hügel bei Vicenza gelegen, ist die Villa Ausdruck des Strebens der Renaissance nach Harmonie in Vollendung.

Ihr Architekt hieß eigentlich Andrea di Pietrol. Den Namen Palladio erhielt er von seinem Förderer, dem Dichter Gian Giorgio Trissino, in Anspielung auf Pallas Athene, die griechische Göttin der Weisheit. Trissino ermöglichte Palladio das Studium der Architekturtheorien von Vitruv und Serlio in Rom, wo er sich intensiv mit den Bauten und Ruinen der römischen Antike beschäftigte.

Palladios Werk umfasst drei Gruppen von Gebäuden: Sakralbauten, Palazzi und Villen. Die Villa (lat., Landhaus, Landgut) war ursprünglich das Haupthaus eines landwirtschaftlichen Anwesens, im Unterschied zum städtischen Palazzo (vgl. S. 114). In Venetien, der Region um Venedig, wurde sie bei wohlhabenden Kaufleuten und Patriziern im 16. Jahrhundert immer beliebter. Bauherr der Villa Rotonda war Bischof Paolo Almerico, ein hoher Beamter von Papst Pius IV.

Unter Verzicht auf Wirtschaftsgebäude entwarf Palladio zahlreiche Villen als Zentralbauten, bei denen die Einbindung in die Landschaft eine besondere Bedeutung erlangte.

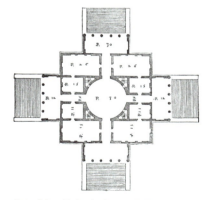

Grundriss. Holzschnitt von 1570

Den Entwürfen von Palladios Villen liegt ein konsequentes Programm zugrunde, das der Kunsthistoriker Rudolf Wittkower umreißt (Text S. 57).

→ Antike Tempelarchitektur, S. 87 ff. • Schlüsselfiguren des Mittelalters, S. 36 • K. F. Schinkel: Kirchenentwurf, S. 11

Der zentrale runde Raum in der »Villa Rotonda«, oben der Kuppelansatz. Die Figuren in Trompe-l'oeil-Manier und die Scheinarchitektur der Säulen malte Barockkünstler Louis Dorigny um 1700.

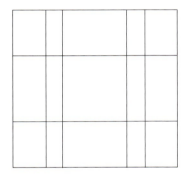

Geometrischer Schlüssel zu Palladios Villen

Anregungen

1. Begründen Sie die harmonische und sakrale Wirkung der Villa Rotonda.

2. Untersuchen Sie an dieser Villa die Verwendung des Goldenen Schnitts (s. S. 38 f.).

3. Finden Sie von der Rotonda inspirierte Bauwerke.

4. Erstellen Sie eine Reihe eigener Entwürfe nach Palladios Grundriss-Schlüssel.

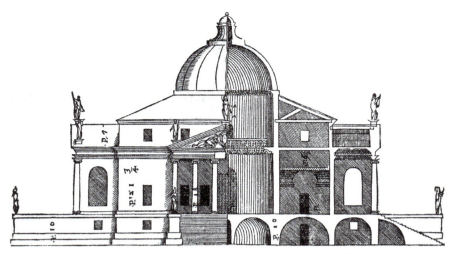

Ansicht und Schnitt. Holzschnitt aus Palladio: Vier Büchern der Architektur, 1570. Der Bau zeigt eine modifizierte, abgetreppte Kuppel.

»Die Lage gehört zu den anmutigsten und erfreulichsten, die man finden kann. Das Haus liegt auf einem leicht zu besteigenden Hügel, der auf der einen Seite vom Bacchiglione, einem schiffbaren Fluß, begrenzt wird, und auf der anderen Seite von weiteren lieblichen Hügeln umgeben ist, die wie ein großes Theater wirken.« Andrea Palladio, 1570

Was empfand Palladio, wenn er immer wieder mit denselben Elementen experimentierte? Sobald er das grundlegende geometrische Skelett für den Typ »Villa« gefunden hatte, passte er es so klar und einfach wie möglich den besonderen Erfordernissen jedes Auftrags an. Er brachte die jeweilige Aufgabe in Einklang mit der »absoluten Wahrheit« der Mathematik, die endgültig und unwandelbar ist. Jeder, der Palladios Villen besucht, spürt, mehr im Unterbewusstsein als bewusst, diesen geometrischen Grundton – und das ist es, was seinen Bauten ihre Überzeugungskraft gibt.

Dieses Gruppieren und Umgruppieren innerhalb desselben Schemas war aber nicht ein so einfacher Vorgang, wie es den Anschein hat. Palladio arbeitete mit der größten Sorgfalt, um harmonische Verhältnisse nicht nur in jedem einzelnen Raum, sondern auch in der Beziehung der Räume zueinander zu erzielen, und dieses Ringen um die vollkommene Ratio ist eigentlich die Quintessenz seines Architekturschaffens. [...]

Die Fassaden von Palladios Villen bieten ein ganz ähnliches Problem wie die Grundrisse. Anders als die Baukunst der Länder nördlich der Alpen denkt die monumentale Architektur Italiens, wann immer es möglich ist, in schlichten dreidimensionalen Blöcken. Die Architekten suchten eine leicht fassliche Ratio zwischen Länge, Höhe und Breite, und Palladios Villen erreichen hierin die lichtvollste Klarheit. – Dieser Block bedarf nun einer Fassade; Palladio ergriff Besitz von der klassischen Tempelfront, einem adligen Motiv von höchster Würde, und fügte sie in die Fassaden seiner Villen ein.

Rudolf Wittkower

Massenwohnungsbau des 19. Jahrhunderts

Slums und Mietskasernen in den Metropolen London und Berlin

Gustave Doré: Over London by Rail, 1872. Holzstich aus dem Buch »London: A Pilgrimage«

Im Zuge der Industrialisierung wurden im 19. Jahrhundert viele Arbeit suchende Menschen von den neu entstehenden Metropolen angezogen. Die Folge war ein ungeheurer Bedarf an Wohnraum. Diese Entwicklung betraf zunächst vor allem englische Fabrikstädte wie Manchester und Liverpool, griff dann aber auch auf den Kontinent über.

Zu den Wohnverhältnissen des Proletariats in London gibt es nur wenige Bilddokumente. Unter ihnen ragen die um 1870 angefertigten, realistischen Illustrationen des französischen Zeichners Gustave Doré heraus: von Slums, Nachtasylen, Pubs, Fabriken und Straßenszenen.

Diese Häuschen von drei bis vier Zimmern und einer Küche werden Cottages genannt und sind in ganz England – einige Teile von London ausgenommen – die allgemeinen Wohnungen der arbeitenden Klasse. Die Straßen selbst sind gewöhnlich ungepflastert, höckerig, schmutzig, voll vegetabilischen und animalischen Abfalls, ohne Abzugskanäle oder Rinnsteine, dafür aber mit stehenden, stinkenden Pfützen versehen.

Friedrich Engels (Die Lage der arbeitenden Klasse in England, 1845)

→ Insula in der römischen Antike, S. 51

Wie viele andere Metropolen in Europa erlebte auch Berlin im Lauf des 19. Jahrhunderts eine explosionsartige Ausdehnung. Hatte die Stadt um 1800 noch 100 000 Einwohner gehabt, so waren es 1875 schon 900 000 (heute: über 3,5 Millionen).

Bis zum 19. Jahrhundert hatte Berlin aus einem kleinen, mittelalterlichen Kern bestanden, als königlich-preußische Residenzstadt aber zunehmend an Bedeutung gewonnen. Eine um 1853 erlassene, als »Mietskasernenordnung« berüchtigte Bauordnung, die bis 1919 in Kraft blieb, war Grundlage einer Entwicklung, während der – vor allem in der »Gründerzeit« nach 1871 – Häuserkomplexe entstanden, die bis zu 1000 Menschen Platz boten. Künstler wie Friedrich Kaiser und Heinrich Zille hielten die Bauwut und die Lebensbedingungen in Gemälden, Fotografien und Zeichnungen fest.

Friedrich Kaiser: Der Bau der Grenadierstraße Berlin, um 1875. Öl auf Leinwand, 31,5 x 42 cm. Stadtmuseum Berlin

Die problematischen Folgen der Entwicklung Berlins zur Millionenstadt sind vor allem darauf zurückzuführen, dass man überhaupt nicht auf die Aufgabe vorbereitet war. Viel zu spät hatte man zu verstehen begonnen, dass die Großstadtentwicklung nicht nur eine technische, sondern eine gesamtgesellschaftliche Aufgabe war. In der entscheidenden Phase vollzog sich das Wachstum der Stadt praktisch ohne Kontrolle und Beschränkung, ohne ein umfassendes rechtliches Instrumentarium, ja ohne politischen Willen dazu.

Jürgen Paul

Heinrich Zille: Hinterhof im Scheunenviertel von Berlin, 1919. Lithografie, 28,2 x 18,3 cm

Anregungen

1. Untersuchen Sie Dorés Holzstich auf Wohn- und Lebensbedingungen in London um 1870.

2. Analysieren Sie das Gemälde oben im Hinblick auf Bautätigkeiten und Gebäudeformen um 1875.

3. Recherchieren Sie die Wohnbedingungen der unteren und oberen Schichten in Berlin am Ende des 19. Jahrhunderts.

4. Diskutieren Sie, wie objektiv die hier gezeigten Darstellungen sind.

5. Stellen Sie Materialien zur Umwandlung historischer Hinterhöfe – z. B. in Berlin – in zeitgemäße Wohnungen zusammen.

»Von's Vergnügen der reichen Leute ham wir Armen doch noch immer wat: von die Pferde die Wurscht, von die Zigarr'n und die Zigaretten die Stummel, von die Flieger die Notdurft un von die Automobile den Jestank.«

Heinrich Zille, um 1900

Wohnbau des Jugendstils um 1900

Casa Batlló von Antoni Gaudí, Barcelona 1904–1906, und Großes Glückerthaus von J. M. Olbrich, Darmstadt 1901

Antoni Gaudí: Casa Batlló, 1904–1906. Passeig de Gràcia 43, Barcelona, Spanien

Fensterdetail im ersten Geschoss der Casa Batlló (im Volksmund »Haus der Knochen«)

Interieur im ersten Geschoss der Casa Battló, mit Blick durch das oben gezeigte Fenster

Er war nicht nur Architekt, sondern auch Möbeldesigner, Bildhauer und Stadtplaner: Der aus Katalonien stammende Antoni Gaudí war der führende Vertreter des spanischen Jugendstils, des »Modernismo«. Beeinflusst wurde er durch die Kunst der Gotik und des Barock in Spanien, aber auch durch die Baukunst Nordafrikas, speziell Marokkos.

Mit seiner plastischen Formensprache überwand Gaudí den Historismus seiner Epoche. Baukörper, Fassaden und Räume unterliegen bei ihm einer einheitlichen, organischen Konzeption, die vor allem auch in vielen Details sichtbar wird. Folgerichtig verstand er seine Bauten als »Gesamtkunstwerk«.

Gaudís Architektur zeichnet sich durch eine vegetabile ornamen-

»Die Originalität besteht in der Rückkehr zum Ursprung.«
Antoni Gaudí, um 1900

tale Durchgestaltung und Polychromie aus. Ein Beispiel bietet die Casa Batlló in Barcelona. Gaudí gestaltete hier ein bereits 1877 errichtetes Wohngebäude des Stofffabrikanten Josep Batlló i Canovas um. Je weiter unten die Fenster platziert sind,

desto größer fallen sie aus, um mehr Licht hineinzulassen. Die Fassade ist von biomorphen Formen geradezu übersät. Der Kulturjournalist Rainer Zerbst zieht in seinem Text auf S. 61 entsprechende Vergleiche zu Erscheinungen in der Natur.

Mächtige Säulen, die wie die Füße eines riesengroßen Elefanten anmuten, sind das Erste, was dem Fußgänger ins Auge fällt. Beim Dach kommt einem ein ganz anderes Tier in den Sinn: Es wird von einer Zackenlinie begrenzt, die wie das Rückgrat eines Riesensauriers wirkt. Dazwischen erstreckt sich eine Fassade mit kleinen, elegant geschwungenen Balkons, die an dem Haus zu kleben scheinen wie Vogelnester an einer Felswand. Die Fassade selbst glitzert in vielen Farben und ist durchbrochen von kleinen runden Plättchen, die wie Schuppen eines Fisches aussehen. Hier gibt es keine Kanten und Ecken; selbst die Wände sind gewellt und wirken eher wie die glatte Haut einer Seeschlange. [...]

Das alles wirkt wie die Ausgeburt eines Hirns, das sich von allem bisher Dagewesenen löst, nur seinen eigenen Träumen und Visionen nachhängt. Und doch nahm Gaudí sehr wohl Rücksicht auf die Umgebung. Die Zickzacklinie des Firstes beispielsweise korrespondiert mit dem strengen, treppenförmigen Giebel des Nachbarhauses zur Linken. Auch in der Höhe des Gebäudes orientierte Gaudí sich an der Nachbarschaft. Er verzichtete sogar auf ein voll ausgebautes Dachgeschoss, reduzierte die Baufläche in dieser abschließenden Etage; so läuft das Haus allmählich nach oben hin aus, das Dach wird zu einem Hut, einer Haube, die seitlich, gewissermaßen wie eine Hutfeder, ein reizvolles Türmchen als Schmuck trägt. Dieser kleine Turm wird von dem inzwischen zum Markenzeichen Gaudís aufgestiegenen Kreuz bekrönt.

Der spielerische Eindruck, die ständig wogende Linienstruktur setzt sich auch im Inneren des Hauses fort.   Rainer Zerbst

Lichthof in der Casa Battló. Die Kacheln oben besitzen einen intensiveren Blauton, die unten einen helleren, um trotz des Intensität verlierenden Tageslichts einen gleichmäßigen Eindruck zu erzielen.

Eines der bedeutendsten Ensembles des Jugendstils findet sich in Darmstadt, der Hauptstadt des Großherzogtums Hessen von 1806 bis 1919. Hier gründete Großherzog Ernst Ludwig 1899 eine Künstlerkolonie – und lud Architekten und Bildhauer ein, die Mathildenhöhe mit ihren Werken zu gestalten, darunter Peter Behrens und Joseph Maria Olbrich.

Anregungen

1. Beschreiben Sie den Zusammenhang zwischen Fassaden- und Innenraumgestaltung bei der Casa Batlló.

2. Suchen Sie organische Naturformen und fertigen Sie danach Architekturentwürfe.

3. Dokumentieren Sie Beispiele von Jugendstilarchitektur in Ihrer Umgebung: zeichnerisch, fotografisch, textlich.

Joseph Maria Olbrich: Eingangsportal zum Großen Glückerthaus, 1901. Mathildenhöhe, Darmstadt. Ursprünglich zu Präsentationszwecken genutztes Haus des Möbelfabrikanten Julius Glückert, heute Sitz der Deutschen Akademie für Sprache und Dichtung

Einfamilienhaus des De Stijl

Haus Schröder von Gerrit Rietveld und Truus Schröder-Schräder, Utrecht 1924

Gerrit Rietveld und Gertrud Schröder-Schrader: Haus Schröder, 1924. Prins Hendriklaan, Utrecht, Holland

Von außen erinnert das Gebäude an einen Baukasten. Als Reihenendhaus an eine traditionelle Häuserzeile gebaut, setzt sich die Fassade aus rechtwinkligen Flächen zusammen, die weiß und grau gestrichen sind. Geländer und Fensterrahmen sind schwarz gefasst. Farbige Akzente setzen die Primärfarben Gelb und Rot an den vertikalen Stützen und an den horizontalen Tragebalken, eine Bank wurde blau lackiert.

»Das bildnerische Mittel hat die Fläche oder das rechteckige Prisma in den Primärfarben (Rot, Blau und Gelb) und in den Nicht-Farben (Weiß, Schwarz und Grau) zu sein. In der Architektur gilt der leere Raum als Nicht-Farbe, die Masse kann als Farbe gewertet werden.«

Piet Mondrian,
Mitbegründer von De Stijl, 1927

Die neue Architektur sollte einer universalen Objektivität Ausdruck geben und sich von der Subjektivität individueller Kunstwerke abgrenzen. Mit dieser Idee verbanden sich auch utopische, sozialreformerische Ziele. Sie entsprach dem Anspruch der 1917 in Holland gegründeten Künstlergruppe »De Stijl« (holl., der Stil), deren Mitglied der Architekt Gerrit Rietveld war.

Rietvelt entwickelte sein Konzept auf der Basis eines Modells, das die Planung der einzigartigen Durchdringung von Fläche und Raum ermöglichte. Entscheidende Impulse gingen dabei von der Bauherrin aus, der verwitweten Apothekerin Truus Schröder-Schräder, die das Haus zunächst mit ihren drei Kindern bewohnte. Es war ihre Idee, eine variable Raumgliederung durch verschiebbare Trennwände herzustellen.

Truus Schröder-Schräder entwarf als Innenarchitektin weitere Bauten zusammen mit Rietveld. Sie wohnte über 60 Jahre in ihrem Haus, ab 1957 gemeinsam mit Rietveld bis zu dessen Tod im Jahr 1964.

→ Bauhaus-Architektur, S. 128 f.

Offene Raumfolge in der oberen Etage mit nach hinten geschobenen Trennwänden

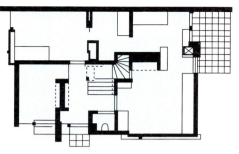

Raumgliederung im Haus Schröder. Das Erdgeschoss besitzt eine starre Zimmeraufteilung.

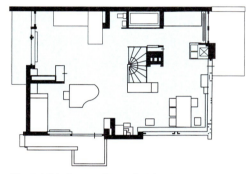

Die variable Raumordnung der oberen Etage bei geöffneten Schiebetüren …

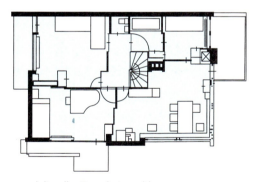

… und dieselbe Etage bei geschlossenen Schiebetüren

Im Auftrag seiner Mitarbeiterin Truus Schröder-Schräder entwarf Rietveld 1924 das zweistöckige Wohnhaus und dessen Innenausstattung für ein Eckgrundstück am Rande einer Reihenhauszeile am Stadtrand von Utrecht.

Von der Innenraumgestaltung ausgehend, ordnete Rietveld in mehreren Modellen den benötigten Raum durch die begrenzenden Wandteile. Geprägt wird das zum größten Teil konventionell gemauerte Haus außen wie innen durch die Beziehung von großen Wandplatten ohne Binnengliederung zu filigranen linearen Elementen: Weiß und grau gestrichene Wände und große querrechteckige Fensterflächen akzentuierte Rietveld mit Stahlstützen, Fensterrahmen und Geländern in Schwarz, Rot, Gelb und Blau. Die asymmetrisch angeordneten, ausgreifenden Elemente unterstreichen den Eindruck des Montageprinzips. Während das Erdgeschoss in einzelne Zimmer unterteilt ist, besteht das Obergeschoss auf Anregung von Truus Schröder-Schräder aus einem einzigen Raum, der durch verschiebbare Trennwände unterteilt werden kann. Wolf Stadler u. a.

Anregungen

1. Vollziehen Sie die variable Raumgliederung im Haus Schröder nach.

2. Überprüfen Sie, inwieweit die Forderung von Piet Mondrian (S. 62) auf das Haus Schröder zutrifft.

3. Pro und Kontra: Bauen mit normierten Elementen.

4. Entwickeln Sie mithilfe einer isometrischen Darstellung (S. 12) ein Haus nach »De Stijl«-Prinzipien.

5. Bauen Sie unter Verwendung quadratischer Holzleisten (Stäbe) und rechteckiger Holzflächen das Modell eines »De Stijl«-nahen Hauses einschließlich Inneneinrichtung.

Die Neue Sachlichkeit im Sozialbau der 1920er-Jahre

Siedlung Bruchfeldstraße von Ernst May und Margarete Schütte-Lihotzky, Frankfurt/Main, 1926/27

Ernst May: Siedlung Bruchfeldstraße, Frankfurt a.M., 1926/27. Modell, Deutsches Architekturmuseum Frankfurt/Main

Im Volksmund heißt sie »Zickzack-hausen«: die Siedlung Bruchfeld-straße in Frankfurt am Main. Verstärkt wird der zackenartige Eindruck durch die farbige Akzentuierung der Haus-kanten entlang der Flachdächer.

Viele Architekten wandten sich Mitte der 1920er-Jahre, der Zeit der Weimarer Republik, einer durch Sach-lichkeit bestimmten Bauauffassung zu. Direkt nach dem Ersten Weltkrieg hatten noch utopische Projekte im Vordergrund gestanden (vgl. S. 150 f.).

Das »Neue Bauen« stellte, be-einflusst von De Stijl (S. 62 f.), Bau-haus (S. 128 f.) und Konstruktivismus (S. 152 f.), die Funktionalität obenan. Architekt Ernst May, Siedlungsdezer-nent in Frankfurt am Main, verband Vorstellungen des rationalen Bau-ens und des Sozialbaus mit Ideen der Gartenstadt. Die Kunsthistorikerin Evelyn Hils informiert im Text rechts näher über Mays Arbeit.

May beabsichtigte zunächst eine räumliche Neustrukturierung Frank-furts. Statt wie in der Vergangenheit alle Bereiche des Lebens im Stadt-zentrum zu konzentrieren, sollte nun alles dezentral aufgebaut werden: Das Wohnen sollte fortan vorwiegend in Stadtrandsiedlungen entsprechend des urbanistischen Prinzips englischer Trabantenstädte stattfinden, die Indus-triezonen wurden entlang des Mains und der Eisenbahnlinien verlegt, die Kultur- und Verwaltungszentren verblieben im Stadtzentrum, Grünzüge, die die Stadt strukturieren sollten, wurden angelegt sowie das Verkehrswege-netz mit Straßenbahnen und Schnellbahnen ausgebaut.

In den Jahren 1925–1930 baute May insgesamt mehr als 30 000 Woh-nungen. Sie waren alle nach dem Grundsatz »Einfachheit, Bescheidenheit, Gleichheit und Gemeinsamkeit« konzipiert worden. Um günstige Mieten zu garantieren, waren viele Häuser in der für die damalige Zeit neuartigen Mon-tagebauweise errichtet worden. Insgesamt hatten alle Wohnungen einen in den zwanziger Jahren nirgendwo sonst erreichten Standard.

Die erste Siedlung des zentralen Wohnungsbauprogramms entstand ent-lang der Bruchfeldstraße in Niederrad. Von den Bewohnern wurde sie we-gen ihrer Sägezahnstellung »Zickzackhausen« genannt. Insgesamt waren hier 654 Mietwohnungen – überwiegend Zwei- bis Dreizimmerwohnungen mit 54 bzw. 65 m² Größe – entstanden. Sämtliche Wohnungen waren mit ei-nem Bad, der sog. »Frankfurter Küche« und Zentralheizung ausgestattet, zu-dem besaßen die meisten Wohnungen einen Garten bzw. einen Dachgarten.

Evelyn Hils

→ De-Stijl-Architektur, S. 62 f. • Bauhaus-Architektur, S. 128 • Architektur des Konstruktivismus, S. 152

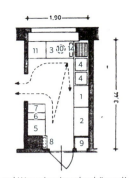

1	Vorratsschrank
2	Topfschrank
3	Arbeitstisch
4	Spüle
5	Herd
6	Abstellplatte
7	Kochkiste
8	Heizkörper
9	Müll-/Besenschrank
10	Drehhocker
11	Speiseschrank
12	Abfalleinwurf

Platz- und Schrittersparnis. Abläufe und Wege in einer herkömmlichen Küche (links) und in der »Frankfurter Küche« (rechts), die im Grundriss nur 1,9 x 3,46 m misst

Margarete Schütte-Lihotzky: Frankfurter Küche, 1926. Foto aus »Die Deutsche Wohnung der Gegenwart«, Königstein 1930

Die Häuser an der Bruchfeldstraße sollten funktionale Wohnungen unterschiedlicher Größe aufweisen. Alle bekamen Bad und Zentralheizung, teilweise sogar Dachterrassen. Der Wohnbereich wurde vom Schlaf- und Hygienebereich abgetrennt.

Für diese Wohnungen konzipierte Margarete Schütte-Lihotzky die erste Einbauküche, die heute als »Frankfurter Küche« berühmt ist. »Grete« Lihotzky hatte als eine der ersten Frauen von 1915 bis 1919 an der kaiserlich-königlichen Kunstgewerbeschule Wien Architektur studiert.

Im unten stehenden Text widmet sich die Kunsthistorikerin Bi Nierhaus den Arbeitsabläufen in der »Frankfurter Küche« und der Rolle der Frau darin.

Siedlung Bruchfeldstraße, heutige Ansicht

Die »Frankfurter Küche« wurde 1925 von Margarete Schütte-Lihotzky im Rahmen des kommunalen Frankfurter Wohnungsbauprogramms entwickelt. Sie ist vom Wohn- bzw. Essbereich weitgehend getrennter Nur-Arbeitsraum und ihre Bestandteile wie Herd, Kästen usw. sind in ein zusammenhängendes, vom Arbeitsablauf bestimmtes System gebracht – also eine rationalisierte Einbauküche. Als industrielles Serienprodukt geplant, konnte sie in jede Wohnung eingebaut werden. [...] Das neue Ziel in der Architektur war die Orientierung auf den Massenwohnbau mit Wohnwert. »Keine Einzelvillen, sondern Hunderte von Wohnungen müssen gebaut werden – keine Häuser für die Kapitalkräftigen, sondern gut brauchbare Häuser für den Arbeiter – Häuser nicht als ästhetische, sondern als sachliche Aufgabe.« Auch die Ausdrucksträger der neuen Architektur werden als sachlich, einheitlich, einfach bezeichnet. Die »Frankfurter Küche« hat ihren Platz in diesem Spannungsfeld zwischen »alt« und »neu«. Sie ist für die berufstätige Frau mit Kleinfamilienhaushalt geplant. Bi Nierhaus

Anregungen

1. Stellen Sie Zusammenhänge in Form und Funktion zwischen der Siedlung »Bruchfeldstraße« und der »Frankfurter Küche« her.

2. Vergleichen Sie die Zielsetzungen des »Neuen Bauens« mit denen der Nationalsozialisten im Bereich des Siedlungsbaus (S. 72).

3. Beschreiben Sie die der Frau zugewiesene Rolle in der Frankfurter Küche.

4. Recherchieren Sie zu einer Siedlungsanlage in Ihrer Umgebung (Stadtbauamt, -archiv). Visualisieren Sie Aspekte wie Bauweise, historische Entwicklung, Wohnwert.

»Jeder hat mir das ausreden wollen, dass ich Architektin werde, mein Lehrer Strnad, mein Vater und mein Großvater. Nicht weil sie so reaktionär waren, sondern weil sie geglaubt haben, ich werde dabei verhungern.«
Margarete Schütte-Lihotzky, 1997

Leistungsschau des Neuen Bauens

Die Weißenhofsiedlung in Stuttgart, 1927

SIEDLUNG AM WEISSENHOF

1. J. FRANK, WIEN
2. J. J. P. OUD, ROTTERDAM
3. M. STAM, ROTTERDAM
4. LE CORBUSIER, GENF-PARIS
5. P. BEHRENS, BERLIN
6. R. DÖCKER, STUTTGART
7. W. GROPIUS, DESSAU
8. L. HILBERSEIMER, BERLIN
9. MIES VAN DER ROHE, BERLIN
10. H. POELZIG, BERLIN
11. A. RADING, BRESLAU
12. H. SCHAROUN, BRESLAU
13. A. G. SCHNECK, STUTTGART
14. B. TAUT, BERLIN
15. M. TAUT, BERLIN

ERSTELLT DURCH DIE STADT STUTTGART NACH DEN VORSCHLÄGEN DES DEUTSCHEN WERKBUNDES

WERKBUND AUSSTELLUNG **DIE WOHNUNG**
JULI-SEPT. 1927 **STUTTGART**

Werkbund Ausstellung Die Wohnung, 1927. Postkarte, Weißenhofmuseum Stuttgart

»Ich halte es dort am Weißenhof für notwendig, einen neuen Weg einzuschlagen, da ich mir bewusst bin, dass ein neues Wohnen sich über die 4 Wände hinaus auswirken wird. Hier kommt es nicht darauf an, einen mustergültigen Bebauungsplan im alten Sinne aufzustellen, sondern ich will wie im Bauen, so auch hier Neuland erobern. Darin sehe ich überhaupt den Sinn, den einzigen unserer Arbeit.
Alles andere könnten wir ja getrost den Herren Bonatz und Schmitthenner überlassen.«
Ludwig Mies van der Rohe, 1926

Le Corbusier / Pierre Jeanneret: Doppelhaus, 1927. Rathenaustr. 1 und 3, Stuttgart (heute Weißenhofmuseum)

Lautstarke Proteste waren die Folge, als der »Deutsche Werkbund«, eine Vereinigung von Architekten, Künstlern und Unternehmern, im Juli 1927 seine Ausstellung »Die Wohnung« auf dem Weißenhof-Gelände in Stuttgart eröffnete. Der Vizepräsident des »Werkbunds«, Architekt Ludwig Mies van der Rohe, hatte Kollegen aus dem In- und Ausland eingeladen, Musterhäuser zu errichten – eine Leistungsschau des Neuen Bauens, die den »Internationalen Stil« mit begründete.

In nur 21 Wochen wurden 15 Bauten, z. T. als Doppel- und Mehrfachhäuser, errichtet. Zu den Architekten gehörten Peter Behrens, Le Corbusier, Walter Gropius, J.J.P. Oud, Hans Poelzig, Hans Scharoun, Mart Stam, die Brüder Bruno und Max Taut. Mies van der Rohe selbst entwarf den größten Wohnblock (s. S. 45). Eine halbe Million Besucher sah die Ausstellung.

Die kubischen Formen und zumeist weißen Wände ließen Traditionalisten an eine »Vorstadt Jerusalems« denken. Die neue Architektur drohte mehrere Berufsstände arbeitslos zu machen: die Dachdecker, die keine Schrägdächer mehr einzudecken hatten, die Steinmetze, auf deren Ornamente man verzichtete, und die Maler, deren Fassadendekoration nicht mehr benötigt wurde.

Als die Nazis 1933 die Macht ergriffen, bezeichneten sie die Siedlung als »Schandfleck« und wollten sie zugunsten einer Militäreinrichtung abreißen, wozu es jedoch nicht mehr kam. Ein Spötter bezeichnete die Weißenhofsiedlung in einer Fotomontage als »Araberdorf« (Abb. S. 67).

Nach dem Zweiten Weltkrieg (1939–1945), der einige der Häuser zerstörte, bekamen Gebäude, die von Bomben verschont geblieben waren, traditionelle Dächer.

1958 wurde die ehemalige Mustersiedlung unter Denkmalschutz gestellt. Das Doppelhaus von Le Corbusier und Jeanneret gehört seit 2016 zum UNESCO-Welterbe. Der Architekturtheoretiker Christian Norberg-Schulz beschreibt die Qualität der Bauten.

→ L. Mies van der Rohe: Haus Tugendhat, S. 68 f. • Le Corbusier: Unité d'Habitation, S. 74 f. • H. Scharoun: Berliner Philharmonie, S. 132

J.J.P. Oud: Reihenhäuser, 1927. Pankokweg 5–9, Stuttgart

Hans Scharoun: Wohnhaus, 1927. Hölzelweg 1, Stuttgart

Der Vizepräsident des Werkbunds, Mies van der Rohe, wurde zum Generaldirektor des Projektes gewählt. Er legte zuerst einen eindrucksvollen Plan vor, der die intime Vielfalt eines mittelmeerischen Dorfs mit dem fließenden Raum der modernen Architektur verband. Da die Häuser nach Schluss der Ausstellung verkauft werden sollten, wurde der Entwurf später dahingehend abgewandelt, dass jedes einzelne Element selbstständiger wurde. […] Funktionalistische Wohnbauentwicklungen werden heute oft abschätzig als steril bezeichnet; man sagt, es fehle ihnen an echter Umweltqualität. Mit Überraschung sieht man deshalb, welche Vielfalt, Intimität und Menschlichkeit in der Weißenhofsiedlung enthalten ist. Bei allem sichtbaren Streben nach einer gemeinsamen Formensprache zeigt der Baucharakter doch beträchtliche Abwandlungen: von der berechneten Eleganz Mies van der Rohes bis zur schlichten Zurückhaltung Ouds oder Stams und den dynamischen Baukörpern Scharouns. Von daher wird deutlich, dass die funktionalistische Methode, an der es heute so sehr fehlt, an sich nichts ausschließt.

Christian Norberg-Schulz

Anregungen

1. Beschreiben Sie die unterschiedlichen formalen Ausprägungen der drei hier gezeigten Gebäude (zu Le Corbusier s. auch S. 74 f.).

2. Pro und Kontra: Traditionalismus vs. Moderne.

3. Erläutern Sie, worin die Bedeutung der Weißenhofsiedlung für die Architektur des 20. Jahrhunderts besteht.

4. Erstellen Sie in kleinen Teams Poster zu einzelnen Bauten der Weißenhofsiedlung, die Sie zu einer Gesamtpräsentation zusammenführen.

»Heute nachmittag habe ich die Ausstellung besichtigt. Kritik unmöglich; ich scheine das nicht zu verstehen. Was Ihr vorne seht, sind keine Baracken, sondern Häuser der Zukunft. Von der Inneneinrichtung gar nicht zu reden. Da lobe ich mir die alte Gemütlichkeit daheim.«

Anonyme Kritik, Postkarte vom Weißenhof, 10.9.1927

Weissenhofsiedlung, Araberdorf. Spottpostkarte, um 1932 (1940). Ulmer Freunde der Weissenhofsiedlung e.V.

Villenarchitektur in vollendeter Eleganz

Haus Tugendhat von Ludwig Mies van der Rohe, Brünn, 1929/30

Ludwig Mies van der Rohe: Deutscher Pavillon. Weltausstellung in Barcelona, 1929 (rekonstruiert 1986)

Barcelona-Sessel von Mies an der Rohe für den Deutschen Pavillon, 1929

Briefmarke, Deutsche Bundespost, 1987

Nach der Ausrichtung der Mustersiedlung am Weißenhof (S. 66 f.) bekamen Ludwig Mies van der Rohe und die Designerin Lilly Reich die künstlerische Leitung der deutschen Abteilung der Weltausstellung 1929 in Barcelona übertragen. Das offizielle Empfangsgebäude, der »Barcelona-Pavillon«, der die noch junge Weimarer Republik repräsentierte, galt vielen Besuchern als Sensation (Abb. oben).

Die Ideen des fließenden Raumes und des offenen Grundrisses trafen, wie schon beim Haus Schröder (s. S. 62 f.), den Nerv der Zeit. Auch Frank Lloyd Wright hatte bei seinen »Prairie Houses« bereits Formen des Raumkontinuums erprobt (vgl. S. 70). Bei Mies van der Rohe kam eine Vorliebe für kostbare Materialien hinzu: Marmor, Travertin, Onyx und verchromter Stahl, mit denen der Architekt nach höchster Eleganz und Qualität strebte.

Die für den Barcelona-Pavillon gefundenen Gestaltungsprinzipien übertrug Mies in Zusammenarbeit mit der Designerin Lilly Reich 1929/30 auf eine Villa im tschechischen Brünn (Abb. unten und S. 69). Den Auftrag erteilte das Unternehmerpaar Tugendhat für seine dreiköpfige Familie.

1930 wurde Mies zum Direktor der Werk- und Kunsthochschule »Bauhaus« berufen, die jedoch 1933, nach der Machtergreifung der Nazis, schließen musste. Wie viele andere Bauhaus-Künstler emigrierte auch Mies van der Rohe in die USA (vgl. Abb. S. 22 und 30).

Das Haus Tugendhat wurde 2001 in die UNESCO-Liste als Weltkulturerbe aufgenommen. Die Architekturhistorikerin Karin Wilhelm widmet sich ihm auf S. 69 näher.

Ludwig Mies van der Rohe: Haus Tugendhat, Brünn 1928/30. Ansicht von Südwesten. Tusche auf Transparentpapier, 56,5 x 87,6 cm. Museum of Modern Art, New York

Haus Tugendhat innen: Ebenholzwand und Chromstützen (zus. mit Lilly Reich)

→ L. Mies van der Rohe: 22, 30, 45, 66 • De-Stijl-Haus in Utrecht, S. 62 f. • Weißenhofsiedlung, S. 66 f.

Ludwig Mies van der Rohe: Haus Tugendhat, Brünn 1929/30. Ansicht der Gartenseite

Mies hatte die zweigeschossige Villa dicht an das abfallende Gelände geschmiegt, das Haus, von der Straßenseite nur als eingeschossiger Bau zu sehen, war ganz auf die Gartenseite orientiert. Das Untergeschoss war wieder auf einen Travertinsockel gesetzt, der als Terrasse diente, darüber erhob sich die Stahlskelettkonstruktion des Baukörpers, der im Untergeschoss mit einem breiten umlaufenden Fensterband versehen war und in strahlendem Weiß glänzte.

Der Grundriss des unteren Geschosses zeigte [...] abgegrenzte Räume und nur im Wohntrakt begegnen wir seiner Großräumigkeit, den kreuzförmigen Chromstützen, den frei stehenden Wänden wieder. Im Unterschied zum Ausstellungsbau musste dieser Großraum in verschiedene Nutzungsbereiche unterteilt werden; das Essen war vom Wohnen und Arbeiten zu trennen. Dazu nutzte Mies die frei stehenden Wände. Durch deren geschickte Neuanordnung suchte er die verschiedenen Wohnfunktionen optisch zu trennen: Den Essplatz umgab er mit einer nahezu halbkreisförmigen Ebenholzwand und den Arbeits- und Wohnraum teilte er durch eine Onyxwand voneinander ab.   Karin Wilhelm

Anregungen

1. Erläutern Sie, worin die Eleganz der Architektur Mies van der Rohes besteht.

2. Untersuchen Sie die Funktionalität von Haus Tugendhat.

3. Diskutieren Sie, ob diese Villenarchitektur der Anzahl der darin wohnenen Personen angemessen ist.

4. Entwickeln Sie als Modell einen Pavillon, der nach außen durch Glaswände geschlossen wird und innen aus mobilen Wänden besteht.

»Less is more.«
  Ludwig Mies van der Rohe, um 1910

Organische Architektur

Haus Fallingwater von Frank Lloyd Wright bei Pittsburgh, Pennsylvania, 1936

Eine harmonische Verbundenheit mit der umgebenden Natur, die Verbindung von innen und außen, das Fließen der Innenräume, der Einklang von Form und Funktion – all dies sind mögliche Merkmale der »Organischen Architektur«. Sie ist kein einheitlicher Stil, sondern ein Prinzip, das sich seit etwa 1900 in vielfältigen Formen entwickelte. Zunehmend geht es heute darum, regionale und klimatische Aspekte, natürliche Baustoffe und tradierte Bauformen zu beachten.

Zu den Hauptvertretern der Organischen Architektur zählt der amerikanische Architekt Frank Lloyd Wright. Haus Fallingwater gilt als eines seiner bedeutendsten Werke.

Frank Lloyd Wright: Haus Fallingwater, Präsentationszeichnung. Buntstifte auf Transparentpapier, 39 x 70,5 cm. The Frank Lloyd Wright Foundation, Scottsdale, Arizona, USA

»Vor meinem geistigen Auge hat Ihr Haus schon Gestalt angenommen – ganz im Einklang mit der Musik des Bachs.«

Frank Lloyd Wright an den
Bauherrn Edgar J. Kaufman, 1935

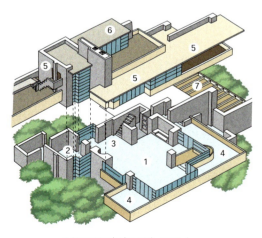

1 Hauptwohnbereich 2 Küche
3 Essbereich 4 Terrassen
5 Schlafzimmer 6 Galerie
7 Pergola

Dieser Bach mit dem sechs Meter hohen Wasserfall war das Leitmotiv für die schönste Komposition, die je vom Reißbrett dieses Architekten den Weg zur Realität in Stein und Glas gefunden hat. [...]

Als Wright das Grundstück am Bear Run in Augenschein nahm, war ihm klar: Auf dem Felsen über dem Wasserfall musste das Haus stehen: »Ich möchte, dass Sie mit dem Wasserfall leben, nicht, dass Sie ihn bloß anschauen«, entgegnete Wright auf Kaufmanns Bedenken. »Er soll ein Bestandteil Ihres Lebens werden.« [...]

Bedenken hatten auch die Statiker, die Kaufmann hinzuzog, nachdem er Wrights Pläne gesehen hatte: Der Südteil des Hauses (der Wohnraum mit zwei Terrassen) sollte frei über dem Wasser schweben. Hier war eine sechs Meter weit auskragende Eisenbetonplatte vorgesehen. Sie sollte in Höhe des Ufers auf vier Pfeilern ruhen und von Auslegern gehalten werden.

Solche »Cantilever« hatte Wright schon für die Fundamente des Imperial Hotel in Tokio erfunden. Für ihn war dieses Konstruktionsprinzip die natürlichste Sache der Welt: der ausgestreckte Arm, der Ast am Stamm des Baums. Die Techniker indes fürchteten, der ausgestreckte Arm könne erlahmen. Sie schlugen konstruktive Veränderungen vor. Das Gutachten wurde Wright zugestellt. Die Antwort darauf hätte das Ende der Zusammenarbeit bedeutet, wäre nicht Kaufmann der Klient gewesen. Wright forderte seinen Bauherrn auf, die Pläne zurückzuschicken, denn er habe offensichtlich dieses Haus nicht verdient. Wrights Arroganz war in diesem Falle ungerechtfertigt. Kaufmann ließ sich auch nicht ins Bockshorn jagen. Wie jeder gute Bauherr war er zwar versessen auf sein Haus, doch er folgte dem Architekten nicht blind.

Frank Lloyd Wright: Haus Fallingwater, 1936/37. Bear Run bei Pittsburgh, Pennsylvania, USA

Er stellte dessen Prinzipien nicht in Frage, hörte jedoch auf den Rat der Experten und ließ – um sicherzugehen – die Armierung der Erdgeschossplatte verstärken. Edgar Kaufmann verstand es, auch eigene Ideen einzubringen. So wurde der Felsvorsprung, der über das Fußbodenniveau in den Wohnraum hineinragt, nicht abgetragen. Der Findling vor dem offenen Kamin ist das sichtbare »Herzstück« des Hauses.

Wright waren solche Ideen nur willkommen. Denn Natur und Architektur auf bisher nie erreichte Weise zu verschmelzen, das war gerade sein Ziel. Harmonie entsteht dabei nicht durch bloße Anpassung an natürliche Formen. Wright greift nur die Tonart und den Rhythmus der Natur auf und übersetzt sie ins Architektonische. Und er nützt dabei den Kontrast als Ausdrucksmittel, den Gegensatz zwischen rauem Sandstein und glatt gestrichenem Beton. [...] Das Ergebnis ist ein Bau von spielerischer Leichtigkeit, ein architektonisch-akrobatischer Balanceakt von höchster Perfektion und Schönheit.

Kurt Gustmann

Anregungen

1. Erläutern Sie den Zusammenhang zwischen Natur und Architektur bei Haus Fallingwater.

2. Stellen Sie das Konstruktionsprinzip in einer Skizze dar. Durch welche Bauelemente und -formen ergibt sich die Leichtigkeit des Gebäudes?

3. Beschreiben Sie Ihr Ideal der Zusammenarbeit zwischen einem Bauherrn und dem Architekten.

4. Skizzieren Sie ein Haus nach Kriterien für aktuelles ökologisches Bauen.

Siedlungsbau im Nationalsozialismus

Die Schottenheim-Siedlung bei Regensburg, 1933–1945

Wie alle Lebensbereiche wurde in der Zeit des Nationalsozialismus (1933–1945) auch der Siedlungsbau der staatlichen Doktrin und Ideologie unterworfen. In seiner Bedeutung trat er aber hinter die von repräsentativen Großbauten und Autobahnen zurück (S. 127, 130 f.).

Ab 1933 wurde der Wohnungsbau, der in den 1920er-Jahren stark staatlich subventioniert worden war, wieder mehr privat finanziert. Dennoch unterlag er starker Beeinflussung und Kontrolle durch den NS-Staat.

Zu den Maßgaben gehörte es, mit Werkstoffen sparsam umzugehen. Baukosten wurden durch Eigenleistungen der Bewohner, durch Serienproduktion, Normierung und Standardisierung erheblich gesenkt.

Normiert wurden auch Gebrauchsgegenstände. So entstanden in der NS-Zeit das Einheitsauto, der »Volkswagen«, und das Einheitsradio, der »Volksempfänger«, ein wichtiges Propagandainstrument, das alle deutschen Radiohersteller nach einheitlichen Vorgaben fertigen mussten.

Ein Vorzeigeprojekt des Siedlungsbaus war die »Schottenheim-Siedlung« bei Regensburg. Sie wurde nach dem Arzt Dr. Otto Schottenheim benannt, seit 1929 Mitglied der SS und der NSDAP, ab 1933 bis 1945 Bürgermeister von Regensburg. Zu Schottenheims Schwerpunkten gehörte ein Siedlungsbau, bei dem die Menschen *in Licht und Sonne mit dem Heimatboden wieder verwachsen«*, so der Text zu einer Luftaufnahme der Siedlung zu Propagandazwecken.

An den Plänen war der Städtische Baurat Albert Kerler beteiligt; Schottenheim selbst präsentierte Adolf Hitler bei dessen Besuch in Regensburg stolz ein Modell der Siedlung. Nach dem Krieg musst er eine Gefängnisstrafe antreten, wurde später aber

Volksempfänger VE 301, 1933.
Von diesem Radio wurden mehrere Millionen verkauft.

»entnazifiziert«. Die Schottenheim-Siedlung erhielt den neuen Namen »Konradsiedlung«, nach dem Heiligen Bruder Konrad von Parzham.

Der Kunsthistoriker Hans-Ernst Mittig widmet sich in seinem Text auf S. 73 dem Wohn- und Siedlungsbau in der Zeit des Nationalsozialismus.

Schottenheim-Siedlung bei Regensburg, Bauabschnitt Harthof, 1939. Foto: Stadt Regensburg, Bilddokumentation, Christoph Lang

Die Nationalsozialistische Deutsche Arbeiterpartei (NSDAP) hatte ihre Wähler kaum mit kunstpolitischen, sondern vor allem mit wirtschaftspolitischen Klagen und Versprechungen gewonnen; so sollte angeblich jeder Arbeiter ein Heim erhalten, in dem er sich fühle »wie in einer Burg«. Dem Anspruch, das Wirtschaftsleben zu sanieren, mussten die Kunst und namentlich die Architektur seit 1933 dienen. »Den zweckmäßigsten Weg, das deutsche Volk wieder in den Prozess der Arbeit zurückzuführen, sehe ich darin, durch große, monumentale Arbeiten irgendwo zunächst die deutsche Wirtschaft in Gang zu setzen.« (Adolf Hitler)

Die öffentliche Bautätigkeit sollte die private »eines bürgerlichen, liberalen Zeitalters« ersetzen, ihre Spannweite sollte vom Monumentalbau bis zur Siedlung reichen: »Die wichtigsten Zukunftsaufgaben der Baukunst werden Gemeinschaftsbauten sein, sei es als Gemeinschaftssiedlung oder als Gemeinschaftshalle.« (Adolf Hitler)

Die »gesunde deutsche Familie« galt als Grundelement dieser ständig beschworenen Gemeinschaft. Besonders die »Heimstätten«, die das NS-Regime der Familie anbot, können deshalb Aufschluss über die Wirkungsweise nationalsozialistischer Baupraxis geben.

Zum Wohnungsbau ergingen seit 1933 viele neue Rechtsvorschriften, aber gleichzeitig wurde der Einsatz öffentlicher Mittel in diesem Bereich radikal abgebaut, weil Ausgaben für die Rüstung den Vorrang erhielten. Das Regime lenkte und kontrollierte, aber es überließ die Finanzierung wieder der privaten Hand. Damit war die Wohnungspolitik der Weimarer Republik aufgegeben, die in der zweiten Hälfte der zwanziger Jahre vorübergehend den Bau von Großsiedlungen aus Großmietshäusern verstärkt mit Steuermitteln betrieben hatte. Im Gegensatz dazu wirkte das NS-Regime auch wieder auf den Bau von Einfamilienhäusern hin. Sie boten die für den Staat billigste Wohnform; Kleinhaussiedlungen am Rand der Städte wurden auch unter dem Gesichtspunkt des Luftschutzes bevorzugt. […]

Das Einfamilienhaus war zugleich besonders geeignet, die Besitzer in der Privatsphäre voneinander zu trennen, statt hier kollektive Lebensformen oder selbst organisierte gesellschaftliche Aktivitäten anzuregen. […]

Die Bindung jeder Familie an begrenzte Eigentumsstücke kam kleinbürgerlichen Vorstellungen in doppelter Weise entgegen: Sie bannte die vermeintlich »vom Sozialismus drohende Gefahr, alles teilen zu müssen«, sie vergegenständlichte aber auch eine den Einzelnen »verzwergende« Unterordnung unter den Staat, dessen bauliche Selbstdarstellung Überlegenheit über den baulichen Privatbesitz der »kleinen Leute« demonstrierte. Indem Siedlungsbauten einen traditionellen »Heimatschutzstil« fortsetzten, verschärfte sich der Kontrast zwischen einer herrisch ausgestatteten Staatssphäre und einer mit Satteldächern, Gärtchen und Brunnen inszenierten »Gemütlichkeit«. Mit solchen Mitteln wurde das Dorf als Leitbild hingestellt.

Hans-Ernst Mittig

Werbung »**Dein KdF-Wagen**« für das Sparsystem auf den Volkswagen, 1938 (KdF = Kraft durch Freude). Mit Kriegsbeginn 1939 wurde die Produktion zugunsten von Militärfahrzeugen zurückgestellt. Kein Sparer erhielt für sein Guthaben jemals ein Auto.

»Fünf Mark die Woche musst Du sparen – willst Du im eignen Wagen fahren.«
Werbeslogan der
Organisation KdF, 1938

Anregungen

1. Vergleichen Sie den Siedlungsbau im Nationalsozialismus mit dem in der Weimarer Republik (S. 62 ff.) unter formal-gestalterischen und politisch-ideologischen Aspekten.

2. Finden Sie Gründe dafür, dass sich die Menschen im Nationalsozialismus mit weniger Komfort und sanitären Einrichtungen im Siedlungsbau zufrieden gaben als in der Weimarer Republik.

3. Zeigen Sie in einer Serie von Skizzen, wie sich der stereotype Charakter des Siedlungsbaus im Nationalsozialismus verändern und aufbrechen ließe.

»Wohnmaschine« der Nachkriegszeit

Unité d'habitation von Le Corbusier, Marseille 1946–1952

Le Corbusier: Unité d'habitation (Cité radieuse), Marseille 1946–1952. Westfassade. Breite 135 m, Tiefe 25 m, Höhe 56 m. Stahlbeton, 18 Stockwerke, 337 Appartements für über 1500 Menschen als zweigeschossige Maisonettewohnungen in verschiedenen Grundtypen

Er ist einer der bedeutendsten Architekten, Designer und Stadtplaner des 20. Jahrhunderts: der gebürtige Schweizer Charles-Édouard Jeanneret, der sich ab 1920 Le Corbusier nannte. 1927 publizierte er gemeinsam mit seinem Cousin Pierre Jeanneret das Manifest »Fünf Punkte zu einer neuen Architektur«. Es umfasst folgende konstruktive Merkmale:

• Stützen (Piloti)
• Dachgarten
• freie Grundrissgestaltung
• Fensterband
• freie Fassadengestaltung.

Bei der Villa Savoye wurden die Punkte 1931 erstmals konsequent umgesetzt (Abb. rechts). Das gleichsam schwebende Wochenendhaus des Versicherungsgründers Pierre Savoye gilt als ein Höhepunkt von Le Corbusiers puristischer Formensprache.

Später bestimmten Überlegungen zur Lösung der Wohnungsnot Le Corbusiers Arbeit. Er verstand Häuser als »Wohnmaschinen« und suchte die fünf Punkte auf seinen Gebäudetyp der »Unité d'habitation« (Wohneinheit) zu übertragen, riesige Wohnblöcke wie der in Marseille oben. Eine Variante davon steht in Berlin.

Le Corbusier / Pierre Jeanneret: Villa Savoye, 1929–1931. Poissy bei Paris

→ Le Corbusier: Modulor, S. 39 • Kirche in Ronchamp, S. 102 f. • Stadtplanungsprojekte, S. 154 f.

»Une maison est une machine à habiter.«   Le Corbusier, 1925

Auf diese Weise konnte Le Corbusier auch seine Idee von der »vertikalen Gartenstadt« in die Realität umsetzen, da die horizontalen Gartenstädte, die um 1900 aufgekommen waren, zu viel Fläche beanspruchten.

Als menschlicher Maßstab diente Le Corbusier bei der Unité d'habitation der »Modulor«, den er 1950 auf der Basis des Goldenen Schnitts entwarf (s. S. 39). Dabei ging er von einer durchschnittlichen Körperhöhe von 183 cm aus.

Der Architekt Werner Müller beschreibt im Text rechts die Struktur und Nutzung des Gebäudes.

Der Dachgarten der Unité d'Habitation in Marseille, vorn ein Kinderplanschbecken, dahinter eine Sitzlandschaft aus Beton, in der Ferne die Berge der Calanques

Das Erdgeschoss besteht nur aus zwei Reihen von Betonstützen (Piloti), zwischen denen der Zugang zur Eingangshalle, die Anfahrt für Fahrzeuge und der Durchgang zum Park allseitig frei sind. Von den sieben Zentralfluren (Innenstraßen) in der Längsachse erschließen fünf je drei Geschosse, die zwei übrigen das 7. und 8. Obergeschoss mit Gemeinschaftseinrichtungen: u. a. Lebensmittelgeschäft, Wäschereiannahme, Friseur, Café und Hotel.

Die meisten Wohnungen sind Maisonettes. Aus den möglichen Kombinationen der verschiedenen Grundelemente sind 23 ausgewählt vom Appartement für Alleinstehende mit 32,5 qm bis zur Familien-Maisonette für acht Personen mit 137 qm. Die Grundeinheiten enthalten bei einer Breite von 3,66 m einen zweigeschossigen Wohnraum an einer Stirnseite; die übrigen Räume sind nur 2,16 m hoch. Die Wohnungen werden in das Betonskelett »wie Kartons in ein Regal« eingeschoben und gegen Schallübertragung isoliert.

Die Loggien an den Fassaden dienen als offener Sitzplatz vor den Wohnräumen und als Sonnenbrecher gegen die Sommersonne. Sie geben dem Baukörper die charakteristische Struktur, von der sich die Lamellenbänder der Gemeinschaftsgeschosse und die vertikale Frontfläche des Aufzugsturmes abheben.

Der Dachgarten, dem Deck eines Ozeandampfers vergleichbar, wird vom kontrastreichen Spiel plastischer Volumen bestimmt: Aufbauten für Aufzug und Entlüftung, Sporthalle, Pavillon und Rampe des Kindergartens, eine frei stehende Wand auf dem »Theaterplatz«.   Werner Müller

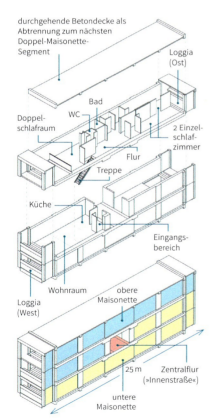

durchgehende Betondecke als Abtrennung zum nächsten Doppel-Maisonette-Segment

Loggia (Ost)

Bad

WC

Doppel-schlafraum

2 Einzel-schlaf-zimmer

Flur

Treppe

Küche

Eingangs-bereich

Wohnraum   obere Maisonette

Loggia (West)

25 m   Zentralflur (»Innenstraße«)

untere Maisonette

Module der Unité. Zwei Maisonettes, gegenläufig ineinander verschränkt. Die obere (blaue) ist hervorgehoben.

Anregungen

1. Vollziehen Sie die »Fünf Punkte zu einer neuen Architektur« an den hier gezeigten Bauten nach.

2. Diskutieren Sie, ob sich mit Le Corbusiers Prinzip des »Modulors« (S. 39) eine »menschliche« Architektur verwirklichen lässt.

3. Vergleichen Sie die Einfamilienhäuser auf S. 62 f., 68 f., 70 f., 74.

4. Fertigen Sie ein maßstabsgetreues Modell eines Wohnungstyps der »Unité d'habitation« und richten Sie es nach Ihren Vorstellungen ein.

Gesellschaftliche Modelle des Wohnens

Hannibal II, Dortmund 1970–1975, und Anna Haag Mehrgenerationenhaus von Aldinger Architekten, Stuttgart 2007

Bereits in der »Allgemeinen Erklärung der Menschenrechte« von 1948 wurde das »right to housing«, das Recht auf Wohnung, in Artikel 25 festgelegt (s. Text rechts unten). Soweit es den sozialen Wohnungsbau betrifft, liegen die Kompetenzen in Deutschland bei den Bundesländern.

Zwei Modelle stehen im Mittelpunkt dieses Kapitels: zum einen der staatlich geförderte Wohnungsbau bzw. die soziale Wohnraumförderung, deren wichtigste Traditionslinie in die 1920er-Jahre zurückreicht (s. S. 64 f.), zum anderen die relativ junge Idee des Mehrgenerationenhauses.

Mit öffentlichen Subventionen können Mieten unter die tatsächlichen Kosten gedrückt und Sozialwohnungen unteren Einkommensgruppen zugänglich gemacht werden. Zulässig ist, wie der Bundesgerichtshof 2019 bestätigte, aber nur eine befristete Sozialbindung auf 30 Jahre, sodass die Wohnungen nach Ablauf der Vertragszeiten dem – wenn auch von gesetzlichen »Mietpreisbremsen« geregelten – freien Markt zufallen.

Dies betraf 2004 auch eines der bekanntesten Beispiele für geförderten Wohnraum in Deutschland, den Gebäudekomplex «Hannibal II« in

Sozialer Wohnungsbau-Komplex Hannibal II, 1972–1975. Dortmund-Dorstfeld, errichtet durch die Dogewo21 (Dortmunder Gesellschaft für Wohnen)

Dortmund-Dorstfeld: acht Terrassenhochhäuser mit bis zu 16 Etagen und über 400 Wohnungen unterschiedlicher Größe (Abb. oben).

Solch große Wohnkomplexe bergen die Gefahr der »Ghettoisierung«. Als »Ghetto« werden isolierte Wohngebiete bezeichnet, in denen oft auch Randgruppen leben.

Wurden in den 1950er-Jahren, der Zeit des Wiederaufbaus nach dem Zweiten Weltkrieg (1939–1945), in der Bundesrepublik Deutschland fast 50 % des Wohnbaus vom Staat gefördert, so sind die Programme später stark zurückgefahren worden. Bezahlbarer Wohnraum wird in großen Städten und Ballungszentren immer

knapper, zumal die Zuwanderung seit 2015 unerwartet stark angestiegen ist.

Dazu trägt auch die »Gentrifizierung« von Stadtteilen bei (engl. gentry: Landadel, wohlhabende Schicht). Durch Sanierung werden Wohnviertel in ihrer Attraktivität gesteigert und die bis dahin dort Ansässigen durch zahlungskräftigere Bevölkerungsschichten verdrängt.

2018 wünschten sich 84 % der Deutschen laut einer Caritas-Studie mehr sozialen Wohnungsbau. Vorbilder für neue, ansprechende Lösungen finden sich u. a. in Paris (Abb. links): Prototypen für hochwertige und zugleich erschwingliche Wohnungen in der Form großstädtischer Villen.

J eder hat das Recht auf einen Lebensstandard, der seine und seiner Familie Gesundheit und Wohl gewährleistet, einschließlich Nahrung, Kleidung, Wohnung, ärztliche Versorgung und notwendige soziale Leistungen gewährleistet sowie das Recht auf Sicherheit im Falle von Arbeitslosigkeit, Krankheit, Invalidität oder Verwitwung, im Alter sowie bei anderweitigem Verlust seiner Unterhaltsmittel durch unverschuldete Umstände.

Allgemeine Erklärung der Menschenrechte, 1948, Artikel 25

Sozialwohnungen in Montmartre, Paris. Atelier Kempe Thill zus. mit Fres Architectes, 2017. Foto: Ulrich Schwarz Berlin

→ Siedlungsbau der 1920er- und 30er-Jahre, S. 64 f. und 72 f. • Atriumhaus, S. 51

Außer der Miete kann die Schaffung von Wohneigentum und behindertengerechtem Wohnraum staatlich unterstützt werden. In diesem Zusammenhang sind die Mehrgenerationenhäuser zu sehen, die vom Bundesministerium für Familie, Senioren, Frauen und Jugend gefördert werden – nicht zuletzt aufgrund der zunehmenden Lebenserwartung.

2007 realisierte das Büro Aldinger Architekten das – nach der Stiftungsgründerin benannte – Anna-Haag-Mehrgenerationenhaus am Ort des ehemaligen US-Hospitals in Bad Cannstatt. Hier kommen ein Altenpflegeheim, eine Pflegeausbildungsstätte und eine Kindertagesstätte zusammen, gruppiert um mehrere Atrien und einen zentralen Marktplatz.

Aldinger Architekten: Anna-Haag-Mehrgenerationenhaus, Stuttgart-Bad Cannstatt, 2007. Eingangsbereich

Das Herz aller Mehrgenerationenhäuser schlägt im Offenen Treff. Hier kommen Menschen miteinander ins Gespräch und knüpfen erste Kontakte. Der Offene Treff ist Caféstube, Erzählsalon, Spielzimmer, Treffpunkt der Generationen und Wohnzimmer für alle. Hier können sich alle Interessierten mit ihren Erfahrungen und Fähigkeiten einbringen und zugleich vom Wissen und Können der anderen profitieren. Viele Projekte sowie Angebote der Häuser werden im Offenen Treff geboren. Rund um den Offenen Treff unterhält jedes Mehrgenerationenhaus eine Vielzahl von Angeboten, die so vielfältig sind wie die Nutzerinnen und Nutzer selbst. Dazu gehören Betreuungs-, Lern- und Kreativangebote für Kinder und Jugendliche, Weiterbildungskurse für den (Wieder-)Einstieg in den Beruf, Unterstützungsangebote für Pflegebedürftige und deren Angehörige, Sprachkurse für Migrantinnen und Migranten und vieles mehr. Mehrgenerationenhäuser sind kompetente und verlässliche Partner für jedes Alter und in allen Lebenslagen.

Bundesministerium für Familie, Senioren, Frauen und Jugend, 2019

Anna-Haag-Mehrgenerationenhaus. Blick in ein Atrium

Anregungen

1. Vergleichen Sie die Architektur von Hannibal II mit der Siedlung Bruchfeldstraße (S. 64 f.) und der Unité d'habitation (S. 74 f.).

2. Diskutieren Sie anhand des Arbeitsblattes pro und kontra sozialen Wohnungsbau.

3. Studieren Sie das »Wohnraumförderungsgesetz« (WoFG). Nehmen Sie eigene Gewichtungen vor.

4. Diskutieren Sie, was ein Wohnbauprogramm berücksichtigen muss, das sowohl eine Ghettoisierung als auch eine Gentrifizierung vermeiden soll.

5. Führen Sie in Partnerarbeit Befragungen in einem Wohnkomplex durch. Aspekte können sein: Vorzüge / Nachteile, Konflikte / Konfliktlösungsstrategien.

»Kulturelle, soziale, funktionale, gestalterische, ökologische und ökonomische Ebenen werden in eine reduzierte, verständliche Architektursprache umgesetzt. Die lesbare Identität bietet den Nutzern eine langfristige Identifikation mit unseren Konzepten.«

Jörg Aldinger, 2019

Energieeffizientes Bauen und Wohnen

Das Plusenergiehaus mit Elektromobilität F87 von Werner Sobek, Berlin 2011

»Gebäude sind die größten Klimasünder der Welt. Ihr Bau und Abriss, ihr Betrieb und und ihre Instandhaltung verbrauchen mehr Ressourcen und sorgen für mehr Emissionen als zum Beispiel der gesamte Transport und Verkehr«, schreibt der deutsche Architekturkritiker Tobias Timm. *»Wer also den Wunsch verspürt, die Welt vor der Klimakatastrophe zu retten, der ist mit einem Architektur- oder Bauingenieurstudium nicht schlecht beraten. Die Frage, die immer mehr Vertreter dieser Zünfte umtreibt, lautet: Wie können wir die schmutzigen Gebäude an die Leine nehmen?«*

Zu den Ingenieuren und Architekten, die sich intensiv mit dieser Frage beschäftigen, gehört der deutsche Bauingenieur und Architekt Werner Sobek. Mit dem Haus R 128 schuf Sobek bereits 2000 ein emissionsfreies »Nullenergiehaus« (s. S. 24).

Sein Haus F 87 – so benannt nach dem Standort in der Berliner Fasanenstraße 87 – geht als »Plusenergiehaus« einen Schritt weiter. Es ist ein Prototyp, der im Jahr 2011 als Ergebnis eines Wettbewerbs der Bundesregierung in Kooperation mit dem »Institut für Leichtbau Entwerfen und Konstruieren« (ILEK) der Universität Stuttgart entstand, das Sobek als Professor leitet.

Ziel war es, *»anhand eines real gebauten, architektonischen Forschungs- und Pilotprojektes den Stand der Entwicklung in der Vernetzung von energieeffizientem, nachhaltigem Bauen und Wohnen aufzuzeigen«,* so der Ausschreibungstext. Zu den Bedingungen gehörte es auch, dass das Gebäude vollständig recyclebar sein sollte. Werner Sobek beschreibt im Text rechts das Energiekonzept.

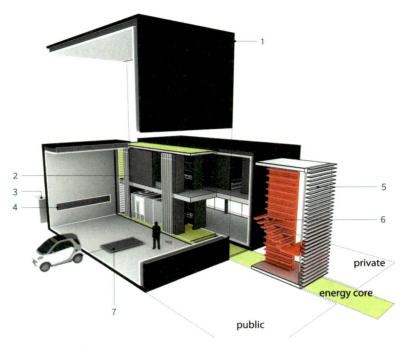

Werner Sobek: Plusenergiehaus F 87, 2011. Energiekonzept. 1 Photovoltaik-Module in der Fassade und auf dem Dach 2 Energiekern 3 Akkumulator 4 Info-Display und Konduktionsladestation 5 feste Jalousie 6 Treppe 7 Induktionsladestation

»Ein gläserner Versorgungskern fungiert als energetisches und architektonisches Bindeglied zwischen den mobilen und immobilen Lebensbereichen der Bewohner. Während sich zur Gartenseite ein kompaktes Gebäudevolumen anschließt, dient zur Straßenseite hin eine offene, ungedämmte Rahmenkonstruktion der Öffentlichkeit als großes Schaufenster. Der Schwerpunkt der Innovation liegt hierbei in der Schnittstelle der Energieströme und Speicherkapazitäten zwischen dem Plusenergiehaus und der Mobilität der Zukunft. Das Konzept der horizontalen Dreiteilung in den eigentlichen Wohnbereich, den Energiekern und das Schaufenster verkörpert diesen Ansatz. Durch die optimale räumliche Ausrichtung sowie die Integration von Photovoltaik und Solarthermie wird mehr Energie produziert, als zur Versorgung des Gebäudes und der Fahrzeuge notwendig ist. Diese zusätzliche Energie wird in das öffentliche Netz eingespeist.

Durch eine räumlich flexible Grundrissgestaltung kann das Gebäude zum einen auf die sich wandelnden Bedürfnisse der Bewohner im Lebenszyklus reagieren. Zum anderen erlaubt der modulare Entwurf mit seiner bewusst ephemeren Haltung dem Ort gegenüber Anpassungen an spezifische Gegebenheiten des suburbanen Raums.« Werner Sobek, 2018

Werner Sobek: Plusenergie-Haus F 87, Berlin 2011. Blick auf den Eingangsbereich und die Photovoltaik-Fassade rechts

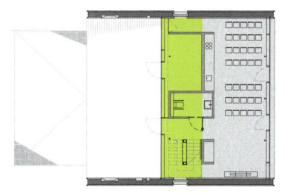

Werner Sobek: F87, Grundriss des Erdgeschosses

Grundriss des Obergeschosses

21	Treppe/Flur
22	Bad/WC
23	Hauswirtschaftsraum
24	Eltern
25	Kind 1
26	Kind 2
27	Flur

Legende OG

Anregungen

1. Diskutieren Sie, wie sich Ästhetik und Technik in einem Bauwerk vereinen lassen könnten. Tragen Sie hierzu historische und aktuelle Beispiele als Grundlage der Diskussion zusammen.

2. Recherchieren Sie in ihrem Wohnumfeld Gebäude mit ökologischer und nachhaltiger Bauweise.

3. Lesen und diskutieren Sie den Text des Architekturmanifests »Vernunft für die Welt« (Arbeitsblatt) .

4. Entwickeln Sie in kleinen Teams mittels Skizzen und Diagrammen ein energieeffizientes, nachhaltiges Wohnhaus auf der Basis aktueller ökologischer Erkenntnisse.

3D-Druck – eine Zukunft des Bauens

Jelle Houben / Bas van Mierlo und Universität Eindhoven: Project Milestone, 2018/19

Mobiler 3D-Baudruckroboter der Firma Contour Crafting Corporation im Modell

Im Jahr 1984 stellte der amerikanische Erfinder Charles W. Hull eine neue Maschine vor: den ersten 3D-Drucker. Er gab seinem Verfahren den Namen »Stereolithografie« (STL)

»Ich bin überzeugt, dass unser Verfahren letztlich zu einer Demokratisierung des Bauens führen wird.«
Theo Salet, University of Technology Eindhoven, 2018

und entwickelte für die Steuerung aus CAD-Programmen heraus die STL-Schnittstelle, die seitdem Standard ist.

Heute versteht man unter der Bezeichnung »3D-Druck« alle additiven Fertigungsprozesse, bei denen Materialien Schicht für Schicht aufgetragen werden, um dreidimensionale Gegenstände entstehen zu lassen. Zum Einsatz kommen u. a. Kunststoffe und -harze, Keramik und Metall, Carbon und Graphit. Die Produktpalette reicht vom Spielzeug über den Zahnersatz bis zur Autokarosserie.

Sogar ganze Häuser können binnen 24 Stunden errichtet werden und sind zudem mit nur wenigen Tauend Euro äußerst kostengünstig. Ein großer Roboterarm »druckt« die Betonmasse, d. h., er trägt sie Schicht für Schicht auf. Im Unterschied zu traditionellen Bauweisen liegt so fast jede Form im Bereich des Möglichen.

Ziel aktueller Projekte ist es, für Menschen in Entwicklungsländern einen erschwinglichen Wohnraum zu schaffen und Obdachlosen oder Geflüchteten eine sichere Bleibe zu bieten.

Eines der am weitesten entwickelten Projekte wurde 2018/19 im niederländischen Eindhoven in Zusammenarbeit mit der Universität Eindhoven realisiert: das »Project Milestone« des Architekturbüros Houben / van Mierlo. Die Wohnhäuser ähneln Findlingen, die sich in die Landschaft einpassen. Dabei spielen ökologische Gesichtspunkte und ein energieeffizientes Bauen eine wichtige Rolle.

Dank der wissenschaftlichen Begleitung und der Zusammenarbeit mit den Bewohnern können Erfahrungen umgehend auf das nächste 3D-gedruckte Haus angewendet werden.

Anregungen

1. Recherchieren Sie Beispiele von 3D-gedruckten Bauwerken und bewerten Sie diese.
2. Entwickeln Sie aus Knetmasse Formen und Module für ein Wohnhausmodell aus dem 3D-Drucker.

Houben / van Mierlo architects und TU/e Eindhoven: Project Milestone, 2018/19, Projektskizze. Bild: Van Wijnen

Gotische Kirche und moderne Architekturskulptur. Hinten links: Iglesia de la Santa Cruz, 1440/45. Vorn rechts: Dennis Oppenheim, Device To Root Out Evil (Mittel zur Ausrottung des Bösen), 1999. Metall, Kunststoff, Beton, Höhe 670 cm. Plaça de la Porta de Santa Catalina, Palma de Mallorca

Zur Geschichte des Sakralbaus

Von der ägyptischen Pyramide bis zur Kirche aus Schnee im 21. Jahrhundert

»Sakralbau« und »Sakralarchitektur« sind Oberbegriffe für Bauwerke, die kultischen oder kirchlichen Zwecken dienen (lat. sacer, heilig). Es sind meist Residenzen für eine oder mehrere Gottheiten. Sie können aber auch auf die Geburt oder den Tod des Menschen bezogen sein, z. B. Grabmäler. Den Gegensatz bildet der »Profanbau« (lat. profanus, vor dem heiligen Bezirk liegend, weltlich).

Die Geschichte des Sakralbaus begleitet die Geschichte der Menschheit. Voraussetzung war die Herausbildung religiöser Vorstellungen, die gerade in frühen Ausprägungen auf die Abhängigkeit des Menschen von den Naturkräften zurückzuführen sind. Um sich diese zu erklären, personifizierte und anthropomorphisierte man sie anfangs, machte sie zu Geistern und Göttern – und richtete Stätten ein, um ihnen zu opfern und sie für sich zu gewinnen.

Sakralbauten müssen nicht auf bestimmte Gottheiten bezogen sein, sondern können auch mit einer Natursymbolik, dem Himmel oder dem Kosmos zusammenhängen, wie bei den Kultbauten der Azteken in Mittel- oder der Inkas in Südamerika. Dieser Kurs richtet den Fokus jedoch auf die Sakralarchitektur des europäischen Kulturraums.

Ägyptische Pyramiden, Symbole der Unsterblichkeit

Die Eigenschaften der Götter wurden in bestimmten Epochen auch auf weltliche Herrscher übertragen, zu deren Ehre man machtvolle Bauwerke errichtete. Beispiele sind die ägyptischen Pyramiden (Abb. S. 30, 84 f.). Die heute noch als architektonische Meisterleistungen geltenden Monumentalbauten dienten als Grabanlagen und sollten den Gedanken der Unsterblichkeit der Pharaonen veranschaulichen. Die Pyramide hat sich als elementare Form der Architektur bis in unsere Zeit tradiert (Abb. S. 85 unten).

Griechische Tempel, Ausdruck von Harmonie

Wie im alten Ägypten so stand auch im antiken Griechenland der Sakralbau im Mittelpunkt. Kein anderes Bauwerk hat die Architekturgeschichte so sehr über die eigene Epoche hinaus beeinflusst wie der griechische Tempel, dessen Formen heute noch Verwendung finden. Abgeleitet vom Hausbau galt der griechische Tempel als Wohnung einer Gottheit, symbolisiert durch ein im Innern aufgestelltes Kultbild. Zugang hatte nur der Priester – die Gemeinde versammelte sich vor dem Tempel um einen Altar.

Der klassische Tempel gilt als Sinnbild für Maß und Harmonie schlechthin. Da die griechische Sakralarchitektur, nicht zuletzt aufgrund des reichhaltigen plastischen Schmucks, alle gesellschaftlichen Gruppen in ihren Dienst vereinte, wurde sie zum Bindeglied der Architekturformen und Bauaufgaben.

Neue Formen in Rom: Kuppelbau und Basilika

In der römischen Architektur wurden Bauformen Griechenlands aufgegriffen, die Aufmerksamkeit aber auf die Gestaltung und Organisation der Innenräume gelenkt. Dies zeigt sich in der Konstruktion von Gewölben oder von Kuppeln wie beim Pantheon in Rom (vgl. S. 29, 88 f.). Es sollte den römischen Kaiserkult in Verbindung mit einem allen Göttern zugedachten Heiligtum setzen. Bei diesem größten Kuppelbau der Antike erhielt erstmals der Innenraum eine überragende Bedeutung.

In Rom findet sich auch zum ersten Mal jener Bautyp, der die Sakralarchitektur der folgenden Jahrhunderte entscheidend beeinflussen sollte: die »Basilika« (griech.-lat. Königshalle, Abb. S. 38, 177). Die Bezeichnung leitet sich vom Amtsgebäude des Archon Basileus auf dem Markt von Athen ab, dessen architektonische Gestalt jedoch nicht überliefert ist. Im antiken Rom bildeten die Basiliken den Mittelpunkt des Markt- und Gerichtswesens.

Eine Basilika besteht aus einem hohen mittleren Raum, dem symmetrisch zu beiden Seiten niedrigere Räume zugeordnet sind. Die Trennung dieser »Schiffe« erfolgt durch »Stützenreihen«, wobei die Wände des höheren, mittleren Schiffes durch kleine Fensteröffnungen (»Obergaden« oder »Lichtgaden«) durchbrochen sein können.

Bildreihe nicht maßstabsgetreu

um 2585–2510 v. Chr. Pyramiden von Gizeh, Altes Ägypten	447–438 v. Chr. Parthenon, Athen, griechische Klassik	118–128 n. Chr. Pantheon, Rom, römische Kaiserzeit	532–537 Hagia Sophia, Istanbul Byzantinische Architektur	1010–1033 St. Michael in Hildesheim, Romanik	1244–1880 Kölner Dom, Gotik

1070 v. Chr. Ende des Neuen Reichs	776 v. Chr. Erste Olympische Spiele	594 v. Chr. Demokratie in Athen	510–27 v. Chr. Römische Republik	391 Christentum wird Staatsreligion im Römischen Reich	800 Krönung Karls des Großen zum Kaiser	1450 Gutenberg erfindet Buchdruck

Altes Ägypten	griechische Antike	römische Antike	Spätantike	Mittelalter: Romanik	Gotik

1000 v. Chr.	700 v. Chr.	400 v. Chr.	100 v. Chr.	0	200 n. Chr.	500	800	1100	1400

→ weitere historische Ereignisse und Stilentwicklungen siehe S. 140 f.

Frühchristliche Architektur: Versammlungsräume

Die Christen im Rom des 3. und 4. Jahrhunderts versammelten sich zunächst in Privatwohnungen oder in versteckt angelegten, einfachen Räumen. Im Gegensatz zum antiken Griechenland, wo das Volk den Sakralbau in feierlichen Prozessionen umschritt und seine Opfer auf einem Altar im Freien darbrachte, brauchten die ersten Christen einen Versammlungsraum für alle Gemeindemitglieder.

Nachdem das Christentum durch Kaiser Konstantin im Jahre 313 zur gleichberechtigten Religion erklärt worden war, konvertierten zahlreiche Menschen zum christlichen Glauben. Als großes Versammlungsgebäude eignete sich am besten die römische Basilika, die nun zum Prototypen des christlichen Kirchenbaus wurde (Abb. S. 38).

Neben die Basilika trat im 4. Jahrhundert der Zentralbau: Über einem quadratischen Grundriss erhebt sich hier eine Kuppel. Davon gingen wichtige Einflüsse auf die Karolingische Kunst aus. In Osteuropa wurde die Kuppelbasilika als bahnbrechende Neuerung eingeführt (vgl. S. 90 f.). Vom 6. Jahrhundert an vollzog sich die Trennung zwischen der Sakralarchitektur im westlich-abendländischen und im östlich-byzantinischen Bereich immer deutlicher. Hier die Bevorzugung der Basilika mit Schrägdach, dort des Kuppelbaus wie bei der Hagia Sophia.

Von der »Ecclesia militans« zum Gesamtkunstwerk – Romanik, Gotik und Barock

Mit Beginn der Romanik weisen viele christliche Kirchenbauten noch massive Mauern und kleine Fensteröffnungen auf – Zeichen der »Ecclesia militans« (lat., wehrhafte Kirche), die sich der Feinde noch wie im frühen Christentum erwehren musste. Als neues Element gewann der Turm an Bedeutung, in Italien als freistehender »Campanile«.

Nachdem im Urchristentum Bildschmuck in Form von Bildtafeln oder Plastiken verboten gewesen war, entwickelte sich der Sakralbau in der Gotik zunehmend zu einem »Gesamtkunstwerk« aus Architektur, Plastik und Malerei. Die Differenzierung der Innenraumgestaltung, u. a. durch die Auflösung und Öffnung der Wände für das einfließende Licht, hatte eine feierliche Raumstimmung zur Folge (vgl. S. 92 ff.). Nun wurden die Baumassen durch ein Strebewerksystem mehr und mehr entmaterialisiert. Dies ermöglichte immer höhere Konstruktionen.

Innenraum und Außenraum wurden zunehmend als Einheit gesehen, auch wenn sie in der Gesamtanlage unterschiedliche Funktionen hatten. Der stets von West nach Ost ausgerichtete Außenbau wurde zum Gefäß des Göttlichen, wobei die programmatisch-plastische Ausgestaltung der Eingangsfront im Westen ihren Höhepunkt in der Gotik fand (S. 95, 176 unten und Grundkurs Bd. 2, S. 158 f.).

Die neuen Raumformen des Barock, geprägt durch ovale Grundrisse und eine schwingende, auf komplizierten sphärischen Wölbungen beruhende Deckengestaltung, setzen einen Endpunkt in der stilistisch verbindlichen Entwicklung des Sakralbaus (vgl. S. 29, 98 ff.). Auch hier spielt die Idee des Gesamtkunstwerks eine entscheidende Rolle.

Individuelle Kirchenbauten im 20./21. Jahrhundert

Eine völlig neue Entwicklung vollzieht sich ab dem 20. Jahrhundert. Weniger vorgegebene, festgelegte Bauprogramme als vielmehr die individuellen, auf den jeweiligen Bauort bezogenen Vorstellungen und Ideen bedeutender Architekten zeichnen die neuen Sakralbauten aus.

Sie reichen von Antoni Gaudí (vgl. S. 100 f.) über Le Corbusier (S. 102 f.) und Tadao Ando (S. 104 f.) bis hin zu Koeberl Doeringer Architekten (S. 106) zu Beginn des 21. Jahrhunderts – ein langer Weg vom Ewigkeitsanspruch der ägyptischen Pyramiden bis zum kurzlebigen Kirchenbau aus Eis und Schnee.

Anregungen

1. Untersuchen Sie die Architektur in diesem Kurs unter den folgenden Aspekten:
• Verhältnis von Außen- und Innenraum als symbolischer Ausdruck unterschiedlicher geistiger Vorstellungen
• Zusammenspiel von Architektur, Plastik und Malerei als Gesamtkunstwerk des Sakralbaus
• Die stilbildende und normative Bedeutung von Sakralbauten für andere Bauaufgaben.

1417–1446 Brunelleschi: Dom zu Florenz, Frührenaissance

1547 Michelangelo: Entwurf der Kuppel des Petersdoms, Renaissance

1743–1772 B. Neumann: Vierzehnheiligen, Barock

1883– A. Gaudí: Sagrada Familia, Jugendstil

1950–1954 Le Corbusier: Kirche Ronchamp, Moderne

1995 T. Ando: UNESCO Meditation Space, Paris

| 1517 Luthers Thesen, Beginn der Reformation | 1545–63 Konzil von Trient, Gegenreformation | 1618–48 Dreißig-jähriger Krieg | 1715 Tod Ludwigs XIV. | 1789 Französische Revolution | 1914–18 1. Weltkrieg | 1939–45 2. Weltkrieg | 1990 Dt. Wiedervereinigung |

Neuzeit: Renaissance	Manierismus	Barock	Rokoko	Klassizismus	Jugendstil	Moderne	Gegenwart
1450 1500	1550 1600	1650 1700	1750	1800 1850	1900	1950	2000

Symbole der Unsterblichkeit im Alten Ägypten

Die Pyramiden von Gizeh, 2585–2510 v. Chr.

»Architektur ist das weise, richtige und wundervolle Spiel der Körper, die unter dem Licht vereinigt werden«, schrieb Le Corbusier, für den kaum eine andere Architektur Schönheit und Vollkommenheit so enthält wie die Pyramiden von Gizeh. »Unsere Augen sind dazu da, um die Formen im Licht zu sehen; Dunkel und Hell wecken die Formen; die Kuben, die Kegel, die Kugeln, die Zylinder oder die Pyramiden – dies sind die großen primären Formen, welche das Licht entstehen lässt. Ihre Erscheinung ist für uns rein und fassbar ohne Zweideutigkeit. Deswegen sind es schöne Formen, die schönsten Formen. Jedermann ist sich darüber einig, das Kind, der Wilde, der Metaphysiker.«

Die Pyramiden von Gizeh zeigen die klassische Pyramidenform, die sich ausgehend von der Mastaba (arabisch, Steinbank in Form eines Pyramidenstumpfes) über die Stufen- und Knickpyramide in einem langen Prozess herausgebildet hat.

Funktion der Pyramiden war es, den gottgleichen Pharaonen als Grabmal zu dienen. Mit dem Bau, an denen sich Heere von Arbeitern abquälten, dokumentierten die Pharaonen den Gedanken der Unsterblichkeit.

Der Architekturtheoretiker Christian Norberg-Schulz erläutert im Text unten die den Pyramiden zugrunde liegende Symbolik, die noch heute Architekten wie Ieoh Ming Pei oder David Sepúlveda inspiriert (S. 84 u.)

Megalithische Massen und Präzision der Form verleihen ihnen eine einmalige Kraft und Stärke. Einfache stereometrische Formen und genaue geometrische Anordnung herrschen vor, und obwohl sich in der ägyptischen Architektur eine gewisse historische Entwicklung erkennen lässt, scheinen doch die Intentionen, die ihr zugrunde liegen, im Laufe von fast dreitausend Jahren dieselben geblieben zu sein. Am überzeugendsten drücken sie sich in der Pyramide aus, die allgemein als die typische Manifestation der ägyptischen Architektur angesehen wird. Ihre ausgewogene Form, die sich als Synthese vertikaler und horizontaler Kräfte darstellt, und ihre unvergleichlich massive und solide Konstruktion scheinen eine dauerhafte ewige Ordnung zu verkörpern. In der Tat bezeichnen »Ordnung« und »Dauerhaftigkeit« sehr gut das Grundziel der ägyptischen Architektur. Der Stein wurde nach seiner Härte und Widerstandsfähigkeit gegen Verfall ausgewählt und sein natürlicher Charakter wird durch den Gegensatz zwischen glatten Oberflächen und scharfen Kanten noch unterstrichen. Masse und Gewicht werden dadurch aufgehoben; sie werden zum Teil eines allgemeinen Systems einer symbolischen Anordnung, in der Vertikale und Horizontale vereint einen orthogonalen Raum bilden, der im Wesentlichen überall gleich ist. Wir können dies als »absoluten« Raum bezeichnen, der sich im einzelnen Bauwerk materialisiert. Indem die ägyptische Architektur das erreichte, hat sie einen Grad der Abstraktion erreicht, den andere Kulturen des frühen Mittelmeerraums anstrebten; man kann sie deshalb als das erste integrierte architektonische Symbolsystem in der Geschichte der Menschheit ansehen.

Christian Norberg-Schulz

Stufenpyramide des Djoser in Sakkara. Altes Reich, 3. Dynastie, um 2680 v. Chr. Höhe 62 m. Ansicht von Süden mit Umfassungsmauer des großen Kulthofes

Knickpyramide des Snofru in Dahschur. Altes Reich, 4. Dynastie, um 2615 v. Chr. Höhe 101,1 m. Einzige Pyramide mit größtenteils erhaltener Außenverkleidung

→ Gesamtansicht des Louvre-Innenhofs, S. 134

Pyramiden von Gizeh. 4. Dynastie, um 2585–2510 v. Chr. Die größte, die Cheops-Pyramide, hat eine Höhe von 138,75 m. Sie zählt zusammen mit den benachbarten Pyramiden der Pharaonen Chephren und Mykerinos zu den sieben Weltwundern der Antike.

Anregungen

1. Erläutern Sie die Raumvorstellungen in der Architektur des Alten Ägypten. Welchen Zusammenhang sehen Sie zwischen diesen Vorstellungen und der Form der Pyramide?

2. Interpretieren Sie die Pyramide als symbolische Form.

3. Beschreiben Sie Kontinuität und Wandel in der Anwendung der pyramidalen Form bis heute.

4. Experimentieren Sie im Papiermodell mit unterschiedlich großen Pyramiden als Grundkörpern unter folgenden Aspekten: Durchdringung und Nachbarschaft der einzelnen Körper, symmetrische und freie Anordnung der Körper zueinander.

»Ich selbst habe meine Kritiker daran erinnert, dass zwischen einer Steinpyramide und unserer Glaspyramide kein Zusammenhang besteht; die eine ist für die Toten konstruiert und die andere für die Lebenden.«

Ieoh Ming Pei, 2000

Ieoh Ming Pei: Glaspyramide als Eingangsbereich des Louvre, 1984–1988. Paris, Höhe 21,34 m

David Sepúlveda: Bio-Pyramide, 2015. Entwurf zur Umkehrung der Desertifikation. Geplante Höhe 384 m

Die Harmonie des Tempels in der griechischen Klassik

Der Parthenon auf der Akropolis von Athen, 447–438 v. Chr.

In der Geschichte der Architektur kommt dem griechischen Tempel aufgrund seiner Vorbildfunktion für spätere Epochen eine überragende Bedeutung zu. Seine »klassische« Form entstand um 500 v. Chr.

Wesentliches Bauelement ist die Säule, deren Aufbau in die dorische, ionische und korinthische »Säulenordnung« unterschieden werden kann (vgl. 40 f.).

Durch die gegliederten Säulenreihen wirken die griechischen Tempel untereinander recht ähnlich. Bei genauer Betrachtung sind aber bedeutende Unterschiede auszumachen, denn Aussage und Struktur der Tempel sind an unterschiedliche Gottheiten gebunden. Ihre Aufgabe bestand aber vor allem darin, die Statue der jeweiligen Gottheit zu beherbergen.

Im Fall des Parthenon handelt es sich um die Schutzgöttin Athena, die sich niemals vermählte. »Parthenon« bedeutet so viel wie »Jungfrauengemach« und kennzeichnet den Bau auf der Akropolis, der »Oberstadt«, als Heiligtum der Athena.

Im Allgemeinen waren die griechischen Tempel nicht für Versammlungen gedacht. Sie hatten zudem die Funktion einer Schatzkammer. Das kostbare Standbild der Athena wurde allerdings im 5. Jahrhundert abge-baut und ging verloren. Aus dem Parthenon wurde eine christliche Kirche und ab 1456 eine Moschee. Den Osmanen diente er als Pulverkammer. Durch eine Explosion zum Teil zerstört, wurde der Parthenon um 1800 als bedeutendes Bauwerk neu entdeckt. Der britische Architekturhistoriker Patrick Nuttgens erläutert, wie die stimmige Wirkung dieses Tempels aus der Zeit der Klassik zustande kommt.

Die Akropolis von Athen, Rekonstruktion
1 Prozessionsweg **2** Nike-Tempel **3** Propy-läen **4** Standbild der Athena Promachos **5** Artemis-Bezirk **6** Chalkothek **7** Parthenon **8** alter Athena-Tempel **9** Athena-Altar **10** Bezirk des Zeus **11** Heroon des Pandion **12** Erechtheion **13** Pandroseion **14** Haus der Arrhephoren

Wir müssen uns ausführlicher mit dem Parthenon beschäftigen, nicht nur weil er das bekannteste griechische Bauwerk ist, sondern weil eingehende Untersuchungen auch einige der mathematischen Geheimnisse seiner Vollkommenheit in Form und Proportion enthüllt haben. Er wurde zwischen 447 und 432 v. Chr. von Iktinos und Kallikrates unter Aufsicht des Phidias errichtet und folgt dem Kanon der klassischen dorischen Proportionen, die sich nach dem 6. Jahrhundert allgemein durchsetzten, allerdings besitzen die Ost- und Westseite acht statt der üblichen sechs Säulen. Die ästhetische Faszination des Parthenons liegt jedoch in den schon damals legendären Feinheiten von Linie und Proportion.

Als das ganze Bauwerk im 19. Jahrhundert detailliert vermessen wurde, entdeckte man, dass es kaum eine gerade Linie enthielt. Jede Oberfläche ist nach innen oder außen gewölbt oder abgeschrägt, damit das Auge den Konturen folgen kann, ohne durch optische Verzerrungen abgelenkt zu werden, und es keine Misstöne, nur Harmonien gibt. Die meisten griechischen Bauwerke dieses goldenen Zeitalters wandten die *éntasis* an, bei der die sich verjüngenden Säulen auf etwa einem Drittel der Höhe etwas anschwellen, um der Tendenz des Auges entgegenzuwirken, sie als eingeschnürt zu sehen. Das extremste Beispiel hierfür ist der Heratempel von Paestum.

Beim Parthenon beschränkt sich die Anwendung optischer Täuschungen aber nicht auf die Säulen. Alle waagerechten Linien wie Architrav und Stylobat, die sonst scheinbar etwas durchhängen würden, sind ähnlich korrigiert; die Ecksäulen sind dicker und stehen enger an ihren Nachbarn, damit sie vor dem Hintergrund des Himmels nicht zu dünn erscheinen; außerdem krümmen sie sich oben ganz leicht nach innen, um die Illusion zu vermeiden, sie drängten nach außen. Die Abstände der Triglyphen vergrößern sich von außen nach innen, damit es keine harten Linien direkt über einer Säule gibt.

Der Entwurf des Parthenons erforderte minutiöse Messungen, präzise Berechnungen, meisterhafte Steinmetzarbeit und eine einzigartig feine Wahrnehmung und Vorstellungskraft. Das Ergebnis ist atemberaubend.

Patrick Nuttgens

→ Akropolis Athen, S. 110 • NS-Architektur, Haus der Kunst, S. 130

Parthenon, Akropolis in Athen, 447–438 v. Chr. Dorischer Tempel aus der Zeit der griechischen Klassik auf dreistufigem Unterbau. Entwurf: Iktinos und Kallikrates, Bauaufsicht: Phidias. Säulenhöhe mit Kapitell: 10,43 m, Breite: 30,88 m (8 Säulen), Länge: 69,50 m (17 Säulen)

Anregungen

1. Erläutern Sie am Beispiel des Parthenon das Verhältnis von Stütze und Last, den Ausgleich der Gegensätze und die Logik der Form.

2. Vergleichen Sie die Prinzipien der griechischen Architektur mit denen der griechischen Bildhauerei (vgl. Grundkurs Bd. 2, S. 14 ff.)

3. Zeichnen Sie, ausgehend von den Darstellungen, den Grundriss des Parthenon-Tempels.

4. Stellen Sie anhand einer maßstabsgerechten Skizze der Parthenon-Front fest, inwieweit hier das Prinzip des »Goldenen Schnitts« verwirklicht ist (vgl. S. 38 ff.).

5. Recherchieren Sie zum Streit um die Parthenon-Skulpturen, den »Elgin Marbles«. Begründen Sie, wohin sie gehören: In das British Museum in London oder zurück nach Athen.

»Nichts Ebenbürtiges existiert in der Architektur aller Länder und aller Zeiten. […] Die Sinne werden gebannt, der Geist wird entzückt, man berührt die Achse der Harmonie.« Le Corbusier, 1933

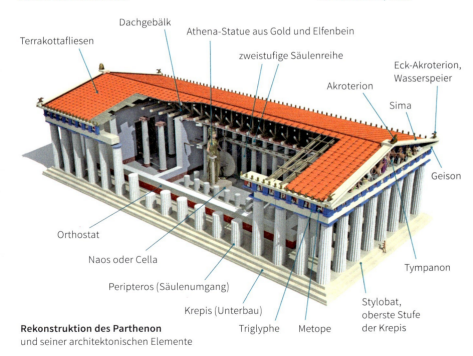

Rekonstruktion des Parthenon und seiner architektonischen Elemente

Beschriftungen: Dachgebälk · Terrakottafliesen · Athena-Statue aus Gold und Elfenbein · zweistufige Säulenreihe · Akroterion · Eck-Akroterion, Wasserspeier · Sima · Geison · Tympanon · Stylobat, oberste Stufe der Krepis · Metope · Triglyphe · Krepis (Unterbau) · Peripteros (Säulenumgang) · Naos oder Cella · Orthostat

Wegweisender Kuppelbau der römischen Antike

Das Pantheon in Rom, 118–128

Es ist das einzige vollständig erhaltene Bauwerk der Kaiserzeit in Rom: das Pantheon. Dies verdankt es der Tatsache, dass es vom byzantinischen Kaiser Phokas um 608 n. Chr. an Papst Bonifaz IV. übergeben wurde, der das Gebäude zur christlichen Kirche »Santa Maria ad Martyres« weihte.

Das Pantheon ist der erste große Kuppelbau der Geschichte. Auf revolutionäre Weise sind in ihm ein rechteckiger Tempel und ein Rundbau verbunden. Das erste antike Bauwerk an dieser Stelle, 25 v. Chr. durch Kaiser Agrippa vollendet, war ein rechteckiger, quer gelagerter »Podiumstempel« mit Vorhalle gewesen (vgl. Abb. S. 187 u.).

Nach einem Brand im Jahre 110 ließ Kaiser Hadrian das Pantheon bis 125 in der heutigen Form wieder aufbauen. Von der ursprünglichen Anlage wurde nur die Vorhalle in den Neubau integriert. Durch die Beimischung von Vulkanasche erhielt der Beton der Römer seine besondere Haltbarkeit.

Das Pantheon wurde wegweisend für die in der Renaissance wieder aufkommenden Kuppelbauten. Darstellungen von Künstlern wie die von Piranesi unten mehrten seinen Ruhm.

Das Pantheon besteht aus zwei bedeutenden Elementen: einer riesigen überkuppelten Rotunde und einer geräumigen Säulenvorhalle. [...] Die Rotunde war nicht als plastischer Körper entworfen, sondern als eine Schale, die die großartige Cella enthält und eine neue Vorstellung vom Universum des Menschen zu offenbaren scheint. [...] Die Hauptgesimse der beiden Hauptmassen stimmen nicht überein, aber beide setzen sich quer über das Überleitungselement fort und erzeugen eine wechselseitige Durchdringung von Formen, die nur das Ergebnis einer Gesamtkonzeption des Bauwerks sein kann. Außerdem führt eine Längsachse von der Vorhalle aus durch den Überleitungskörper quer durch die Rotunde, um in einer Apsis zu enden. Diese Apsis ist von Säulen flankiert, die durch Unterbrechungen im Hauptgesims für das Auge mit einem Bogen verbunden sind, der in die obere Zone der Trommel vorstößt. Befindet man sich jedoch im Inneren, so ist die Achse weniger augenfällig als die zentralisierende Wirkung des kreisrunden Raums und der halbkugelförmigen Kuppel. Man hat oft darauf hingewiesen, dass eine Kugel mit einem Durchmesser von 43,20 Metern diesem Raum eingeschrieben werden könnte. Doch darf nicht übersehen werden, dass die Kassetten der Wölbung nicht auf den Mittelpunkt dieser Kugel, sondern auf den Mittelpunkt des Fußbodens und den Betrachter, der dort steht, bezogen sind. [...]

Das Pantheon vereint eine Himmelskuppel und eine längs sich erstreckende Achse zu einem bedeutungsvollen Ganzen. Es vereint kosmische Ordnung und lebendige Geschichte und bewirkt, dass der Mensch sich selbst als einen von Gott inspirierten Erforscher und Eroberer erfährt, als einen, der nach göttlichem Plan Geschichte macht. Auch an der Horizontalteilung des Raums wird das deutlich. Die Trommel besteht aus zwei Zonen, und beide sind mithilfe der klassischen Elemente gegliedert: Unten finden sich große korinthische Pfeiler und Säulen, oben kleine Pfeiler. Diese Elemente, ihre Gebälke und Kassetten der Kuppel verbergen die dahinter liegende komplizierte Bogenkonstruktion und verleihen dem Inneren die beabsichtigte ruhige kosmische Ordnung. Die unterste Zone zeigt eine reiche und plastische Gliederung mit tiefen Nischen und frei stehenden Säulen, die sozusagen Aktion im Raum repräsentieren. Die obere Zone bringt eine schlichte Ordnung anthropomorpher Glieder und die Kuppel die himmlische Harmonie geometrischer Vollkommenheit. Architektonischer Raum wird dazu benutzt, die menschliche Existenz im Raum symbolisch darzustellen.

Christian Norberg-Schulz

»Disegno angelico e non umano – ein Entwurf der Engel, nicht von Menschenhand geschaffen.«

Michelangelo, um 1540 zur großen
Säulenordnung im Inneren des Pantheons

Giovanni Battista Piranesi: Pantheon.
Kupferstich, um 1750

→ Isometrie des Pantheons, S. 29 • Oculus des Pantheons, S. 186 • römischer Podiumstempel, Nîmes, S. 187 •
Kuppel des Doms zu Florenz, S. 96 • Kuppel des Petersdoms, S. 16 • NS-Architektur, Große Halle, S. 131

Pantheon in Rom, 118–128 n. Chr. Höhe 43 m. Davor ein ägyptischer Obelisk auf einem Brunnen des Barock, errichtet 1711

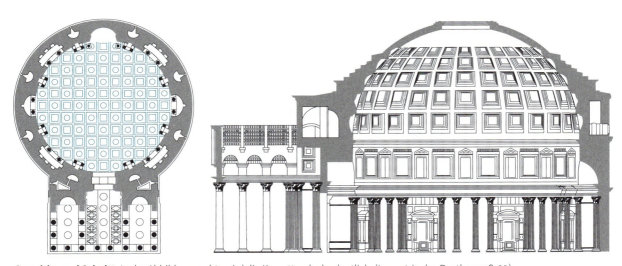

Grundriss und Schnitt. In der Abbildung rechts wird die Kassettendecke deutlich. (Isometrie des Pantheons S. 29)

Anregungen

1. Beschreiben Sie das Verhältnis von Innen- und Außenraum beim Pantheon in Rom (s. Arbeitsblatt).

2. Untersuchen Sie, welche klassisch-griechischen Bauelemente sich im Pantheon wiederfinden.

3. Erläutern Sie die Funktion und Symbolik des Oculus in der Pantheon-Kuppel.

4. Vergleichen Sie die Konstruktion der Pantheon-Kuppel mit derjenigen des Doms in Florenz (s. S. 96 f.).

5. Gestalten Sie ein auseinandernehmbares Massenmodell des Pantheons (Karton, Kugel aus Styropor für die Kuppel; vgl. dazu die schematische Darstellung der Teile des Pantheons, Grundfragen, Abb. S. 29).

Byzantinische Baukunst – zwischen Orient und Okzident

Die Hagia Sophia in Istanbul, 532–537

Sie gilt als Hauptwerk der byzantinischen Baukunst: die Hagia Sophia. Ihr griechischer Name bedeutet »Heilige Weisheit«. Errichtet wurde sie auf Befehl des Kaisers Justinian zwischen 532 und 537 durch Anthemios von Tralleis und Isidor von Milet in der für die damalige Zeit außergewöhnlich kurzen Bauzeit von nur fünf Jahren.

Das Bemerkenswerteste ist die Kuppel. Nachdem sie bei einem Erdbeben im Jahre 599 eingestürzt war, wurde sie von einem Neffen Isidor von Milets wieder aufgebaut, nicht in der ursprünglichen flachen Form, sondern als Halbkugel. Dank eines hoch entwickelten Konstruktionsverfahrens steht die Kuppel heute noch.

Nach dem Sturz des Byzantinischen Reiches wurde die Hagia Sophia unter türkischer Herrschaft zu einer Moschee umfunktioniert. Die äußere Erscheinung wurde durch die Errichtung von vier Minaretten verändert und die Mosaiken im Inneren wurden übermalt. Heute dient die Hagia Sophia als Museum.

Dass ihre Bedeutung schon zur Zeit der Entstehung erkannt wurde, macht ein Text von Paulos Silentarios deutlich, dem Hofdichter Justinians: *Und über alledem erhebt sich in die unermessliche Luft der großartige Helm, der sich wie das strahlende Firmament darüber neigt und die Kirche umarmt [...]. Der goldene Strom* *aus glitzernden Strahlen fließt herab und trifft die Augen der Menschen, die den Anblick kaum ertragen können [...]. So kommen Lichtstrahlen durch die Räume der großen Kirche, vertreiben die Wolken der Sorge, erfüllen die Seele mit großer Verheißung, zeigen den Weg zum lebendigen Gott.«*

Die Architektin Angela Deuber erläutert auf S. 91 den Aufbau der Hagia Sophia.

»Der Grundriss wirkt sich auf das gesamte Baugefüge aus; seine geometrischen Gesetze und ihre wechselnden Verbindungen entfalten sich in allen Teilen.« Le Corbusier, 1922

Anthemios von Tralleis und Isidor von Milet: Hagia Sophia, 532–537, Kuppel 558–562 von Isidor von Milet d. J., Durchmesser: 32 m. Istanbul (gegründet als Byzantion bzw. Byzanz, von Konstantin d. Gr. in Nova Roma umbenannt, nach seinem Tod in Konstantinopel)

→ Kuppelbauten: Pantheon, S. 88, Dom zu Florenz, S. 96 f., Petersdom, S. 16

Marmorkapitell in der Hagia Sophia.
Spitzenartig durchbrochene Akanthus-
blätter und Blumenmotive am Abakus

Außenansicht der Hagia Sophia, 532–537. Die Minarette wurden 1453 angebaut.

D ie Kraft und die Ausstrahlung dieses Bauwerks kommt nicht von außen,
sondern steckt in seinem Wesen, in ihm selbst. Die Hagia Sophia war und
ist so kräftig, monumental und faszinierend, dass, egal wie oft sie eingestürzt
ist, wie unmöglich die Bauzeit für ihren Aufbau erschien, sie immer wieder
errichtet wurde, ja, errichtet werden musste – unabhängig vom Glauben der
gerade Herrschenden.

Die Hagia Sophia ist eine einzigartige Synthese von additivem Langraum
und absolutem Zentralraum. Sie ist eine Durchdringung von zwei Raumsys-
temen, die eine neue und komplexe Struktur schaffen. Die beiden Systeme
unterstützen sich gegenseitig und ermöglichen es, dass der eine Raum durch
den jeweils anderen stärker erlebt werden kann. Der Zentralraum wird von
der Kuppel mit einem Durchmesser von 33 Metern und einer Scheitelhöhe
von 66 Metern überragt. Sie wird von jeweils vier Gurtbögen, Pendentifs und
Pfeilern getragen. An die Kuppel schließen sich im Osten und Westen jeweils
zwei halbierte Rundbauten an. Der Zentralbau ruht in sich und ist in alle
Richtungen und in den Himmel orientiert. Der Langraum ist etwa 80 Meter
lang und 70 Meter breit. Von der Vorhalle im Westen, dem Exonarthex, über
den inneren Vorhof der Kirche, dem Narthex, und weiter über das Mittelschiff
ist der Langraum auf die Apsis im Osten ausgerichtet und bildet Umgänge
zum Zentralraum. Die Seitenschiffe und Emporen sind vor dem Hintergrund
des Zentralraums richtungslose Nebenräume. So entsteht die Weite des Mit-
telraums durch die umliegenden Raumschichten. Der Mittelraum kann leicht
wirken, da die vier Pfeiler in diesen Schichten verschwinden können. Beide
Raumsysteme sind in sich stimmig und nicht austauschbar. Durch ihre Überlagerung und Durchdringung entstehen neue komplexe Welten. Die beiden
Welten überlagern sich, verstärken sich gegenseitig. Sie sind – und waren es
offensichtlich über die Jahrhunderte – faszinierend geheimnisvoll.

Angela Deuber

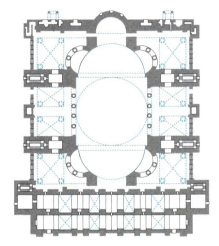

Grundriss der Hagia Sophia

Anregungen

1. Untersuchen Sie das Raum-
konzept der Hagia Sophia
und die Rolle der Lichtfüh-
rung für das Raumerlebnis.

2. Erstellen Sie auf einer
Grundplatte von 30 x 30 cm
ein Architekturmodell, bei
dem eine Kugel von einem
oder mehreren Körpern getragen wird. Dabei können sich
die Körper gegenseitig berühren oder durchdringen (Styro-
porkugel, Modellpappe).

Deutsche Romanik – wehrhafte Gottesburgen

Die Basilika St. Michael in Hildesheim, 1010–1033, und der Dom zu Speyer, 1030–1106

Basilika St. Michael in Hildesheim, 1010–1033. Ansicht der Südseite mit Ostchor. Gesamtlänge: 74,75 m, Höhe des Mittelschiffs: 15 m, Höhe der Vierungstürme: 39 m

Mittelschiff nach Osten zum Chor: Flachdecke und sächsischer Stützenwechsel

Die romanische Klosterkirche St. Michael in Hildesheim gilt als Inbegriff von Ordnung und Klarheit. Ihre Entstehung verdankt sie Bischof Bernward. Der Gründungsabt Goderamnus, besaß die Traktate von Vitruv, dem großen Baumeister der Antike.

Ein Maßsystem durchdringt harmonisch Grundriss, Raumwirkung und Baukörper. Ursprünglich war eine doppelchörige, flach gedeckte Basilika vorgesehen. Sie wurde weiterentwickelt, indem man das Querhaus burgartig verdoppelte und zwei identische Vierungen anlegte. Daraus resultiert eine neuartige Symmetrie und Systematik, die Bernhard Schütz und Wolfgang Müller näher vorstellen.

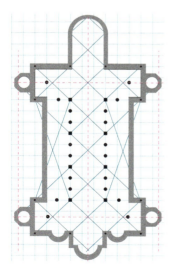

Schema des Grundrisses von St. Michael, Hildesheim (ohne Chorkapellenkranz)

Das Neuartige des Gesamtkonzepts liegt nicht nur in der gleichförmigen Verdoppelung des Querhauses, sondern mehr noch in der geometrischen Gesetzmäßigkeit der Grundrissposition, die vom Quadrat der beiden Vierungen ausgeht. [...] Das Vierungsquadrat ist die grundlegende Maßeinheit und wird im Mittelschiff dreimal und im Westchor einmal aufgetragen. Unter den erhaltenen Denkmälern ist St. Michael das erste exakt durchgeführte Beispiel des sog. »quadratischen Grundrissschematismus«, wie er von nun an zunehmend die Grundrissbildung auch bei anderen Kirchen bestimmen sollte, insbesondere bei den Gewölbebauten des später in Speyer erfundenen »gebundenen Systems«.

[...] zwischen den Pfeilern sind jeweils zwei Säulen eingestellt, was einen Wechsel in der Abfolge a-b-b-a ergibt. Der quadratische Grundrissschematismus ist im Aufgehenden also nur zu einer Rhythmisierung der Arkaden genutzt, zum doppelten Stützenwechsel, der wegen dieses Rhythmus gelegentlich daktylischer, meist aber, weil er in Sachsen große Nachfolge fand, sächsischer Stützenwechsel genannt wird.

Bernhard Schütz / Wolfgang Müller

→ Romanische Klosterkirche Cluny III, S. 25 • Burgen des Mittelalters, S. 52 f.

Der Dom zu Speyer ist die größte erhaltene romanische Kirche weltweit, ein monumentales Sinnbild des salischen Kaisertums auf dem Höhepunkt seiner Macht, wurden hier doch zwischen 1039 und 1308 vier Kaiser, drei Kaiserinnen und vier Könige beigesetzt.

Technisch war die erstmalige Überwölbung des Mittelschiffes in dieser Größenordnung seit der Antike eine Sensation. Zuerst mit einer flachen Holzdecke versehen, hatte der Salier Heinrich IV. 1081, nur 20 Jahre nach Vollendung, einen Teil des Mittelschiffs wieder abtragen lassen, um es durch ein Kreuzgratgewölbe zu ersetzen, eine stilistische Neuerung mit großem Einfluss. Heinrich IV. unterstrich damit seinen religiösen und politischen Herrschaftsanspruch.

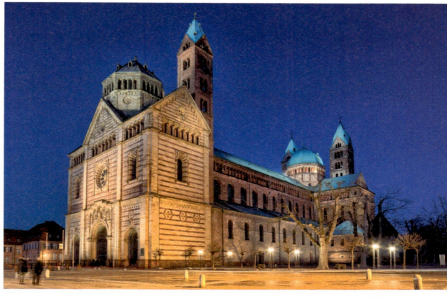

Der Dom zu Speyer, erbaut 1030–1106. Gesamtlänge: 134 m, Höhe des Mittelschiffs 33 m, Höhe der Osttürme (in der Abb. rechts) 71,20 m

Die Wand ist nicht mehr flächig glatt, sondern durch eine Vielzahl von Vorlagen und Gliedern in ein stark rhythmisiertes Relief verwandelt: ein neuer Eindruck! [...] Je zwölf Gewölbe der Seitenschiffe entsprechen den sechs großen des Mittelschiffs. Deshalb auch mussten im Mittelschiff zwischen den großen Pfeilervorlagen die einfachen zwischengelegt werden, um den Maßen der Seitenschiffjoche zu entsprechen. Demnach verbinden sich je zwei Seitenschiffjoche mit einem Mittelschiffjoch, d.h., zwei Kreuzgratgewölbe der Seitenschiffe entsprechen einem Gewölbe des Hauptschiffs. Eine solche Bindung der Joche von Mittel- und Seitenschiff im Verhältnis 1:2 nennen wir »Gebundenes System«.   Heinrich Klotz

»Dass man außen am Dom automatisch anfängt nachzuzählen, Gruppen zu bilden, das war für mich eine große Entdeckung. Es ist ein heiliges Spiel, fast ein Gebet, wenn man hier mit dem Zählen anfängt.«
David Rabinowitch, Bildhauer, 1971

Anregungen

1. Legen Sie die Entwicklung romanischer Baukunst anhand von St. Michael und dem Dom zu Speyer dar. Vergleichen Sie Wandgestaltungen und Grundrissschemata.

2. Erläutern Sie das Prinzip des Stützenwechsels.

3. Von einer Basilika sind nur die Säulenreihen des Mittelschiffs erhalten. Entwickeln Sie daraus Ideen für einen zeitgenössischen Sakralbau.

Mittelschiff nach Westen. Kreuzgratgewölbe und Gurtbögen auf Pfeilervorlagen

Grundriss des Doms zu Speyer mit dem »Gebundenen System«

Die Entmaterialisierung des Steins im gotischen Sakralbau

Die Kathedrale von Amiens, 1220–1243

Die Kathedrale der nordfranzösischen Stadt Amiens gilt als eines der bedeutendsten gotischen Bauwerke. Ihre Harmonie wurde nicht zu allen Zeiten geschätzt. Der Begriff der »Gotik« geht auf den Italiener Giorgio Vasari zurück, der den Stil vor der Renaissance, der im Widerspruch zu antiken Traditionen stand, im 16. Jahrhundert als »barbarisch« beschrieb. Viele gotische Kirchen blieben ab da unvollendet. Die Rehabilitierung setzte erst gegen Ende des 18. Jahrhunderts ein. In Deutschland löste Johann Wolfgang von Goethe mit seiner Schrift »Von deutscher Baukunst« (1773) über das Straßburger Münster neue Begeisterung für die Gotik aus:

»Mit welcher unerwarteten Empfindung überraschte mich der Anblick, als ich davor trat! [...] wie froh konnt' ich ihm meine Arme entgegenstrecken, schauen die großen harmonischen Massen, zu unzählig kleinen Teilen belebt, wie in Werken der ewigen Natur, bis aufs geringste Zäserchen, alles Gestalt, und alles zweckend zum Ganzen; wie das festgegründete, ungeheure Gebäude sich leicht in die Luft hebt, wie durchbrochen alles und doch für die Ewigkeit.«

Goethes Annahme einer ursprünglich »deutschen Baukunst« war zwar falsch, führte aber zu einer Bürgerinitiative, die den liegen gebliebenen Kölner Dom ab 1842 zu Ende baute.

Die Kathedrale von Amiens besitzt die geräumigsten Abmessungen aller französischen Kathedralen. Das dreischiffige Querhaus ist fast in der Mitte des Langhauses angelegt. Die einzelnen Raumteile haben eine liturgische Funktion zu erfüllen: Der Chor und die Vierung dienen dem Bischof und seinem Domkapitel als Versammlungsort, die Kapellen am Chorumgang den Domgeistlichen für die Zelebration von Privatmessen.

Wandauflösung und Vertikalisierung wurden in Armiens bis an den Rand des Machbaren getrieben, der Stein gewissermaßen entmaterialisiert und vergeistigt. Bodo W. Jaxtheimer widmet sich der Kirche näher.

Kölner Dom, Baubeginn 1244. Wiederaufnahme 1842, vollendet 1880. Höhe 157 m

»Der Ausdruck des Trägersystems der gotischen Kathedralen offenbart eine Komplexität im Innenraum, die einfach überwältigend ist.«
Lise Anne Couture, 2008

Mit Amiens entstand die umfangreichste und in allen Teilen harmonischste aller französischen Kathedralen. In knapp 50 Jahren ist – bis auf die Türme – der Riesenbau vollendet worden: 145 Meter lang, maximal 70 Meter breit, umschließt er bei einer überbauten Grundfläche von 8000 Quadratmetern 200 000 Kubikmeter Raum. [...]

Die kurze Bauzeit brachte es mit sich, dass an den Plänen des ersten Baumeisters von Amiens [...] niemals etwas geändert wurde. So entstand ein Werk aus einem Guss, geboren aus zur Sicherheit gewordenen Erkenntnissen und Erfahrungen sowohl der Bautechnik als auch der architektonischen Wirkung. Kein Wunder, dass Amiens zum unmittelbaren Vorbild für die erst später beginnende gotische Architektur anderer Länder wurde, zum Beispiel für den Kölner Dom, und ebenso die gleichzeitig oder anschließend entstandenen Kirchen auf französischem Boden beeinflusst hat. [...]

Wandaufbau und Grundriss haben ihr Vorbild in Chartres, jedoch ist alles schon schlanker, eleganter, graziler geraten. Dass dies auch zu harmonischer Wirkung kommt, mag – vielleicht – damit zusammenhängen, dass die meisten Abmessungen und Einteilungen auf Verdoppelungen beziehungsweise Halbierungen beruhen, auf dem Verhältnis 1:2. Die antike »menschliche« Proportion des Goldenen Schnitts ist aber nur etwa 1:1,7 – ein Zeichen, wie weit die Gotik irdische Maße verließ. Die Querschnittproportion erreicht in Amiens schon das Verhältnis von etwa 1:3, und es war bei Weitem noch nicht das Äußerste! Verbindliche Proportionssysteme, wie sie die antike Baukunst immer wieder über lange Zeiten anwendete, kannte die Gotik nicht. Bei ihr blieb alles im Fluss. [...]

→ Elemente des gotischen Gliederbaus, S. 17 • Kathedralen von Reims und Paris, S. 22 • Freiburger Münster, S. 40 o. l., 181 u. • Straßburger Münster, S. 176 u., 180

Vierungsturm

Türme, 2. Freigeschoss
mit Schallöffnungen
für die Glocken

Fensterrose

Türme, 1. Freigeschoss

Königsgalerie

Fiale

Galerie mit Laufgang

Wimperg

Archivolten (Bogenläufe
am Hauptportal)

Tympanon (Bogenfeld)

Kathedrale von Amiens, 1220–1243. Westfassade und Nordseite. Höhe des Vierungsturms 112,7 m

Steht man vor der Westfassade, so glaubt man ein von Alterspatina über-
zogenes Metallfiligran zu sehen und fragt sich: Kann diese vielblättrige, spät-
gotische Flammenrose, können diese durchbrochenen Bogen, gitterumzo-
genen Öffnungen und knospenbesetzten Giebelleisten wirklich aus Stein
bestehen? Bodo W. Jaxtheimer

Anregungen

1. Beschreiben Sie, mit welchen Mitteln die Baumeister
der Gotik den Stein »entmaterialisiert« haben.

2. Vergleichen Sie die Fassade
von Amiens mit den Fassaden
der Kathedralen von Reims
und Paris (Abb. S. 22).

3. Erkunden Sie anhand der
Online-Anwendung 303 den
Grundriss in Amiens. Erläutern Sie die damit verbundenen liturgischen Funktionen.

4. Stellen Sie aus Modellpappe einen Querschnitt
durch das Kirchenschiff einer
gotischen Kathedrale her.

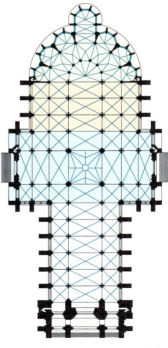

Mittelschiff in Amiens, Höhe 42,30 m

Grundriss (ohne Langhaus-Kapellen)

Videos: Grüne Kathedrale • Konstruktion der Kathedrale von Amiens • Münsterbauhütten • Interaktive Anwendung:
Kathedrale von Amiens (wie zu S. 165) • Arbeitsblatt: Konstruktion von Maßwerk (wie zu S. 17, 22, 35)

SDL-10967-501, 502,
507, 305, 103

95

Italienische Renaissance – anthropozentrisches Weltbild

Der Dom in Florenz von Filippo Brunelleschi, 1417–1446

Mit seiner herausragenden Kuppel ist der Dom zu Florenz noch heute das dominierende Gebäude der Hauptstadt der Toskana. Die Baugeschichte der Bischofskirche reicht bis ins 13. Jahrhundert zurück und ist von Unterbrechungen gekennzeichnet.

Form und Größe der Kuppel, die den achteckigen Chor der Kirche überwölben sollte, waren bereits im Jahr 1367 als verbindlich festgelegt worden (s. S. 38). Die Maßangaben für die Gesamthöhe der Kuppel standen zum Durchmesser der Basis im Verhältnis 2 : 1, wodurch das Maßsystem des Doms konsequent weitergeführt wurde.

Zur Lösung dieser Aufgabe wurden Wettbewerbe ausgeschrieben, an denen sich auch der Architekt Filippo Brunelleschi beteiligte. 1420 erhielt er den Auftrag zum Bau der Kuppel. Brunelleschi kannte das Pantheon in Rom und die der Kuppel zugrunde liegenden Konstruktionsprinzipien (vgl. S. 88 f.). Indem er die in der Antike gefundenen Formen aufgriff, wurde er zum Mitbegründer der Renaissance, der Wiedergeburt der Antike, in Italien.

Peter Murray stellt Brunelleschis geniale Lösung für die Kuppel des Florentiner Doms vor.

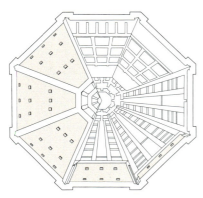

Grundriss und Schnitt der Kuppel

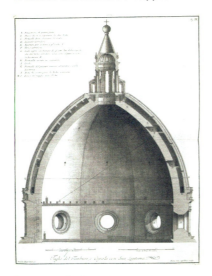

Schnitt und Aufriss der Kuppel. Kupferstich von Bernardo S. Sgrilli, um 1730

Es ist paradox, dass sowohl Brunelleschis Ruhm als auch die Vorstellung, er habe die antiken Baumethoden wieder neu belebt, gleichermaßen auf seine glückliche Lösung des scheinbar unlösbaren Problems zurückgehen, den Florentiner Dom mit einer Kuppel zu krönen, was doch eigentlich gar keine »Renaissance«-Leistung war. […]

Nur dadurch, dass er seine Kenntnisse der gotischen Bauweise mit den an Ort und Stelle gewonnenen Eindrücken von römischen Einwölbungsmethoden kombinierte, vermochte Brunelleschi die Prinzipien des römischen Gewölbes zu erahnen und auf sein eigenes Problem anzuwenden. […] Wenn es auch den unwiderleglichen Beweis lieferte, dass es möglich war, einen Raum von der Größe des Florentiner Doms zu überwölben, so muss Brunelleschi sich doch sehr bald klargemacht haben, dass er die Pantheonkuppel [Abb. S. 89] nicht einfach kopieren konnte, weil sie auf zylindrischen Mauern von enormer Dicke ruhte und die gesamte Konstruktion aus kompaktem Zementguss offensichtlich so schwer war, dass der Unterbau des Florentiner Doms sie selbst in abgeschwächtester Form nicht tragen konnte.

Die Erleuchtung kam Brunelleschi, als er entdeckte, dass das Pantheon ohne Lehrgerüst erbaut worden sein musste, da die römischen Baumeister genau wie er keine genügend großen Stämme hatten finden können: Es war also möglich, eine Riesenkuppel ohne Lehrgerüst zu bauen. Gleichzeitig muss er herausgefunden haben, dass ein Kernstück ihrer Lösung darin bestand, den Seitenschub mit den mächtigen Mauern aufzufangen – und gerade das wurde in seinem Fall durch den Bau des Tambours verhindert. Das Studium eingestürzter Kuppeln muss ihm zu der Erkenntnis verholfen haben, dass das Pantheon – ohne Lehrgerüst – erbaut worden war, indem man horizontale konzentrische Zementringe goss, die man jeweils trocknen ließ, ehe der nächste, kleinere Ring aufgesetzt wurde. So erklärt sich auch das riesige offene Auge im Zenit. […]

→ Pantheon, S. 29 u. 88 f. • Freiburger Münster, Vierungsgewölbe, S. 181 u. • Laterne des Doms von Florenz, S. 184 • Kuppel des Petersdoms, S. 16

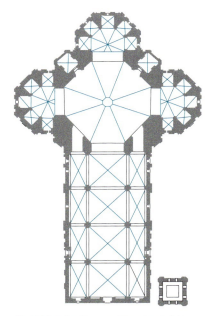

Grundriss des Doms zu Florenz, rechts unten der Grundriss des freistehenden Campanile (Glockenturm)

Der Dom im Stadtbild von Florenz. Höhe 90 m. Der hohe Turm links ist der von Giotto entworfene Campanile (1298–1359), das helle Dach darunter gehört zum Baptisterium.

Anregungen

1. Beschreiben Sie die von Brunelleschi bei der Florentiner Domkuppel vorgenommene Kombination aus konstruktiven Neuerungen und antiken Formen.

2. Erläutern Sie die symbolische Funktion der Domkuppel.

3. Vergleichen Sie den Grundriss des Florentiner Doms mit dem »idealen« Kirchengrundriss von Giorgio Martini (Abb. S. 36).

4. Vergleichen Sie den Dom in Florenz und die Kathedrale von Amiens (S. 96 f.). Finden Sie Gründe, warum die Menschen der Renaissance die gotische Architektur als »barbarisch« empfanden.

5. Bilden Sie – ausgehend von den Abbildungen auf S. 96 f. – den konstruktiven Aufbau der Domkuppel in einem Modell nach (Material: verlötete Kupferstäbe).

Brunelleschis Kuppel läuft in der Tat nach oben spitz zu, da sie ja bei einem Radius von knapp 21 m über 30 m hoch ist. Aus der Denkschrift geht hervor, dass er sich gezwungen sah, die spitze Form zu wählen, da die gesamte gotische Bauerfahrung darauf hindeutete, dass ein Spitzbogen einen viel geringeren Seitenschub ausübt als ein Rundbogen. Seine zweite Neuerung, die Verwendung einer Doppelschale, hatte den Zweck, möglichst viel Gewicht einzusparen. Auch hier wieder muss ihm klar gewesen sein, dass das schöne tiefe Kassettenmuster des Pantheons den Sinn hatte, das Gewicht des Zements zu verringern.

Mit dieser einzigartigen Mischung aus antiken und modernen Prinzipien der Konstruktion und Ästhetik tastete sich Brunelleschi etwa zwanzig Jahre hindurch langsam voran. [...] Die Arbeit an der Kuppel beschäftigte Brunelleschi vom Beginn des Baus im August 1420 bis zur Vollendung der eigentlichen Kuppel im August 1436 und zur Vorbereitung der Basis für die Laterne, die er entwarf, deren Bau er aber nicht mehr erlebte. In diesen sechzehn Jahren muss seine Aufmerksamkeit in erster Linie der Kuppel gegolten haben.

Peter Murray

»Man mauere die Kuppeln in der beschriebenen Weise ohne jedes Lehrgerüst maximal 30 Ellen hoch, aber mit Plattformen wie von den Bauleitern geraten und beschlossen; und ab 30 Ellen entsprechend ihrem Ratschlag, denn beim Bauen wird die Praxis zeigen, welchem Weg man folgen sollte.«

Filippo Brunelleschi, 1417

Der Sakralbau als Gesamtkunstwerk im deutschen Barock

Die Wallfahrtskirche Vierzehnheiligen von Balthasar Neumann, Bad Staffelstein, 1743–1772

Im barocken Kirchenraum verbinden sich die Kunstgattungen zu einem beeindruckenden Gesamtkunstwerk. Neben den bewegten Raumlinien entfalten auch die prachtvolle Freskomalerei, der reiche Skulpturenschmuck und vor allem die Musik ihre Wirkung auf den Menschen.

Die Wallfahrtskirche Vierzehnheiligen von Balthasar Neumann bei Bad Staffelstein in Oberfranken markiert gleichzeitig Höhepunkt und Ende des barocken Sakralbaus. Sie ist ein herausragendes Beispiel für eine spannungsreiche Dynamik der Raumkomposition. Die Interdependenz – die gegenseitige Abhängigkeit – von Au-ßenbau und Innenraum ist hier aufgehoben: Während die Kirche außen wie eine traditionelle dreischiffige Basilika mit Vierung, polygonalen Chorabschlüssen und Doppelturmfassade wirkt, erscheint der Innenraum verwirrend und lässt die Wirkung eines beschwingten Raumgefüges aufkommen.

Barocke Sakralbauten wie Vierzehnheiligen führen die Hauptthemen der christlichen Architektur zu einer Synthese: Grundriss auf Basis des lateinischen Kreuzes, beherrschende Mitte für die Aufstellung des Altars in der Vierung, Basilikaschnitt und Weiterführung des goti-schen Wandpfeilersystems zu Raumgruppen. Neumann nahm hier Ideen zweier bedeutender italienischer Architekten des Barock, Francesco Borromini und Guarino Guarini, auf.

Vor allem Guarinis Baustil mit seiner komplizierten Durchdringung und Überschneidung von runden und ovalen Raumkompartimenten sowie der zweischaligen Gestaltung von Innenräumen und Fassade wurde von Balthasar Neumann zu eigenen, originellen Lösungen weiterentwickelt. Dabei entstanden, wie der Text von Wilfried Hansmann unterstreicht, Räume von außergewöhnlich sinnlicher Wirkung.

Balthasar Neumann: Wallfahrtskirche Vierzehnheiligen, 1743–1772. Fassade

»Vnter der Zeit habe die Vierzehn Hayligen bereits außgearbeitet, die anjetzo ein vollkommenes werck werdten solle, vndt wirckl. ahn den Modell dieße Woche anfange, vnd solle dieße Kirchen ein Meisterhaftes werck werdten, daß Ewer Hochfürstl. Gnaden gewiß gnädigstes Vergnügen daran haben sollen.«
B. Neumann an den Fürstbischof, 1744

Die kühnste, in ihrer Architektursprache geheimnisvollste Wallfahrtskirche des Barock schuf Balthasar Neumann mit Vierzehnheiligen über den Wiesengründen des oberen Maintales auf einem Hügel des Staffelberges. [...] Auf einem Acker des zur Zisterzienserabtei Langheim gehörigen Hofes Frankenthal erschien dem Hirten Hermann, dem Sohn des Langheimer Klosterschäfers, 1445 zweimal das Christkind. 1446 wiederholte sich die Vision; diesmal war das Christkind von vierzehn Kindern begleitet, und es bedeutete dem Hirten: »Wir sein die viertzehn nothhelffer / vnd woellen ein Capelln haben / auch gnediglich hie rasten / vnd biß unser diener / so woellen wir dein diener wieder sein.«

Schon bald wurde eine Kapelle am Ort der Erscheinung errichtet, zu der die Wallfahrer zogen. [...] Den Beifall des Fürstbischofs fand aber erst die Planung, die sein geschätzter Baudirektor Balthasar Neumann vorlegte. Seine Lösung war eine basilikale Kuppelkirche auf dem Grundriss eines lateinischen Kreuzes mit zwei Fassadentürmen. Der Platz des Gnadenaltars sollte die Vierung sein, die Stelle des weitesten Umraumes und der besten Sichtbarkeit. [...]

Dem Außenbau sieht man nicht im Geringsten an, dass er ein ihm völlig widersprechendes Raumgebilde umschließt. Die Hülle eines Longitudinalbaus ist mit einem Zentralraum gefüllt, wie ihn zuvor kein Baumeister gewagt hat. Da Chor und Vierung ihre traditionelle liturgische Funktion verloren haben, bedürfen sie auch baulich keiner Betonung mehr. Stattdessen bildet Neumann im Ostteil des Langhauses – gleich weit vom Hauptportal und Chorscheitel entfernt – einen mächtigen Zentralraum auf elliptischem Grundriss aus, in dessen Zentrum der Gnadenaltar steht. [...]

→ Holzmodell und Grundriss von Vierzehnheiligen, S. 29

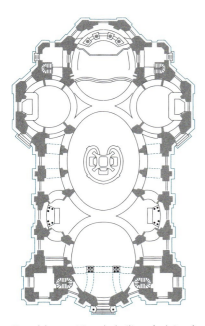

Grundriss von Vierzehnheiligen (vgl. S. 29)

Innenraum der Wallfahrtskirche Vierzehnheiligen, im Vordergrund der Gnadenaltar

Anregungen

1. Erläutern Sie das Verhältnis von Außenfassade und Innenraum anhand des Grundrisses von Vierzehnheiligen (Abb. oben und S. 29).

2. Welche Folgen für die Grundrissgestaltung von Kirchen haben veränderte liturgische Funktionen? Vergleichen Sie hierzu St. Michael in Hildesheim mit Vierzehnheiligen (S. 92).

3. Fassen Sie am Beispiel von Vierzehnheiligen zentrale Gesichtspunkte des barocken Kirchenbaus zusammen.

4. Stellen Sie Aspekte der Raumwirkung des romanischen Doms (vgl. S. 92 f.), der gotischen Kathedrale (S. 94 f.) und der barocken Wallfahrtskirche einander gegenüber.

5. Dokumentieren Sie durch Skizzen oder Fotos den Baustil, die Baugeschichte und die Bauformen einer Kirche an Ihrem Wohnort.

Der Ellipse des Hauptraumgrundrisses sind zwei weitere auf gleicher Längsachse nachgeordnet: die des Chores und die des Westteils. In die Zwickel der Langhausovale schieben sich kleinere Ellipsen ein, sodass der Eindruck eines verkümmerten westlichen Querhauses entsteht. Zwischen Hauptraum und Chorellipse dringen die östlichen Querhausarme auf kreisförmigem Grundriss ein. In der Wölbzone wird dieser komplizierte Grundrissrhythmus nicht einfach dreidimensional übersetzt, sondern durch Verschleifung verschiedenartigster Gewölbekompartimente unter weitgehender Verwischung ihrer stereometrischen Grundformen infolge zahlreicher Stichkappen ein lichter, spätbarocker Einheitsraum geschaffen, der irrational entfaltet ist.

Zur strukturellen Verschmelzung der Wandteile kommt eine einzigartige Lichtfülle. Der Betrachter fühlt sich an die durch Soffitten abgeschirmte Beleuchtung einer Bühne erinnert und oft ist die Quelle des Lichtreichtums für ihn erst erkennbar, wenn er sich im Raum bewegt. Den bewegten Betrachter aber erzwingt allein schon der Gnadenaltar. Sein Kern ist ein quadratischer Schacht an der Stelle der Visionen, der von Osten zugänglich und im Inneren mit Darstellungen der Erscheinungen ausgemalt ist. Über dem Schacht erhebt sich als Altaraufbau eine fantastische Rocaille-Architektur, die in einem Baldachin gipfelt. An drei Seiten sind Mensen eingefügt, sodass mehrere Messen gleichzeitig gelesen werden können. Eine Kommunionbank umfängt in Herzform den Altar. Im Rocailleaufbau oder auf den Postamenten der Kommunionbank stehen oder sitzen die Heiligen Vierzehn Nothelfer, die der Gläubige nur im Umschreiten des Altars einzeln verehren kann.

Wilfried Hansmann

Spanischer Jugendstil – organische Strukturen

La Sagrada Familia von Antoni Gaudí in Barcelona, 1883–2026

Wann die Kirche La Sagrada Familia endlich vollendet sei? – Antoni Gaudí antwortete seinerzeit gelassen: »*Mein Kunde hat keine Eile.*«

Die Sagrada Familia (span., heilige Familie), eine scheinbar ewige Baustelle, wird der Architektur des Jugendstils zugerechnet. Die Gründe dafür liegen in Struktur und Dekor des Bauwerks, die stark von organischen und pflanzlichen Formen ausgehen.

Daneben gibt es eine Fülle weiterer Einflüsse und Vorbilder, die Gaudí aufgenommen hat: Spitzbogenmaßwerk an Türmen und Portalen, das aus der Gotik bekannt ist; überschwängliche Formen, wie sie im spanischen Barock vorkamen; farbig glasierte Backsteine, die in der spanisch-maurischen Tradition stehen. Gaudí nahm aber nicht nur historische Rückgriffe vor, sondern überwand u. a. das gotische Strebebogensystem durch eine neue Statik.

Funktionale Aspekte stehen bei der Sagrada Familia nicht im Vordergrund. Im Sinne eines Gesamtkunstwerks versuchte Gaudí, seine künstlerischen Vorstellungen bis ins kleinste Detail zu realisieren. Dabei wurden die Bauelemente immer wieder durch ornamentale Formen überlagert.

Nach mehreren Unterbrechungen schreitet die Fertigstellung des Gebäudes seit 2012 dank neuer 3D-Technologie deutlich voran. Mittels 3D-Druck können Prototypen in bisher unbekannter Geschwindigkeit erstellt werden. Dekorative Details, einst von erfahrenen Kunsthandwerkern gefertigt, werden nun von CNC-Fräsen ausgeführt. Der für die Sagrada verantwortliche Architekt Jordi Faulí möchte die Kirche 2026, also 100 Jahre nach Gaudís Tod, fertiggestellt haben.

Antoni Gaudí: La Sagrada Familia,
Barcelona, 1883–1926 (Zustand 2018)

Der Name der Kathedrale – Sagrada Familia – verweist darauf, dass die Kirche Jesus Christus und seinen irdischen Eltern, Joseph und Maria, als Urbild der christlichen Familie gewidmet ist. Gaudí nahm 1883 seine Tätigkeit als Chef der Planungsabteilung und Bauleiter auf. [...]

Da Gaudí der Auffassung war, dass die Kirche der repräsentativste Bau eines Volkes ist, nahm er sich vor, hier die räumliche und figurative Synthese seiner symbolischen Vorstellungswelt zu verwirklichen. Aus diesem Grund gestaltete er die Bauelemente mit Emblemen, Schutzheiligen und Männern seiner Zeit in Gestalt biblischer Figuren, aber auch mit Elementen katalanischer Flora und Fauna. [...]

Dort, wo Hauptschiff und Querschiff sich kreuzen, erhebt sich ein gewaltiges Gewölbe, das von einem mächtigen Turm überragt wird. An dessen Spitze befindet sich in 170 Metern Höhe ein hohes Kreuz. Um den Hauptturm gruppieren sich vier kleine Türme, die die vier Evangelisten symbolisieren, die sich um Christus scharen; auch von ihrer Spitze aus überstrahlt eine Lichtquelle die Stadt. Der Glockenturm über der Apsis ist der Mutter Gottes gewidmet und mit einer Krone aus 12 Sternen verziert. Von den insgesamt 18 vorgesehenen Türmen sind bislang allerdings erst acht errichtet worden. [...]

Das Bauwerk basiert auf zwei grundlegenden Prinzipien der Konstruktionslogik und Statik. Zum einen ermöglicht die Parabolkurve der vertikalen Abschnitte die Entwicklung der Innenräume nach oben. Zum anderen müssen die Stützen eine Schrägstellung einnehmen, weil sie Teil der Parabolkurve sind und sich in weitere kleinere Stützen verzweigen. Letztere tragen die Gewölbe der Kirche, deren große Rundfenster den Blick auf den Himmel freigeben.
Maria Antonietta Crippa

→ Strebesystem der Gotik, S. 17 • A. Gaudí: Casa Batlló, S. 60 f.

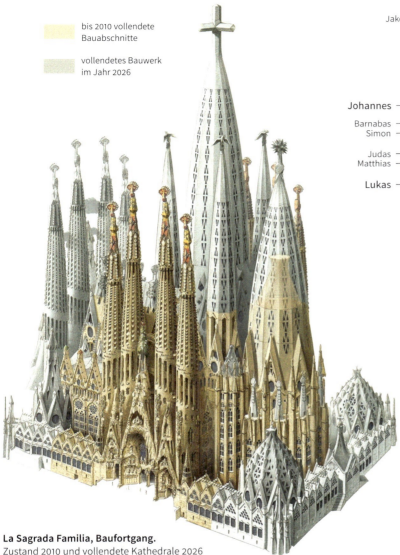

bis 2010 vollendete Bauabschnitte

vollendetes Bauwerk im Jahr 2026

La Sagrada Familia, Baufortgang.
Zustand 2010 und vollendete Kathedrale 2026

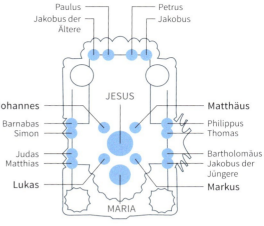

Paulus
Jakobus der Ältere

Petrus
Jakobus

JESUS

Johannes

Matthäus

Barnabas
Simon

Philippus
Thomas

Judas
Matthias

Bartholomäus
Jakobus der Jüngere

Lukas

Markus

MARIA

Die »Aposteltürme« im Grundriss

Innenraum mit besonderer Statik. Baumartige, schräge Säulen tragen das Gewölbe.

Gaudí hatte erklärt, den gotischen Stil verbessern zu wollen. Sein Entwurf sah für das Kirchenschiff eine Säulenkonstruktion in Form von Bäumen vor (s. Abb. rechts).

Mit der innen liegenden Struktur gelang es Gaudí, das komplette Gewölbe zu tragen. So war es statisch auch möglich, zahlreiche Lichteinlässe in die Decke zu integrieren.

Anregungen

1. Zeigen Sie die verschiedenen stilistischen Elemente bei der Sagrada Familia auf.

2. Überlegen Sie, wen Antoni Gaudí mit seiner Aussage *»Mein Kunde hat keine Eile«* meinte.

3. Stellen Sie das gotische Strebesystem (Abb. S. 17) den statischen Maßnahmen Gaudís gegenüber.

4. Recherchieren Sie weiteres Bildmaterial zur Sagrada Familia und entwickeln Sie daraus eine multimediale Präsentation.

5. Gestalten Sie aus Ton ein Turmmodell (Höhe 40–50 cm), bei dem Sie sich von gotischen Kathedralen und den Türmen der Sagrada Familia anregen lassen.

Arbeitsblätter: Ideale Kurven für die Sagrada Familia (wie zu S. 60) •
Der Architekt – Künstler oder Handwerker? (wie u. a. zu S. 9)

SDL-10967-113, 202   **101**

Architektur in skulpturalen Formen

Die Wallfahrtskirche Notre-Dame du Haut in Ronchamp von Le Corbusier, 1950–1954

Als bedeutendster Sakralbau der Nachkriegszeit kann die Wallfahrtskirche Notre-Dame du Haut von Le Corbusier gelten. Le Corbusier schuf sie zwischen 1950 und 1954 auf einem Hügel über dem kleinen Dorf Ronchamp in den südlichen Ausläufern der Vogesen bei Belfort.

Der Bau erinnert an eine monumentale Freiplastik, ein dynamisches Raumgebilde. Le Corbusier versuchte mit der Kirche, den Gedanken des Gesamtkunstwerks wiederaufzunehmen. Das durch die Glasbausteine dringende Licht erinnert an die Lichtmystik gotischer Kathedralen.

Le Corbusier sprach in Zusammenhang mit diesem Sakralbau von einer »Lyrik« der Formen. Die Kritik warf ihm allerdings vor, sein Programm der 1920er-Jahre verraten und den Zusammenhang von Funktion und Struktur dem plastischen Ausdruck und dem Spiel der Formen geopfert zu haben.

Der Architekt selbst sah sein Schaffen in der Spätphase als experimentelle Suche nach einer neuen Formensprache. Gerade am Beispiel Ronchamp wird deutlich, wie sehr Le Corbusier Architektur als Kunst begriffen hat.

Le Corbusier: Wallfahrtskirche Notre-Dame du Haut, Ronchamp, 1950–1954. Überdachter Außenbereich mit Altar und Kanzel. Blick auf die Ostwand

Innenraum, Blick auf Ost- und Südwand

Die Wände sind teils windschief, zudem konvex und konkav gebogen; teils sind sie massiv, aus den Steinen der alten Kirche aufgeführt, teils wie dünne Häute über das Betongerüst gespannt (z. B. die Südwand). Die Wände sind gemauert und schwer wie bei einem romanischen Bau. Aber sie haben nicht das burgartig Bergende. Sie öffnen sich nach der Weite, nach der Welt und dem Himmel hin. [...] Sie begrenzen einen äußeren Raum und gleichzeitig einen innern, mehr: Sie ziehen den Luftraum, die Welt in einer ganz neuen Weise ins Innere hinein.

Dies geschieht entscheidend durch das zweischalige Betongewölbe, das ins Kircheninnere absackt. Ein kleiner Spalt ist zwischen dem dunklen Gewölbe und den weiß gekalkten Mauern offen gelassen. Nicht zum ersten Mal wird hier ein Gewölbe geschaffen, dessen Scheitel statt den Zenit die niedrigste Stelle des Raumes markiert. [...]

Handelt es sich bei der Kirche um eine reine Formschöpfung oder ist sie darüber hinaus ein brauchbares Instrument der Liturgie?

An großen Feiertagen wird der Gottesdienst außen vollzogen; das Volk steht auf dem freien Feld wie früher in Hellas. Innen, im Dämmerlicht, sammeln sich Gruppen von bis zweihundert Gläubigen. Das Kirchenschiff sinkt, der Neigung der Hügelkuppe folgend, gegen Osten hin ab. [...] Ronchamp ist ohne Zweifel die Frucht einer entfesselten plastischen Vision, aber einer Vision, die auf die präzisen Aufgaben bezogen bleibt, denen hier ein Gehäuse geschaffen werden sollte.

Trotzdem sprach die Kritik [...] immer wieder von einer irrationalen Architekturplastik, von einem Griff ins Ungeformte, Elementare, Heidnische, ja Prähistorische. Es wurde festgestellt, Ronchamp stehe in »schneiden-

→ Le Corbusier: Villa Savoye, S. 74, u. Unité d'Habitation, S. 74 f. • plastische Architektur, S. 26, 150 ff., 156 ff., 162 ff.

Süd- und Ostansicht der Wallfahrtskirche Notre-Dame du Haut, Ronchamp, 1950–1954

»Das Dach lastet auf Säulen, aber es berührt nicht die Mauern. Der horizontale Lichtspalt von 10 cm wird die Leute erstaunen.«

Le Corbusier, 1935

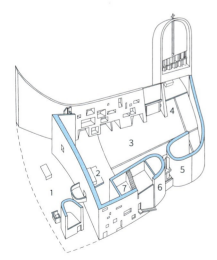

Ronchamp, Isometrie
1 Überdachter Außenbereich mit Altar und Kanzel 2 Altar 3 Hauptschiff
4 Große Kapelle 5 Abendkapelle
6 Morgenkapelle 7 Sakristei

dem Gegensatz« zu allem, was der Architekt bisher geschaffen und verkündet hatte. [...] Nikolaus Pevsner fasst seine Gedanken so zusammen: »Le Corbusier hat [...] den Stil seiner eigenen Bauten vollkommen geändert und die Wallfahrtskirche von Ronchamp [...] ist das meistdiskutierte Monument eines neuen Irrationalismus.«

Aber die Zeiten sind vorbei, wo man das »Rationale« vom »Irrationalen« scheiden konnte wie Wasser und Feuer. Es gibt keinen Rationalismus ohne irrationale Impulse – und keine irrationalen Phänomene ohne ganz bestimmte, rational fassbare Beweggründe.

Le Corbusiers Schaffen hat keinen Bruch erlitten. Die Elemente von Ronchamp sind bereits in Corbusiers Villen der zwanziger Jahre enthalten – etwa in den geschweiften Wandungen des Solariums der Villa Savoye.

Stanislaus von Moos

Anregungen

1. Beschreiben Sie das Verhältnis von Innen- und Außenraum bei der Wallfahrtskirche Ronchamp.

2. Erläutern Sie den Begriff »Irrationalismus« in Bezug auf Ronchamp.

3. Vergleichen Sie Ronchamp mit der Villa Savoye (S. 74) auf ähnliche Formelemente.

4. Untersuchen Sie, inwieweit in Ronchamp der Gedanke vom Gesamtkunstwerk realisiert wird.

5. Gestalten Sie im Modell einen Platz für kirchliche Veranstaltungen unter Verwendung des Kreuzmotivs zur Betonung des Zentrums.

Meditationsraum – Licht und Spiritualität

UNESCO Meditation Space in Paris von Tadao Ando, 1995

Tadao Ando: UNESCO Meditation Space, Paris, 1995. Blick zur Decke des Gebäudes

Weltweit entwarf der Japaner Tadao Ando eine Vielzahl richtungsweisender Architekturen. Dazu gehören Sakralbauten wie seine »Kapelle auf dem Rokko« (1986), die »Kirche auf dem Wasser« (1988) oder die »Kirche des Lichts« (1989), alle in Japan.

1994 erhielt Ando den Auftrag, zum 50-jährigen Bestehen der UNESCO einen »Meditation Space« neben dem Hauptquartier der Organisation in Paris zu entwerfen. Das Bauwerk sollte ein Ort darstellen, an dem man jenseits aller ethnischen, religiösen, kulturellen und politischen Unterschiede für den Frieden der Welt beten kann.

Ando schuf einen einstöckigen, 6,5 m hohen Zylinder aus Stahlbeton. Symbolische Bedeutung haben die Lichtöffnung in der Decke ebenso wie das Material des Wasserbeckens und des Fußbodens: Letzterer ist aus Granitgestein, das einst der Strahlung der Atombombe von Hiroshima ausgesetzt war und nun als Symbol für das Streben nach Frieden steht.

Der Architekturhistoriker Tom Heneghan geht im Text rechts auf die Funktion der Wände und Aspekte der Materialästhetik bei Tadao Ando ein.

Tadao Ando: UNESCO Meditation Space, Paris, 1995. Stahlbeton, Höhe 6,5 m, Grundfläche 33 m². Außenbereich mit Rampe und Eingang, hinten das UNESCO-Gebäude

Andos gesamtes Werk ist durch diese Konfrontation zwischen Natur und Architektur geprägt. Die Natur ist kein zusätzliches oder gar dekoratives Moment seiner Architektur – tatächlich findet sich innerhalb oder außerhalb seiner Bauten nur selten eine Bepflanzung –, sie ist eines ihrer Hauptbestandteile. [...] Die Natur greift tief in seine Bauten und in das Leben seiner Bewohner ein und zwingt sie zu einem Dialog. Wenn er in seinen Arbeiten so

Innenansicht des Meditationsraums

»In meinen Augen sind nicht nur Holz und Beton mit ihren greifbaren Formen Baumaterialien, sondern auch Licht und Wind, die unsere Sinne ansprechen.«

Tadao Ando, 2000

Anregungen

1. Überlegen Sie, ob Andos Meditationsraum als Sakralbau bezeichnet werden kann.

2. Vergleichen Sie Andos Meditationsraum mit dem »Sky Space« von James Turrell in Hinblick auf die Bauform und die Bedeutung des Lichts.

3. Vergleichen Sie die Materialästhetik bei Le Corbusiers Wallfahrtskirche in Ronchamps (S. 102 f.) und Tadao Andos Meditationsraum in Paris.

4. Entwerfen Sie einen Meditationsraum für Ihre Schule.

5. Illustrieren und visualisieren Sie in einer Folge von Skizzen das oben wiedergegebene Zitat von Tadao Ando.

häufig eine Öffnung zwischen Wand und Decke vorsieht, so nicht allein in der architektonischen Absicht, die Unabhängigkeit der beiden Flächen zu betonen und die Innenwände durch die einfallenden Lichtmuster zu verschönern, sondern in erster Linie, um dem vollkommen proportionierten Raum durch den Zutritt der Natur Veränderlichkeit zu verleihen. Indem diese Öffnungen Zeit und Natur durch die Bewegung der Schatten oder den Klang des Regens auf den Oberlichtern messen, vereinen sie das Leben des Raums mit dem Leben der Bewohner.

Da Andos Wände frei von visuellem Ausdruck sind, lassen sie sich ebenso durch den Körper wie durch das Auge erfassen. Ihre Stärke und Dauerhaftigkeit führt uns unsere eigene Zerbrechlichkeit vor Augen.

Andos Wände besitzen eine zweideutige Stofflichkeit; sie erscheinen sowohl anorganisch als auch organisch. Sorgfältig gearbeitet und gewöhnlich mit einem Schutzanstrich versehen, steht ihr leuchtender Schimmer im Widerspruch zu ihrer Masse und verleiht ihnen eine seltsam ätherische, durchscheinende Feinheit. »Der Beton, den ich verwende, macht nicht den Eindruck von Festigkeit oder Gewicht. Mein Beton bildet eine leichte, homogene Fläche […]; die Oberfläche der Wände wird abstrakt; sie verwandelt sich in Nichts und nähert sich dem Unendlichen. Die Existenz der Wand als Substanz verschwindet. Sie wird nur noch als Begrenzung eines Raums wahrgenommen.«

Andos Bauten sind generell aus den härtesten Materialien – Beton, Stahl und Glas – hergestellt; sie können daher streng und dennoch überraschend freundlich wirken. Beim Gießen der Rohwände achtet er auf größte handwerkliche Qualität, aber er versucht niemals, die Spuren des Gießvorgangs oder kleine Fehlstellen zu verbergen, da sie natürliche Begleiterscheinungen des Herstellungsprozesses sind. Ando definiert den Raum zwar durch die abstrakten Flächen seiner Betonplatten, doch das Material selbst ist für ihn keine abstrakte Substanz, sondern ein alltäglicher Baustoff, an dem das Können der an seiner Herstellung beteiligten Handwerker sichtbar wird. Die Spuren der Maurer, Schweißer und Betongießer sind Teil des Gesamtkonzepts seiner Architektur und gelten ihm nach eigenem Bekunden als Spuren des Lebens.

Tom Heneghan

James Turrell: Sky Space, 2006. Naturstein, 920 x 720 x 836 cm (elliptischer Zylinder). Mönchsberg, Salzburg

Blick zur Decke auf die Öffnung. Je nach Tageszeit und Wetter ergeben sich unterschiedliche Lichtstimmungen im Innern.

Zum Dahinschmelzen – Architektur aus Eis und Schnee

Die Schneekirche von Koeberl Doeringer Architekten in Mitterfirmiansreut, 28. Dezember 2011 – 6. März 2012

Diese Kirche existierte nur einen Winter lang – und zog 2011/12 über 63 000 Besucher nach Mitterfirmiansreut im Bayerischen Wald. Menschen verschiedenster Religionen besuchten sie, Christen und Muslime ebenso wie Juden und Buddhisten.

Es war ein Jubiläum: Schon 100 Jahre zuvor, im Winter 1911, hatte hier eine Schneekirche mit zwei Türmen gestanden – und als Protestaktion, die sich mit der Forderung nach einer eigenen Kirche verband, für internationales Aufsehen gesorgt.

Während Bauten sonst vor ihrem Verfall möglichst bewahrt werden, war das Abschmelzen hier Teil der Idee. Im März 2013 wurde das temporäre Bauwerk aus Eis und Schnee wegen Tauwetters wieder geschlossen.

Die Bogenform des Kirchenschiffs beruhte weniger auf ästhetischen als auf statischen Überlegungen. Die Architekten der Schneekirche, Alfons Döringer und Albert Köberl, schildern im Text rechts ihre Überlegungen zu Statik und Ästhetik.

»Die Eisblöcke der Eingänge sind wunderschön. Die Kirche wirkt sehr beruhigend, aber auch geheimnisvoll.«
Gästebucheintrag, Januar 2012

Koeberl Doeringer Architekten: Schneekirche, Mitterfirmiansreut, 2011/2012.
1400 m³ Schnee, Eis, Blechpaneelen. Länge 26 m, Deckenhöhe 5,71 m, Turm 18 m

»Damit Besucher die Kirche nutzen können, braucht es ein zuverlässiges Tragwerk. Eine Möglichkeit wäre das Bauen von Wänden, auf denen getarnte Holzbalken liegen. Doch dieses Bauwerk hätte nichts Ehrliches und schon gar nichts Besonderes. Das Ziel war eine Kirche aus Schnee, deren Decke auch nur aus Schnee besteht.

Schnee hält einiges an Druck aus, durch Druck wird er immer härter. Zugkräfte hingegen sind nicht seine positive Eigenschaft, er ist unberechenbar. Zur eigentlichen Form kommt man, wenn man sich zum Beispiel ein Seil zwischen zwei Händen hängend vorstellt. Das Seil ergibt eine Kurve und diese widerfährt an jeder Stelle eine Zugkraft in ihr selbst. Wenn man diese sogenannte Kettenlinie einfriert und auf den Kopf stellt, erhält man eine Form, welche in Linie der Druckkraft verläuft. [...] Diese natürliche Form der Kettenlinie stellt in etwa die Tragform des Kirchenschiffes dar, an jeder Stelle des Daches sind die Druckkräfte entlang der Kirchenform. [...]

Nachdem Rohform und Konstruktion geistig standen, ging es um das Gesamtbild und die Innenraumgestaltung. Hier wurden Analogien zu Schneeverwehungen gezogen. Bei den Eingängen und der geplanten Gestalt des Turmes floss dieses Phänomen in die Entwurfsgestaltung ein.«
Alfons Döringer und Albert Köberl, 2012

Altar, Ambo und Kreuz bestanden aus Eis und wurden mit Lichtquellen illuminiert.

Anregungen

1. Erklären Sie die Faszination, die von der Schneekirche ausgeht.

2. Erörtern Sie, ob und inwiefern die Schneekirche die Situation der christlichen Kirchen spiegeln könnte.

3. Arbeiten Sie Unterschiede zur Iglu-Architektur heraus.

4. Skizzieren Sie eigene Formen für Gebäude aus Eis und Schnee. Berücksichtigen Sie die statischen Besonderheiten des Materials.

Arbeitsblatt: Kontroverse um die Ästhetik der Schneekirche

Frank O. Gehry: Guggenheim Museum Bilbao, 1993–1997. Rechts die Plastik »Maman« von Louise Bourgeois, 1999

»Res publica est res populi«
Architektur und Öffentlichkeit – eine Einführung

Schulen, Museen, Opernhäuser, Theater, Sportstadien, Universitäten, Schwimmbäder, Kindergärten, Rathäuser, Verwaltungsgebäude, Altenheime, Krankenhäuser, Markthallen, Flughäfen, Bahnhöfe – die Aufzählung von Architekturen, die in den Bereich der »öffentlichen Bauaufgaben« fallen, ließe sich fortsetzen. Ein bedeutender Teil dieser Aufgaben ist der Wohnungsbau (vgl. S. 55 ff.).

»Öffentlich« sind im politischen Verständnis der Staat und seine Körperschaften, von denen die öffentliche Gewalt, die »Staatsgewalt«, ausgeht. In Deutschland sind es heute die demokratisch gewählten Gremien auf der Ebene des Bundes (Bundestag), der Länder (Landtage) und der Gemeinden (Gemeinde- bzw. Stadträte), die über die Planung und Ausführung öffentlicher Bauaufgaben entscheiden und die dazu nötigen Mittel verteilen.

Architektonische Form und Gesellschaftssystem
Die politische Geschichte der Menschheit ist nicht nur eine der Demokratien, sondern auch eine der feudalen, absolutistischen und faschistischen Herrschaftsstrukturen. Sie alle finden in Architekturen symbolischen Ausdruck.

In unfreien Systemen sind dies die Burg des Feudalherren, das Schloss des Monarchen oder die gigantischen Bauprojekte eines Diktators. Dagegen finden Demokratien mit ihren Grundrechten wie Meinungs-, Informations-, Versammlungs- und Vereinigungsfreiheit Ausdruck in Parlamentsgebäuden (S. 7, 34). So unterscheidet sich die öffentliche Architektur der Bundesrepublik Deutschland auch grundlegend von derjenigen im Nationalsozialismus.

Ursprünge der Demokratie
Öffentliche Bauaufgaben entwickelten sich im Lauf der Menschheitsgeschichte durch soziale Differenzierungen, aus denen sich Anforderungen für die gesellschaftliche Organisation ergaben. Beispielhaft für diese Entwicklung ist im 5. Jahrhundert v. Chr. die griechische Antike mit der Entstehung der Polis und der von ihr getragenen Kultur.

Die Frühform der Demokratie, die auf der Teilnahme aller Vollbürger beruhte – dies waren in Athen von 200 000 Einwohnerinnen und Einwohnern nur etwa 30 000 Männer und keine Frauen, Sklaven oder Zugewanderte (Metöken) – fand ihren symbolischen Ausdruck in einem Marktplatz, der Agora, um die alle wichtigen öffentlichen Gebäude gruppiert waren. Der zentrale Platz als öffentlicher Versammlungsort einer Stadt tradierte sich bis in die Demokratien der Neuzeit hinein (s. S. 31 oben).

Diese Grundgedanken fanden ihre Fortsetzung im antiken Rom, wo nach der Beseitigung des Königtums bis zum 3. Jahrhundert eine Volksherrschaft das politische Leben bestimmte. Laut Definition des römischen Staatstheoretikers Cicero ist die »res publica«, die öffentliche Sache, eine »res populi«, eine Sache des Volkes, eine die Gesamtheit der römischen Bürger betreffende Angelegenheit. Das »Forum« (lat., freier Platz) ist symbolischer Ausdruck der »res publica«. Am Forum in Rom waren zentrale Einrichtungen angesiedelt, wie die Gerichtshallen, das Archiv, das Haus des Pontifex maximus und die Rednerbühne. Im Mittelpunkt des Markt- und Gerichtskomplexes stand die Basilika (griech., Königshalle), eine drei- oder fünfschiffige Halle mit Galerien, aus der sich später die Grundform des christlichen Sakralbaus entwickeln sollte.

Wichtige öffentliche Gebäude waren die Thermen, Badeanlagen, die auch als Gemeindezentren dienten. Die technischen Fertigkeiten römischer Bauingenieure zeigen sich an den Brücken und Aquädukten, welche die Städte mit Wasser versorgten (Abb. 177). Symbolischer Ausdruck der römischen Politik der »panem et circenses«, Brot und Zirkusspiele, ist vor allem das Kolosseum (s. S. 112 f.).

Architektur in Feudalherrschaft und Absolutismus
Mit dem Untergang des Römischen Reiches und dem Siegeszug des Christentums trat der Sakralbau in den Mittelpunkt (vgl. S. 81 ff.). Aufgaben öffentlicher Fürsorge, z. B. der Bau und die Unterhaltung von Einrichtungen für Arme,

| 3. Jh. v. Chr. Amphitheater Epidauros | 72–80 n. Chr. Kolosseum Rom | 532–537 Hagia Sophia Istanbul | 1010–1033 St. Michael Hildesheim | 1348 Rathaus Siena | ab 1661 Louis le Vau u. a.: Schloss Versailles |

griechische Antike	römische Antike	Spätantike / christliche Kunst		Mittelalter	Neuzeit
300 v. Chr.	0	300 n. Chr.	600 n. Chr.	900 1200	1500 1800

→ zu historischen Ereignissen und Stilentwicklungen siehe S. 82 f. und 140 f.

Kranke und Alte, wurden von den Kirchen übernommen. Zur wichtigen Bauaufgabe wurde im Mittelalter die Errichtung von Burgen als Befestigungsanlagen und Zufluchtstätten (s. S. 52 f.). Anfangs aus Holz, entwickelten sie sich bald zu massiven und repräsentativen Steinbauten. Mit der zunehmenden Macht der Feudalherren dienten sie vor allem der Repräsentation des Burgherren. Je größer dessen Hang zum Luxus, desto höher die Abgaben, die von den Untertanen eingetrieben wurden. Dies führte häufig zu Aufständen.

Im Lauf des Mittelalters nahm der Wohlstand des Bürgertums zu und mit dem Übergang zur Renaissance gewannen die Städte an Bedeutung. Stadtrechte lösten die Bürger aus außerstädtischen herrschaftlichen Bindungen – »Stadtluft macht frei«. Die wachsende Souveränität der Städte äußerte sich im Bau von Rathäusern (vgl. S. 114 f.). Stiftungen von Bürgern waren es auch, mit denen Hospitäler und Altenheime finanziert wurden.

Auch im Absolutismus stand die repräsentative Herrschaftsarchitektur im Mittelpunkt der Bauaufgaben. Im Zuge der Aufklärung und der politischen Umwälzungen, wie sie in der Amerikanischen Unabhängigkeitserklärung (1776) und der Französischen Revolution (1789) zum Ausdruck kamen, entstanden für die öffentliche Architektur neue Aufgaben und Herausforderungen. Nicht zuletzt hatte der wirtschaftliche und technisch-industrielle Wandel grundlegende Folgen für die Architektur.

Neue Bauten im Zuge der Industrialisierung

Der sich ausdehnende Handel verlangte nach öffentlichen Verkehrsbauten und -anlagen, wie Brücken und Bahnhöfe (vgl. S. 126). Durch die industrielle Revolution, die damit verbundene Landflucht und explosionsartige Ausweitung der Großstädte kamen soziale Probleme auf, die eine neue Stadtplanung, Massenwohnungs-, Siedlungs- und Verwaltungsbau hervorriefen (vgl. S. 76 f.).

Waren bis dahin vor allem Kirche und Fürst die Auftraggeber und Mäzene der Künstler gewesen, so traten nun Industrie- und Wirtschaftsmagnaten an ihre Stelle, vor allem aber auch Stadt und Staat. Im 20. Jahrhundert kamen ebenso neue Denkweisen bezüglich der allgemeinen Für-

Bibliothek. Degelo Architekten: Universitätsbibliothek Freiburg, 2008–2015. In der dunklen Glasfassade des dekonstruktivistischen Baus spiegeln sich historische Gebäude der Umgebung.

sorge in Form von Krankenhäusern, Altenheimen, Kindergärten u. a. auf. Der wachsende Anspruch des Bürgertums auf Kultur (»Bildungsbürgertum«) führte zu weiteren Bauaufgaben: Opernhäuser, Bibliotheken, Universitäten und Museen (vgl. S. 134 f.). Neue Verkehrs- und Kommunikationsmöglichkeiten brachten Flughäfen und Fernsehtürme hervor (S. 127). Die Erlebnis- und Spaßgesellschaft verlangte darüber hinaus nach neuen Veranstaltungsorten, sodass zunehmend auch das traditionelle Fußballstadion durch multifunktionale Arenen abgelöst wird (vgl. S. 136 f.). So sind öffentliche Bauaufgaben immer wieder Ausdruck sich wandelnder gesellschaftlicher Verhältnisse.

Anregungen

1. Recherchieren Sie, welche Bauentwicklungsplanung es im Bereich Ihrer Kommune gibt.

2. Überlegen Sie, welche Formen der Mitbestimmung es bei umfangreichen öffentlichen Bauvorhaben geben sollte.

3. Diskutieren Sie, welche Aufgaben die öffentliche Hand übernehmen und welche privat sein sollten.

1851 J. Paxton: Crystal Palace, London

1861–1875 C. Garnier: Oper Paris

1925/26 W. Gropius: Bauhaus Dessau

1934–37 W. March: Olympiastadion Berlin

1972 G. Behnisch: Olympiastadion München

2007–16 Herzog/de Meuron: Elbphilharmonie Hamburg

19. Jahrhundert	Moderne	Gegenwart

1840   1860   1880   1900   1920   1940   1960   1980   2000   2020

Interaktive Anwendungen / Arbeitsblatt: Ikonen der Architekturgeschichte • Stilmerkmale der Architektur • Video: Zeit Räume • Arbeitsblatt: Storyboard zu einem Architekturfilm

SDL-10967–224, 301, 302, 509, 126

109

Griechische Antike – Kommunalbauten der frühen Demokratie

Die Agora von Athen und das Theater in Epidauros, 2. und 3. Jahrhundert v. Chr.

Das antike Griechenland gilt als Wiege der Demokratie, der »Volksherrschaft«. Von heutigen Demokratien unterscheidet sich die damalige dadurch, dass nur »Vollbürger« an Beratungen und Beschlussfassungen der »Polis«, der Stadtgemeinde, partizipieren konnten. Als solche galten selbstständige erwachsene Männer, die nur ca. 10 Prozent der Polis ausmachten, nicht aber Frauen, Kinder, Sklaven oder bloße Mitbewohner.

Die Öffentlichkeit als Grundlage der Demokratie erforderte Bauten und Anlagen, die der Selbstverwaltung und Versammlung dienen konnten. Von besonderer Bedeutung war daher die »Agora«, der Marktplatz als Mittelpunkt des öffentlichen Lebens.

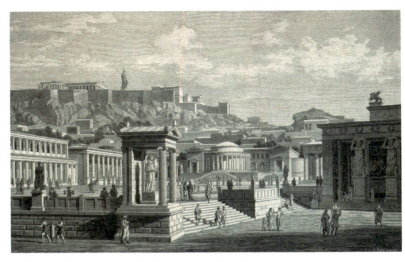

Rekonstruktion der Agora von Athen, 2. Jahrhundert. Links die Stoa des Attalos, in der Mitte Tholos, Buleuterion und Rednerbühne, rechts das Odeion, im Hintergrund die Akropolis und der Areopag. Holzstich, um 1900. Archiv für Kunst und Geschichte, Berlin

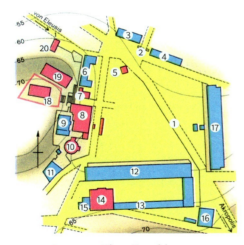

Agora von Athen, Grundriss
1 Heilige Straße 2 Straßentor
3 Stoa des Hermes 4 Stoa Poikile
5 zwölf Götter 6 Stoa des Zeus
7 Tempel des Apollon Patroos
8 Metroon 9 Buleuterion 10 Tholos
11 Strategeion 12 mittlere Stoa
13 südliche Stoa 14 Heliaia
15 Brunnenhaus 16 Münzstätte
17 Stoa des Attalos 18 Hephaisteion
19 Säulensaal 20 Tempel der Aphrodite

Die Architektur von Kommunal- und Wohnbauten entwickelte sich in Griechenland erst spät. Die ganze archaische und klassische Epoche hindurch blieben öffentliche Plätze und Häuser so schmucklos, wie sie es immer gewesen waren. Die Agora zum Beispiel, auf der sich allmählich die Aktivitäten der Bürger und Kaufleute konzentrierten, wurde lange Zeit sehr vielseitig genutzt. Sie war abwechselnd Marktplatz und Ort der politischen Diskussion. [...]

Öffentliche Gebäude gab es in zwei Formen – als Portikus oder Stoa, eine Halle, die sich auf einer Seite gegen eine Kolonnade öffnete, und als geschlossener Raum oder Hypostyl (dessen Dach von Säulen getragen wurde). Für kulturelle und sportliche Aktivitäten, die anlässlich von Versammlungen zu Ehren der Götter stattfanden, wurden spezielle Bauten errichtet, entweder neben den großen Heiligtümern oder später in allen wichtigen Städten. Gymnasien (zum Laufen) und Palästren (zum Ringen und Boxen), wo professionelle Athleten und die jungen Männer der Stadt zum Trainieren hinkamen, wurden gewöhnlich im Freien um Innenhöfe herum angelegt und bestanden aus einem Komplex von Säulenhallen, die Laufbahnen und überdachte Räume sowie Umkleide- und Waschräume enthielten. Sie dienten auch als Treffpunkt für Kunstliebhaber und zur Unterhaltung, aber vor allem waren sie ein Ort der Ausbildung. [...] Zu einer Zeit, als die großen Städte, allen voran Athen, den Verlust ihrer Unabhängigkeit durch kulturelles Ansehen auszugleichen suchten, waren diese »Kulturhäuser«, die einen doppelten Zweck erfüllten, Gegenstand besonderer Aufmerksamkeit und erhielten zahlreiche Spenden: Oft waren sie das Zentrum des öffentlichen Lebens, in dem sich ein spezieller Patriotismus ausdrückte.

→ Akropolis von Athen, S. 86 • Opéra Garnier, Paris, S. 122 f. • Konzertsäle, S. 132 f.

Amphitheater von Epidauros, 3. Jahrhundert v. Chr. Blick von den Rängen in Richtung Orchestra (Tanzplatz) und Skene (Bühne)

Alle größeren griechischen Städte besaßen Theater, in denen Komödien und Tragödien aufgeführt wurden. Sie wurden in natürliche landschaftliche Mulden hinein gebaut. Besonders gut erhalten ist das dem Heilgott Asklepios geweihte Theater in Epidauros auf der Halbinsel Peloponnes.

Gleichzeitig entstanden Bauwerke zur Inszenierung von Veranstaltungen. Während das Stadion bis zur römischen Ära nach wie vor nur aus Laufbahnen und seitlich aufgeschütteten Erdhügeln bestand, entwickelte sich das Theater als architektonische Form Ende des 4. Jahrhunderts parallel zu seinem Niedergang als religiöses Schauspiel. Ursprünglich wurden Theater in der Nähe von Sanktuarien errichtet (das von Dionysos in Athen, von Asklepios in Epidauros, von Zeus in Dodona, von Apoll in Delphi), aber bis zur hellenistischen Epoche verfügte jede Stadt von Bedeutung über ein Theater, dessen Lage von der jeweiligen Topografie abhing. Um übermäßige Terrassierungsarbeiten zu vermeiden, wurden Theater immer muschelförmig am Hang eines Hügels angelegt: Die größten in Pergamon und Argos konnten 20 000 Zuschauer aufnehmen. Überdies befanden sie sich stets unter offenem Himmel, da es unmöglich war, derartig riesige Flächen zu überdachen.

Christine Flon u. a.

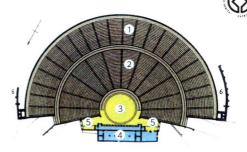

Theater in Epidauros, Grundriss
1 jüngere Cavea 2 ältere Cavea
3 Orchestra 4 Skenengebäude
5 seitlicher Durchgang 6 Stützmauer

»Die Regeln der Kunst erhalten ihr Ansehen durch ihre unmittelbar wahrgenommene Zweckmäßigkeit.«
Aristoteles (384–322 v. Chr.)

Anregungen

1. Erläutern Sie Zusammenhänge zwischen der gesellschaftlich-politischen Entwicklung und dem Entstehen öffentlicher Gebäude im antiken Griechenland.

2. Überlegen Sie, welche ursprünglich griechischen Bezeichnungen für öffentliche Gebäude im heutigen Sprachgebrauch noch eine Rolle spielen.

3. Dokumentieren und analysieren Sie einen Platz in Ihrer Umgebung unter den Aspekten Baugeschichte, heutiges Erscheinungsbild, Funktionen früher und heute.

»Panem et circenses« in der Römischen Antike

Das Kolosseum in Rom, 72–80 n. Chr.

Kolosseum, Rom, 72–80 n. Chr. Modell der Millionenstadt Rom zur Zeit Kaiser Konstantins, 4. Jahrhundert. Im Zentrum das Kolosseum, Breite 156 m, Länge 188 m, Höhe 48 m. Mittels Seilen und Pfählen wurde ein riesiges Sonnensegel über die »Cavea« gespannt, den Zuschauerraum des Amphitheaters. (Modell: Italo Gismondi)

Das Getreide gaben die römischen Kaiser den Menschen umsonst, dazu schenkten sie ihnen freie Zerstreuungen im Amphitheater: »panem et circenses«, Brot und Spiele, sollten die Menschen ruhig halten. Das größte und berühmteste Amphitheater der antiken Welt lag im Südosten des Stadtzentrums von Rom: das »Amphitheatrum Flavium«, erbaut unter den flavischen Kaisern Vespasian (69–79) und Titus (79–81). Sein Name »Kolosseum« geht auf eine Kolossalstatue des Kaisers Nero zurück, eine 40 m hohe Bronze, die bis ins frühe Mittelalter in unmittelbarer Nachbarschaft des Amphitheaters gestanden hatte.

Im Jahre 80 wurde das Bauwerk mit hunderttägigen Spielen eingeweiht, bei denen 5000 Tiere getötet worden sein sollen. Neben Gladiatorenkämpfen ließen sich hier auch Seeschlachten inszenieren, da das innere Oval mit dem Wasser aus einem nahe gelegenen See gefüllt werden konnte.

Die letzten Gladiatorenkämpfe im Kolosseum fanden um das Jahr 404 statt. Nach der Zerstörung durch ein Erdbeben im 9. Jahrhundert diente die gewaltige Ruine als Steinbruch, bis Papst Benedikt XIV. den antiken Bau im 18. Jahrhundert zum »geheiligten Ort« erklärte, da viele christliche Märtyrerinnen und Märtyrer hier ihr Blut vergossen hatten.

Nancy H. Ramage, Kunsthistorikerin, und ihr Mann Andrew Ramage, ein Archäologe, stellen das Kolosseum im folgenden Text näher vor und betonen u. a. die Bedeutung des Bogens.

Kolosseum, Rom, 72–80 n. Chr. Blick von der Via dei Verbiti in Richtung Westen

Als unmittelbarer Nachfolger Neros, unter dessen Herrschaft sich die Wohnverhältnisse der Armen drastisch verschlechtert hatten, begrüßte das Volk Vespasian als Kaiser, der Verständnis für die Plebejer besaß, und das wusste er zu nutzen. Eine seiner klügsten politischen Entscheidungen bestand darin, die Privatgärten des Goldenen Hauses der Öffentlichkeit zugänglich zu machen. Wo früher ein See in der prunkvollen Landschaft Neros funkelte, ließ er eine monumentale Arena bauen, die seit dem Mittelalter Kolosseum genannt wird.

Die Hauptachse des elliptischen Baus hatte eine Länge von 188 Metern, die Nebenachse von 156 Metern, und die Außenmauer war 48,5 Meter hoch. [...] Durch die ovale Form und die steilen Sitzränge des Flavius-Amphitheaters, wie es eigentlich hieß, konnten alle Zuschauer die Ereignisse in der Mitte der Arena verfolgen. Sein Fassungsvermögen belief sich auf schätzungsweise 50000 Menschen, was beim Ein- und Auslass der Massen sicherlich ein Problem gewesen wäre, wenn die Baumeister nicht 76 Ausgänge vorgesehen hätten, durch die alle Zuschauer das Gebäude innerhalb kurzer Zeit

→ Säulenordnungen, S. 40 • Neuere Stadionbauten, S. 130 f. u. 136 f. • G. B. Piranesi, S. 140

verlassen konnten. Strahlen- und ringförmig verlaufende Gänge und Treppen zu den oberen Rängen boten den Menschenmengen ebenfalls gute Zugangsmöglichkeiten.

Die Konstruktion basierte auf einer Reihe von Bögen und Bogengängen, die einander mehr oder weniger rechtwinklig kreuzten und in Kreuzgratgewölben zusammenliefen. Der Bogen verlieh dem Bau die notwendige Stabilität und beschränkte Volumen und Gewicht auf das notwendige Minimum. Dennoch hatte man die Grundmauern, die das große Gewicht des Bauwerks trugen, tief in den Boden eingelassen. Das Innere war größtenteils aus Beton gebaut, während für die Außenfassade und die Hauptpfeiler ein attraktiver Travertin verwendet worden war. [...]

Die Baumeister dekorierten die Fassade mit Säulenvorlagen, die im Erdgeschoss dorisch, im ersten Stock ionisch und im dritten Stock korinthisch waren; im vierten Stock verwendeten sie korinthische Pilaster (flache statt runde Wandvorlagen). Optisch knüpfte die Fassade also an die dekorativen Traditionen Griechenlands an, obwohl das Kolosseum konstruktiv ein durch und durch römisches Bauwerk war.

Durch Türen an den Innenseiten des Ovals gelangten die Gladiatoren und die wilden Tiere in die Arena, unter der sich ein ausgeklügeltes System von Gängen und Käfigen befand, durch die Löwen und andere wilde Tiere zu dem jeweiligen Eingang gebracht wurden. Die Käfige wurden, unsichtbar für das Publikum, auf Bodenniveau gehievt; von dort aus ließ man die wilden Tiere in die Arena. [...] Dies war eine der vielen grausamen Traditionen, die im Kolosseum herrschten, deren bekannteste es war, Christen den Löwen vorzuwerfen.   Nancy H. Ramage / Andrew Ramage

Das »Tabularium-« oder »Theatermotiv« am Kolosseum. Die Fassade besitzt drei Arkadenstellungen übereinander mit vorgeblendeten Halbsäulen. Sie folgen einer Hierarchie: je weiter oben, desto ranghöher. Ganz unten rangiert die dorische Ordnung, in der Mitte steht die etwas schmuckvollere ionische Ordnung, darüber folgt die elegante korinthische Ordnung (die beiden Letzteren mit marmornen Kapitellen). Ganz oben flache Pilaster mit korinthischen Kapitellen.

Gladiator im Kampf gegen einen Tiger. Ausschnitt aus einem Mosaik des 4. Jahrhunderts v. Chr. aus Terranova bei Tuscolo, Region Latium, Italien. Galleria Borghese, Rom

Anregungen

1. Beschreiben Sie Aufbau und Funktion des Kolosseums anhand der Abbildungen.

2. Legen Sie die Entwicklung vom griechischen Theater (S. 111) zum Kolosseum dar.

3. Überlegen Sie, wo sich die Politik der »panem et circenses« heute noch wiederfindet.

4. Über das Kolosseum konnten einst Stoffsegel gespannt werden. Entwerfen Sie alternative Überdachungsmöglichkeiten auf der Basis eines einfachen Modells.

5. Zeichnen Sie einen Fassadenteil des Kolosseums nach und entwickeln Sie ihn zeichnerisch im Sinne einer Architekturfantasie weiter (s. die Grafik von Piranesi, S. 140).

Städtische Verwaltungssitze in Gotik und Renaissance

Der Palazzo Pubblico in Siena, 1297–1348, und das Rathaus von Augsburg, 1615–1620

Mit dem Untergang der antiken Demokratien gab es keine städtischen Verwaltungen mehr, die eines entsprechenden Gebäudes bedurft hätten. Erst mit dem Wiedererstarken des Bürgertums im Mittelalter entstanden neue Rathäuser. Vorformen waren Markthallenbauten im 12. Jahrhundert, in deren Obergeschoss die Ratsversammlungen stattfanden.

Das Rathaus wurde zum repräsentativen Gebäude. Errichtet an einem zentralen Platz, konnte es unter einem Dach die verschiedensten Funktionen vereinen: politische Aufgaben, z. B. bei der Ratsversammlung, juristische als Gerichtsstätte, wirtschaftliche in Form der Markthalle oder repräsentative als Festsaal, dazu Fragen der Wohlfahrt, Ordnung (Polizei) und Verpachtung der »Allmende« (Wiesen, Wald, Felder der Stadt).

Der deutsche Kunsthistoriker Jürgen Paul vergleicht ein spätmittelalterliches italienisches Rathaus und ein neuzeitliches deutsches, die beide in Ausmaß und Gestaltung Bürgerstolz und Reichtum repräsentieren.

Palazzo Pubblico in Siena, Piazza del Campo. Baubeginn 1297, Turm vollendet 1348, Höhe 102 m (genannt »Torre del Mangia«, Einkommensfresser)

Palazzo de'Signori in Florenz, Rathausplatz, 1299–1320, Turmhöhe 94 m

Der Palazzo Pubblico in Siena weist zwar eine weit in die Breite gezogene Front auf, deren Seitenteile in leichtem Winkel nach vorn geknickt sind und wie mit einer Geste der offenen Arme den ähnlich einem Amphitheater abfallenden halbrunden Platz des »Campo« aufzufangen scheinen, aber diese breite Front hat in der Mitte einen kräftigen vertikalen Akzent, der noch stärker wirkte, bevor im 17. Jahrhundert die Seitenflügel um ein zweites Obergeschoss im alten Stil erhöht wurden. [...]

Ursprünglich sollte das Rathaus in Siena keinen Turm haben. Dass nun (um 1330 bis 1348) doch einer gebaut wurde, hatte seinen Grund darin, dass inzwischen der Palazzo de'Signori in Florenz, der mächtigsten Rivalin Sienas, vollendet war – und zwar mit einem hohen, die Stadt weit überragenden Turm [Abb. links]. Dass der Florentiner Turm das Vorbild für den in Siena war, zeigt ein Vergleich sofort. Doch während er beim Florentiner Palast auf dem Baukörper aufsitzt, musste man ihn in Siena neben das fertige Rathaus stellen, und

→ Piazza del Campo, Siena, S. 31 • Rathaus von Toronto, S. 31 o. links

Elias Holl: Rathaus in Augsburg, 1615–20. Links der Perlachturm, eigentlich der Turm der romanischen Kirche St. Peter, von Elias Holl zum Glockenturm des Rathauses aufgestockt, Höhe 70 m

da das Rathaus tief unter den Dächern der auf steilen Hügelrücken gelegenen Stadt steht, musste man den Turm, um die gleiche dominierende Wirkung wie in Florenz zu erzielen, zu überdimensionierter Höhe hinaufführen. Er besteht hauptsächlich aus einem fast endlos erscheinenden Schaft aus rotem Ziegelmauerwerk, auf dem dann ganz oben – wie ein Korb – ein hinauskragender Zinnenkranz sitzt, über dem ein schlanker und zierlicher Baldachin aufragt. Hier, in schwindelnder Höhe über dem Platz und den Dächern der Stadt, hängt die Stadtglocke – ein wichtiges symbolisches Zeichen der Stadtfreiheit. [...]

Von 1615–1620 wurde das neue Rathaus in Augsburg nach den Plänen des Stadtbaumeisters Elias Holl errichtet und es ist eines der bedeutendsten Bauwerke der Renaissance in Deutschland geworden. [...] Der Mittelteil des Augsburger Rathauses wird von einem antiken Giebel bekrönt, von dem spiralförmige Architekturglieder (Voluten) – wie an einer Kirchenfassade der italienischen Renaissance – nach unten überleiten. Erst während der Bauarbeiten, nämlich 1618, setzte Elias Holl gegen den Augsburger Rat durch, dem fast vollendeten Gebäude zwei Türme aufsetzen zu können. Auch diese Türme sind moderne Formen. Ihre kuppelgekrönte Gestalt hat mit der Typologie des gotischen Kirchturms nichts mehr zu tun. Doch sie verleihen dem Rathaus im Zusammenklang mit dem großen Dach des Mittelbaues ein kirchliches Aussehen. Holl sagte selbst, er habe die Türme hinzugefügt, um dem Bau wie der ganzen Stadt ein »heroisches« Aussehen zu geben. Jürgen Paul

Anregungen

1. Beschreiben Sie, wie sich die Aufgaben in der äußeren Gestalt der beiden Rathäuser niederschlagen (s. auch S. 31).

2. Erläutern Sie die unterschiedlichen Funktionen der Rathaustürme.

3. Vergleichen Sie die Fassade des Augsburger Rathauses mit den Fassaden von Kirchen in diesem Buch.

4. Beschreiben Sie den Zusammenhang zwischen den Wandbildern von Ambrogio Lorenzetti im Rathaus von Siena und dem Gebäude (Grundkurs Bd. 1, S. 88 f.).

5. Geben Sie fotografisch und zeichnerisch den Baustil des Rathauses Ihrer Stadt oder Gemeinde wieder.

Der Palazzo der Renaissance in Italien: Bankhaus und Residenz

Der Palazzo Medici in Florenz, 1444–1464, und der Herzogspalast von Urbino, 1468–1472

Michelozzo di Bartolommeo: Palazzo Medici-Riccardi, Florenz, 1444–1464

Palazzo Medici, Blick Richtung Innenhof

»Die Schönheit ist eine Art Übereinstimmung und ein Zusammenklang der Teile zu einem Ganzen, der nach einer bestimmten Zahl, einer besonderen Bestimmung und Anordnung ausgeführt wurde, wie es das Ebenmaß, d. h. das vollkommenste und oberste Naturgesetz, fordert.«
Leon Battista Alberti, um 1450

Im Zeitalter der Renaissance, der »Wiedergeburt« der Antike, kamen Kaufmanns- und Bankiersfamilien wie in Florenz die Medici zu Macht und ließen prachtvolle Paläste errichten, auf Italienisch »Palazzi«.

Der Palazzo Medici links zeigt in seiner »rustizierten«, groben Oberfläche im Erdgeschoss eine Nähe zu Burgen und signalisiert damit Wehrhaftigkeit gegenüber konkurrierenden Familien. Kein Wunder, diente er doch auch als Bankgebäude. Nach oben hin verliert sich der Wehrcharakter. Das erste Stockwerk, das »piano nobile« (ital., vornehme Etage), enthielt wie die »Insula« im antiken Rom Wohn- und Repräsentationsräume.

Der Innenhof wirkt gegen das Äußere wie ein Idyll. Die Skulpturen dort belegen, dass die Medici bedeutende Kunstförderer waren, u. a. auch des jungen Bildhauers Michelangelo.

Großen Einfluss übte der Architekt Leon Battista Alberti aus, der um 1450 Schriften über die Baukunst verfasste. Unter Bezug auf die Antike verfolgten die Renaissance-Baumeister zwei Grundziele: Geometrisierung und Anthropomorphisierung. *»Das erste wurde durch eine ausschließliche Verwendung elementarer geometrischer Formen und einfacher mathematischer Verhältnisse erreicht,«* so der Architekt Christian Norberg-Schulz, *»das zweite durch die Wiedereinführung der klassischen Ordnungen.«*

Der Herzogspalast in Urbino unten ist jedoch nicht rein geometrisch-symmetrisch angelegt, sondern passt sich dem hangartigen Gelände an. Er blieb bis ins 20. Jahrhundert hinein »Residenz« (Regierungssitz) und dient heute als Museum. Der englische Architekturhistoriker Philip Wilkinson beschreibt ihn näher.

Von außen wirkt das Gebäude groß, aber schlicht. Steil abfallende, rötliche Mauern aus Ziegelsteinen der Region erheben sich wie Bollwerke einer Festung hoch über den Dächern der Ortschaft. Reihen von rechteckigen Fenstern, teils mit behauenen Steinen, teils mit einfachen Ziegelsteinen umrahmt, ziehen sich über die ganze Fassade. Nur ein Paar schlanker, runder Türme mit Kegeldächern, welche tonnengewölbte Balkone flankieren,

Luciano Laurana: Palazzo Ducale, Urbino, 1468–1472. Herzogspalast, Regierungssitz

→ Renaissancekirche Santa Maria Novella von Alberti, S. 188 • Burg Eltz, S. 52 f. • Schloss Versailles, S. 118 f.

Luciano Laurana: Der Herzogspalast von Urbino, 1468–1472

Über diese Wendeltreppe sind die Gemächer der Herzogin zu erreichen: Wohnraum (a), Schlafgemach (b), Garderobe (c) und Oratorium (Betraum, d). Eine auf einem Mauervorsprung ruhende, dem verborgenen Garten zugewandte Galerie verbindet die Gemächer der Herzogin und des Herzogs.

In diesem Salon traf sich der Hof zur Konversation oder zu musikalischen Darbietungen.

Der geräumige Empfangssaal befindet sich in der ersten Etage über den Büros und der Bibliothek. Hier wurden auch Theaterstücke aufgeführt. Daneben, am Ende des Gebäudes, liegt der prächtige Hauptausgang.

Der zwei mittelalterliche Häuser vereinende Hochzeitsflügel, der vor den Erweiterungen durch den Architekten als Hauptwohngemach diente.

Der große Hof, zu erreichen durch eine gewölbte Vorhalle unter dem Empfangssaal, ist durch eine Passage mit der Loggia und durch eine Rampe mit der Reitschule und den Ställen unter dem Dachgarten verbunden.

Über diese Korridore sind die Räume des »Piano nobile« zu erreichen.

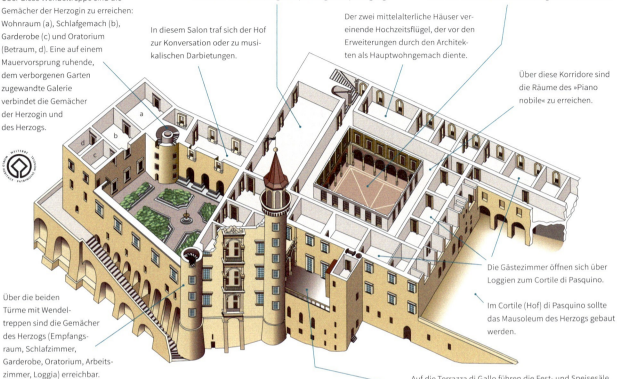

Über die beiden Türme mit Wendeltreppen sind die Gemächer des Herzogs (Empfangsraum, Schlafzimmer, Garderobe, Oratorium, Arbeitszimmer, Loggia) erreichbar.

Die Gästezimmer öffnen sich über Loggien zum Cortile di Pasquino.

Im Cortile (Hof) di Pasquino sollte das Mausoleum des Herzogs gebaut werden.

Auf die Terrazza di Gallo führen die Fest- und Speisesäle. Hinter dem Portikus links liegen ein Wohngemach, Bäder und zwei Kapellen (eine antike und eine christliche).

deuten auf die Außergewöhnlichkeit des Gebäudes hin. Hinter dem Eingangstor wandelt sich der Eindruck vollständig. Das Herz des Palastes ist ein typisches Renaissanceelement – der Arkadenhof. Die perfekt proportionierten Rundbögen umfassen einen der harmonischsten zeitgenössischen Innenhöfe. Innen findet sich eine ähnliche architektonische Komposition. Die meisten Räume sind schlicht weiß verputzt, aber mit exquisit gearbeiteten Details stuckiert. Andere, wie die beiden Kapellen des Palastes (eine davon ein heidnischer »Musentempel« sind besonders reich dekoriert. Hier befindet sich das Beste, wozu Kunst und Handwerk der Zeit fähig waren – aufsehenerregende Einlegearbeiten im Studiolo, Marmor und vielfarbiger Stuck in der christlichen Kapelle.   Philip Wilkinson

Anregungen

1. Beschreiben Sie das Verhältnis von Fassaden- und Innenraumgestaltung der beiden Palazzi.

2. Erläutern Sie »Geometrisierung« und »Anthropomorphisierung« der Architektur mit Bezug auf den Herzogspalast von Urbino.

3. Analysieren Sie die Fassade eines Renaissancepalastes unter symbolischen Gesichtspunkten.

4. Recherchieren Sie die Fassade eines Palastes. Verdeutlichen Sie die Maßverhältnisse in einer Zeichnung.

Der Bauherr. Federico da Montefeltro, Herzog von Urbino, im Porträt von Sandro Botticelli, 1450. Gemäldegalerie Berlin

Schlossbau im Barock – Repräsentieren, Wohnen, Verwalten

Das Schloss von Versailles, ab 1661

Das Schloss von Versailles und der Garten aus der Vogelperspektive. Ausgebaut ab 1661 durch Louis Le Vau, François II d'Orbay, Jules Hardouin-Mansart und Robert de Cotte. Gartenanlagen von André Le Nôtre. Gemälde von Pierre Patel, 1668. Öl auf Leinwand, 115 x 161 cm. Musée national du Château de Versailles et de Trianon

'État c'est moi – der Staat bin ich.
>   Ludwig XIV., 1665 (zugeschrieben)

Zuerst stand in Versailles bei Paris nur ein Jagdschloss. 1661 begann Ludwig XIV., der legendäre »Sonnenkönig«, mit dem Ausbau zu einer Schlossanlage. In der Folge fand die Palastarchitektur, die eine erste Blüte in der Renaissance erlebt hatte, im Barock zu ihrem Höhepunkt.

Zu den Merkmalen des barocken Schlosses gehören eine prunkvolle Fassade, eine symmetrische, flügelartig ausgreifende Anordnung mit »Ehrenhof« für Aufmärsche, ein zentraler »Corps de logis« (franz., Wohntrakt) und eine luxuriöse Innenausstattung.

Das Schloss von Versailles ist berühmt für seinen »Spiegelsaal«. Es hatte jedoch nicht nur repräsentative Aufgaben, sondern diente dem »Hofstaat« gleichzeitig als Wohn- und Verwaltungszentrum. Entlang eines vom Schloss ausgehenden »Straßenfächers« entstanden Adelspaläste, Häuser für Tausende von Bediensteten, Marktplätze und Kirchen.

Versailles entwickelte sich zum politischen und kulturellen Zentrum Frankreichs, ein »Gesamtkunstwerk« aus Architektur, Innenraumgestaltung, Skulptur und Gartenbau. Symbol des Absolutismus, diente es weltweit als Vorbild für spätere Schlossanlagen (vgl. S. 33 o. rechts).

Der absolutistische »französische« Garten war streng geometrisch. Dagegen verbreitete sich von England aus, dem Land der »Magna Charta«, im Zuge der Aufklärung der organischnatürliche, als demokratisch geltende »englische Landschaftsgarten«.

Das Schloss von Versailles wurde während der Französischen Revolution von 1789 geplündert und im 19. Jahrhundert in ein Museum umgewandelt.

Hyacinthe Rigaud: Paradebildnis Ludwig XIV., 1701. Öl auf Leinwand, 277 x 140 cm. Louvre, Paris

Der Spiegelsaal im Schloss von Versailles. Innendekoration unter Leitung von Charles Le Brun, 1679–1686

Während das Renaissanceschloss in seinen unterschiedlichen Bauformen auf den Besucher abweisend wirkt [Abb. S. 115], öffnen sich barocke Schlossanlagen hufeisenförmig. Zur französischen Dreiflügelanlage mit Ehrenhof (seit etwa 1600), Auffahrtsalleen, Toren und Wachthäusern, Rampen und Treppen an der Front gehören Terrassen und architektonisch gestaltete Gärten an der Rückseite. Wie Straßen und Stadtteile bezogen sich auch Kanäle und Alleen strahlen- und sternförmig auf das im Mittelpunkt liegende Schloss. Beispielgebend für eine solche Anlage wurde Versailles (so seit 1661 erweitert), das Schloss des französischen Sonnenkönigs, Ludwig XIV., das auch einen stufenweise sich einengenden Ehren- und Empfangshof zeigt. Im Schlossbau sollten sich Ruhm, Macht und Würde des absolutistischen Herrschertums verkörpern. Schloss und Park bildeten zusammen ein Ordnungssystem, das den strengen Regeln des höfischen Lebens entsprach.

Deutschland, Österreich und die Niederlande folgten in der Schlossanlage bis Ende des 17. Jahrhunderts italienischen Vorbildern, von da ab fast durchweg dem französischen Schema. Eduard Isphording u. a.

Anregungen

1. Begründen Sie, warum die Burg vom Schloss als Herrschaftssitz abgelöst wurde (vgl. S. 52 f.).

2. Sammeln Sie Bildbeispiele zum höfischen Leben in der Schlossanlage von Versailles.

3. Arbeiten Sie Unterschiede zwischen dem Herzogspalast von Urbino und dem Schloss von Versailles heraus.

4. Dokumentieren Sie für eine Schlossanlage in Ihrer Nähe die Baugeschichte und den aktuellen Zustand durch Fotos und Zeichnungen.

Schloss Nymphenburg, München. Panoramafoto mit Blick auf die symmetrische, 632 m breite Anlage von der Hofseite aus auf den »Corps de Logis« in der Mitte mit seiner doppelläufigen Freitreppe, beg. 1664–75. Daneben links und rechts die Galerien und die sich anschließenden zwei nördlichen und südlichen Pavillons, 1702–04. Außen weitere Palais als Häuser für die Hofbediensteten, 1728–58

Ausstellungsarchitektur im Zeitalter der Industrialisierung

Der Crystal Palace von Joseph Paxton, London 1851

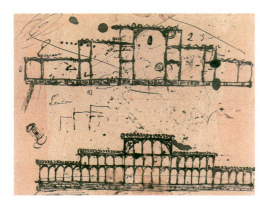

Joseph Paxton: Erste Skizze zum Kristallpalast, 11.6.1850. Tinte auf Löschpapier, Victoria & Albert Museum, London

Der Kristallpalast im Bau. Am Boden vorn links vorfabrizierte hohle Stützen aus Gusseisen, weiter hinten Bogen aus Holz zur Überdeckung der Querhalle. Holzstich aus »The Illustrated London News«, 16. Nov. 1850

Am Anfang war die Skizze. Mit ihr – und mit weiteren gezeichneten Details – konnte der englische Architekt Joseph Paxton, an sich ein Spezialist für Gewächshäuser, sowohl Prince Albert als auch die Bevölkerung für seinen Skelettbau gewinnen, den er für die Weltausstellung von 1851 in London vorschlug.

Es entstand der »Crystal Palace« mit vorgefertigten Elementen aus Gusseisen, Glas und Holz. Möglich wurde er vor allem durch die industrielle Produktion der eisernen Balken, Träger und Stützen. Die Standardisierung von Architekturelementen sollte wegweisend werden. Bald konnten riesige Flächen mit einer Eisen- und Glasarchitektur überspannt werden, von der Konstruktion her leicht und innen von einer großen Helligkeit.

Die Normierung der Bauteile ermöglichte es, den Kristallpalast im Hyde Park in kurzer Zeit ab- und in Sydenham im Süden Londons wieder aufzubauen. Dort wurde er 1936 durch einen Brand zerstört. Der französische Kunsthistoriker Claude Mignot beschreibt ihn näher.

Paxton hat sich wie Richard Turner mit großen Gewächshäusern hervorgetan – zum Beispiel jenen von Chatsworth 1845–1850 –, und die Idee, die er am 11. Juni 1850 grob skizziert, besteht aus einem riesigen Glashaus mit einem Flachdach aus Gusseisen und Glas. Bis zur Sitzung des Building Committee eine Woche später arbeitet Paxton alle technischen Details aus. […] In London erklärt er seinen Entwurf im Unterhaus des Parlaments einigen einflussreichen Abgeordneten, und am 6. Juli wird das Projekt in der »Illustrated London News« veröffentlicht.

Einige Mitglieder der Kommission zeigen sich von der Schlichtheit des Baus geradezu schockiert. [Architekt] Sir Charles Barry droht mit seinem Rücktritt, falls man nicht wenigstens für die Haupthalle ein Tonnengewölbe wähle. Schließlich kommt es zu einer Kompromisslösung: Die Querhalle wird mit einer Tonne überspannt; das ermöglicht zugleich, an dieser Stelle einige Bäume – die Ausstellung findet im Hyde Park statt – in der Halle stehen zu lassen. Nun hat man sowohl einen Ausstellungsbau als auch ein Gewächshaus. […]

Am 26. September 1850 steht die erste Gusseisensäule im Hyde Park, und im Januar 1851 ist das Gebäude fertiggestellt, man kann mit der Einrichtung der Ausstellung beginnen. Pünktlich am 1. Mai 1851 wird die Ausstellung eröffnet, und bis zum Schlusstag am 6. Oktober registriert man sechs Millionen Besucher.

Die Verwendung von 3800 Tonnen Gusseisen, 700 Tonnen Eisen, 90 000 Quadratfuß Glas und 60 000 Quadratfuß Holz sollte nicht darüber hinwegtäuschen, dass der Kristallpalast – »Crystal Palace« wird der Bau am

→ Ideenskizze von E. Mendelsohn, S. 10

Joseph Paxton: Kristallpalast, Hyde Park, London, 1851. Länge 564 m, Innenhöhe 39 m. Kolorierte Lithografie, Privatsammlung

2. November 1851 vom satirischen Magazin »Punch« getauft – kein revolutionäres Werk ist. Paxton hat ganz einfach die in Chatsworth wenige Jahre zuvor erprobte Konstruktion in einen weit größeren Maßstab übertragen [...].

Der Kristallpalast ist aus wenigen, vorgefertigten Standardteilen erbaut: Die gusseisernen Säulen tragen ein Gitterwerk von waagrechten Tragbalken; die Glasplatten werden ähnlich einem Sheddach montiert, sodass abwechselnd Grate und Rinnen entstehen, was den Abfluss des Regenwassers durch die Hohlsäulen ermöglicht. Alle Dimensionen des Baus sind Mehrfache der Grundzahl 24 (Fuß). Die Bauteile konnten industriell vorgefertigt und ohne Umstände auf ein leichtes Fundament gestellt werden.

Die im »Ecclesiologist« veröffentlichte Chronik ist ein Beispiel der unter den Zeitgenossen typischen Reaktion, in der sich verwundertes Staunen über »diese beispiellose räumliche Wirkung« und Vorbehalte die Waage halten:

»Die perspektivische Wirkung ist derart, dass man eine wahrhaft neue und besondere Erfahrung des Raumes hat, einer Helligkeit in allen Teilen und eines märchenhaften Glanzes, den man sich nie erträumte. In unseren Augen ist jedoch die sichtliche, wirkliche Kühnheit der Bauweise, die man gar nicht genug loben kann, eine der befriedigendsten Eigenschaften des Baus. Stabilität und Solidität fehlen jedoch sowohl der Form als auch der Absicht. Wir können nicht umhin zu vermuten, der Entwurf hätte für ein dauerhaftes Bauwerk ganz anders aussehen müssen. Auch scheint uns die endlose Wiederkehr der Motive – die in einer solchen Konstruktion unumgänglich ist – ein Grund zu sein, diesem Bauwerk keinen überragenden Wert zuzusprechen.«

Claude Mignot

Blick in die Ausstellung im Kristallpalast. Kolorierte Lithografie, 1851

Anregungen

1. Pro und Kontra: Paxton und seine Kritiker streiten um die Form und Qualität des Baus.

2. Erklären Sie die Entstehung des Kristallpalastes vor dem Hintergrund der Zeit.

3. Entwerfen Sie einen Pavillon aus Eisen und Glas auf der Basis eines Moduls. Setzen Sie den Entwurf in ein Modell um (Kupfer- und Messingstäbe gelötet, Kunststoffplatten).

Arbeitsblatt: Multihalle in Mannheim (wie u. a. zu S. 31)

Eine Bühne für das bürgerliche Publikum

Die Große Oper in Paris von Charles Garnier, 1861–1874

Charles Garnier: Die Große Oper von Paris (Grand Opéra, Opéra Garnier), 1861–1875. Zeitgenössischer kolorierter Holzstich

Ein neues Opernhaus in Paris – dies war eine der größten Bauaufgaben im Frankreich des 19. Jahrhunderts, nachdem ein Feuer die von »Sonnenkönig« Ludwig XIV. gegründete »Königliche Akademie für Musik und Tanz« 1781 zerstört hatte. Regierungswechsel und Finanzprobleme verzögerten den Neubau, bis Napoléon III. 1858 einen Wettbewerb ausschreiben ließ. Die neue Oper sollte ein Symbol für den Triumph des von ihm ausgerufenen »Second Empire«, des Zweiten Kaiserreichs, werden (1852–1870).

Den Bauplatz bestimmte Präfekt und Stadtplaner Georges Eugène Haussmann, verantwortlich für die Modernisierung von Paris im 19. Jahrhundert, in einem von ihm umgestalteten Stadtbezirk. Die Ausschreibung gewann schließlich 1861 Charles Garnier. Das im Stil des Neobarock aus-

Die Place de l'Opéra im Netz der neuen Boulevards von Paris, Luftaufnahme

geführte Gebäude nannte der Architekt selbst »*eine weltliche Kathedrale unserer Zivilisation*«. Er entwarf das gesamte ikonografische Programm und

die Ausstattung. In ihrem Zusammenklang von Architektur, Skulptur und Malerei bildet die Opéra Garnier eine sinnlich-dekorative Einheit.

→ Antikes Theater Epidauros, S. 111 • Konzertsäle, S. 132 f.

Frankreich besaß die bedeutendste Tradition im Theaterbau. Das neue Pariser Opernhaus sollte jedoch alles Bisherige übertrumpfen. Schon die städtebauliche Lage zeichnete es aus. Es erhielt eine zentrale Stellung zwischen zwei der großen neuen Boulevards sowie als Ziel einer neuen, breiten, diagonal durch den alten Straßengrundriss gebrochenen Prachtstraße, der Avenue de l'Opéra. Sie führt vom Louvre direkt auf die Front zu und erhebt die Fassade zum monumentalen Ziel einer städtebaulichen Perspektive. Die Komposition des Außenbaus ist ganz auf diese städtebauliche Kulissenwirkung hin konzipiert. Die Fassade präsentiert sich als prachtvolle barocke Palastfront. [...]

Opéra Garnier, Querschnitt des Zuschauersaals. Kupferstich von Auguste Bordet. Sammlung Archiv für Kunst und Geschichte, Berlin

Der Querschnitt des Gebäudes zeigt ein Raumprogramm, das deutlich macht, dass hier das gesellschaftliche Spektakel in den Pausen mindestens so wichtig war wie das Opernspektakel auf der Bühne. Die Gesellschaftsräume nehmen mehr Platz ein als der Zuschauerraum und die Bühne zusammen. Natürlich waren sie nur den Besuchern der teuren Plätze im Parkett und in den Logen zugänglich. Abgetrennte seitliche Treppen führten zu den billigeren Plätzen auf dem obersten Rang und sorgten für strikte soziale Trennung. Die reichen Leute aber konnten sich bei einem Opernbesuch wie bei einer höfischen Zeremonie im Schloss von Versailles fühlen [Abb. S. 118]. Sie erreichten nach dem Eingangsvestibül die hohe, mit unerhörter Pracht dekorierte Treppenhalle, deren breite, auf halber Höhe sich teilende Rampen sie gemessenen Schrittes hinaufstiegen, um den Zuschauerraum zu betreten. Der große Architektenkollege von Garnier, Eugène Viollet-le-Duc, bemerkte damals kritisch: »La salle semble faite pour l'escalier et non l'escalier pour la salle.« [...]

Für das Zeremoniell des Sehen-und-gesehen-Werdens in den Pausen umschritt man die Treppenhalle auf einer breiten Galerie und betrat durch ein Vor-Foyer – das allein schon die Ausmaße eines normalen Theaterfoyers hat – das Große Foyer. Es überbietet alles, was es in dieser Hinsicht je in einem Theater gegeben hat: eine breite und sehr hohe Galerie, nach dem Vorbild der Spiegelgalerie, dem festlichen Hauptraum des Versailler Königsschlosses, gestaltet, wobei die Dekoration noch pompöser ist als die des Vorbildes. [...] Das repräsentative Raumprogramm des Pariser Opernhauses entspricht dem eines barocken Schlosses; in ihm spielte das Bürgertum am Rande der Illusionswelt des Theaters sein neureiches höfisches Leben.

Jürgen Paul

Das Foyer der Opéra Garnier, Paris. Gemälde von Louis Béroud 1877. Öl auf Leinwand, 89,5 x 116,5 cm

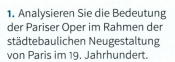

Anregungen

1. Analysieren Sie die Bedeutung der Pariser Oper im Rahmen der städtebaulichen Neugestaltung von Paris im 19. Jahrhundert.

2. Erläutern Sie, welche gesellschaftliche Entwicklung Garnier zum Ausdruck bringt, indem er die Pariser Oper »eine weltliche Kathedrale unserer Zivilisation« nennt.

3. Erstellen Sie eine Präsentation, die das gesellschaftliche Leben in Paris um 1870 zeigt (Fotos, Gemälde des Impressionismus).

4. Entwerfen Sie das Modell einer Bühne für ein Open-Air-Konzert, die gleichzeitig repräsentativ-symbolische Merkmale und eine schnell auf- und abbaubare Konstruktion besitzt.

»Aber welcher Stil ist das? Es ist nicht die Antike, es ist nicht das Mittelalter, es ist nicht die Renaissance.« –
»Es ist Second Empire, Madame.«
Dialog zwischen Kaiserin Eugénie und Charles Garnier bei der vorläufigen Einweihung, 1867

Kathedralen des Konsums

Passagen und Warenhäuser in Paris von 1826 bis 1908

Galerie Vivienne, Paris, 1826. Architekt: François Jean Delannoy. Überdachte Ladenpassage, in Paris zwischen der Rue des Petits Champs 4, Rue de la Banque 5-7 und Rue Vivienne 6 gelegen

Paris, London, New York oder Berlin – im 19. Jahrhundert entwickelten sich die Metropolen zu Zentren des Handels und der Warendistribution. Durch die Industrialisierung war die Produktivität gesteigert worden, während gleichzeitig die Bevölkerung zahlenmäßig anwuchs.

Zu Beginn entstanden Passagen, überdachte Geschäftszeilen. Für die 170 m lange Galerie Vivienne in Paris (Abb. oben) entwarf François Jean Delannoy Bodenmosaiken, Spiegel und rundbogige, klassizistische Ladenfenster. Hier fanden sich Handwerksgeschäfte genauso wie eine Buchhandlung oder ein Weinladen.

Auch wenn es heute noch Einkaufspassagen gibt, ging ihre Blüte-

Ein ›Illustrierter Pariser Führer‹ sagt: »Diese Passagen, eine neuere Erfindung des industriellen Luxus, sind glasgedeckte, marmorgetäfelte Gänge durch ganze Häusermassen, deren Besitzer sich zu solchen Spekulationen vereinigt haben. Zu beiden Seiten dieser Gänge, die ihr Licht von oben erhalten, laufen die elegantesten Warenläden hin, so dass eine solche Passage eine Stadt, ja eine Welt im kleinen ist.« Walter Benjamin: Passagen-Werk, um 1935

zeit im 19. Jahrhundert mit dem Aufkommen der Warenhäuser zu Ende. In Paris ragte das 1865 errichtete Kaufhaus Au Printemps hervor, das nach einem Brand 1883 in neuer Form auferstand (Abb. S. 125 oben).

Charakteristisch für Warenhäuser um 1900 ist ein großer, mit einer Konstruktion aus Glas, Eisen und Stahlbeton überdachter Lichthof, der durch ein repräsentatives Treppenhaus er-

schlossen wird. Um dieses gruppieren sich die Verkaufsräume – wie bei den Galeries Lafayette in Paris, heute noch das flächenmäßig größte Warenhaus des Westens (Abb. S. 125).

Das 20. Jahrhundert brachte wenige wegweisende Kaufhausbauten hervor, u. a. 1928 das Kaufhaus Schocken von Erich Mendelsohn in Stuttgart (S. 10) und 1996 die Galerie Lafayette in Berlin von Jean Nouvel.

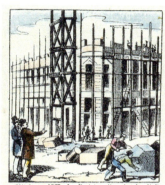

C'était en 1865. Le Parisien étonné, s'arrêtait devant une immense bâtisse élevée au coin de la rue du Hâvre et du boulevard Haussmann. En voyant tout ce marbre, il pouvait se demander, comme le héros de la fable, s'il serait Dieu, table ou cuvette !

Quelques mois après, tout cela était devenu l'un des plus beaux magasins de Paris et s'appelait du joli nom de PRINTEMPS : c'était, du même coup, placer le nouveau-né sous l'égide de la jeunesse et de la grâce, de la violette et des roses, de la femme enfin cet éternel printemps.

Un jour vint, jour de deuil et de ruines, où le feu, dans un épouvantable incendie, consuma en une nuit les magasins du PRINTEMPS! Qui ne se souvient encore de cette horrible catastrophe qui fut, on peut bien le dire, un véritable deuil parisien!

Tout Paris voulut voir ces ruines gigantesques, et nombre de gens y crurent pouvoir lire le mot FIN écrit en lettres fatales. Le navire avait sombré, c'est vrai ! Grâce à Dieu, il restait encore le capitaine !

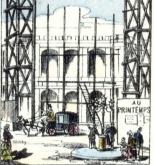

La cendre était à peine refroidie que déjà l'on se mettait à l'œuvre pour relever plus grand et plus beau que jamais le magasin célèbre incendié. Le PRINTEMPS, cette renaissance éternelle de la terre, ne saurait mourir. Un pareil nom ne doit-il pas porter bonheur !

Et voilà qu'aujourd'hui, nouveau Phénix, le gai PRINTEMPS nous est de nouveau apparu plus jeune et plus pimpant, plus lumineux et plus fleuri qu'autrefois; la grande ville, comme une coquette et jolie femme, a aujourd'hui ce bouquet à son corsage.

Quand on entre dans ce temple du chiffon et de l'art féminin, on peut bien dire que l'on y voit tout en Bleu : car, tout y est nouveau ; frais et joli comme le titre : AU PRINTEMPS !

C'est le PRINTEMPS qui a eu, le premier, cette idée suave de distribuer à toutes les femmes un bouquet de VIOLETTES DE PARME, le jour de sa fête, c'est-à-dire le premier jour du printemps, parbleu ! Peut-on imaginer plus délicat souhait de bienvenue ?

Le rayon d'épargne du Printemps – die Sparabteilung des Printemps, 1883. Lithografie der Imagerie d'Épinal, Musée Carnavalet, Paris. Der Bilderbogen zeigt die Geschichte des Kaufhauses Au Printemps, Boulevard Haussmann 64 in Paris, vom ersten Bau aus dem Jahr 1865 (2. Bild) bis zum zweiten Bau 1883 durch Paul Sédille nach einem Brand (6. Bild). Nach einem weiteren Feuer kam das Kaufhaus 1927 zu seiner heutigen Gestalt.

Kuppel und Verkaufsräume der Galeries Lafayette, 1908. Boulevard Haussmann 40, Paris. Architekt: Georges Chedanne

Überall, wo man Raum dafür gewonnen hatte, fielen Luft und Licht ungehindert ein. Die Kundschaft bewegte sich mit Leichtigkeit unter den kühnen, weit gespannten Bögen. Dies war die Kathedrale des modernen Handels, fest und schwerelos, geschaffen für ein Volk der Kundinnen.

Émile Zola: Das Paradies der Damen, 1883

Anregungen

1. Beschreiben Sie die Entwicklung von der Passage zum Kaufhaus anhand der Abbildungen.

2. Vergleichen Sie die Ladenfenster des Au Printemps von 1865 und 1883 anhand des Bilderbogens.

3. Analysieren Sie das Frauenbild im Bilderbogen und bei V. Hugo.

4. Untersuchen Sie Kaufhausarchitektur vor Ort auf Fassadengestaltung und Innenraumerschließung.

5. Finden Sie eine Situation, die sich für den Bau einer Passage eignen könnte. Entwickeln Sie mittels Skizzen und anhand eines Modells Ideen für Ihre Passage.

Verkehrsbauten für den Transport von Menschen und Gütern

Bahnhöfe und Flughäfen vom frühen 19. Jahrhundert bis in die Gegenwart

Im Zuge der Industrialisierung und der Urbanisierung wurde der Transport von Gütern und Personen immer wichtiger. Das Jahr 1825 markiert den Beginn des Eisenbahnverkehrs mit der Gründung der Stockton and Darlington Railway in England.

In Deutschland begann das Zeitalter der Eisenbahn am 7. Dezember 1835 mit einer Zugfahrt von Nürnberg nach Fürth. Bahnhöfe gab es zu diesem Zeitpunkt noch nicht. Relaisstationen mit Wartehäuschen für die Kutschen im Postverkehr dienten als Ausgangspunkt für den Bahnhofsbau.

Die Bahnhöfe des 19. Jahrhunderts waren historistische Bauten mit Stilzitaten, vom Klassizismus über die Neogotik und Neorenaissance bis zum Neobarock. So verdankt sich der klassizistische Euston Arch oben den Eindrücken von der Antike, die Architekt Philip Hardwick auf einer Italienreise sammelte. Dorische Säulen mit Kannelierung tragen den Architrav, den Fries mit den Triglyphen und dem Geison darüber, bekrönt von einem Dreiecksgiebel wie bei Tempelbauten. Als Eingangsarchitektur mit Flügelbauten erinnert das Ensemble an die Propyläen, den Torbau zum heiligen Bezirk der Akropolis.

Neue Funktionen bekamen Bahnhöfe durch die zunehmende Länge der Züge, Wartezeiten der Reisenden oder die Aufbewahrung von Gütern und Gepäck, was weiterführende bauliche Konzepte erforderte.

»Baukunst ist eine demokratische Kunst. Jemand steht in einem Bahnhof, hat zwölf Stunden gearbeitet und muss pendeln. In den zehn Minuten, die er wartet, sagt ihm die Architektur: Du bist wichtig, das hier ist für dich.«
Santiago Calatrava, 2015

Terminus der London & Birmingham Railway, Euston Square, London, erbaut 1837 von Architekt Philip Hardwick, erweitert in den 1840er-Jahren durch seinen Sohn Philip Charles Hardwick. Eingangsportal eines Kopfbahnhofs, sogenannter Euston Arch, in den 1960er-Jahren abgerissen. Stahlstich von William Radclyffe, 1839. British Library, London

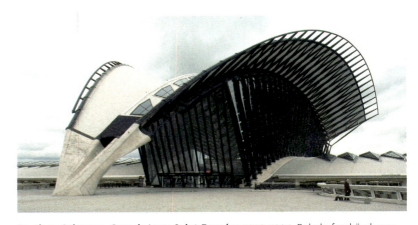

Santiago Calatrava: Gare de Lyon-Saint-Exupéry, 1990–1994. Bahnhofsgebäude aus Stahl, Glaselementen und Stahlbeton. Breite 56 m, Länge 450 m, Gleise überdacht

Erst mit der Entwicklung zukunftsweisender Verkehrskonzepte in den 1990er-Jahren wurde dem Eisenbahnverkehr im 20. Jahrhundert, auch aus Gründen des Umweltschutzes, wieder mehr Bedeutung zugewiesen.

So kam es zum Bau neuer, avantgardistischer Bahnhöfe wie dem Gare de Lyon-Saint-Exupéry, einem TGV-Fernverkehrsbahnhof, mit dem der spanische Architekt Santiago Calatrava die Gesetze der Schwerkraft aufzuheben scheint (Abb. oben).

Bahnhöfe dienen heute auch als große Gewerbeflächen und Shopping Malls. Sie sind Knotenpunkte für andere Schienenverkehrssysteme wie S- oder U-Bahn. Der Bahnhof Lyon-Saint-Exupéry oben ist direkt an den Flughafen von Lyon angebunden.

→ Säulenordnungen, S. 10 • R. Piano: Centre Pompidou, S. 19 f. • NS-Architektur, S. 42, 72, 130 f., 136 • Luftfoto Tempelhofer Feld, AB 109

Die motorisierte Luftfahrt begann am 17. Dezember 1903, als die Flugpioniere Gebrüder Wright am Strand von North Carolina in zwölf Sekunden 37 Meter weit flogen. 1909 demonstrierte Orville Wright seine Flugkünste auch auf dem Tempelhofer Feld in Berlin vor 150 000 Zuschauern und führte von hier den ersten Passagierflug überhaupt durch.

Der erste Flughafen in Deutschland wurde 1913 in Hamburg-Fuhlsbüttel eröffnet. Dienten am Anfang noch Gras- oder Schotterflächen als Start- und Landebahnen, so erforderte die Entwicklung der Luftfahrt immer komplexere Pistensysteme, dazu Gebäude für die Abfertigung von Fracht und Passagieren ebenso wie Hangare für die Flugzeuge.

1935, zwei Jahre nach der Machtergreifung der Nationalsozialisten, erhielt der Architekt Ernst Sagebiel den Auftrag vom NS-Reichsluftfahrtministerium für den neuen Flughafen Berlin-Tempelhof, kurzzeitig das international flächenmäßig größte Bauwerk. Sagebiels »Luftwaffenmoderne« entsprach der monumentalen NS-Ästhetik. Geplant für bis zu sechs Millionen Passagiere pro Jahr, dienten große Teile des Gebäudes von 1939 bis 1945 jedoch vorrangig der Montage von Bombenflugzeugen.

Durch den Massentourismus entwickelte sich der Bau von Flughäfen seit den 1970er-Jahren zu einer immer wichtigeren Aufgabe. Der Kansai Airport in der Bucht von Osaka in Japan wurde mitsamt einer künstlichen Insel fünf Kilometer vor der Küste erbaut. Der italienische Architekt Renzo Piano entwarf einen schwingenartigen Terminal, in dem täglich 100 000 Passagiere abgefertigt werden können. Weltweit soll es 2036, so eine Prognose, fast 8 Milliarden Flugpassagiere geben, doppelt so viele wie um 2020 – wegen der CO2-Belastung ein ungeheures ökologisches Problem!

Ernst Sagebiel: Flughafen Tempelhof, Berlin 1935–1941. Der Adler prangte einst mit ausgebreiteten Schwingen auf dem Sockel mittig über der Haupthalle. Sein Kopf wurde lange ohne den Körper als Kriegstrophäe in den USA gelagert und kam 1985 wieder hierher. Der Gebäudekomplex dient heute kulturellen Zwecken.

Renzo Piano: Kansai International Airport, 1988–1994. Künstliche Insel in der Bucht von Osaka, Japan. 42 Boarding Gates, Länge 1,7 km

»An einem Ort wie diesem, einer noch nicht existierenden Insel, ist der einzige Weg, ein riesiges Gebäude zu bauen, es wie einen herabfliegenden Drachen zu gestalten.«
Renzo Piano, 2018

Anregungen

1. Analysieren Sie die beiden Bahnhöfe auf S. 126 unter formalästhetischer Perspektive.

2. Untersuchen und vergleichen Sie Form und Symbolik der beiden hier wiedergegebenen Flughafengebäude.

3. Recherchieren Sie für eine Präsentation weitere Beispiele neuerer Bahnhöfe und Flughäfen.

4. Noch mehr Flughäfen? Diskutieren Sie alternative Verkehrssysteme und entwerfen Sie dafür Terminals und Relaisstationen.

Interaktive Anwendung: Stilelemente der Architektur (Métro-Eingang Paris) • Arbeitsblätter: Säulenordnungen • Eine neue Nutzung für das Olympiastadion Berlin (wie u. a. zu S. 42)

SDL-10967-302, 102, 121   **127**

Eine Hochschule als Ikone der Architektur der Moderne

Das Bauhaus Dessau von Walter Gropius , 1925/26

Der Erste Weltkrieg (1914–1918) war ein Kulturschock. In der Folge wurden alle Traditionen, die in die Katastrophe geführt hatten, infrage gestellt.

In Weimar, wo Henry van de Velde ein Kunsthochschulgebäude noch im verhaltenen Jugendstil gebaut hatte, wurde nicht nur am 9. November 1918 die »Weimarer Republik« ausgerufen, hier gründete sich auch am 12. April 1919 das »Staatliche Bauhaus«. Dafür fusionierten die »Großherzoglich-Sächsische Hochschule für Bildende Kunst« und die »Großherzoglich-Sächsische Kunstgewerbeschule«. Die Wurzeln liegen in Reformbewegungen des 19. Jahrhunderts, u. a. in der englischen »Arts and Crafts«-Bewegung und dem »Deutschen Werkbund«.

Das Bauhaus sollte trotz seines nur 14-jährigen Bestehens zur weltweit bekanntesten Kunst-, Design- und Architekturhochschule werden. Hier lehrten Lyonel Feininger, Johannes Itten, Wassily Kandinsky, Paul Klee, László Moholy-Nagy und Oskar Schlemmer. Diese entwickelten systematische Lehrprogramme, die »Bauhauspädagogik«. Aus ehemaligen Studierenden wurden Lehrende (Meister): Josef Albers, Herbert Bayer, Marcel Breuer und Gunta Stölzl.

Henry van de Velde: Großherzoglich-Sächsische Hochschule für Bildende Kunst, Weimar, 1904–1911. 1919 Gründungsort des Bauhauses (seit 1994 Bauhaus-Universität)

Alle drei Direktoren waren Architekten. Sie vertraten unterschiedliche Ausrichtungen und prägten in schnellem Wechsel entsprechende Phasen:

• 1919–1928: Walter Gropius wollte die Trennung von Kunst und Handwerk aufheben und verkündete 1919 im Bauhaus-Gründungsmanifest: *»Das Endziel aller bildnerischen Tätigkeit ist der Bau.«* Unter ihm wandelte sich der Stil am Bauhaus vom Expressionismus zum Konstruktivismus.

• 1928–1930: Hannes Meyer vertrat eine funktionalistische Architektur und wollte den Sozialwohnungsbau voranbringen. Seine Devise war: *»Volksbedarf statt Luxusbedarf!«*

• 1930–1933: Ludwig Mies van der Rohe, ehemaliger Leiter der Werkbund-Ausstellung am Weißenhof in Stuttgart, stellte die Eleganz der Materialien und Räume in den Vordergrund (s. S. 66 ff.). Sein Credo lautete: *»Schönheit ist der Glanz der Wahrheit.«*

Politisch und finanziell unter Druck gesetzt, siedelte das Bauhaus 1925 nach Dessau um. Als die Nazis dort 1932 die Mehrheit im Stadtrat erhielten, wurde das Bauhaus geschlossen. Mies van der Rohe führte es privat in Berlin weiter, wo es 1933 nach der Machtergreifung der Nazis ganz schließen musste. Viele ehemalige Studierende gingen nach der Gründung Israels (1948) als Architekten nach Tel Aviv, weshalb es heute dort zahlreiche Bauhausbauten gibt.

Bauhaus-Design. Marcel Breuer: Stahlrohrsessel »Wassily«, 1926, für das Meisterhaus von Wassily Kandinsky. Briefmarke, Bundesrepublik Deutschland 1998

Bauhaus-Architektur. Hannes Meyer (mit Hans Wittwer und Studierenden des Bauhauses): Bundesschule des Allgemeinen Deutschen Gewerkschaftsbundes in Bernau bei Berlin, 1928–1930. DDR-Briefmarke, 1980

→ Mies van der Rohe: Weißenhof, S. 66 f., Barcelona-Pavillon, S. 68, Haus Tugendhat, S. 69 f. • De-Stijl-Architektur, S. 62

Das berühmteste Bauhausgebäude ist dasjenige, das Walter Gropius 1925/26 für den Standort Dessau schuf. War die frühe Weimarer Phase noch stark vom Expressionismus und vom Streben zurück zum Handwerk geprägt gewesen, so öffnete sich das Bauhaus mit dem Umzug nach Dessau der Industrie und dem Konstruktivismus. Das berühmte Bauhaus-Design entstand, darunter die Stahlrohrmöbel von Marcel Breuer.

Gropius' Gebäude wurde zum Wahrzeichen, zur Ikone der Architektur der Moderne. Nach denkmalpflegerischen Prinzipien restauriert, zeigt es heute nahezu den Originalzustand. Magdalena Droste, früher am Bauhaus Archiv Berlin tätig, stellt die Gesamtanlage im Text unten vor.

Walter Gropius: Bauhaus Dessau, 1925/1926. Blick auf den Werkstättenflügel mit dem »Curtain Wall«, der Glasvorhangfassade. Schriftzug von Herbert Bayer.

Schon 1925 lag ein erster zeichnerischer Entwurf vor, der die drei Hauptkomplexe des neuen Bauhausgebäudes zeigt: der großflächig verglaste viergeschossige Werkstättenflügel, ein Trakt für die Kunstgewerbe- und Handwerkerschule, beide verbunden durch einen aufgestelzten, gemeinsamen Verwaltungstrakt.

Nur wenig später entstand der dann ausgeführte dreiflügelige Bau, bei dem die einzelnen Funktionsbereiche deutlich voneinander getrennt sind. Er enthielt außer dem Fachschul- und Werkstättentrakt und dem Verwaltungstrakt gegenüber der früheren Version zusätzlich ein fünfgeschossiges Studentenheim, den sogenannten Atelierbau. Außerdem waren hier im ersten Stock eine Aula, die Bühne und die Mensa untergebracht, die zu einer durchgängigen »Festebene« geöffnet werden konnten. Damit waren Arbeiten, Wohnen, Essen, Sport, Fest- und Bühnenräume wie in einer »kleinen Welt« vereinigt und Gropius' Anspruch realisiert, »Bauen ist Gestaltung von Lebensvorgängen.« Magdalena Droste

»man muss rund um diesen bau herumgehen, um seine körperlichkeit und die funktion seiner glieder zu erfassen.« Walter Gropius, 1930

Bauhaus Dessau, Luftaufnahme

Anregungen

1. Stellen Sie das Neuartige an Gropius' Bauhausgebäude dar, auch im Vergleich zum Schulbau von Henry van de Velde (S. 128).

2. 1921/22 gab De-Stijl-Mitglied Theo van Doesburg Privatkurse am Bauhaus. Zeigen Sie die Verwandtschaft der Bauhausarchitektur zu derjenigen der Richtung De Stijl auf (vgl. S. 62 f.).

3. Recherchieren Sie neuere Hochschulbauten und vergleichen Sie deren Formen und Funktionen.

4. Beschreiben Sie weitere Gebäudekomplexe, die nur durch eine Umrundung erfassbar sind.

5. Entwerfen Sie einen rhythmisch gegliederten Gebäudekomplex für eine Bildungseinrichtung als Massemodell aus Holz.

Die »Bauhaus-Balkone« am Atelierbau in Dessau mit ihren Schiffsrelinggeländern

Großbauten aus der Zeit des Nationalsozialismus

Das Olympiastadion und die Große Halle in Berlin, 1934–1939

Olympiastadion Berlin, 1934–1936. Architekt: Werner March. Naturstein, erbaut für die Olympischen Sommerspiele 1936 mit Platz für 100000 Zuschauer. Postkarte von 1936

Am 30. Januar 1933 wurde Adolf Hitler zum Reichskanzler ernannt. In Fragen der Kunst und Architektur traf der verhinderte Künstler die wesentlichen Entscheidungen selbst und prahlte: »Niemals wurden in der deutschen Geschichte größere und edlere Bauwerke geplant, begonnen und ausgeführt als in unserer Zeit.« Die moderne Architektur dagegen diffamierten die Nazis als »entartet«.

Die neuen Bauwerke machten die NS-Ideologie sichtbar. Eine massive Bauweise und »ewige« Materialien sollten Ausdruck des »Tausendjährigen Reiches« sein und – wie die Vorbilder aus der Antike – eine grandiose und würdevolle Wirkung ausstrahlen.

Skulpturen am Olympiastadion Berlin.
Karl Albiker: Stafettenläufer, 1936.
Travertin, Höhe ca. 4,5 m (aktuelles Foto)

Haus der Deutschen Kunst, München 1933–1937 (heute: Haus der Kunst).
Architekt: Paul Ludwig Troost unter Beteiligung von Adolf Hitler. Neoklassizismus, Kalksteinplatten über Stahlträger, Länge 175 m. Briefmarke von 1936

Im Bereich der Monumentalbauten für Staat und Partei – und nur dort – ließ sich ein um 1935 ausgebildeter Baustil als verhärtende Verarbeitung klassizistischer Formen beschreiben, wie sie schon im frühen 20. Jahrhundert wiederverwendet worden waren. Die Riesenhaftigkeit und die Prachtentfaltung der Bauten, die seit 1937 für Berlin geplant wurden, entzogen sich dieser »Klassizismusthese«.

Aber auch erhaltene Bauten wie das Berliner Olympiastadion [oben] sind mit den Werken anderer am Klassizismus orientierter Architekturströmungen bei näherem Hinsehen nicht verwechselbar. Ihre besonderen Merkmale zeigen sie unter anderem darin, welche Wirkung sie den Grundmotiven klassizistischer Architektur abgewinnen. Es ist eine allgemeine Erfahrung, dass große Bauten nicht nur erheben, sondern auch niederdrücken können. Die Baugeschichte bot Beispiele dafür an, dass selbst sehr große Bauten durch Gliederung und Differenzierung dem menschlichen Körpermaß und Körperumriss verbunden blieben. Ein Schlüssel dazu waren die Behandlung und Abwandlung des Säulenmotivs.

Längst waren Säulen auch als »Kolossalordnung« eingesetzt worden, hatten (zum Beispiel am Petersdom in Rom) mehrere Geschosse zusammengefasst. Doch hatte dann oft eine nächstkleinere Säulenordnung das Erdgeschoss zur Geltung gebracht und damit zu der wiederum geringeren Größe

→ Kolosseum, Rom S. 112 f. • NS-Architektur, S. 42, 72, 127, 136 • Klassizismus, S. 126, 183 • Pantheon, 29, 88 f. • Petersdom, S. 40

Die Gigantomanie der Nationalsozialisten kam besonders im »Gesamtbauplan für die Reichshauptstadt« Berlin zum Ausdruck, die Adolf Hitler in »Germania« umbenennen wollte.

Sein Lieblingsarchitekt Albert Speer wurde »Generalbauinspektor« und führte von 1937 bis 1943 Teile des Plans durch, vor allem auch Abrissmaßnahmen. Friedhöfe wurden planiert und Wohnhäuser abgerissen. Jüdische Mitbürgerinnen und -bürger wurden vertrieben, enteignet und deportiert.

Eine Nord-Süd-Achse sollte als »Siegesallee des III. Reiches« durch einen 117 m hohen Triumphbogen, entlang an Ministerien, Theatern, einem Hotel etc., auf den »Großen Platz«

führen, an dem sich u. a. die neue »Reichskanzlei«, der »Führerpalast« und das »Oberkommando der Wehrmacht« befinden sollten.

Diese und alle anderen Gebäude sollte die 290 m hohe »Große Halle« überragen, geplant als größter Kuppelbau der Welt mit 250 m Durchmesser. Ihr Volumen hätte das des Petersdoms in Rom um das 17-Fache übertroffen. Auch »Ruhmeshalle« und »Halle des Volkes genannt«, sollte sie 150 000 bis 180 000 Menschen fassen.

Hitler hatte die »Große Halle« 1925 selbst in einer Zeichnung anskizziert und u. a. 1938 nach einem Besuch des Pantheons in Rom, das aber nur etwa 43 m Höhe aufweist (Abb. S. 88 f.), mit weiteren Entwürfen modifiziert.

Albert Speer: Welthauptstadt Germania, 1939. Blick über die Nord-Süd-Achse, geplant als 120 m breite und 6 km lange Prachtstraße. Modell vom 1. Jan. 1939

des Betrachters übergeleitet. Diese verbindende Gestik vermied die Regimearchitektur, deutlich schon beim Olympiastadion. Säulen ohne Schwellung des Schaftes (Entasis) haben der Fassade des »Hauses der Deutschen Kunst« in München [S. 130 u.] unverbindliche Starre verliehen, Vierkantpfeiler (wiederum beim Olympiastadion) konnten diese Wirkung noch verschärfen.

Über Größe, die den Einzelnen eher auslöscht als stärkt, haben die Urheber der NS-Bauten nach eigener Bekundung nachgedacht. Speer wusste – nach einer Notiz zum »größten Bau der Christenheit« in Rom –, dass auch gewaltige Bauten »vertraut und überschaubar« wirken können. Dagegen sollte Speers »Große Halle« für Berlin den Besucher »zerschmettern« – durch Dimensionen, die mit denen des Einzelnen nicht mehr vermittelbar waren. In diesem Kuppelbau sollte die Umgestaltung Berlins zur Reichshauptstadt »Germania« gipfeln. Als größtes Gebäude der Welt sollte die Versammlungshalle nahe der Kreuzung einer »Nord-Süd-Achse« und der »Ost-West-Achse« etwa 290 Meter hoch aufragen und selbst die anderen geplanten Großbauten in eine Hierarchie zwingen.

Hans-Ernst Mittig

Die Große Halle im Vergleich zum Brandenburger Tor. Der Portikus (Säulenvorbau) sollte 30 m hohe Doppelsäulen aus rosafarbenem Granit mit bronzenen Kapitellen bekommen. Modell: Manfred Jonas

Anregungen

1. Untersuchen Sie, welche Elemente die nationalsozialistische Architektur und Stadtplanung aus der Antike adaptierte bzw. abwandelte (Agora von Athen, S. 110).

2. Beschreiben Sie die Wirkung nationalsozialistischer Großbauten im Vergleich zu solchen aus der Antike (Pantheon, S. 88) oder dem Barock (Petersdom, S. 40).

3. Nennen Sie Motive für die Ausmaße der Großen Halle und des Newton-Kenotaphs (S. 143).

4. Vergleichen Sie das Erscheinungsbild des Berliner Olympiastadions von 1936 mit dem von heute (S. 136).

5. Stellen Sie Bezüge der NS-Skulptur zur Architektur fest (auch anhand weiterer Beispiele).

»Ich versuchte diesen Platz architektonisch hervorzuheben, aber hier zeigte sich der Nachteil der maßlos gewordenen Architektur. Hitler verschwand in ihr zu einem optischen Nichts.«

Albert Speer 1969 über die in der Großen Halle geplante Rednerbühne

Konzertsäle des 20. und des 21. Jahrhunderts

Berliner Philharmonie von Hans Scharoun, 1963, und Elbphilharmonie Hamburg von Herzog & de Meuron, 2016

Hans Scharoun: Berliner Philharmonie, Berlin-Tiergarten, 1960–1963. Heimstatt der Berliner Philharmoniker. Betonfassade, anfangs ockerfarben gestrichen, seit 1982 aus speziell gefertigten Aluminiumplatten. Höhe 21 m, Länge 60 m, Breite 55 m

Die Zeit nach dem Zweiten Weltkrieg (1939–1945) bot Architekten in Deutschland wieder die Möglichkeit, sich zu entfalten. Hugo Häring, Vorkämpfer des »Neuen Bauens«, führte die Idee der »Organischen Architektur« von Frank Lloyd Wright fort, einem der ersten Vertreter dieser Richtung (vgl. S. 70 f.): *»Die entscheidende Forderung, die man vom Standpunkt der Organik stellt, ist die, dass die Gestalt der Dinge nicht mehr von außen bestimmt wird, dass sie in der Wesenheit des Objekts gesucht werden muss«,* so Häring.

Zur Organischen Architektur trug auch Hans Scharoun entscheidend bei, der in den 1920er-Jahren zunächst dem Expressionismus nahegestanden und sich dann an der Weißenhofsiedlung beteiligt hatte (vgl. S. 67). Zu seinen Hauptwerken gehört die Neue Philharmonie in Berlin. Scharoun beschreibt sie unten selbst.

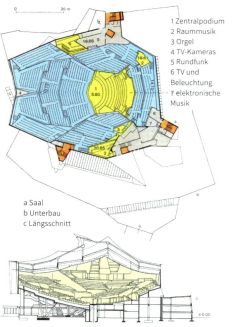

1 Zentralpodium
2 Raummusik
3 Orgel
4 TV-Kameras
5 Rundfunk
6 TV und Beleuchtung
7 elektronische Musik

a Saal
b Unterbau
c Längsschnitt

»Der Saal ist wie ein Tal gedacht, auf dessen Sohle sich das Orchester befindet, umringt von aufsteigenden ›Weinbergen‹. Die Decke entgegnet dieser »Landschaft« wie eine ›Himmelschaft‹. Vom Formalen her wirkt sie wie ein Zelt. Dieses Zeltartige, d. h. Konvexe, hängt eng zusammen mit dem Bestreben, die Musik mithilfe der konvexen Flächen möglichst diffus zu verteilen. Der Ton wird nicht von einer Schmalseite in den Raum geschickt, er steigt aus der Mitte und Tiefe des Raumes nach allen Seiten auf und senkt sich vielfältig auf die Zuhörer. Dem Diffusen dient auch die Brechung der Saalwände und die vielschichtige, verschieden geneigte Begrenzung der Weinberge und überhöhten Parkette.

Der Saal bestimmt bis in jede Einzelheit die Formgebung des Bauwerks, auch die Außenkontur hängt damit zusammen – die Zelt-Tendenz der Saaldecke tritt hier deutlich in Erscheinung. Ebenso ergab sich aus der Konstruktion des Saales, der über den Hauptfoyers angeordnet ist, die Behandlung aller anderen Räume, in denen sich die Funktionen frei entfalten können, wie auch das Spiel der Treppen, das sich rhythmisch einfügt.« Hans Scharoun

Neue Philharmonie Berlin
Grundriss und Schnitt

■ Treppenhaus, Aufzug ■ Publikum ☐ Saal, inneres Volumen
☐ Regie, Technik ■ Musiker

→ H. Scharoun: Wohnhaus, S. 67 • Oper in Sydney, S 16, 41 • Herzog & de Meuron: Nationalstadion Peking, S. 137 •
C. Garnier: Pariser Oper, S. 122 f. • Hundertwasserschule, S. 138

Werner Kallmorgen: Kaispeicher A, 1963

**Herzog & de Meuron: Elbphilharmonie,
2007–2016.** Westansicht vom Stage Theater aus über die Norderelbe zur Spitze des
Großen Grasbrooks

Seit 2016 begeistert ein weiteres spektakuläres Gebäude das Konzertpublikum: die Elbphilharmonie (kurz »Elphi«) der Schweizer Architekten Jacques Herzog und Pierre de Meuron, das neue Wahrzeichen im Hamburger Stadtteil HafenCity.

Das Besondere daran: Es wurde auf dem früheren Kaispeicher A aus dem Jahr 1963 errichtet, einem für die Speicherstadt typischen Backsteinbau auf dreieckigem Grundriss, ehemals Lagerhaus für Kakao, Tabak und Tee, das vollständig entkernt wurde.

Die darauf gesetzte Glashülle erinnert an Segel, an Eisberge oder an Wellen. Sie wechselt je nach Tageszeit, Wetter und Licht ihre Farbe.

Herzog & de Meuron: Elbphilharmonie Hamburg, 2007–2016, HafenCity, Ansicht von
Norden. Glasarchitektur, auf den entkernten Kaispeicher A von 1963 gesetzt, Höhe 110 m

1 Der alte Kaispeicher A

2 Die Fassade aus 1100 Fensterelementen bedruckt mit Chrom-Rasterpunkten

3 Die Tube, eine 82 m lange Rolltreppe

4 Die Plaza, eine frei zugängliche Aussichtsplattform auf 37 m Höhe

5 Der große Saal mit 2100 Plätzen, gebaut nach dem »Weinbergprinzip«

6 Der Klangreflektor, der den aufsteigenden Klang im Raum verteilt

7 Die viermanualige Orgel

8 Der kleine Saal mit Plätzen für bis zu 550 Besucher

9 Das Kaistudio für experimentelle Musik, für Vorträge und Workshops

10 Die Foyer-Bar zur Verköstigung

11 Hotel auf 14 Ebenen, mit 250 Zimmern

12 Wohnungen, insgesamt 45 Appartements

13 Das Parkhaus im Sockelbau auf 7 Geschossen für über 500 Fahrzeuge

Anregungen

1. Analysieren Sie das Verhältnis von Baukörper und Innenraum für die beiden hier vorgestellten Konzerthäuser.

2. Erläutern Sie den Begriff »Organische Architektur«. Inwieweit werden die Konzerthäuser den Forderungen Hugo Härings (S. 132) gerecht?

3. Zeigen Sie die Verwandtschaft der »Elphi« zur Berliner Philharmonie auf, aber auch das gewandelte Verständnis im Umgang mit Architektur.

4. Ziehen Sie Vergleiche zu den Opernhäusern in Paris und Sydney (S. 16 u. 41; 122 f.).

5. Für die »Elphi« waren 77 Millionen Euro vorgesehen, am Ende kostete sie ca. 800 Millionen. Alle Konzerte dort sind ausverkauft. Diskutieren Sie, ob so hohe Investitionen in Kultur gerechtfertigt sind.

6. Entwerfen Sie eine Freilichtbühne mit Zeltdach.

Das Kunstmuseum – Prestigeobjekt und Publikumsmagnet

Vom Louvre Paris über die Neue Staatsgalerie Stuttgart und das Guggenheim Bilbao zum Louvre Abu Dhabi

 Palais du Louvre, Paris. Blick über den Cour Napoléon (19. Jahrhundert) zum Cour Carrée (17. Jahrhundert) mit der Glaspyramide von Ieoh Ming Pei als Eingang (1989)

James Stirling und Partner: Neue Staatsgalerie Stuttgart, 1984. Eingangsrampe

Frank O. Gehry: Guggenheim Museum, Bilbao, 1993–1997. Gesamtansicht s. S. 107

Ein Mouseîon, so das griechische Ausgangswort für Museum, galt in der Antike als Heiligtum der neun Musen, der Schutzgöttinnen der Künste. Der Ursprung des Museums liegt in den privaten Kunst- und Wunderkammern von Fürsten und reichen Bürgern, die neben Kunst auch seltene Naturalien sammelten. Im 18. Jahrhundert, der Zeit der Aufklärung, öffneten sich viele Sammlungen dem Publikum.

Längst haben sich Museen spezialisiert: als Naturkundemuseum, Technikmuseum, historisches Museum, Heimatmuseum etc. Das meistbesuchte Kunstmuseum mit ca. zehn Millionen Besuchern pro Jahr ist der Louvre in Paris, die ehemalige Residenz der französischen Könige, an der über Jahrhunderte gebaut wurde (Abb. o. links). Im Zuge der Französischen Revolution von 1789 ist die Kunstsammlung 1793 der Öffentlichkeit zugänglich gemacht worden.

Museumsneubauten sind Prestigeobjekte für Kommunen und Länder. Mit spektakulärer Architektur sorgen sie für Aufsehen und spiegeln aktuelle Stilrichtungen. So gehört die Neue Staatsgalerie Stuttgart mit ihrem Mix an bunt lackierten Brüstungsrohren und vorgehängten Sandstein- und Travertinquadern, die an alte Museumsbauten anknüpfen, zum Stil der Postmoderne (Abb. Mitte links).

Das vom amerikanischen Architekten Frank O. Gehry entworfene Guggenheim Museum in Bilbao wiederum zeigt – wie das Vitra Design Museum desselben Architekten – die Stilmerkmale des Dekonstruktivismus (Abb. links). Das Bauwerk stellte wegen der Besucheransturme bald einen solchen Wirtschaftsfaktor dar, dass man bei vergleichbaren Phänomenen vom »Bilbao-Effekt« spricht.

→ Ieoh Ming Pei: Louvre-Pyramide, S. 85 • P. Cook/C. Fournier: Kunsthaus Graz, S. 14 • F. O. Gehry: Vitra Design Museum, S. 26 • Asymptote: Guggenheim Museum Guadalajara, S. 162

Auf diesen Effekt scheinen auch die Vereinigten Arabischen Emirate gesetzt zu haben. Sie schlossen 2007 einen auf 30 Jahre angelegten Vertrag mit Frankreich, der ihnen gegen Zahlung von ca. einer Milliarde Euro Folgendes erlaubt: den Namen »Louvre Abu Dhabi« für ein neues Museum zu verwenden, Werke aus Pariser Museen zu zeigen, gemeinsam Ausstellungen zu organisieren und bei der eigenen Sammlung beraten zu werden.

Architekt Jean Nouvel und Projektleiterin Hala Wardé schufen den Louvre Abu Dhabi für die Insel Saadiyat, eine Zuflucht für Schildkröten. Er besteht aus 55 kubischen Gebäuden und einer flachen Kuppel, die an einen Schildkrötenpanzer erinnert. Der Kulturjournalist Marc Zitzmann äußert sich kritisch zum Konzept.

Jean Nouvel / Hala Wardé: Louvre Abu Dhabi, 2017. Insel Saadiyat, Emirat Abu Dhabi und Vereinigte Arabische Emirate. Kuppeldurchmesser 180 m

Mit Kulturprojekten im weitesten Sinne macht man sich im Westen Freunde. Oder zumindest Klienten. Die entsprechenden Verträge schaffen politische und geschäftliche Bande, das Land wird zur Marke. […] Aber warum beteiligt sich Frankreich, die selbst ernannte Heimat der Menschenrechte, an diesem Projekt? An die offiziellen Gründe – geteilte Kunstliebe, Kompetenzübertragung, interkultureller Dialog – glaubt keiner der involvierten Politiker. Natürlich geht es um Geld und um Einfluss. Die knappe Milliarde Euro, die Abu Dhabi bis 2037 dem Louvre und den zwölf beteiligten französischen Museen für Leihgaben und für diverse Dienstleistungen zahlen wird, dürfte in Projekte fließen, die normalerweise das Kulturministerium zu tragen hätte – etwa in den Bau einer Louvre-Reserve in Lens oder die Renovation der Fassaden-Rolltreppe des Centre Pompidou. So vermietet der französische Staat für eine präzedenzlos lange Zeit Kunstschätze in hoher Zahl, weil er sich den regulären Unterhalt seiner Museen nicht mehr leisten will. Hingegen hatte er keine Mühe, mitten in der schwersten Wirtschaftskrise seit einem Dreivierteljahrhundert Geld in den Bau der großen Militärbasis zu stecken, die 2009 in Abu Dhabi eröffnet wurde.   Marc Zitzmann

Innenansicht. Blick auf die netzartige Kuppelkonstruktion aus 7 850 Metallsternen, durch die Lichtstrahlen fallen. Regentropfen – die es nur an fünf Tagen im Jahr gibt – werden abgeleitet.

Anregungen

1. Vergleichen Sie die drei neueren Museumsbauten. Welche Aussagen treffen sie mit ihrer jeweiligen Formensprache?

2. Berichten Sie: Welches Museum und welcher Museumsbau hat Sie bei einem Besuch persönlich besonders beeindruckt?

3. Überlegen Sie, wie sich die Wahrnehmung auf europäische Kunstwerke in einem Land mit anderer Kultur verändern könnte.

4. Das Projekt Louvre Abu Dhabi stieß in Frankreich auch auf Kritik. Recherchieren Sie Argumente und diskutieren Sie Pro und Kontra.

Das Stadion als Ingenieurbau und Kunstwerk

Olympiastadion München, 1972, Allianz Arena München, 2005, und Nationalstadion Peking, 2008

Nachdem die Olympischen Spiele von 1972 nach München vergeben worden waren, wurde bei einem Architektenwettbewerb nach neuen Bauformen gesucht, die sich von denen der nationalsozialistischen Olympiabauten von 1936 in Berlin abgrenzen (Abb. S. 130 f. und rechts). Es sollten »heitere« Spiele werden.

Den Wettbewerb gewannen die Architekten Behnisch & Partner, die das Gelände mit einer Folge von Zelt-dächern überspannten. Pionier auf diesem Gebiet war Frei Otto, der bereits für die Weltausstellung in Montreal 1967 ein Zeltdach gebaut hatte.

Im Modell stellten die Architekten das Zeltdach mit über Holzstäben gespanntem, weißem Nylonstoff dar – einem Material für Damenstrümpfe! Bauingenieure setzten die Idee in zeltdachartige Tragewerke aus gespannten Seilen um. Werner Müller beschreibt die Zeltkonstruktionen.

Olympiastadion Berlin (1934–1936), beim Umbau 2006 für die Fußball-WM aufgestockt und überdacht durch das Büro Gerkan, Marg und Partner (GMP)

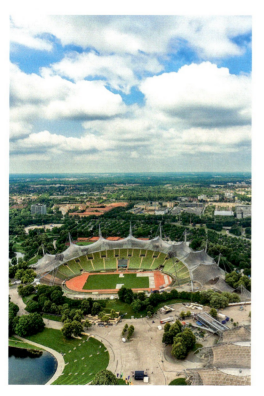

Günther Behnisch & Partner: Olympiastadion München, 1972. Zeltdach mit Außenstützen, daran eine Seilnetzkonstruktion aus Stahlkabeln, auf denen eine Haut aus blaugrauen, transluzenten Acrylglasplatten liegt

Schnitt durch das Olympiastadion München (südliche Hälfte)

Die Erscheinung der Sportstätten wird bestimmt durch die Überlagerung von zwei unterschiedlichen Systemen. Das eine umfasst die prinzipiell als Freianlagen überwiegend in den Boden eingelassenen Sportstätten. Es erscheint als modellierte Geländeoberfläche und organische Gestaltform. Das andere verkörpert sich im Dach, dem »Schirm über der Landschaft«. Es überspannt als zusammenhängende technische Struktur in weit ausschwingenden Kurven alle Sportstätten und das Theater so, dass der Zusammenhang mit der Landschaft erhalten bleibt und auch aus dem Innenraum der Stadien und Hallen erlebbar ist, zugleich aber der Bereich des Sports in der Landschaft als besondere Zone akzentuiert wird. Dies gelingt durch die Übernahme der von Frei Otto für den Deutschen Pavillon der Weltausstellung in Montreal 1967 konzipierten Lösung: ein Zeltdach mit abgespannten Masten. Bei dem technisch veränderten Dach in München spannt sich zwischen den mit Seilen abgespannten, gelenkig fixierten Haupt- und Nebenmasten ein Netz von Stahlkabeln, auf dem eine aus Plexiglastafeln zusammengesetzte Schuppenhaut liegt. Über Sporthalle und Schwimmhalle bildet eine zusätzliche wärmedämmende Haut zusammen mit den senkrecht abschließenden Glaswänden eine Klimahülle, die den Konturen der Landschaft aufgesetzt wird, ohne sie zu verwischen.

Werner Müller

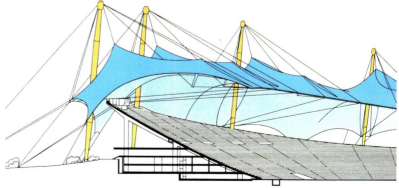

Jacques Herzog / Pierre de Meuron: Allianz Arena München, 2002–2005

2006 wurde Deutschland die Durchführung der Fußballweltmeisterschaft übertragen. So kam es zur Ausschreibung eines internationalen Architekturwettbewerbs für ein reines Fußballstadion in München, den die Schweizer Architekten Jacques Herzog und Pierre de Meuron mit ihrem Entwurf gewannen (Abb. oben).

Alleinige Eigentümerin ist heute die FC Bayern München AG. Die Fassade aus Tausenden von 0,2 mm dünnen, beleuchtbaren Folienkissen erstrahlt bei Länderspielen ganz in Weiß und bei Heimspielen des FC Bayern in Weiß und Rot.

Jacques Herzog / Pierre de Meuron: Nationalstadion Beijing, 2003–2008. Die äußere Hülle ist ein Stahlgerüst, das wegen Temperaturspannungen vom Kern getrennt wurde.

Noch spektakulärer war der Entwurf von Herzog & de Meuron für die Olympischen Spiele 2008 in Beijing. Das Stadion wurde bald als »Vogelnest« bekannt. Es ist Ausdruck einer Tendenz in der Architektur seit etwa 2000, organische Fassaden zu entwerfen, die an Netze, Nester oder das Geäst von Bäumen erinnern. Jacques Herzog äußerte sich 2008 im Interview mit Roman Hollenstein zur Symbolik des Stadions in Peking.

»Entweder lässt man sich in eine Ideologie einspannen, oder man tut es nicht. Für die, welche diese Ideologie mitzutragen bereit sind, gibt es als Ausdrucksmittel die ideologische Architektur, die sich in den Dienst der Macht stellt und diese mit einer eigenen Ästhetik auszudrücken sucht, wie das die Nazi-Architekten oder die stalinistischen Architekten machten. Wir setzten in China ganz entschieden nicht auf eine derartige Ästhetik. Vielmehr drückt unser Design eine radikale Freiheit aus. Das Interessante am Olympiastadion ist vielleicht weniger die kühne Form als vielmehr die Tatsache, dass es ein Potenzial hinsichtlich des öffentlichen Raums besitzt wie kein zweites Projekt in China. Es ist eine begehbare Skulptur in der Art des Eiffelturms, wo die Menschen sich treffen können. Das Stadion ist die öffentliche Plattform des neuen Peking. So gesehen ist dieses Gebäude eine Art Trojanisches Pferd: Es will zwar keinesfalls etwas zerstören, aber es wird eine Wirkung haben. In unserem Stadion drückt sich auch Stolz aus; in erster Linie ist es aber ein Ort, an welchem die Menschen zusammenkommen können – und zwar in einer unkontrollierbaren und zwanglosen Art und Weise. Ich spreche jetzt nicht vom Stadioninnern, sondern von dem durch das Geflecht der Streben definierten Raum zwischen innen und außen, der nach den Spielen frei zugänglich sein wird.« Jacques Herzog, 2008

Anregungen

1. Vergleichen Sie die Stadionbauten in Hinblick auf die Materialien, die äußere Form und die symbolische Aussage.

2. Erläutern Sie, was J. Herzog mit dem Stadion in Peking als »Trojanisches Pferd« meint.

3. Diskutieren Sie: Sollten westliche Architekten in totalitären Staaten bauen?

4. Bewerten Sie den Umbau des Olympiastadions Berlin durch das Büro GMP (s. S. 130).

5. Experimentieren Sie mit Zeltdachkonstruktionen am Modell (Grundplatte, Holzstäbe, Nylonstrümpfe).

6. Untersuchen Sie organische Formen auf ihr Potenzial für architektonische Projekte.

Schule mit neuem Gesicht

Luther-Melanchthon-Gymnasium / Europaschule Wittenberg von Friedensreich Hundertwasser, 1996–1999

Luther-Melanchthon-Gymnasium
Wittenberg, 1975. Plattenbau Typ Erfurt II

»Hundertwasserschule«. Luther-Melanchthon-Gymnasium in Wittenberg nach dem Umbau durch Friedensreich Hundertwasser, 1996–1999

»Ein Kind hat drei Lehrer«, sagt ein schwedisches Sprichwort. *»Der erste Lehrer sind die anderen Kinder. Der zweite Lehrer ist der Lehrer selbst. Der dritte Lehrer ist der Raum.«*

In den 1970er-Jahren führten steigende Schülerzahlen und neue Bildungskonzepte zu einem großen Bedarf an neuen Schulbauten – und aus Finanzmangel oftmals zu sterilen, monotonen, rein funktionalen Schulbauten. Ästhetisch-gestalterische Aspekte mussten hinter ökonomischen Zwängen zurücktreten.

Auf standardisierten Fertigbauelementen beruhte auch der Schulbau in der DDR. Ein typischer »Plattenbau« war das Luther-Melanchthon-Gymnasium in Wittenberg (oben). Anfang der 1990er-Jahre entwickelten Schülerinnen und Schüler hier Ideen, wie ihre Schule verändert werden könnte.

Sie schrieben an den österreichischen Künstler Friedensreich Hundertwasser, der sich seit den 1950er-Jahren für eine organische Architektur engagierte und den Auftrag annahm. Die Schule erhielt begrünte Dächer, Nischen in der Fassade für Vögel und »Baummieter« in den Fensteröffnungen. Rationale Prinzipien sollten außer Kraft gesetzt werden.

Baummieter an der Hundertwasserschule

»Seit es indoktrinierte Stadtplaner und gleichgeschaltete Architekten gibt, sind unsere Häuser krank. Sie werden nicht erst krank, sie sind schon als kranke Häuser konzipiert und zur Welt gebracht worden. [...] Diese kranken und krank machenden Häuser können Architekten nicht wieder gesund machen, denn sonst hätten sie sie gar nicht gebaut. Also muss ein neuer Berufszweig her: der ARCHITEKTURDOKTOR. Der Architekturdoktor tut nichts anderes, als Menschenwürde und Harmonie mit der Natur und mit der menschlichen Kreation wiederherzustellen.«

Friedensreich Hundertwasser, 1990

Anregungen

1. Beschreiben Sie die Veränderungen zwischen dem ursprünglichen Bau des Luther-Melanchthon-Gymnasiums (oben rechts) und der »Hundertwasserschule«.

2. Entwickeln Sie Ideen und Vorschläge für die Umgestaltung Ihrer Schule und des Schulhofs. Fertigen Sie in Teams zeichnerische Entwürfe, Risse und ein Modell an.

Fantastische Architektur

Marinus Boezem: Die Grüne Kathedrale, 1978 – heute. 178 italienische Pappeln. Almere, Flevoland, Holland

Architektonische Utopien, Experimente und Visionen

Aspekte ihrer Geschichte und Theorie

Giovanni Battista Piranesi: Kerkererfindung XIV. Der gotische Bogen, 1760. Radierung, 41 x 55 cm. Kupferstichkabinett Berlin

Der Begriff »Fantasie«, aus dem griechisch-lateinischen »phantasia« gebildet, bedeutet ursprünglich »Vorstellung, Einbildung« und heute auch »Erfindungsgabe« und »Einfallsreichtum«. Unter »Fantastische Architektur« fallen hier ungewöhnliche, experimentelle, skurrile, bizarre, groteske, imaginäre, visionäre und utopische Bauwerke, die den Rahmen des Üblichen und Traditionellen sprengen. Der Architekt ist dabei eher Künstler denn Baumeister.

Die Frage der Realisierbarkeit

Hilfreich bei der Betrachtung ist die Unterscheidung zwischen ungebauter und gebauter Architektur. Ungebaute, d. h. geplante, aber nicht realisierte Architektur bezeichnet man als »Projekt«, gebaute als »ausgeführte« Architektur.

Von jedem Architekten gibt es Ungebautes. Schier unüberschaubar die Zahl der über die Jahrhunderte entstandenen, aber nicht ausgeführten Entwürfe! Schließlich ist jede Architektur in einem ersten Stadium nur Idee, Vision

oder Utopie, und nicht jeder Entwurf, nach dem gebaut werden könnte, wird umgesetzt. Bei den in diesem Kurs abgebildeten Werken liegt es oft daran, dass der Architekt seine Fantasie ohne Rücksicht auf Realisierbarkeit spielen ließ. Wichtig ist daher auch die grundsätzliche Unterscheidung zwischen »baubarem« und »unbaubarem« Entwurf, zwischen realisierbarer Fantasie und einem Plan, der nicht auf Verwirklichung zielt, wie bei den Zeichnungen von Barockkünstler Giovanni Battista Piranesi (Abb. links).

Projekte, die in früheren Jahrhunderten noch utopisch anmuteten, konnten später aufgrund neuer Technologien durchaus realisierbar sein. Manche Ideen konnten Baumeister vergangener Zeiten gar nicht entwickeln, weil die Ausführung jenseits des Möglichen lag. Der Eiffelturm (Abb. S. 147) war vor Einführung der Eisenarchitektur nicht denkbar. Nicht wenige Vorhaben erwiesen sich als zu aufwendig und blieben während des Bauverlaufs als »Bauruinen« liegen. So bekamen auch der Kölner Dom und das Ulmer Münster erst im 19. Jahrhundert ihre heutige Gestalt.

Funktionen der fantastischen Architektur

Eine weitere hilfreiche Unterscheidung ist die zwischen »funktional« und »unfunktional«. Funktional im traditionellen Sinn wäre z. B. eine bewohnbare Architektur, unfunktional eine unbenutzbare, der letztlich aber eine symbolische Funktion zugrunde liegen kann.

Fantastische Architektur kann mit monumentalen Maßen beeindrucken wollen, wie Türme (vgl. S. 146 f.) und Wolkenkratzer (S. 160 f.), sie kann Stilexperiment sein (S. 150 f.), sie kann als »Architekturskulptur« formal-ästhetische Qualitäten in den Vordergrund stellen (S. 158 f.), sie kann Formen der Natur erzählerisch nachahmen, die technischen Voraussetzungen von Architektur negieren und mit gesellschaftspolitischem Anspruch auftreten.

Architektur mit dem letztgenannten Ziel wird als »Utopie« bezeichnet. Der Begriff geht auf den englischen Staatsmann und

1784 E. Boullée: Newton Kenotaph		1806 C. N. Ledoux: Arbeiterstadt			1824 R. Owen: New Harmony		1851 J. Paxton: Crystal Palace			1875 Garnier: Oper Paris		1889 Eiffelturm

1776 Unabhängigkeitserklärung der USA	1789 Französische Revolution	1804 Napoleon Kaiserkrönung	1815 Wiener Kongress	1830 Julirevolution in Frankreich	1848 Revolutionen in Europa	1870/71 Deutsch-Französischer Krieg	1882 New York: erstes Elektrizitätswerk

Revolutionsarchitektur	sozialutopische Architektur	Ingenieurarchitektur

Spätbarock / Rokoko	Klassizismus – Historismus

1770	1780	1790	1800	1810	1820	1830	1840	1850	1860	1870	1880	1890

→ weitere historische Ereignisse und Stilentwicklungen siehe S. 82 f.

Philosophen Thomas Morus zurück, der 1516 sein Hauptwerk »Utopia« veröffentlichte. Dieses stellt einen Ver-
nunftsstaat auf einer Insel vor, in dem soziale Unterschiede abgeschafft sind und Toleranz herrscht.

Ideale Stadtanlagen erhielten oft Grundrisse mit geometrischen Formen: Kreis, Quadrat, Dreieck, Stern oder Ellipse schienen in der Renaissance prädestiniert für ein harmonisches Zusammenleben, wie der Entwurf von Filarete
zeigt, dem jedoch keine Ausführung beschieden war (Abb.
rechts). Im absolutistischen Barock ließen sie sich macht-
politisch nutzen (vgl. S. 31 o. rechts). Zur Zeit der Französischen Revolution von 1789 konnten sie den Geist des Rationalismus symbolisieren, wie Entwürfe von Claude Nicolas
Ledoux und Etienne-Louis Boullée belegen (S. 140 f.). Im
19. Jahrhundert propagierten Reformer wie Charles Fourier
und Robert Owen »sozialutopische« Siedlungsprojekte auf
geometrischen Grundrissen (S. 142 f.).

durchgesetzt hatte, ist seit
den 1960er-Jahren ein
neues Bedürfnis an expe-
rimenteller Gestaltung
zu beobachten, ob nun
in der Richtung der
»Postmoderne«, die
Elemente aus ver-
schiedenen Stilen als
Versatzstücke einsetzt
(S. 134), oder in der »dekonstruktivistischen« Ar-
chitektur, die den Regeln
des Bauens zu spotten
scheint – möglich gemacht
durch Computersoftware
(S. 26, 156).

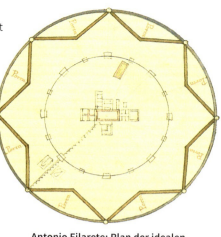

**Antonio Filarete: Plan der idealen
Stadt »Sforzinda«, um 1465.** Aus:
»Trattato di architettura«. Biblio-
teca Nazionale Centrale, Florenz

Stilentwicklungen im 20. Jahrhundert
Als in Malerei und Plastik eine allgemeine Befreiung der
Kunst vom Abbildhaften einsetzte, entstanden auch in der
Architektur »fantastische« Richtungen. Voran ging um 1900
der Jugendstil (vgl. S. 60, 100 f.), in der ersten Hälfte des
20. Jahrhunderts traten dann Kubismus, Futurismus,
Expressionismus und Konstruktivismus hervor. Jede Richtung verband mit ihrer Formensprache ein eigenes Anlie-
gen (s. S. 148 ff.). Einige Bauten gelten aufgrund ihrer plastischen Qualitäten als »skulpturale Architektur«, umgekehrt
besitzen Skulpturen architektonische Merkmale (S. 156 f.).

In der zweiten Hälfte des 20. Jahrhunderts sind erneut
Architekturfantasien mit gesellschaftlicher Reichweite zu
verzeichnen, von den Stadtutopien eines Le Corbusier
(vgl. S. 154 f.) bis zum »antirationalen« Wohnungsbau eines
Friedensreich Hundertwasser (S. 61, 138). Fließend sind die
Grenzen zur Alltagskultur, z. B. zu Eigenbauten aus Rest-
materialien, zu bemalten Wohnmobilen, Hausbooten und
vielleicht sogar zu Sandburgen am Strand.

Nachdem sich in der Nachkriegszeit der in den 1920er-
Jahren entwickelte, funktionale »Internationale Stil«

Visionen für die Zukunft
Architektur der Zukunft muss die aktuellen Probleme
lösen helfen: den Klimawandel, die damit einhergehende
Desertifikation (Verwüstung) bei gleichzeitig rapide wach-
sender Weltbevölkerung, Urbanisierung und großen Mig-
rationsströmen. Architektinnen und Architekten entwerfen
hierfür innovative Konzepte, die neue Räume in den Blick
nehmen, von künstlichen Inseln über schwebene Städte
bis zur Besiedelung des Weltraums (S. 85, 161, 168).

Anregungen

1. Unterscheiden Sie Bauwerke aus
dem Kurs Fantastische Architektur in: realisiert, realisierbar und
unrealisierbar.

2. Stellen Sie Gründe und Ursachen
für fantastische und utopische Architektur zusammen. Wenden Sie sie auf
einen von Ihnen erstellten Katalog
mit mehreren Bauwerken an.

				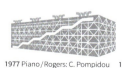			
1914 A. Sant'Elia: E-Werk	1920 W. Tatlin: Denkmal	1934 Le Corbusier: Algier-Plan	1977 Piano/Rogers: C. Pompidou	1993 Z. Hadid: Feuerwehrhaus	2009 SOM: Burj Khalifa		

1905 A. Einstein Relativitätstheorie	1914–1918 1. Weltkrieg	1933 Hitler dt. Reichskanzler	1939–1945 2. Weltkrieg	1961 Gagarin erster Mensch im All	1968 Studenten-revolten	1975/76 Computer-Firmengründungen	1989 Fall der Mauer	2001 Attentat vom 11. Sept.	2018 Fridays-for-future-Bewegung

	Expressionismus		Konstruktivismus		Internationale Architektur		Postmoderne		ökologisches Bauen
Jugendstil	Kubismus/Futurismus		NS-Architektur		Brutalismus		High-Tech-Architektur		Dekonstruktivismus

1900	1910	1920	1930	1940	1950	1960	1970	1980	1990	2000	2010	2020

Revolutionsarchitektur um 1800

Der Kenotaph für Isaac Newton von Étienne-Louis Boullée, 1784

Im Zuge der Aufklärung und der Französischen Revolution (1789) kam die Richtung der Revolutionsarchitektur auf. Diese wandte sich gegen Ornamentik und Bauschmuck – Merkmale der höfisch geprägten Architektur in Barock und Rokoko – und bevorzugte einfache und stereometrische Formen. Die zumeist französischen Architekten nahmen in ihren Entwürfen kaum Rücksicht auf Realisierbarkeit. *»Die einfachen Formen und riesigen Ausmaße«* sollten, wie der Kunsthistoriker Günter Metken erläutert, *»die staatsbürgerliche demokratische Gesinnung festigen«.*

Zu den wenigen (partiell) ausgeführten Plänen gehört die klar und rational strukturierte Salinenarbeiterstadt Chaux von Claude Nicolas Ledoux (Abb. rechts). Der Entwurf jedoch, der den Geist der Revolutionsarchitektur am reinsten verkörpert, ist Étienne-Louis Boullées Kenotaph für Isaac Newton (Abb. S. 141). Die monumentale, 150 m hohe Hohlkugel besitzt in der »Tagversion« zahlreiche

»Ich wollte Newton in den Himmel stellen.«

Étienne-Louis Boullée, 1792

Vue perspective de la Ville de Chaux

Claude Nicolas Ledoux: Plan der idealen Salinenarbeiterstadt Chaux, 1774–1806. Arc-et-Senans, französisches Département Doubs

rohrförmige Durchbrüche durch die Hülle; die »Nachtversion« kennzeichnet eine leuchtende Armillarsphäre. Im Innern steht ein Sarkophag genau im Gravitationspunkt. Mit diesem Entwurf imaginierte Boullée das erste auf einer Kugel basierende Bauwerk und inspirierte mit ihm viele weitere Projekte und kugelförmige Konstruktionen. Günter Metken beschreibt die zugrunde liegenden Ideen.

Richard Buckminster Fuller: Dome, 1975. Geodätische Kuppel mit Aluminiumröhren-Stecksystem, 1954 in den USA patentiert. 1978/79 in Detroit als Autosalon genutzt, seit 2000 Vitra Campus, Weil am Rhein

Isaac Newton (1643–1727) erklärte mithilfe des von ihm gefundenen Gravitationsgesetzes die Bewegung der Planeten um die Sonne. Er brachte die rationale Erforschung des Weltalls um einen großen Schritt voran. In Frankreich setzten sich seine Erkenntnisse am Ende des 18. Jahrhunderts endgültig durch und führten zu einem fast gottähnlichen Kult, dessen bestechendste Formulierung das Newton-Denkmal ist. Es lehnt sich in der Ummantelung an römische Rundgräber (Augustus, Hadrian) an. Auch die Zypressenalleen sind von dort entlehnt. […]

Boullée fasste sein Projekt als realistisch auf. Es bildete sozusagen das System Newtons ab: »Durch deine Kenntnisse und dein Genie hast du die Gestalt der Erde bestimmt; meine Absicht war, dich mit deiner Entdeckung zu umgeben, dich mit dir selbst zu umgeben.« Dies war nur mit einer Kugel möglich, die als vollkommene Form das Universum darstellt. Boullée beschreibt in seinem Traktat den »einmaligen Vorteil«, welchen diese Form bietet: »Wohin man auch blickt, immer gewahrt man (wie in der Natur) eine einzige durchlaufende Oberfläche ohne Anfang und Ende, die sich ausdehnt, je länger man sie abschreitet. […] Der Betrachter kann sich dem, was er an-

→ Pantheon in Rom, S. 27, 86 f.

Étienne-Louis Boullée: Kenotaph für Isaac Newton, 1784 (Ansicht). Hohlkugel mit 150 m Höhe auf doppeltem ringförmigem, von Zypressen bestandenem Sockel. Lavierte Federzeichnung, ca. 40 x 65 cm. Bibliothèque Nationale, Paris

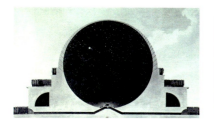 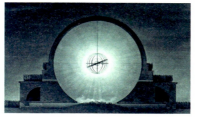

Étienne-Louis Boullée: Tagversion und Nachtversion des Kenotaph für Isaac Newton, 1784. Lavierte Federzeichnungen, je ca. 40 x 65 cm. Bibliothèque Nationale, Paris

Anregungen

1. Fassen Sie die Merkmale des Newton-Kenotaphs zusammen. Beschreiben Sie dabei, wie sich »Aufklärung« im Bauwerk spiegelt.

2. Arbeiten Sie den Einfluss von Ledoux' Salinenarbeiterstadt auf weitere Siedlungen heraus, etwa Owens »New Harmony« (S. 144 f.).

3. Erproben Sie im Modell verschiedene Möglichkeiten des massiven und des skelettartigen Kuppelbaus.

4. Entwerfen Sie ein monumentales architektonisches Denkmal für eine bedeutende Persönlichkeit oder eine Idee, zunächst als sachliche Zeichnung, dann mit einem stimmungsvollen Kontext.

sieht, nicht nähern; hundert stärkere Kräfte halten ihn an dem Platz fest, der ihm zugeteilt ist.« […] Der etwas erhöht platzierte Sarkophag ist der einzige Anhaltspunkt in der leeren Kugel, welche die Unendlichkeit des kosmischen Raums wiedergibt. Löcher in der Kalotte lassen das Tageslicht so einfallen, dass der Eindruck des gestirnten Himmels entsteht. Dieses Motiv ist möglicherweise aus türkischen Bädern übernommen. […]

Das Innere kann durch eine riesige Lampe in Form eines Astrolabs beleuchtet werden. »Man sieht ein Monument, in dem der Betrachter wie durch einen Zauber in die Lüfte gehoben und auf den Dämpfen der Wolken in die Unendlichkeit des Raums getragen wird.«   Günter Metken

---

Architektur- und Sozialutopie im frühen 19. Jahrhundert

New Harmony von Robert Owen in Indiana, USA, 1824

Thomas Morus: Utopia, 1516. Holzschnitt

Schon 1516 schilderte Thomas Morus in seinem Roman von der fiktiven Insel »Utopia« das ideale Zusammenleben der Menschen. Um 1614 beschrieb dann Francis Bacon sein »Nova Atlantis«, eine Insel, auf der die Wissenschaft blüht. Doch erst in der Zeit nach 1800 erlebte die Sozial- und

Architekturutopie ihren Höhepunkt. Die Gründe liegen in der beginnenden Industrialisierung, dem Anwachsen der Arbeiterschaft, der Slums der Großstädte und der gesellschaftlichen Konflikte, als eine Arbeitszeit von 14 Stunden an der Tagesordnung war.

In dieser Situation entwickelten aufgeklärte Unternehmer wie der Franzose Charles Fourier oder der Engländer Robert Owen Reformkonzepte mit dem Ziel gesellschaftlicher Veränderungen. Gerade Owen konnte international beachtete Erfolge aufweisen, als er von 1800 bis 1829 eine Baumwollspinnerei im schottischen Ort New Lanark leitete, wo er »philanthropische« (griech., menschenfreundliche) Ideen verwirklichte, z.B. Kindergärten und Bildungseinrichtungen schuf.

Seine architektonischen Utopien jedoch konnte Owen in New Lanark nicht verwirklichen. So kaufte er 1825 im wenig besiedelten amerikanischen Staat Indiana ein Stück Land beim

Dorf Harmony, um dort sein New Harmony zu errichten, ein Gemeinwesen für 2000 Mitglieder.

Der Architekt Thomas Stedman Whitwell fertigte Pläne für eine Siedlung, während Owen auf einem Propagandafeldzug Menschen aus allen Schichten begeisterte. New Harmony währte jedoch nur von 1825 bis 1827 und die architektonischen Pläne gelangten nie zur Ausführung. Die Gesamtutopie scheiterte an organisatorischen Missständen, an der rasch erschöpften Aufnahmekapazität, an divergierenden pädagogischen Vorstellungen und separatistischen Bestrebungen.

Obwohl die Idee der Reform bald von der Forderung nach einer Revolution – 1848 erschien das »Kommunistische Manifest« von Karl Marx und Friedrich Engels – überrollt werden sollte, entstanden an verschiedenen Orten kleinere »owenistische« Kommunen. Die Architekturhistorikerin Franziska Bollerey äußert sich im Text unten näher zu New Harmony.

Landschaft bei Harmony, Indiana, USA.
Kolorierter Stahlstich, um 1820

Die Owen'sche »Einigkeit« soll sich auf einem Gelände von 16,5 Hektar abspielen, der engere Wohnbereich auf einem Baugrund von elf Hektar errichtet werden. […] Die Außenseiten der an die »Georgian terraces« erinnernden spitzgiebeligen Hausreihen waren in einer Länge von 305 m geplant. Einer der vorgesehenen diagonalen Wege soll nach Möglichkeit mit einem Meridian übereinstimmen und auf einen markanten Punkt in der Landschaft hinweisen. So ist auch eine gleichmäßige Besonnung aller Gebäude gewährleistet, und der Bezug zu astronomischen und geografischen Belangen wird gegeben. […] Der technisierte Wohnkomfort entsprach den Wünschen des mechanischen Erfindungen zugetanen Stifters. Das Heizungs- und Ventilationssystem sollte sowohl im Privatbereich der Wohnungen als auch im öffentlichen Bereich der Kommunikationstrakte vorbildlich gelöst werden. Aus allen Wasserhähnen sollte warmes und kaltes Wasser fließen, Reparatur- und Reinigungsbetriebe haben durchgehende Öffnungszeiten. Ein weit verzweigtes System von Fließbändern und Schienen unterwandert das Siedlungsquadrat. Es führt zu den verschiedenen Lagerräumen und Küchen und dient der

→ Slums, S. 41 • Sozialer Wohnungsbau, S. 62 f. und S. 74 f. • Siedlungsbau in der NS-Zeit, S. 72 f.

Thomas Stedman Whitwell: Entwurf für Owens »**New Harmony**«**, 1824.** Lithografie von F. Bate, Mary Evans Picture Library, London

a   Konservatorium im botanischen Garten
b   Gymnasium, bedachte Übungsplätze
c   warme Bäder, für Männer und Frauen
d   Speisesäle mit den Küchen darunter
e   Eckgebäude: Schulen, Kindergarten,
    Aufenthaltsräume für Erwachsene
f   Bücherei, Buchbinderei, Druckerei etc.
g   Ball- und Musiksäle
h   Forum für Vorlesungen, Laboratorium
i   Museum mit Bibliothek und Werkstatt
j   Brauereien, Bäckereien, Wäschereien,
    Bäder, um die Sockel der Türme herum

k   Kinder-Refektorien vor den Speisesälen
l   Türme mit Luftabzugskanälen, Beleuch-
    tungsanlagen, Uhren, Observatorien
m   Aufenthaltsräume und Zimmer
n   Schlafräume für Ledige und Kinder,
    veränderbare Zimmer
o   um 3,66 m erhöhte Esplanade
p   gepflasterte Fußwege
q   Arkaden und Terrassen
r   Zufahrt unterirdisches Transportsystem
    (Küchen, Heizung, Lager, Müllabfuhr)
s   Treppen zum Siedlungsplateau

»Es gibt nur eine Methode, mit welcher der Mensch dauerhaft zu all dem Glück kommen kann, an dem er sich von Natur aus erfreut – die Vereinigung und Zusammenarbeit aller zum Wohl des Einzelnen.«

Robert Owen, 1826

mechanischen Abfallbeseitigung. Dieses unterirdische Netz ist mit den Geschossen über der Erde durch eine große Anzahl von Liften verbunden. […]

Whitwell hat der geometrischen Anordnung zum Trotz die Gebäude so angeordnet, dass man sie als Bewohner des Parallelogramms kaum bemerkt. Es gibt keine Sichtachse, keine barocken Point-de-Vues. Der Whitwell-Plan ist vielmehr eine Enumeration von Einzelelementen, deren Individualität für den Bewohner stärker ist als der Gesamtzusammenhang.

Die Gymnasien und die Bäder sind oktogonal. In die zentrierenden Mittelbauten der Wohnhaustrakte sind ebenfalls oktogonale Türme eingeschoben, und in die Eckkomplexe sind oktogonale Turmstümpfe eingelassen. […] In England war der oktogonale Grundriss von den Glockentürmen gotischer Kathedralen (zum Beispiel Ely) her bekannt. Von der altchristlichen Symbolik übernommen, spielte das Oktogon für Zentralbauten, Grabkapellen und Taufkirchen eine bedeutende Rolle.

Franziska Bollerey

Anregungen

1. Untersuchen Sie die architektonische Struktur von New Harmony. Wo waren funktionale, wo symbolische Überlegungen im Spiel?

2. Recherchieren Sie, wo sich in der jüngeren Architektur Anlehnungen an frühsozialistische Experimente finden.

3. Entwerfen Sie in Gruppenarbeit das Modell für eine Siedlungsgemeinschaft in ländlicher Umgebung. Wägen Sie Vor- und Nachteile von streng geometrischen und von komplexen Strukturen ab. Berücksichtigen Sie umweltfreundliche Technologien.

Türme – von Babylon nach Paris

Der Turm von Gustave Eiffel zur Weltausstellung 1889

Turmbau zu Babel. Gemälde von Pieter Bruegel d. Ä., 1563. Öl/Holz, 114 x 155 cm. Kunsthistorisches Museum, Wien

Geschlechtertürme. San Gimignano, Toskana, Italien. Es existieren noch 15 von 72 Türmen, der höchste misst 54 m.

Der Schiefe Turm von Pisa als Lutscher. Der in Realität 55 m hohe Campanile, hier auf 24 cm reduziert

»Wohlan, lasst uns eine Stadt bauen und einen Turm, dessen Spitze bis in den Himmel reicht«, sprach Nebukadnezar II., der Herrscher von Babylon, im 6. Jahrhundert v. Chr. Der »Turm zu Babel« kam auf etwa 90 m Höhe. Laut Genesis 11, 1–9, bestrafte Gott den Frevel, indem er die Verständigung unter den Menschen störte und sie in alle Welt verstreute (»babylonische Sprachverwirrung«). Seither gilt der Turm zu Babel, dessen wirkliche Form einer »Zikkurat« ähnelte, als Sinnbild gescheiterten Größenwahns (Abb. oben).

Im Mittelalter waren Türme Elemente des Wehr- und Städtebaus. Die Stadtmauer von Rothenburg o. d. T. besaß 33 Türme. Eine Besonderheit sind die »Geschlechtertürme« in Städten der Toskana, Statussymbole adeliger Familien, die im 13./14. Jahrhundert Fehden von oben herab austrugen. Bologna hatte einmal 200 Adelstürme, San Gimignano immerhin 72 (Abb. oben). Sie sind Ausdruck der Macht und – mit Sigmund Freud – auch phallische Symbole.

Der erste in einen Sakralbau einbezogene Turm entstand im 9. Jahrhundert in Ravenna. Es entspann sich ein regelrechter Wettstreit. Der 1439 vollendete nördliche Turm des Straßburger Münsters war mit 142 m lange Zeit der höchste Turm überhaupt. Eine südeuropäische Variante ist der »Campanile«, der frei stehende Glockenturm. Berühmt ist der »Schiefe Turm von Pisa« (Abb. o. rechts).

Mit dem Anwachsen der Städte kamen im Mittelalter auch die Rathaustürme auf (Abb. S. 114 f.). Darüber hinaus gab es Bohr-, Grab-, Förder-, Leucht-, Mühl- und Wassertürme. Später kamen Fabrikschornsteine, Hochspannungsmasten, Kühl- und Fernsehtürme hinzu.

Noch nach 1945, im »Kalten Krieg« zwischen Ost und West, schienen Türme den Beweis liefern zu können, welches System die bessere Technologie besaß. Inzwischen beteiligen sich längst asiatische und arabische Länder am Wettlauf.

Zur Zeit seiner Entstehung höchst umstritten war Gustave Eiffels Wahrzeichen der Weltausstellung von 1889 in Paris (Abb. S. 145). Die folgenden Texte spiegeln die Kontroverse zwischen ihm und einer Künstlergruppe.

Wir, Schriftsteller, Maler, Bildhauer, Architekten sowie von der bisher unversehrten Pariser Schönheit faszinierte Liebhaber der Stadt, protestieren aus Leibeskräften und voller Empörung, im Namen des verkannten französischen Geschmacks, im Namen der bedrohten französischen Kunst und Geschichte, gegen die Errichtung des nutzlosen und scheußlichen Eiffelturms inmitten unserer Hauptstadt, dem der schadenfrohe Volksmund, der sich oft durch gesunden Menschenverstand und Gerechtigkeitssinn auszeichnet, bereits den Namen Turm zu Babel gegeben hat. […]

Um sich unsere Argumentation klarzumachen, reicht es übrigens, sich einen irrsinnig lächerlichen Turm vorzustellen, der wie ein gigantischer schwarzer Fabrikschornstein Paris dominiert und durch seine barbarische Masse alles erdrückt: Notre-Dame, die Sainte-Chapelle, den Turm Saint-Jacques,

 → Rathaustürme: Siena, S. 31, 114, u. Augsburg, S. 115 • Campanile des Doms in Florenz, S. 97 • Gemälde von R. Delaunay, S. 44

den Louvre, den Invalidendom, den Arc de Triomphe, all unsere gedemütigten Baudenkmäler, all unsere herabgewürdigten Architekturen, die in diesem erstaunlichen Hirngespinst untergehen werden.

Und zwanzig Jahre lang werden wir sehen, wie sich einem Tintenfleck gleich der widerliche Schatten der widerlichen Säule aus verbolztem Blech über die gesamte vom Genius so vieler Jahrhunderte noch bebende Stadt legt. »Protestation des artistes«, in: Le Monde, 14.2.1887

Welche Motive nennen die Künstler für ihren Protest gegen die Errichtung des Turms? Dass er nutzlos und scheußlich sei! […] Ich für meinen Teil glaube, dass er von einer ganz eigenen Schönheit sein wird. Glaubt man denn, dass wir, nur weil wir Ingenieure sind, bei unseren Konstruktionen nicht auf Schönheit achten, und dass wir, wenn wir etwas Solides und Dauerhaftes bauen, uns nicht auch gleichzeitig bemühen, etwas Elegantes zu schaffen? Entsprechen die tatsächlichen Bedingungen der Kraft nicht auch stets den geheimen Bedingungen der Harmonie? Das höchste Prinzip architektonischer Ästhetik besagt, dass die wesentlichen Linien eines Baudenkmals durch die perfekte Anpassung an seinen Zweck bestimmt werden. […]

Ich behaupte, dass die Krümmungen der vier Kanten des Baudenkmals, so wie die Berechnungen sie vorgegeben haben, ausgehend von einem enormen und ungewöhnlichen Grundbalken als Basis und sich von dort bis hin zur Turmspitze verjüngend, einen großartigen Eindruck von Kraft und Schönheit vermitteln werden; denn sie werden dem betrachtenden Auge die Kühnheit der ganzen Gestaltung darlegen, ebenso wie die zahlreichen Leerräume dafür Sorge tragen, dass Flächen nicht überflüssig den Stürmen ausgeliefert sind.

Der Turm wird das höchste Bauwerk sein, das Menschen je errichtet haben. Wird er dadurch nicht auch auf seine Art schon grandios sein? Warum sollte, was man in Ägypten bewundert, in Paris hässlich und lächerlich sein? […] Wodurch soll der Turm vom Champ-de-Mars aus den neugierigen Betrachter auf dem Vorplatz von Notre-Dame stören? […]

Was die Wissenschaftler betrifft, die wahren Richter über die Frage der Nützlichkeit, so kann ich sagen, dass sie eine einhellige Meinung vertreten. Nicht nur, dass der Turm interessante Beobachtungen für Astronomie, Meteorologie und Physik verspricht, nicht nur, dass er im Kriegsfall die ständige Verbindung der Stadt Paris zum Rest Frankreichs gewährleisten wird, er wird gleichzeitig der glänzende Beweis für den Fortschritt sein, den Ingenieurskunst in diesem Jahrhundert gebracht hat.

Gustave Eiffel, Antwort auf die »Protestation« in: Le Temps, 14.2.1887

Gustave Eiffel: Turm zur Weltausstellung in Paris 1889, von der Seine aus gesehen. Stahlkonstruktion, Höhe 300,5 m

Anregungen

1. Fassen Sie die praktischen und symbolischen Funktionen von Türmen zusammen.

2. Resümieren Sie die Argumente pro und kontra den Eiffelturm und entwickeln Sie dazu ein Rollenspiel.

3. Nennen Sie Gründe für die heutige Beliebtheit des Eiffelturms.

4. Setzen Sie sich mit einem Turm in Ihrer Nähe bildnerisch (fotografisch, zeichnerisch, malerisch) auseinander.

»Im Kolossalen liegt im Übrigen eine Anziehungskraft, ein eigener Charme, auf den die gängigen Kunsttheorien kaum anwendbar sind.«
Gustave Eiffel, 1887

Futurismus – Ausdruck einer neuen Dynamik

»Maschinenarchitektur« von Antonio Sant'Elia, 1913/14

»*Ein Rennwagen*«, *so* proklamierte 1909 der Dichter Filippo Tommaso Marinetti, »*ist schöner als die Nike von Samothrake*«. Er forderte eine »futuristische« Kunst, die dem Zeitalter von Maschine, Schnelligkeit und Dynamik Ausdruck verleiht.

1914 entstand unter dem Einfluss von Marinetti ein Manifest zur »futuristischen Architektur«, unterzeichnet vom italienischen Architekten Antonio Sant'Elia. Dieser stellte sich eine Stadt wie eine Maschine vor. Seine monumentalen Bauten zeichnete er wie Skulpturen nur von außen, Auf- und Grundrisse finden sich kaum.

Aufgrund seines frühen Todes im Jahr 1916 konnte Sant'Elia kein einziges Projekt verwirklichen. Der Text rechts zitiert aus seinem Manifest.

Antonio Sant'Elia: Entwurf für den Bahnhof von Mailand, 1914. Bleistift und Buntstifte. Privatbesitz

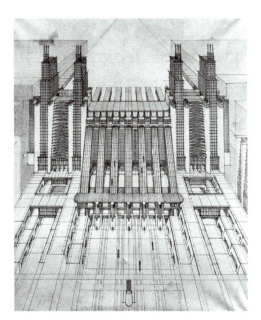

Antonio Sant'Elia: Flughafen und Bahnhof, 1913–14. Studie in Tusche und Bleistift für die »Città nuova« (Neue Stadt). Villa Comunale dell'Olmo, Como

Ich bekämpfe und verachte:

1. die gesamte avantgardistische Pseudo-Architektur österreichischer, ungarischer, deutscher und amerikanischer Herkunft;
2. die ganze klassische, feierliche, hieratische, bühnenhafte, dekorative, monumentale, elegante und gefällige Architektur;
3. die Einbalsamierung, den Wiederaufbau und die Nachahmung antiker Denkmäler und Paläste;
4. die senkrechten und horizontalen Linien, die Formen des Kubus und der Pyramide, die statisch, schwerfällig und drückend sind […];
5. die Verwendung von massiven, voluminösen, dauerhaften, veralteten und kostspieligen Baustoffen;

und proklamiere:

1. dass die futuristische Architektur die Architektur der Berechnung, der verwegenen Kühnheit und der Einfachheit ist; die Architektur des Eisenbetons, des Eisens, des Glases, des Kunststoffes, der Textilfaser und all jener Ersatzstoffe für Holz, Stein und Ziegel, mit denen man die größte Elastizität und Leichtigkeit erreichen kann;
2. dass die futuristische Architektur deshalb keine trockene Mischung von Brauchbarkeit und Zweckdienlichkeit ist, sondern dass sie Kunst bleibt, also Synthese, Ausdruck;
3. dass die schrägen und die ellipsenförmigen Linien dynamisch sind und aufgrund ihrer Natur eine emotive Potenz besitzen […];
4. dass Dekoration als Zutat für Architektur ein Widersinn ist […];
5. dass wir, die wir materiell und geistlich künstlich sind, unsere Inspiration in den Elementen der völlig neuen mechanischen Welt finden […];
6. dass die Architektur nicht länger die Kunst ist, die Gebäudeformen nach vorher bestimmten Kriterien anordnet;

→ Le Corbusier: »Wohnmaschine« Unité d'Habitation, S. 74 f.

1. Untersuchen Sie, ob und inwieweit Sant'Elias Bauten Maschinen ähneln.

2. Vergleichen Sie die Vorstellung von der Maschinenarchitektur bei Sant'Elia und Le Corbusier (S. 74 f.).

3. Entdecken Sie stilistische Ähnlichkeiten zwischen der futuristischen Architektur und der Plastik dieser Richtung (Abb. unten).

4. Überlegen Sie, wie futuristische Architektur, wörtlich genommen, heute beschaffen sein müsste.

5. Entwerfen Sie eine Fantasiearchitektur, die wie eine Maschine in sich bewegt werden kann und auch im Ganzen mobil ist.

**Plastik
des Futurismus.**
Umberto Boccioni:
Urformen von Bewegung
im Raum, 1913. Bronze, Höhe 112 cm.
Kunsthalle Mannheim

Antonio Sant'Elia: Das Elektrizitätswerk, 1914. Bleistift, farbige Tinten 31 x 20,5 cm.
Privatbesitz

7. dass unter Architektur die Anstrengung zu verstehen ist, frei und sehr kühn die Umwelt mit dem Menschen in Einklang zu bringen [...];
8. dass aus einer so verstandenen Architektur keine gewohnheitsmäßige Form- und Linienführung entstehen kann, denn die Grundeigenschaften der futuristischen Architektur werden Hinfälligkeit und Vergänglichkeit sein. Die Häuser werden kurzlebiger sein als wir. Jede Generation wird sich ihre eigene Stadt bauen müssen.   Antonio Sant'Elia, 1914

Expressionismus – Architektur einer neuen Geistigkeit

Der Einsteinturm Potsdam von Erich Mendelsohn, 1917–1921

Als am Ende des Ersten Weltkriegs (1914–18) das Wilhelminische Kaiserreich zusammenbrach, führte dies nicht nur zur Demokratie der Weimarer Republik, sondern auch zur geistigen Neubesinnung unter den Architekten. Bauaufträge gab es kaum. *»Seien wir mit Bewusstsein ›imaginäre Architekten‹!«* schrieb Bruno Taut, der die »Gläserne Kette« anführte, die in Briefen miteinander kommunizierte, unter ihnen Hermann Finsterlin, Walter Gropius und Hans Scharoun.

Das Material Glas und facettenartige Diamantformen spiegelten die neue Geistigkeit. Taut propagierte eine Architektur aus funkelndem Kris-

Hermann Finsterlin: Universität, um 1924. Gips, bemalt, 28,5 x 34,5 x 19,5 cm. Staatsgalerie Stuttgart

tall und schlug vor, die Alpen mit einer ungeheuren Glasarchitektur zu überziehen (Abb. unten links).

Einer der Wegbereiter war um 1910 Rudolf Steiner, der Begründer der Anthroposophie. Für ihn gingen von der Architektur »geistig-moralische Wirkungen« aus. Seine konkav-konvexen, an den Kubismus erinnernden Bauten, wie das Haus Duldeck links, wirken wie von einer geheimnisvollen

Urkraft geformt. Finsterlin, Vertreter einer plastisch aufgefassten Architektur, wollte »sphärische Symphonien« bauen und schuf Hunderte von fantastischen Zeichnungen, Aquarellen und Modellen (Abb. oben). Ein Kritiker bezeichnete sie als »Anarchie« und »formlose Wurstelei«. Finsterlin konnte keine größeren Projekte verwirklichen.

Ausgeführte expressionistische Architektur gibt es durchaus: So baute Hans Poelzig 1920 die Kulissen für den Film »Golem«. In Hamburg realisierte Fritz Höger 1924 das schiffsbugartige »Chilehaus« mit seinen doppelt gekurvten Seiten (Abb. links).

Eines der eindrucksvollsten expressionistischen Bauwerke ist Erich Mendelsohns »Einsteinturm« in Potsdam, ein Observatorium, das gebaut wurde, um die von Albert Einstein in der »Allgemeinen Relativitätstheorie« vorhergesagte gravitative Rotverschiebung der Spektrallinien der Sonne zu messen. Der Architekturhistoriker Wolfgang Pehnt stellt ihn im Text auf S. 151 näher vor.

Rudolf Steiner: Haus Duldeck, 1915–16. Stahlbeton. Dornach bei Basel

Bruno Taut: Alpine Architektur, 1919. Farblithografie, 39,5 x 33,5 cm

Fritz Höger: Chilehaus, 1922/24. Kontorviertel Hamburg

Erich Mendelsohn: Einsteinturm, 1917–1921. Höhe 20 m, Telegrafenberg Potsdam

War Mendelsohn schon in der Organisation des Turmzugangs und der Nebenräume frei, so nahm er sich in den Details alle Lizenzen des Künstlers: gerundete Gebäudekanten, eingeschnittene Wandungen, kantig gebrochene Fensterrahmen, skulpturale Wasserspeier, wie sie erst Le Corbusier in Ronchamp wieder verwendete [Abb. S. 102 f.].

Konzipiert hatte er den Turm als Stahlbetonkonstruktion. Im Gegensatz zum scheinbar immateriellen Stahl war Stahlbeton für Mendelsohn das eigentlich künstlerische Baumaterial. Der Beton als Füllbaustoff stellte die Geschlossenheit der Flächen her, bot dem Auge Halt und dem Tastsinn das Gefühl einer greifbaren Körperhaut. Vor allem aber ließ sich mit dem Beton der Charakter des rein Technischen vermeiden, den auch Mendelsohn für unverträglich mit dem architektonischen Kunstwerk hielt. Ironischerweise wurde der Einsteinturm, dieses Monument des Betons und seiner plastischen Möglichkeiten, nur zum Teil aus Beton errichtet. Wegen eines Engpasses in der Zementlieferung musste der Turm in Ziegelstein aufgeführt und mit einer Betonschicht überzogen werden. […]

Der Bau scheint in der Hand eines Schöpfer-Demiurgen geknetet worden zu sein. Er entfaltet ein dramatisches Spiel von Licht und Schatten – Licht, das auf den gekrümmten Außenflächen moduliert wird, und Schatten, die die Baumasse aufreißen.   Wolfgang Pehnt

E. Mendelsohn: Mobiliar im Einsteinturm

Anregungen

1. Listen Sie Stilmerkmale des Expressionismus in der Architektur auf.

2. Beschreiben Sie die Abhängigkeit der Form vom Baumaterial beim Einsteinturm.

3. Entwerfen Sie aus Ton ein vorwiegend plastisch aufgefasstes, in seinen Formen bewegtes Architekturmodell.

4. Bauen Sie gemeinsam expressive Kulissen für einen entsprechenden (eigenen) Film oder ein Theaterstück.

Konstruktivismus – Bauen für die gesellschaftliche Erneuerung

Das »Denkmal der III. Internationale« von Wladimir Tatlin, 1920

Mit der Oktoberrevolution von 1917 entstand in Russland eine neue Technikbegeisterung. So wie die neue Gesellschaft sollten auch Kunst und Architektur »gebaut« werden. Hierfür kam 1921 die Stilbezeichnung Konstruktivismus auf. Nach der Gründung der Sowjetunion im Jahr 1922 unter Regierungschef Lenin staatlich gefördert, wandte sich der Konstruktivismus mit geometrischen Formen gegen die traditionelle Architektur, die das zaristische Russland verkörperte.

Die Visionen in der Baukunst waren ebenso revolutionär wie die gesellschaftliche Umwälzung. Ein Beispiel ist El Lisitzkys »Wolkenbügel«, bei dem nur noch die Verkehrswege vertikal verlaufen, die Geschosse aber horizontal angelegt sind (Abb. oben).

Unter den Konstruktivisten gab es zwei konkurrierende Konzepte. Die Funktionalisten waren der Ansicht, dass eine Form mit einer praktischen Funktion zwangsläufig eine künstlerische Form sei. Künstler wie Wladimir Tatlin meinten, eine zielgerichtete künstlerische Form sei funktionell. Weltweites Aufsehen erregte sein »Denkmal der III. Internationale«, ein Monument für die Zusammenkunft der Arbeiterorganisationen aller Länder. Der 400 m – ein Hunderttausendstel des Erdlängenkreises – hohe Bau aus Stahl und Glas sollte sich, wie bei einer »kinetischen Plastik«, in ständiger Bewegung befinden. Der Architekturhistoriker Klaus Jan Philipp stellt ihn näher vor.

»Malerei
+ Ingenieurwissenschaft
– Architektur =
Materialkonstruktion
$(a + c - o = k).$«
Wladimir Tatlin, 1922

El Lissitzky: Wolkenbügel, 1924/25. Blick auf den Nikitskaia Platz, Moskau. Montage aus Foto und Zeichnung mit Tusche und Buntstift, 40 x 55,5 cm. Russisches Staatsarchiv für Literatur und Kunst

Nicht wenige Architekten der frühen Moderne waren sich sicher, dass eine Erneuerung der Architektur nur über den Weg der Akzeptanz der neuen Techniken des »Maschinenzeitalters« verlaufen konnte. Rationale Fertigungstechniken sollten ebenso wie moderne Materialien zu einer ökonomischen Bauweise eingesetzt werden, um insbesondere dem Problem der Wohnungsnot zu begegnen.

Besonders die Architekten des russischen Konstruktivismus der Jahre nach der Oktoberrevolution 1917 suchten in den neuen Techniken ihre Ausdrucksformen. So sollte Wladimir Tatlins Monument für die III. Internationale von 1919/20 eine monumentale, als Doppelhelixstruktur ausgebildete Stahlkonstruktion sein [Abb. S. 153]. Die Neigung des Turms sollte der Neigung der Erdachse entsprechen. In diese Struktur sollten gläserne Körper – Würfel, Kubus und Zylinder – eingehängt sein, die die Organe der Legislative, der Jurisdiktion und das »Propaganda-Ministerium« mit einer Funkstation aufnehmen; die Körper selbst sollten sich nach vorgegebenen Zeiteinheiten um ihre eigene Achse drehen. Von der obersten Plattform sollten Projektionen an den Himmel vorgenommen werden.

Obwohl dieser Turm nur als Modell realisiert wurde, hat er gleichwohl weittragenden Einfluss auf die Architektur des 20. Jahrhunderts gehabt, in dem er zu einer Leitform des Dekonstruktivismus des späten 20. Jahrhunderts wurde.
Klaus Jan Philipp

»Die Untersuchung des Materials, des Raumes und der Konstruktion ermöglichte uns, 1918 mit der künstlerischen Gestaltung der Materialkombinationen aus Eisen und Glas zu beginnen, da dies die klassischen Materialien unserer Zeit sind, die im Hinblick auf ihre künstlerische Disziplin mit dem Material der Vergangenheit, dem Marmor, wetteifern. Es besteht also die Möglichkeit, die rein künstlerischen Formen mit den nützlichen Zielen in Einklang zu bringen. Ein Beispiel dafür ist der Entwurf des Denkmals der III. Kommunistischen Internationale.«

Wladimir Tatlin, 1920

El Lissitzky: Tatlin bei der Arbeit, 1922.
Collage und Tusche, ca. 43,5 x 24 cm, für das Buch »Sechs Geschichten mit leichten Endungen« von Ilya Ehrenburg

Wladimir Tatlin: Modell für das Denkmal der III. Internationale, 1920.
Geplante Höhe: 400 m. Modell: Holz und Draht, ca. 6,5 m hoch. Rechts Tatlin, links einer seiner Mitarbeiter

Anregungen

1. Vollziehen Sie die Doppelhelixstruktur in Tatlins Denkmal nach.

2. Ordnen Sie Tatlins Kunstwerk einem der beiden konkurrierenden konstruktivistischen Konzepte zu (s. einleitenden Text S. 152).

3. Diskutieren Sie, welches der beiden Konzepte Sie für künstlerisch fruchtbarer halten, welches für politisch wirkungsvoller.

4. Nennen Sie Gründe, warum Tatlins Denkmal nie gebaut wurde.

5. Vergleichen Sie die Türme von Tatlin und Eiffel (S. 145).

6. Entwickeln Sie aus Holz, Draht und anderen Materialien das Modell einer kinetischen Architektur.

Stadtutopien der 1920/30er-Jahre

Projekte von Le Corbusier für Südamerika und Algier, 1929–1934

Ein Problem der Stadtplanung ist das des Bevölkerungswachstums in Ballungsgebieten. Der schweizerisch-französische Architekt Le Corbusier widmete sich ihm schon im frühen 20. Jahrhundert.

Le Corbusier rückte von der vorherrschenden Idee der »horizontalen Gartenstadt« ab und entwarf 1922 die »Ville contemporaine« für drei Millionen Menschen mit weit auseinander liegenden, von Grünflächen umgebenen Hochhäusern. Die »architektonischen Werkzeuge« sind hier konzentrisch angeordnet, Industrie z. B. ist an die Peripherie verlagert.

Besondere Bedeutung kommt den Verkehrswegen zu, so auch in Le Corbusiers späterem Konzept der »Ville radieuse«, der strahlenden Stadt, wo der Kraftzeugverkehr »flussartig« über Hochstraßen verläuft und direkt mit den vertikalen, mechanischen Verkehrswegen in den Häusern verbunden ist.

Le Corbusiers Plänen – die bis auf diejenigen für die indische Stadt Chandigarh nie realisiert wurden – liegen weniger sozialutopische als organisatorisch-gestalterische Fragestellungen zugrunde, die Paola Antonelli im folgenden Text näher beschreibt.

Le Corbusier: Stadtstudien für Montevideo, Uruguay und São Paulo, Brasilien, 1929. Tusche, 27 x 16,5 cm. Museum of Modern Art, New York

Die Skizze für Montevideo oben auf dem Blatt zeigt ein riesiges Geschäftszentrum unter einer Autobahn, die in die Bucht hinausführt, die wichtigsten Gebäude miteinander verbindet und das bestehende urbane Chaos umgeht. Die Planung für São Paulo unten sieht vor, den Verkehr der Stadt durch ein Autobahnkreuz über den Dächern der Wohnblocks abzuleiten. Mit mächtigen Eingriffen und Einschnitten in die Landschaft plant Le Corbusier zusätz-

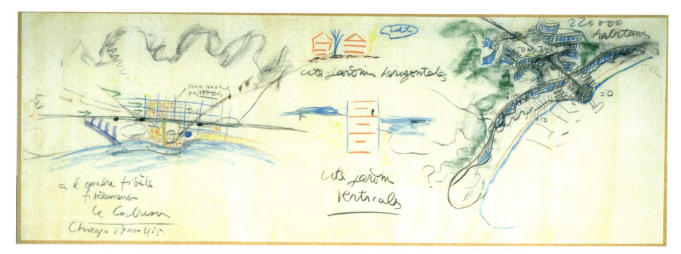

Le Corbusier: Stadtplanungsprojekt für Algier, 1930–34. Lageplan und Perspektive. Pastell auf Papier, 101 x 278,1 cm. Entstanden während einer Vorlesung zum Thema »Stadtplanung« am 27.11.1935 im American Institute of Architects in Chicago. Museum of Modern Art, New York

liche Gebäude und Schnellstraßen in großem Umfang über der bestehenden urbanen Struktur. [...]

Die erste Version von Le Corbusiers Plan für die nordafrikanische Stadt Algier, den er zwischen 1930 und 1933 ausgearbeitet hatte, bildete den Höhepunkt seiner in den zwanziger Jahren des 20. Jahrhunderts entstandenen Arbeiten über Stadtplanung und insbesondere seines Konzepts der »Ville radieuse«. Auch in den späteren Versionen war diese Planung Ausdruck der zerstörerischen Ansätze seiner Architektur, die dazu tendierte, die Vergangenheit auszulöschen, um eine bessere Zukunft aufzubauen. Le Corbusier war sich dessen sehr wohl bewusst und nannte sein Konzept »Obus«- oder »Schrapnell«-Planung. Dargestellt sind ein Geschäftszentrum auf den Docks, wo die zuvor bestehenden Gebäude abgerissen wurden, ein Wohngebiet auf dem schwierigen, hügeligen Gelände des Fort l'Empereur sowie eine riesige erhöhte Autobahn mit Häusern für 180 000 Menschen darunter. [...]

Der Plan auf der linken Seite zeigt seine Vision einer neuen Stadt, deren Höhepunkt die neuen Gebäude auf den Docks sind, hervorgehoben mit Rot auf gelbem Grund. Paola Antonelli

Le Corbusier: Stadtplanungsprojekt für Algier, 1930. Projektskizze mit »verzahntem Wohnblock« (vorn) und »Viadukt-Haus« entlang der Küste direkt unter der Autobahn

»... man vertreibt mich. Man hat die Türen geschlossen. Ich gehe fort und habe zutiefst das Gefühl: Ich habe recht [...]. Man leidet bitter, wenn man sieht, dass Menschen, die ihre Stadt lieben, ihr hartnäckig das Lächeln der Kunst und die Haltung der Größe versagen.«

Le Corbusier am 22. Juli 1934 nach der Ablehnung seines Plans für Algier durch die Behörden

Anregungen

1. Ordnen Sie die Projektskizze rechts der Zeichnung oben zu. Würden Sie gern hier wohnen?

2. Vergleichen Sie die hier vorgestellten Stadtanlagen mit denen auf S. 33.

3. Geben Sie dem Stadtrat Algiers recht, Le Corbusier vertrieben zu haben? (Zitat rechts.)

4. Entwerfen Sie eine utopische Architekturlandschaft über Plänen oder Luftfotos Ihres Wohnorts.

Dekonstruktivismus – »Architektur muss brennen«

Dachausbau von Coop Himmelb(l)au, 1984–1989, und Vitra-Feuerwehrhaus von Zaha Hadid, 1990–1993

Coop Himmelb(l)au: Dachausbau, 1984–1989. Falkestr. 6, Wien

»Wir wollen eine Architektur, die mehr hat! Architektur, die blutet, die erschöpft, die meinetwegen bricht. Architektur die leuchtet, die sticht, die fetzt und unter Dehnung reißt. Architektur muss schluchtig, feurig, glatt, hart, eckig, brutal, rund, zärtlich, farbig, obszön, geil, träumend, vernahend, verfernend, nass, trocken und herzschlagend sein. Lebendig oder tot. Wenn sie kalt ist, dann kalt wie ein Eisblock. Wenn sie heiß ist, dann so heiß wie ein Flammenflügel. Architektur muss brennen.«
Coop Himmelb(l)au, 1980

Der philosophische Begriff der »Dekonstruktion« – zusammengesetzt aus »Destruktion« und »Konstruktion« – meint die Verschiebung von Werten und Bedeutungen, die Infragestellung der Existenz von zweiseitigen Beziehungen, verbunden mit der Untersuchung der Zwischenräume.

In der Architektur kam der Dekonstruktivismus um 1980 auf. Er äußert sich in der Auflösung gewohnter statischer Verhältnisse, der Ablehnung des rechten Winkels, in dynamischen Diagonalen, überraschenden Ansichten und Raumöffnungen. Manche Bauten wirken, als seien sie dem Zufall, einer Katastrophe oder Explosion entsprungen.

Bedeutende Vertreter sind der Amerikaner Frank O. Gehry (Abb. S. 26, 107, 134), der Deutsche Günter Behnisch (S. 136, der Pole Daniel Libeskind (S. 16), der Österreicher Günther Domenig (S. 42) und das Büro Coop Himmelb(l)au, das 1968 von Wolf D. Prix, Helmut Swiczinsky und Michael Holzer in Wien gegründet wurde. Aus ihrem Manifest stammt das Zitat oben rechts.

Mit spektakulären Bauwerken prägte die im Irak geborene Zaha Hadid den Dekonstruktivismus maßgeblich mit. Ihr erster realisierter Entwurf war das Vitra Feuerwehrhaus, dessen Konzept sie unten beschreibt.

»Da auf dem Gelände bereits ganz uneinheitlich angeordnete große Fabrikationsgebäude standen, entschlossen wir uns, die Planung auf einen Geländeabschnitt innerhalb der Industrieanlage zu konzentrieren, ein Gebiet, das sich vom Haupteingangstor bis zum Ende des Geländes erstreckt. Das neue Feuerwehrhaus bildet den Eckpunkt eines 500 Meter langen Streifens, der einmal zu einer Architektur- und Kunstlandschaft werden soll. Im Hinblick auf eventuell anstehende spätere Erweiterungsmaßnahmen ermöglicht unser dynamisches Entwurfskonzept, in die Zwischenräume neue Baukörper einzufügen.

Der wichtigste Grundgedanke unseres Entwurfs ist eine Abfolge von geschichteten Sichtschutzmauern. Je nach Funktionsbereich sind die Wände mehr oder weniger geöffnet. Die größte Öffnung bilden die Ein- und Ausfahrtstore für die Feuerwehrfahrzeuge, die wichtigsten Objekte des Interieurs. Die rot lackierten Fahrzeuge stehen im Raum wie rituelle choreografische Zeichen. Das gesamte Gebäude wirkt wie erstarrt. Dennoch spürt man, dass alles bereit ist, bei einem Alarm blitzschnell in Aktion zu treten.«
Zaha Hadid

→ D. Libeskind, S. 16 • F. O. Gehry, S. 26, 107, 134 • G. Domenig, S. 42 • Degelo Architekten, S. 109 •
Futurismus, S. 148 f. • Konstruktivismus, S. 132 f.

Nachdem Zaha Hadid, die ein Studio in London betrieb, jahrelang mit extremen Entwürfen die Jurys überrascht und zahlreiche Wettbewerbe gewonnen, aber nie ein Gebäude ausgeführt hatte, war ihr schließlich 1990 der Auftrag erteilt worden, das neue Feuerwehrhaus auf dem Gelände des Möbelfabrikanten Vitra in Weil am Rhein zu bauen.

Das 1993 fertiggestellte Ergebnis aus Stahlsichtbeton ist geprägt von scharfen Kanten und von dynamischen Lichtachsen. Es veranschaulicht den Explosionsgedanken im Konzept der Architektin, die 2004 als erste Frau überhaupt den renommierten Pritzker-Architektur-Preis erhielt. Sullivans Satz »form follows function« scheint für dieses Feuerwehrhaus keine Gültigkeit mehr zu haben.

Zaha Hadid: Vitra-Feuerwehrhaus, 1990–1993. Heute für Ausstellungen des Vitra Design Museum genutzt. Fabrikgelände der Fa. Vitra, Weil am Rhein

Interieur, oberes Stockwerk. Links der Esstisch und die Küche, rechts die rahmenlose Verglasung über dem keilförmigen Eingangsdach

Erdgeschoss. Die Sanitäranlagen

Anregungen

1. Zaha Hadid nennt Futurismus und Konstruktivismus als Quellen ihrer Inspiration. Inwieweit lassen sich diese Einflüsse erkennen?

2. Decken Sie die gemeinsamen Merkmale der dekonstruktivistischen Bauten von Hadid, Gehry, Domenig und Coop Himmelb(l)au auf (Seitenverweise S. 156 unten).

3. Überlegen Sie, ob der Satz »form follows function« für dekonstruktivistische Architektur zutrifft.

4. Demontieren Sie Holzkisten, Kartons o. Ä. und fügen Sie Teile unter Vermeidung des rechten Winkels zu rhythmischen Architekturgebilden zusammen, die Sie ggf. auch farbig überarbeiten.

ArchiSkulptur – Betonung der ästhetisch-symbolischen Funktion

Kunst in architektonischen Formen von Mariko Mori, Milla & Partner und Timm Ulrichs

Die Wortneuschöpfung »ArchiSkulptur« beschreibt, wie fließend die Grenzen zwischen den Gattungen Architektur und Skulptur bzw. Plastik geworden sind. Hier soll der Begriff Kunstwerke mit architektonischen Elementen, kurz: die »architektonische Skulptur« umfassen und sich von der »plastischen« oder »skulpturalen Architektur« unterscheiden, die sich im Expressionismus und Dekonstruktivismus, der Organischen und der Blob-Architektur findet.

Ein Merkmal ist die Begehbarkeit, doch überwiegen bei der ArchiSkulptur die ästhetisch-symbolischen Anteile die funktionalen. Ein frühes Beispiel ist der »Merzbau«, den Dada-Künstler Kurt Schwitters 1923 in seinem Haus in Hannover begann (1943 zerstört, Rekonstruktion im Sprengel Museum Hannover). Als Werk der Land Art gilt die Grüne Kathedrale von Marinus Boezem (Abb. S. 139).

»Wirkliche Skulptur ist Architektur.«
Constantin Brancusi, um 1920

In den letzten Jahrzehnten wurde die Entwicklung durch Computerberechnungen begünstigt, wie bei dem Wave Ufo der Japanerin Mariko Mori, das sie in einer Automobilfabrik in Turin fertigen ließ, eine futuristische Behausung in biomorphen Formen (Abb. rechts). Drei Betrachter können im Innern auf Technogel-Sitzen Platz nehmen und über ein Gehirnwellenmessgerät eine Projektion an der Decke steuern.

2007 beschloss der Deutsche Bundestag, ein Denkmal für Freiheit und Einheit Deutschlands zu errichten, und zwar vor dem Humboldt Forum, der Rekonstruktion des Berliner Schlosses, dem der Palast der Republik der DDR weichen musste (vgl. S. 39). Hier stand früher das Reiterdenkmal Kaiser Wilhelms I., das von der DDR-Führung 1950 bis auf den Sockel geschleift worden war.

Aus zwei Wettbewerben mit ca. 900 Teilnehmern ging 2011 der Entwurf des Stuttgarter Büros Milla & Partner und der Choreografin Sasha

Mariko Mori, Wave UFO, 2003. Interaktive Installation, vom Biofeedback der Gehirnwellen der Besucher generierte Echtzeit-Computergrafik, Schnittstelle Gehirnströme, Vision Dome, Projektor, Computersystem, Fiberglas, TechnoGel®, Acryl, Carbon Fiber, Aluminium, Magnesium, 4,93 x 11,34 x 5,28 m. Installationsansicht Biennale Venedig 2005

Waltz siegreich hervor, eine begehbare Schale, die sich durch Interaktion der Besucher langsam neigt (Abb. u. links). Umwelt-, Finanz- und Denkmalschutzbedenken verzögerten die Aufstellung des vom Volksmund »Einheitswippe« getauften Werks.

An der Schnittstelle zwischen Skulptur und Architektur bewegt sich die »Kunst-am-Bau«, für die bei öffentlichen Bauvorhaben 1–2 % des finanziellen Volumens zur Verfügung gestellt werden können.

Beim Neubau der »Allianzarena« durch die Architekten Herzog & de Meuron lud die Stadt München elf Künstler zu einem Wettbewerb ein, den Timm Ulrichs gewann. Der Konzeptkünstler nahm das Dorf Fröttmaning in den Blick, das bereits in den 1950er-Jahren durch eine Mülldeponie zugeschüttet worden war – bis auf die romanische Heilig-Kreuz-Kirche aus dem 12. Jahrhundert, die von einer Bürgerinitiative gerettet wurde. Der Kunstjournalist und -kritiker Matthias Reichelt beschreibt Ulrichs' versunkenes Dorf näher (S. 161).

Milla & Partner: Bürger in Bewegung, Entwurf, Stand 2014. Das Freiheits- und Einheitsdenkmal in Berlin. Wie bei der friedlichen Revolution von 1989 müssen sich die Besucher verständigen und zu gemeinsamem Handeln entschließen, um etwas zu bewegen: Wenn sich auf einer Schalenhälfte mindestens 20 Personen mehr zusammenfinden als auf der anderen, beginnt die Schale sich langsam und sanft zu neigen.

→ M. Boezem: Die Grüne Kathedrale, S. 139

Timm Ulrichs: Versunkenes Dorf, 2004–2006. München-Fröttmaning, hinten die Allianzarena von Herzog & de Meuron (beg. 2002), rechts die romanische Heilig-Kreuz-Kirche aus dem 12. Jahrhundert, links das Duplikat (Realisation: Maier Neuberger Projekte)

D er mit dem 1. Platz prämierte Entwurf des Konzeptkünstlers Timm Ulrichs wurde vis-à-vis von Autobahn und neuem Fußballstadion realisiert und kürzlich eingeweiht. Ulrichs hatte die Heilig-Kreuz-Kirche als Symbol für das verschüttete Dorf in den Mittelpunkt seines Entwurfs gestellt. Eine in den Ausmaßen und in der Form identische Replik der Originalkirche wurde so weit im Müllberg versenkt, dass nur ein Teil des 18,40 m hohen Kirchturms sowie des 16,86 m langen und 9,62 m breiten Kirchenschiffs sichtbar sind. Das moderne Duplikat aus gegossenen Betonteilen steht parallel verschoben in einer Entfernung von 150 Metern vom Original und ist gut von Autobahn und dem neuen Fußballstadion von Herzog & de Meuron zu sehen. […]

Für eine Fata Morgana könnten Autofahrer auf der Autobahn oder Besucher auf dem Weg ins Stadion die Erscheinung der zwei Kirchen in Fröttmaning halten. Ulrichs hat eben nicht das Verschüttete in einem kitschigen Historismus wiedererstehen lassen, sondern das einzig gerettete Gebäude dupliziert. Mit der Replik setzt der Künstler dem »standhaft« gebliebenen Bauwerk ein Denkmal und schafft gleichzeitig ein Mahnmal gegen die zerstörerische Gewalt im Dienst eines vermeintlichen Fortschritts.

Die Zeichen mehren sich, dass eine Politik der Superlative mit ständigem Produktionszuwachs zum Scheitern verurteilt ist. Das Einzige, was derzeit wirklich wächst, ist die Armut und Verelendung, und das im globalen Maßstab. Eine Politik, die nicht den Menschen im Fokus hat, sondern einzig die Profitmaximierung, führt zu Zerstörung und Vernichtung. Somit steht die »kleine« Geschichte von Fröttmaning stellvertretend auch für die Kulturzerstörung weltweit.
Matthias Reichelt

Das Duplikat der Kirche. Beton, Silikat- und Dispersionsfarbe, 12,2 x 9 x 18,4 m

Anregungen

1. Recherchieren Sie die Kontroverse um das Einheitsdenkmal (S. 158) und beziehen Sie Stellung dazu.

2. Beschreiben Sie die Irritation, die durch das Duplikat der Kirche (oben) entsteht.

3. Entwerfen Sie in Teams eine begehbare, biomorphe Architekturplastik.

Wolkenkratzer – der Wettlauf um das höchste Gebäude

Vom Wainwright Building in Chicago von Sullivan/Adler, 1891, zum Analemma Tower von Clouds AO, seit 2016

»Skyscraper« – nicht von ungefähr war es eine amerikanische Wortschöpfung, die zu entsprechenden Übersetzungen führte, sei es »gratte ciel« oder auch »Wolkenkratzer«. In den USA kamen im 19. Jahrhundert alle Voraussetzungen zusammen: der Stahlskelettbau, der Aufzug als Mittel der vertikalen Beförderung (1853 von Elisha Otis erfunden), das Telefon für die Fernkommunikation (A.G. Bell, patentiert 1876) und eine strenge Grundstückparzellierung, die zum Bauen in die Höhe zwang. Ursprünglich Wohn- und Bürohochhäuser, sind Wolkenkratzer heute multifunktional, dienen als Kaufhaus, Theater, Restaurant und sogar als Kirche in einem.

Ihre Anfänge liegen in Chicago. Die nach dem Feuer von 1871 geschaffenen Bauten waren bereits Stahl-

konstruktionen, jedoch mit antikisierenden Formen. Die blockhaften »Palazzi« kamen über zwölf Stockwerke kaum hinaus, ohne die Regeln der Ästhetik zu verletzen. Dankmar Adler und Louis Henry Sullivan lösten das Problem mit dem Wainwright Building in St. Louis 1890/91, indem sie die Pilaster überlängten (Abb. S. 19).

Bald wuchsen in Manhattan, New York, turmartige Wolkenkratzer. Anfangs besaß jedes Gebäude seine eigene stilistische Prägung. So gehören das Chrysler Building (1930) und das Empire State Building (1931, S. 23) zur Art déco. Mit dem Seagram Building von Mies van der Rohe (S. 25) wurde das Hochhaus 1955 endgültig zum »senkrecht gestellten Rechtkant« (Heinrich Klotz). Fortan verschaffte sich der nüchterne, rationale »Internationale Stil« Geltung, der auch die »Twin Towers« des World Trade Center von 1973 prägte, die beim Angriff 2001 zerstört wurden (Abb. S. 41).

In Europa weisen die Wolkenkratzer moderate Höhen auf. 2018 auf Platz 1: das Lakhta Center, Sankt Petersburg (462 m). Auf Platz 13 bzw. 15: der Commerzbank Tower

in Frankfurt am Main, 1997 (259 m), und der Messeturm, 1990 (254 m, ein Bau der Postmoderne). International jedoch hat sich ein Wettstreit um das höchste Hochhaus entwickelt. Der Sears Tower in Chicago (1974, 443,5 m) und die Petronas Towers in Kuala Lumpur, Malaysia (1997, 452 m), mussten sich 2004 dem Taipeh 101 in Taiwan (508 m) geschlagen geben, das Shanghai World Financial Center (2005, 460 m) wurde 2014 vom One World Trade Center I in New York überrundet (541 m, S. 41). Das Rennen machte 2010 die arabische Welt mit dem Burj Khalifa in Dubai (828 m).

Schon 1950 skizzierte Frank Lloyd Wright das über 1600 m hohe One Mile Building – eine Utopie? Sonst wäre der 1007 m hohe Jeddah Tower von 2020 in Saudi Arabien nur eine Zwischenstation.

Auf 1228 m möchten die spanischen Architekten Celaya, Cervera und Pioz mit dem seit 1996 geplanten Bionic Tower kommen – eine vertikale Stadt mit einem Transport-Netzwerk, umgeben von einem Business-Park aus »kleinen« Hochhäusern. Für dieses Projekt muss ein künstlicher See angelegt werden, der im Fall eines Erdbebens die Schockwellen abfängt.

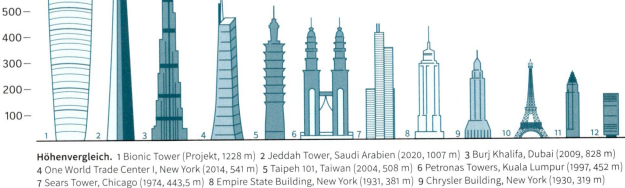

Höhenvergleich. 1 Bionic Tower (Projekt, 1228 m) 2 Jeddah Tower, Saudi Arabien (2020, 1007 m) 3 Burj Khalifa, Dubai (2009, 828 m) 4 One World Trade Center I, New York (2014, 541 m) 5 Taipeh 101, Taiwan (2004, 508 m) 6 Petronas Towers, Kuala Lumpur (1997, 452 m) 7 Sears Tower, Chicago (1974, 443,5 m) 8 Empire State Building, New York (1931, 381 m) 9 Chrysler Building, New York (1930, 319 m) 10 Eiffelturm, Paris (1889, 300,5 m) 11 Messeturm Frankfurt (1990, 254 m) 12 Seagram Building, New York (1955, 160 m)

→ Rathaustürme in Siena und Augsburg, S. 31, 114 f. • Geschlechtertürme in San Gimignano, S. 146 • Adler & Sullivan: Wainwright Building, S. 19 • Weltraumarchitektur, S. 168 f.

Clouds AO: Analemma Tower, 2016.
Team: Ostap Rudakevych, Masayuki Sono, Kevin Huang. Der Tower über New York

Aufhängung des Analemma Tower an einem Asteroiden in rund 50 000 Kilometer Höhe, im Hintergrund der Mond

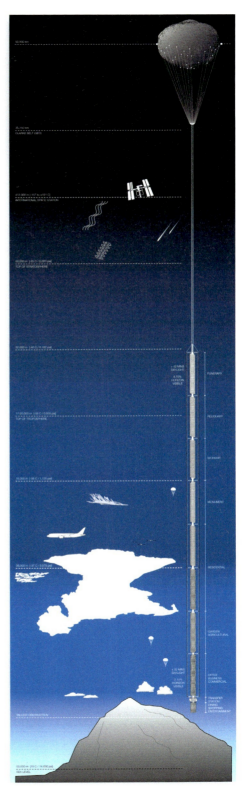

Clouds AO: Analemma Tower, 2016

Das New Yorker Architekturbüro Clouds AO durchdringt mit dem Analemma Tower alle Sphären. Ein Analemma ist die Figur einer Acht, die u. a. entsteht, wenn man ein Jahr lang Fotos der Sonne zur selben Zeit und vom selben Ort aus aufnimmt.

Der Analemma Tower schwebt in einer solchen Figur über der Erde, denn er hängt von einem künstlich auf seinem Orbit in 50 km Höhe platzierten, riesigen Asteroiden herab, der in einen »Spin« versetzt wurde. Diese Drehung um die Achse ermöglicht es, dass er seine Richtung beibehält.

Im Inneren findet sich alles, was zum Leben nötig ist. Wer von den Bewohnern etwas auf der Erde zu erledigen hat, steigt mit dem Fallschirm aus und kommt am selben Tag auch zurück, da der Tower exakt wieder am selben Punkt anlangt.

Diese Idee ist so fantastisch, dass sie eines Tages sogar funktionieren könnte: Das New Yorker Architekturbüro Clouds AO hat einen gigantischen Wolkenkratzer entworfen, der in der Luft schwebt. Das lang gestreckte Gebäude mit dem Projektnamen »Analemma Tower« ist mehrere Dutzend Kilometer hoch, schwebt über der Erdoberfläche und ragt quer durch die gesamte Troposphäre (15 Kilometer über dem Erdboden) bis hinaus in die Stratosphäre (bis 50 Kilometer Höhe). [...]

Zum Vergleich: Die »Internationale Raumstation« rast in 412 Kilometer Höhe um die Erde. Erst in einer so großen Entfernung jedoch würde der Asteroid, der in eine schwingende Dauerbewegung versetzt wird, durch Fliehkräfte einen leichten Gegenzug entwickeln. Die Fliehkraft müsste – so jedenfalls glauben es die New Yorker Architekten – ausreichen, um das viele Millionen Tonnen schwere Gebäude durch die Gegend schleppen zu können.

Michael Fabricius

Anregungen

1. Diskutieren Sie, ob Wolkenkratzer Schmuckelemente haben sollten.

2. Überlegen Sie, warum heute in asiatischen und arabischen Ländern immer höher gebaut wird.

3. Fotografieren oder zeichnen Sie die Skyline Ihres Wohnorts und verändern Sie sie mittels zeichnerischer oder Collagetechniken.

Virtuelle Architektur

Guggenheim Museum Guadalajara, Mexiko, von Asymptote, 2005, und Metacity / Datatown von MVRDV, 1999

Asymptote (Lise Anne Couture und Hani Rashid): Entwurf für ein Guggenheim Museum in Guadalajara, Mexiko, 2005

»Es geht um eine Freiheit der formellen Untersuchungen, wenn man an einem virtuellen Projekt arbeitet. Man hat nicht länger mit Materialfragen zu tun und es gibt auch keine physische Unterteilung zwischen den Räumen mehr. Räume können viel flüssiger sein, Materialien können ihr Verhalten verändern und auch die Wahrnehmung ist deutlich zeitbasierter.«

Lise Anne Couture, 2008

Architektur ist, wie es schon das Wort »Immobilie« zum Ausdruck bringt, an sich etwas Schweres und Statisches (lat. immobilis, unbeweglich). Doch durch den Einsatz des Computers sind immer kühnere virtuelle, d.h. 3-dimensionale Simulationen fantastischer Gebäude, ja ganzer Städte und Landschaften möglich geworden.

Das Architektenpaar Lise Anne Couture und Hani Rashid, Gründer des Büros Asymptote in New York, realisiert computergestützte Entwürfe, konstruiert aber auch rein virtuelle,

illusionistische Räume. Darunter ist sogar ein Plan für eine virtuelle New Yorker Börse, die den Wertpapierhandel auf dem Parkett überflüssig machen soll.

Asymptotes Wettbewerbsentwurf für ein Guggenheim Museum in Guadalajara, Mexiko, stellt ein dynamisch geschwungenes Gebäude in eine spektakuläre Landschaft (Abb. oben). Die plastischen, organischen Formen erinnern an die Kunstwerke des englischen Bildhauers Henry Moore. Das Museum wurde nie realisiert.

→ F. O. Gehry: Guggenheim Museum Bilbao, S. 108, 134

Die holländische Gruppe MVRDV konzentriert sich mit zeichenhaften, abstrahierenden Darstellungen auf funktionale Aspekte der Stadtplanung, um globale Probleme lösen zu helfen (Abb. rechts). Während Le Corbusier für seine Stadtutopien noch Handzeichnungen anfertigte (S. 154 f.), wenden MVRDV CAAD-Programme an. Der Kunsthistoriker Philip Jodidio stellt ihr Projekt »Metacity / Datatown« näher vor.

Virtuelle Architektur meint heute nicht mehr nur 3D-Computersimulationen auf der Fläche. Sie umfasst auch die »Virtual Reality« (VR), die dem Betrachter mittels spezieller VR-Datenbrillen das illusionistische Gefühl gibt, in einem tatsächlichen Raum zu stehen und Objekte entsprechend wahrzunehmen (Abb. unten). Ihr verwandt sind »Augmented Reality« (AR, erweiterte Realität) und »Mixed Reality« (MR, vermischte Realität). Mit BIM-Software lassen sich weitere Daten mit VR kombinieren (vgl. S. 15).

»Bei Virtueller Realität taucht man in eine virtuelle Umgebung ein, während man sich von der Außenwelt völlig abkapselt. Abhängig vom jeweiligen Gerät kann man mit VR ganze Räume gestalten und sie dann ›begehen‹.«
Jeff Mottle, 2016

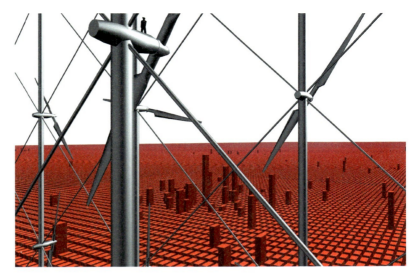

MVRDV (Winy Maas, Jacob van Rijs and Nathalie de Vries): Metacity/Datatown, 1999

Die Architekten beschreiben ihr Projekt so: »Datatown beruht nur auf Daten. Es ist eine Stadt, die allein durch Information beschrieben wird. Sie kennt keine festgelegte Topografie, keine vorgeschriebene Ideologie, keine Repräsentation und keinen Kontext.« Ausgehend von der rasanten Ausdehnung urbaner Zentren und den neuen Transport- und Kommunikationsmethoden, stellt MVRDV folgende Hochrechnung an: Die Datatown der Zukunft wird circa 400 km² (in etwa die Entfernung von Tokio nach Osaka) messen und über eine extrem hohe Bevölkerungsdichte verfügen, nämlich 1 477 Einwohner pro km², was einer Einwohnerzahl von knapp 241 Millionen Menschen entspricht. Metacity/Datatown stellt eine Mischung aus Computerspielen wie SimCity und ernst zu nehmenden Ideen dar. Darüber hinaus bildet das Projekt einen ästhetischen Rahmen für die Präsentation der Designkonzepte dieser einflussreichen holländischen Architektengruppe, auch wenn die Welt noch nicht reif sein mag für ihre projektierten 376 Datatowns.
Philip Jodidio

Anregungen

1. Stellen Sie die Funktionen, Präsentations- und Einsatzbereiche, Vor- und Nachteile virtueller Architektur zusammen.

2. Vergleichen Sie den Entwurf für das Guggenheim Museum von Asymptote mit dem Guggenheim Museum in Bilbao (S. 108, 134).

3. Entwerfen Sie ein virtuelles Gebäude, das seine Form fließend ändert (z. B. mittels Morphing-Software).

Virtual Reality. Architekturzeichnung und -erfahrung mittels VR-Datenbrille

▶ ✎ Video: Asymptote, Wettbewerbsentwurf zum Guggenheim Guadalajara • Arbeitsblatt: Das Guggenheim Museum im Vergleich mit Henry Moore

SDL-10967-505, 222   **163**

prechende Architektur

Vom S-Form-Schloss zum Polarschirm von Derek Rizzoli, 2013

Milchpilz in Bregenz, 1953, Höhe 4 m

Schloss mit S-Grundriss.
Johann David Steingruber:
Architektonisches Alphabet, Kupferstich, 1733

»Architecture parlante«, sprechende Architektur, nannte man bereits die französische Architektur der Revolutionszeit. Neuere Wortschöpfungen sind »Themen-»oder »LiterArchitektur«. Der Begriff meint »erzählerische« Gebäude, die mit ihrer Form etwas abbilden, ihren Zweck symbolisch andeuten, grotesk oder gar unfunktional erscheinen.

Einige Beispiele: Der französische Architekt Thomas Gobert entwarf 1690 zu Ehren von Ludwig XIV. zwölf Bauten, deren Grundrisse LOUIS LE GRAND ergeben. Ähnlich 1733 Johann David Steingruber, der Schlösser mit Grundrissen in Buchstabenform zeichnete (Abb. o. links). 1758 plante der Erfinder Charles-François Ribart für die Champs-Élysées in Paris einen Elefanten als Haus zum Ruhme von Ludwig XV. Für den Direktor des Wasserwerks in Chaux (vgl. S. 142) entwarf Claude Nicolas Ledoux 1789 ein Gebäude in Form eines Rohrs.

In den 1950er-Jahren ließ ein Molkerei-Unternehmen in Deutschland ca. 50 Kioske in Form eines Fliegenpilzes aufstellen (Abb. o. rechts). Sie stehen heute unter Denkmalschutz.

1978 bildete Marinus Boezem in Holland den Grundriss der Kathedrale von Chartres als Land-Art-Kunstwerk mit 178 Pappeln nach (Abb. S. 139).

Das Pop-Art-Künstlerpaar Claes Oldenburg und Coosje van Bruggen vergrößerte 1991 ein Fernglas als Parkhauseinfahrt (Abb. u. rechts). Die Bauten der Gruppe SITE (Sculpture In The Environment) ironisieren mit ihrem ruinösen Charakter nicht nur die Regeln des Bauens, sondern beinhalten auch ein »Vanitas«-Motiv, das an die Vergänglichkeit alles Irdischen gemahnt (Abb. unten).

SITE: The Notch Project, 1979. Best Warenhaus, Sacramento, Kalifornien

Frank O. Gehry und Claes Oldenburg / Coosje van Bruggen: Parkhauseinfahrt, 1991. Venice, Kalifornien

Anregungen

1. Fassen Sie die Spielarten »sprechender Architektur« zusammen.

2. Bei einem Besitzerwechsel musste der Eingang von The Notch Project einer normalen Tür weichen. Entwickeln Sie einen Disput zwischen SITE und dem neuen Warenhausbetreiber.

3. ArchiSkulptur oder Sprechende Architektur? Klassifizieren Sie Boezems »Grüne Kathedrale« (S. 139).

4. Studieren Sie Derek Pirozzis Polar-Umbrella-Projekt und überlegen Sie, wie realistisch es ist.

5. Entwickeln Sie aus einem Alltagsobjekt das Modell eines Gebäudes.

→ H. Hollein: Zündkerzen-Hochhaus, S. 13 • M. Boezem: Die Grüne Kathedrale, S. 139

Besorgt vom Abschmelzen des Eises an den Polen der Erde, verfolgt der amerikanische Designer Derek Pirozzi seit 2013 die Idee, riesige Schirme in der Arktis als Forschungsstationen zu errichten, Meerwasser einzufangen, mittels Sonnenenergie und Osmose Eis zu produzieren und an die Polkappen zurückzugeben.

»Unsere Schutzschichten am Nord- und am Südpol wieder aufzubauen sollte ein vorrangiges Ziel sein.«   Derek Pirozzi, 2015

Derek Pirozzi: Polar Umbrella, 2013. Ansicht

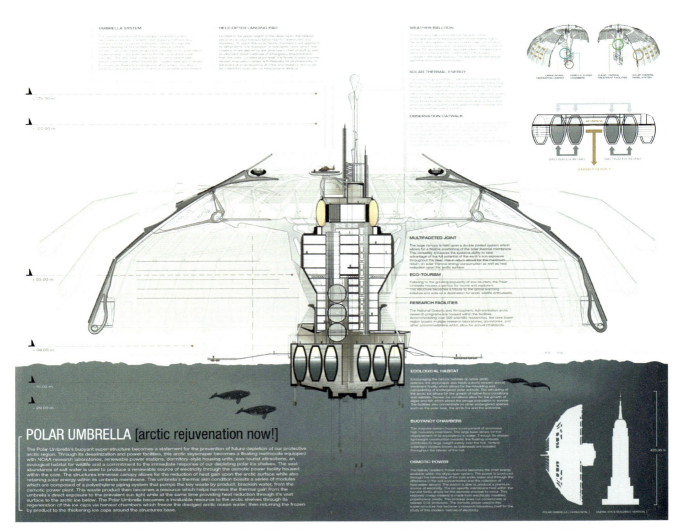

POLAR UMBRELLA [arctic rejuvenation now!]

The Polar Umbrella's buoyant super-structure becomes a statement for the prevention of future depletion of our protective arctic region. Through its desalinization and power facilities, this arctic skyscraper becomes a floating metropolis equipped with NOAA research laboratories, renewable power stations, dormitory-style housing units, eco-tourist attractions, an ecological habitat for wildlife and a commitment to the immediate response of our depleting polar ice shelves. The vast abundance of salt water is used to produce a renewable source of electricity through the osmotic power facility housed within the core. The structures immense canopy allows for the reduction of heat gain upon the arctic surface while also retaining solar energy within its umbrella membrane. The umbrella's thermal skin condition boasts a series of modules which are composed of a polyethylene piping system that pumps the key waste by product, brackish water, from the osmotic power plant. This waste product then becomes a resource which helps harness the thermal gain from the umbrella's direct exposure to the prevalent sun light while at the same time providing heat reduction through it's vast surface to the arctic ice below. The Polar Umbrella becomes an invaluable resource to the arctic shelves through its regeneration of the ice caps via harvest chambers which freeze the dredged arctic ocean water, then returning the frozen by product to the thickening ice caps around the structures base.

Derek Pirozzi: Polar Umbrella, 2013. Schnittdarstellung. Wetterballons auf ca. 175 m Höhe, Hubschrauberlandeplatz bei ca. 115 m. Vergrößerbare Version mit Übersetzungen siehe Hinweis unten

Interaktive Anwendung: Polar Umbrella – näher betrachtet • Video: Die Grüne Kathedrale (wie zu S. 159) • Arbeitsblatt: Der Architekt – Künstler oder Handwerker? (wie u. a. S. 9)

SDL-10967-402, 507, 202   **165**

Baubotanik – lebende Organismen als Werkstoff

Der Einsatz biologischer Technologien: David Benjamin, Projekt »flora robotica« und Ferdinand Ludwig, seit 2014

Projekt »flora robotica« seit 2015. Morphologisch komplexe Struktur zur Steuerung eines Pflanzenbewuchses

Projekt »flora robotica«, seit 2015. Mini-Roboter, ein Knotenpunkt in der »Plant Binary Decision Wall«

Unter »Organischer Architektur« verstand man bisher vor allem Gebäude, die natürlich geschwungene Formen aufweisen, wie bei Frei Otto, oder die sich in die Natur integrieren, wie bei Frank Lloyd Wright (S. 70 f., 136).

Doch seit Feinstaub die Luft in den Städten belastet und der Klimawandel immer deutlicher wird, denken Architekten immer mehr über »grüne Technologien« nach. Pflanzen verbessern aufgrund ihres Stoffwechsels das Mikroklima und geben Schutz vor Sonneneinstrahlung, Pflanzen lassen sich zudem konstruktiv einsetzen.

Die Bauordnungen einiger deutscher Bundesländer schreiben inzwischen sogar eine Bepflanzung beim Neubau von Flachdächern vor. Als Vorbild gilt der südostasiatische Stadtstaat Singapur, wo die Begrünung an Gebäuden zur Zeit des Monsuns besonders gut gedeiht. Im Nord-

osten von Indien stellt das Volk der Khasi Brücken aus Baumwurzeln her, die sie entlang von hohlen Stämmen wachsen lassen. In Europa bilden Baumalleen schon lange Schatten spendende Dächer für Reisende. Bereits 1926 beschrieb der deutsche Landschaftsarchitekt Arthur Wiechula, wie sich sogar ganze Gebäude aus zusammenwachsenden Pflanzen erstellen lassen.

Seit kurzem wird das Gebiet wissenschaftlich erforscht. In New York platzierte David Benjamin 2014 im Innenhof des PS1 (Teil des Museum of Modern Art) einen Turm aus Backsteinen, die komplett aus natürlichen Materialien bestanden: Maisabfälle wurden hierfür mit Myzelium (Pilzgeflecht) kombiniert und in quaderartige Formen hineingezüchtet (Abb. unten). In der Sahara setzt der Architekt Magnus Larsson seit 2009 Bakterien in Ballons aus und lässt sie losen Sand zu Höhlen und Wänden aus festem Kalzit umformen, um die Ausbreitung der Wüste zu stoppen.

Unter der Leitung von Prof. Heiko Hamann, Universität Lübeck, arbeiten fünf Hochschulen in Europa seit 2015 am Projekt »flora robotica«. Beteiligt sind Informatiker, Robotiker, Zoologen, Zellbiologen, Mechatroniker und Architekten. Ihr Ziel: Pflanzen durch Lichtroboter so zu steuern, dass sie Architekturen bilden.

»Biologische Systeme sind anpassungsfähig, leben, atmen, regenerieren sich selbst. Stell dir vor, Gebäude hätten diese Eigenschaften! Das würde unseren Lebensstil radikal ändern.«

David Benjamin, 2018

David Benjamin / The Living: Hi-Fy, 2014. Turm aus 10 000 sich selbst aufbauenden, kompostierbaren »Bioziegeln«, Höhe 13 m. MoMA PS1, Long Island City, New York

→ F. Lloyd Wright, S. 70 f.

Ferdinand Ludwig / Daniel Schönle: Entwurf für ein Ausstellungsgebäude, 2012. Glas, Beton und baubotanische Baumfassade

2007 wurde an der Universität Stuttgart die »Baubotanik« im »Institut Grundlagen moderner Architektur« (IGMA) begründet. Ferdinand Ludwig, Pionier der ersten Stunde, erforscht heute an der Technischen Universität München »Green Technologies in Landscape Architecture«,

die Fusion lebender und nicht lebender Konstruktionselemente zu einem pflanzlich-technischen Verbundsystem. »Unsere Gebäude sind nie fertig«, sagt Ferdinand Ludwig, »und bleiben deshalb immer spannend – wie wir Menschen auch.« Im Text unten umreißt Ludwig sein Forschungsgebiet.

»Im Fokus stehen dabei insbesondere architektonische Konzepte, bei denen Pflanzen eine zentrale Rolle spielen. Deren funktionale wie gestalterische Integration hält nicht nur Antworten auf brennende ökologische Fragen unserer Zeit, wie z. B. die Anpassung an den Klimawandel, parat. Sie stellt auch eine methodische Herausforderung dar, wie mit Aspekten von Wachsen und Vergehen, von Zufall und Wahrscheinlichkeit im Entwurf umgegangen werden kann. Die Bearbeitung dieser Fragestellungen eröffnet ein weites Feld, das vom mikroskopischen Maßstab über die Planung und Umsetzung experimenteller Projekte im Maßstab 1:1 bis hin zur Entwicklung landschafts- und stadtökologischer Konzepte reicht.« Ferdinand Ludwig, 2017

Anregungen

1. Beschreiben Sie die Vor- und die Nachteile natürlicher Baumaterialien. Berücksichtigen Sie dabei auch ästhetische Aspekte.

2. Überlegen Sie, welche Maßnahmen erforderlich sind, um Bäume zu fachwerkartigen Tragstrukturen wachsen zu lassen (Abb. oben).

3. Diskutieren Sie konkrete Einsatzmöglichkeiten der Baubotanik vom »mikroskopischen Maßstab« bis zu »stadtökologischen Konzepten« (Text links).

4. Entwerfen Sie Gerüstmodelle, an denen entlang sich Pflanzenbewuchs entwickeln können soll.

▶ ✎ Video: Projekt »flora robotica« • Die Grüne Kathedrale (wie u. a. zu S. 159) • Arbeitsblätter: Grüne Technologien • Das Baumhaus (wie zu S. 49) • Die Multihalle in Mannheim (wie u. a. zu S. 121)

SDL-10967-**506, 507,** **123, 125, 218** **167**

Schwebende Architektur

ISS, Stanford-Torus, SHEE von Barbara Imhof und aerosolare Architekturen von Tomás Saraceno, 1975 – heute

International Space Station ISS. Foto aus einer Sojus-Raumkapsel, 4. Oktober 2018

Stanford-Torus, Kolonie im Weltraum, entwickelt an der Stanford University. Illustration von Rick Guidice, entstanden 1975 im Auftrag des NASA Ames Research Center

SHEE: Entfaltbares Habitat für den Mars.
© LIQUIFER Systems Group, 2014

»Für mich ist es eine schöne Vorstellung, dass wir unser Besiedlungsgebiet ausdehnen, und das vielleicht ein bisschen anders, als wir die Erde besiedelt haben. Wir müssen sehen, dass wir mit fremden Planeten besser umgehen und in der Folge vielleicht auch auf der Erde aufräumen.«
Barbara Imhof, 2015

Schon in Jonathan Swifts Roman »Gullivers Reisen« (1726) gibt es eine bewohnte fliegende Insel. Doch erst der Raumfahrt des 20. Jahrhunderts sollte gelingen, was in Science Fiction und Comicstrip vorweggenommen wurde: der Aufenthalt des Menschen im Weltraum. Bald nach der bemannten Mondlandung von 1969 entstanden Visionen von Archen im All, wie der Stanford-Torus mit Landschaften und Platz für 140 000 Menschen darin (lat. torus: Ring, Abb. oben).

Kolonien im Weltraum, so erklärte der Physiker Stephen Hawking im Jahr 2000, seien wegen der nahenden Klimakatastrophe auf der Erde für das Überleben der Menschheit unabdingbar. Seit 2000 leben auch – sich alle paar Monate ablösende – Astronauten auf der »International Space Station« ISS, die in ca. 400 km Höhe innerhalb von 92 Minuten einmal die Erde umkreist.

Der Raumfahrtunternehmer Elon Musk, Gründer von SpaceX, will den Planeten Mars ab 2025 besiedeln. Architekturbüros konkurrieren bereits um das passende »Habitat«. So entwarf das Büro Clouds AO (Architecture Office) das Mars Ice Home, einen aufblasbaren Iglu, dessen Wände gegen die hohe Gammastrahlung auf dem Roten Planeten mit Eis gefüllt sind.

Architektin Barbara Imhof von der LIQUIFER Systems Group in Wien konzipierte 2015 das erste europäische Habitat unter dem Namen SHEE (Self-Deployable Habitat for Extreme Environments), ein Wurfzelt mit harten Schalen, das sein Volumen beim Entfalten verdoppelt. Für die weitere Besiedelung setzt sie auf Wohnmodule, die mithilfe von Sonnenenergie aus den vor Ort vorhandenen Materialien gedruckt werden.

→ Clouds AO: Analemma Tower, S. 161

Tomás Saraceno: Biosphäre 3, 2015. Collage. Tanya Bonakdar Gallery, New York / Los Angeles; Pinksummer contemporary art, Genua; Andersen's Contemporary, Kopenhagen; Esther Schipper, Berlin. © Studio Tomás Saraceno, 2015

Der argentinische Künstler Tomás Saraceno arbeitet ebenfalls mit Astronauten und -physikern zusammen. Er entwirft sphärische Architekturen, die allein mittels Sonnenenergie und Thermik über der Erde schweben: »aerosolare« Bauwerke, die wie riesige Molekularstrukturen wirken.

Saraceno experimentiert zudem mit Strukturen, wie sie von den in seinem Atelier gehaltenen Spinnen gewebt werden. Sie inspirieren ihn zu Installationen aus Stahlseilen, die Besucher oft sogar begehen dürfen: modellhafte Utopien, Stationen auf dem Weg zu einer Architektur der Zukunft.

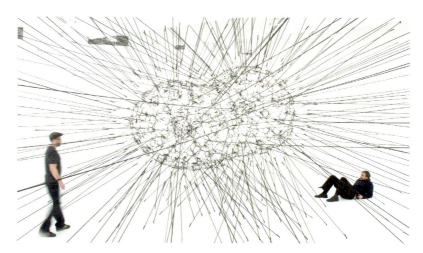

Tomás Saraceno: Galaxien, gebildet entlang von Fäden, wie Tröpfchen entlang den Strängen eines Spinnennetzes, 2009. Installation auf der 53. Biennale Venedig, 2009

Anregungen

1. Überlegen Sie, welche der hier vorgestellten Visionen als realistisch gelten können.

2. Beziehen Sie Stellung: Würden Sie selbst den Weltraum bereisen?

3. Entwerfen Sie eine entfaltbare Modularchitektur als Habitat auf einem fernen Planeten.

4. Entwickeln Sie eine schwebende Modulstruktur.

»Wir müssen das Anthropozän hinter uns lassen, jenes Zeitalter, in dem der Mensch den Globus nicht gestaltet, sondern verunstaltet hat.«
Tomás Saraceno, 2018

Weiterführende Literatur

Zur Vervollständigung der verwendeten Quellen siehe Zitatnachweise, S. 172 ff. Auf Architektenmonografien wurde aus Umfangsgründen verzichtet.

Andritzky, Michael: Oikos – von der Feuerstelle zur Mikrowelle. Haushalt und Wohnen im Wandel. Kat. Gießen 1992

Arnheim, Rudolf: Die Dynamik der architektonischen Form. Köln: DuMont 1987

Baldessarini, Sonia Ricon: Wie Frauen bauen. Architektinnen von Julia Morgan bis Zaha Hadid. Berlin: AvivA 2002

Baumann, Günter / Brunner, Dieter (Hg.): Macht. Wahn. Vision. Der Turm und urbane Giganten in der Skulptur. Heidelberg: Kerber 2013

Benevolo, Leonardo: Geschichte der Architektur des 19. und 20. Jahrhunderts. 3 Bde. München: dtv ⁴1988

Benevolo, Leonardo: Die Geschichte der Stadt. Frankfurt am Main: Campus ⁹2007

Benson, Timothy O. (Hg.): Expressionist Utopias. Paradise, Metropolis, Architectural Fantasy. Kat. Los Angeles County Museum of Art 1994

Bernhard, Maximilian: 1000 Architekturwunder. Köln: Neumann & Göbel 2010

Bielefeld, Bert: Architektur planen. Dimensionen, Räume, Typologien. Basel: Birkhäuser 2016

Biller, Thomas / Wendt, Achim: Burgen im Welterbegebiet Oberes Mittelrheintal. Regensburg: Schnell & Steiner 2013

Binding, Günther: Architektonische Formenlehre. Darmstadt: Wissenschaftliche Buchgesellschaft ⁷2017

Bosser, Jaques / de Laubier, Guillaume: Die schönsten Kirchen Europas. München: Knesebeck 2018

Braun, Markus Sebastian / van Uffelen, Chris (Hg.): Atlas of World Architecture. Weltatlas Architektur. Salenstein: Braun 2012

Brüderlin, Markus (Hg.): ArchiSkulptur. Dialoge zwischen Architektur und Plastik vom 18. Jahrhundert bis heute. Ostfildern: Hatje Cantz 2004

Bruyn, Gerd de / Trüby, Stephan (Hg.): architektur_theorie.doc seit 1960. Basel: Birkhäuser 2003

Bürkle, Christoph J.: Wohnhäuser der klassischen Moderne. Stuttgart: DVA 1994

Camesasca, Ettore: Geschichte des Hauses. Berlin: Das europäische Buch 1986

Cejka, Jan: Darstellungstechniken in der Architektur. Stuttgart: Kohlhammer ³1999

Cerver, Francisco Asensio: Zeitgenössische Architektur. Köln: Könemann 2014

Claussen, Johann Hinrich: Gottes Häuser oder Die Kunst, Kirchen zu bauen und zu verstehen. Vom frühen Christentum bis heute. München: C. H. Beck 2012

Conrad, Dietrich: Kirchenbau im Mittelalter. Bauplanung und Bauausführung. Leipzig: E. A. Seeman ⁶2011

Conrads, Ulrich (Red.): Programme und Manifeste zur Architektur des 20. Jahrhunderts. Basel: Birkhäuser ²2000

Daas, Mahesh / Wit, Andrew John: Towards a Robotic Architecture. Novato, CA, USA: Gordon Goff 2018

Deplazes, Andrea: Architektur konstruieren. Vom Rohmaterial zum Bauwerk. Basel: Birkhäuser ⁵2018

Doczi, György: Die Kraft der Grenzen. Harmonische Proportionen in Natur, Kunst und Architektur. Stuttgart: Engel & Co ⁶2005

Eichhorn, Ulrike: Architektinnen. Ihr Beruf, ihr Leben. epubli 2013

Endruweit, Albrecht: Städtischer Wohnbau in Ägypten. Berlin: Mann 1997

Erben, Dietrich: Architekturtheorie. Eine Geschichte von der Antike bis zur Gegenwart. München: C. H. Beck 2017

Evers, Bernd (Vorw.) / Thoenes, Christof (Einf.): Architekturtheorie von der Renaissance bis zur Gegenwart. Köln: Taschen 2003

Freigang, Christian: Wörterbuch der Architektur Ditzingen: Reclam 2010

Fröbe, Turit: Alles nur Fassade? Das Bestimmungsbuch für moderne Architektur. Köln: DuMont 2018

Fuhrmann, Peter: Bauplanung und Bauentwurf. Grundlagen und Methoden der Gebäudelehre. Stuttgart: Kohlhammer 1998

Geist, Johann Friedrich / Kürvers, Klaus: Das Berliner Mietshaus. 3 Bde. München: Prestel 1980–2001

Giedion, Sigfried: Raum, Zeit, Architektur. Die Entstehung einer neuen Tradition. Basel: Birkhäuser ²2015.

Glancey, Jonathan: Architektur. München: Dorling Kindersley 2016

Goecke-Seischab, Margarete Luise / Harz, Frieder: Der Kirchen-Atlas: Räume entdecken – Stile erkennen – Symbole und Bilder verstehen. München: Kösel 2008

Goecke-Seischab, Margarete Luise / Ohlemacher, Jörg: Kirchen erkunden – Kirchen erschließen. Ein Handbuch mit über 300 Bildern. Köln: Anaconda 2010

Großklos, Marc / Schaede, Margrit: Gebäude mit Energiegewinn: Schritte zum Energieüberschuss in Neubau und Bestand. Stuttgart: Fraunhofer IRB Verlag 2016

Gympel, Jean: Geschichte der Architektur. Von der Antike bis heute. Könemann: Köln 2000

Haus der Kulturen der Welt Berlin (Hg.): Between Walls and Windows. Architektur und Ideologie. Hatje Cantz 2012

Heisel, Joachim P.: Planungsatlas: Praxishandbuch Bauentwurf. Berlin: Beuth 2012

Herwig, Oliver: Featherweights. Light, Mobile and Floating Architecture. München: Prestel 2003

Herzog, Thomas: Solarenergie in Architektur und Stadtplanung. München: Prestel 2003

Hill, John: Skyscraper: Vom Tribune Tower in Chicago bis zum Burj Khalifa in Dubai. Stuttgart / München: DVA 2018

Hopkins, Owen: Architektur – das Bildwörterbuch. Stuttgart / München: DVA 2012

Jesberg, Paulgerd: Vom Bauen zwischen Gesetz und Freiheit. Braunschweig/Wiesbaden: Vieweg & Sohn 1987

Jodidio, Philip: Architecture Now! Vol. 1–10. Köln: Taschen 2001–2015

Jodidio, Philip: Public Architecture Now! Köln: Taschen 2010

Jodidio, Philip: Temporary Architecture Now! Köln: Taschen 2011

Jodidio, Philip: Green Architecture. Köln: Taschen 2018

Jodidio, Philip: 100 Contemporary Houses. Köln: Taschen 2019

Jong, Cees de / Mattie, Erik: Architectural Competitions – Architekturwettbewerbe – Concours d'Architecture. Bd. 1: 1792-1949, Bd. 2 1950–heute. Köln: Taschen 1994

Joppien, Anett-Maud et.al.: architektinnen: profil.werk.leben. Wuppertal: Müller + Busmann 2014

Khan, Hasan-Udin / Jodidio, Philip: Weltarchitektur der Moderne. Köln: Taschen 2001

Klotz, Heinrich: Von der Urhütte zum Wolkenkratzer. Geschichte der gebauten Umwelt. München: Prestel 1995

Koch, Michael: Ökologische Stadtentwicklung. Innovative Konzepte für Städtebau, Verkehr und Infrastruktur. Stuttgart: Kohlhammer 2000

Koch, Wilfried: Baustilkunde. Das Standardwerk zur europäischen Baukunst von der Antike bis zur Gegenwart. München: Prestel [34]2014

Koepf, Hans / Binding, Günther: Bildwörterbuch der Architektur. Stuttgart: Kröner [5]2016

Koepf, Hans: Baukunst in fünf Jahrtausenden. Stuttgart: Kohlhammer [10]1997

Krämer, Karl H.: Einfamilienhäuser. Architektur und Wettbewerbe. Stuttgart: Krämer 2012

Kushner, Marc: Die Zukunft der Architektur in 100 Bauwerken. Frankfurt/Main: Fischer TB 2015

Lampugnani, Vittorio Magnago / Hanisch, Ruth / Schumann, Ulrich M. / Sonne, Wolfgang (Hg.): Architekturtheorie 20. Jahrhundert. Ostfildern: Hatje Cantz 2004

Laufner, Odile / Ernst, Monik: Architektinnen bauen Wohnhäuser. 41 aktuelle Beispiele. München: Callwey 2000

Maasberg, Ute / Prinz, Regina: Die Neuen kommen! Weibliche Avantgarde in der Architektur der zwanziger Jahre. Hamburg: Junius 2005

Markschies, Alexander: Ikonen der Renaissance. Architektur. München: Prestel 2003

Matzig, Katharina / Bachmann, Wolfgang: GrundrissAtlas Einfamilienhaus. München: Callwey 2016

Millon, Henry A. / Lampugnani, Vittorio Magnago (Hg.): The Renaissance from Brunelleschi to Michelangelo. The Representation of Architecture. Mailand: Bompiani 1994

Moravánszky, Ákos (Bearb.): Architekturtheorie im 20. Jahrhundert. Kritische Anthologie. Wien: Springer [2]2015

Müller, Werner / Vogel, Gunther: dtv-Atlas zur Baukunst. 2 Bde. München: dtv (1974) 1997

Naredi-Rainer, Paul von: Architektur und Harmonie. Zahl, Maß und Proportion in der abendländischen Baukunst. Köln: DuMont [4]1989

Nerdinger, Winfried (Hg.): Wendepunkte im Bauen. Von der seriellen zur digitalen Architektur. München: Edition Detail 2010

Nerdinger, Winfried: Architektur Macht Erinnerung. München: Prestel 2004

Neufert, Ernst: Bauentwurfslehre. Grundlagen, Normen, Vorschriften. Wiesbaden: Springer Vieweg [42]2018

Neumeyer, Fritz: Quellentexte zur Architekturtheorie. München: Prestel 2002

Niemeyer, Oscar: Wir müssen die Welt verändern. München: Antje Kunstmann 2013

NRW-Forum Kultur und Wirtschaft Düsseldorf (Hg.): Der Traum vom Turm. Hochhäuser: Mythos – Ingenieurkunst – Baukultur. Ostfildern: Hatje Cantz 2004

Oster, Uwe A. (Hg.): Die großen Kathedralen: Gotische Baukunst in Europa. Darmstadt: WBG 2010

Pappalardo, Umberto / Borelli, Daniela: Antike Theater: Architektur, Kunst und Dichtung der Griechen und Römer. Petersberg: Michael Imhoff 2007

Pevsner, Nikolaus: Europäische Architektur: Von den Anfängen bis zur Gegenwart. München: Prestel [9]2008

Pevsner, Nikolaus / Honour, Hugh / Fleming, John: Lexikon der Weltarchitektur. München: Prestel [3]1999

Philipp, Klaus Jan: Das Buch der Architektur. Ditzingen: Reclam [2]2017

Pople, Nicolas: Gebaute Visionen. Architektur der Zukunft. Stuttgart: Kohlhammer 2001

Prinz, Dieter: Städtebau. Bd. 1: Städtebauliches Entwerfen, Bd. 2: Städtebauliches Gestalten Stuttgart: Kohlhammer 1997–1999

Reichhold, Klaus: Schlösser und ihre Geschichten. München: Prestel 2001

Reid, Richard / Hipp, H. Rüdiger: Baustilkunde. 3500 Bauten aus der Alten und Neuen Welt. Leipzig: Seemann [8]2009

Richardson, Phyllis: Neue sakrale Architektur. Kirchen und Synagogen, Tempel und Moscheen. Stuttgart/München: DVA 2004

Rodenstein, Marianne (Hg.): Hochhäuser in Deutschland. Zukunft oder Ruin der Städte? Stuttgart: Kohlhammer 2000

Rongen, Ludwig et. al.: Passiv-, Nullenergie- oder Plusenergiehaus. Energiekonzepte im Vergleich. Kissing: Weka Media 2015

Rykwert, Joseph: Adams Haus im Paradies: Die Urhütte von der Antike bis Le Corbusier. Berlin: Mann 2005

Sauer, Christian: Made of … Neue Materialien für Architektur und Design. Berlin: Die Gestalten Verlag 2010

Schäche, Wolfgang: Architektur – Stadt – Inszenierung. Theater in Berlin. Vom Königlichen Opernhaus bis zur Schaubühne. Berlin: Beuth Hochschule für Technik 2013

Schenk, Leonhard: Stadt entwerfen: Grundlagen, Prinzipien, Projekte. Basel: Birkhäuser 2018

Schmal, Peter Cachola / Elser, Oliver (Hg.): Das Architekturmodell: Werkzeug, Fetisch, Kleine Utopie. Deutsches Architektur Museum 2012

Schneider, Friederike (Hrsg.): Grundrissatlas Wohnungsbau. Basel: Birkhäuser 2004

Sewing, Werner: Architecture : Sculpture. München: Prestel 2004

Stadtmuseum Erlangen (Hg.): Die Erfindung der Stadt. Von Babylon zur Global City. Erlangen: Kat. Stadtmuseum 2002

Stock, Wolfgang Jean: Christliche Sakralbauten in Europa von Aalto bis Zumthor. München: Prestel 2004

Sudjic, Deyan / Beyerle, Tulga: Wohnhausarchitektur. Klassische Konzepte – Innovative Entwürfe – Zukunftsmodelle. Stuttgart: Kohlhammer 2000

Swaan, Wim: Die großen Kathedralen. Köln: DuMont 1996

The Phaidon Atlas of Contemporary World Architecture. Berlin: Phaidon 2004

Thomsen, Christian W.: Architekturphantasien. Von Babylon bis zur virtuellen Architektur. München: Prestel 1994

Thomsen, Christian W.: Bauen für die Sinne. München: Prestel 1996

Trevisan, Luca: Palladio Villen. Holzgerlingen: Stuttgart: DVA 2012

Uffelen van, Chris: Museumsarchitektur. Musèesarchitecture. Museosarquitectura. Potsdam: h. f. ullmann publishing 2010

Vallee, Sheila de: Architektur der Zukunft. Paris: Terrail 1999

Vercelloni, Virgilio: Europäische Stadtutopien. Ein historischer Atlas. München: Diederichs 1994

Watkin, David: Geschichte der abendländischen Architektur. Könemann: Köln 1999

Watson, Robert: 100 Ideen verändern Architektur. Köln: DuMont 2011

Wilkinson, Philip: Atlas der nie gebauten Bauwerke. Eine Geschichte großer Visionen. München: dtv 2018

Zukowsky, John/Thorne, Martha (Hg.): Skyscrapers. The New Millenium. München, London, New York: Prestel 2000

Quellenverzeichnisse

Zitatnachweise / Textquellen

3 Interview mit Gae Aulenti. DEAR MAGAZIN 17.08.2010. Übersetzt von Norman Kietzmann https://www.dear-magazin.de/interviews/Gae-Aulenti_10302171.html – **8** Andrea Palladio zit. nach Ricken, Herbert: Der Architekt. Ein historisches Berufsbild. Stuttgart: DVA 1990, S. 19 – Adolf Loos aus: Pehnt, Wolfgang: Das Ende der Zuversicht. Architektur in diesem Jahrhundert. Ideen – Bauten – Dokumente. Berlin: Siedler 1983, S. 316 – Hannes Meyer zit. nach Conrads, Ulrich: Programme und Manifeste zur Architektur des 20. Jahrhunderts. Berlin / Frankfurt a. M. / Wien: Ullstein 1964, S. 110 f. – Hugo Häring zit. nach ebda., S. 111 – **9** Walter Gropius zit. nach ebda., S. 47 – Honorarordnung für Architekten und Ingenieure HOAI. Köln: Wolters Kluwer 2013, S. 99 – Ludwig Mies van der Rohe zit. nach Conrads 1964, a.a.O, S. 146 – Renzo Piano: Interview mit Tobias Timm, Die ZEIT 39/19.09.2018 – **10** Le Corbusier: Synthèse des Arts. Aspekte des Spätwerks 1945–1965. Badischer Kunstverein Karlsruhe 1986, S. 5. Übers. aus dem Franz. von M. Klant – Honorarordnung für Architekten und Ingenieure a.a.O., S. 150 – Le Corbusier zit. nach Conrads 1964, a.a.O., S. 57. Übers. aus dem Franz. von Henni Korssakoff-Schröder – **12** Walter Gropius zit. nach Winfried Nerdinger: Die Architekturzeichnung. Vom barocken Idealplan zur Axonometrie. München: Prestel 1986, S. 17 – Frei Otto: Was könnten die alten Steinbaumeister gewußt haben, um entwerfen und bauen zu können? In: Graefe, Rainer (Hg.): Zur Geschichte des Konstruierens. Stuttgart: DVA 1989, S. 203 – **13** Hans Hollein: Alles ist Architektur (1967). In: Bau. Schrift für Architektur und Städtebau, 23. Jahrgang, Heft 1/2, Wien 1968. Hg. mit der Zentralvereinigung der Architekten Österreichs – **14** Orhan Ayyüce: Conversation with Peter Cook on the State of Things, 16.6.2008. Übers. aus dem Engl. von M. Klant – **15** Ben van Berkel und Caroline Bos: Managing the Mother Model. Übers. aus dem Engl. von M. Klant https://www.unstudio.com/en/page/357/mercedes-benz-museum – **18** Frei Otto wie zu S. 13 – Camille Polonceau zit. nach Frei Otto, a.a.O., S. 148. Übersetzt von Karl-Eberhardt Felten – Antonio Sant'Elia zit. nach Lampugnani, Vittorio Magnago: Architektur unseres Jahrhunderts in Zeichnungen. Utopie und Realität. Stuttgart: Hatje 1982, S. 58 – **19** Dankmar Adler zit. nach Hoffmann, Donald: Frank Lloyd Wright, Louis Sullivan, and the Skyscraper. Courier Dover Publications 1999, S. 5. Übers. aus dem Engl. von M. Klant – **20** Renzo Piano: Wenn ich zur Arbeit komme, fange ich an zu tanzen. Interview mit Tobias Timm, Die ZEIT

39/19.09.2018 **20** Steen Eiler Rasmussen: Architektur Erlebnis. Stuttgart: Krämer 1980, S. 180 – 21 Louisa Hutton: Interview in München Architektur. Der kuratierte Community-Blog für Architektur und Lifestyle https://www.muenchenarchitektur.com/beitrag/4404-interview-mit-louisa-hutton – **22** Louis Henry Sullivan: The Tall Office Building Artistically Considered, in: Lippincott's Magazine 1896. Übers. aus dem Engl. von M. Klant https://de.wikipedia.org/wiki/Louis_Sullivan – **24** Werner Sobek Group GmbH, Stuttgart https://www.wernersobek.de/leistungen/architektur/ – **25** Le Corbusier: Ausblick auf eine Architektur. Ullstein, Berlin / Frankfurt a.M./ Wien 1963, S. 38. Übers. von Hans Hildebrandt, neu überarb. von Eva Gärtner – Walter Gropius, Brief vom 31. 10.1911 an K. E. Osthaus, Archiv des Karl-Ernst-Osthaus-Museums, Hagen – Adolf Loos zit. nach Conrads 1964, a.a.O., S. 18 – Charles Moore zit. nach Blomeyer, Gerald / Tietze, Barbara (Hg.): In Opposition zur Moderne. Braunschweig / Wiesbaden: Vieweg & Sohn 1980, S. 68 – **27** Steen Eiler Rasmussen a.a.O., S. 138 – Lise Anne Couture, Interview mit Norman Kietzmann, in Dear Magazin, 06.03.2008. Übersetzt von Norman Kietzmann https://www.dear-magazin.de/interviews/Lise-Anne-Couture-_-Asymptote_10301259.html – **28** Yvonne Farrell, Interview mit Katharina Cichosch: Kreative Architektur. Beton, der glücklich macht, Spiegel Online: Hamburg 20.10.2018 http://www.spiegel.de/stil/grafton-architects-in-dublin-xxx-interview-a-1228880.html – **29** Richard Buckminster Fuller zit. nach Conrads 1964 a.a.O., S. 120. Übersetzt von Henni Korssakoff-Schröder – Steen Eiler Rasmussen a.a.O., S. 189 – **30** Tao Te King zit. nach Arnheim, Rudolf: Die Dynamik der architektonischen Form. Köln: DuMont 1980. Übersetzt von Hans Hermann – **32** Daniel Libeskind: Offen für das Unvorhersehbare. Interview mit Florian Rötzer, in: Telepolis, 09. Dezember 1996, Hannover: Heise Medien GmbH & Co. KG https://www.heise.de/tp/features/Offen-fuer-das-Unvorhersehbare-3445899.html – **33** Feisty architect Hadid challenges Rome skyline. Zaha-Hadid-Interview mit Reuters, 20.11.2009. Übers. aus dem Engl. von M. Klant https://www.reuters.com/article/us-italy-architecture/feisty-architect-hadid-challenges-rome-skyline-idUSTRE5A-J1GS20091120 – **34** Jacobus Johannes Pieter Oud zit. nach Conrads, Ulrich / Sperlich, Hans G.: Phantastische Architektur. Stuttgart: Hatje (2)1983, S. 132 – **35** Leon Battista Alberti zit. nach Wienands, Rolf: Grundlagen der Gestaltung zu Bau und Städtebau. Basel / Boston / Stuttgart: Birkhäuser 1985, S. 125 – **37** Vitruv zit. nach Jesberg, Paulgerd: Vom Bauen zwischen Gesetz und

Freiheit. Braunschweig/Wiesbaden: Vieweg & Sohn 1987, S. 75 – Palladio zit. nach Joedicke, Jürgen: Raum und Form in der Architektur. Stuttgart: Krämer 1985, S. 131. Übersetzt von Peter Green – Hans Poelzig zit. nach Pehnt, Wolfgang: Verstummte Tonkunst. Musik und Architektur in der neueren Architekturgeschichte. In: Karin von Maur: Vom Klang der Bilder. Die Musik in der Kunst des 20. Jahrhunderts. München: Prestel 1985, S. 394 – **39** Sara Galletti: Philibert Delorme's Divine Proportions and the Composition of the Premier Tome de l'Architecture, 1567. Übers. aus dem Franz. M. Klant http://dx.doi.org/10.5334/ah.bh – **40** Louisa Hutton wie zu S. 21 – Bruno Taut zit. nach Conrads, Ulrich / Sperlich, Hans G. 1983 a.a.O., S. 139 – Hans Hollein zit. nach Lampugnani, Vittorio Magnago: Architektur unseres Jahrhunderts in Zeichnungen. Utopie und Realität. Stuttgart: Hatje 1982, S. 160 – Vitruv zit. nach Jesberg 1987, a.a.O. **42** Henrik Petrus Berlage: Grundlagen und Entwicklung der Architektur. Rotterdam: Brusse 1908, S. 119 – **43** Renzo Piano wie zu S. 9 – **46** Marc-Antoine Laugier: Observations sur l'architecture (1755). Brüssel: Editions Mardaga 1979, S. 254. Übers. aus dem Franz. von M. Klant – Heinrich Klotz: Von der Urhütte zum Wolkenkratzer. Geschichte der gebauten Umwelt. München: Prestel 1995, S. 41 – **48** Ettore Camesasca: Geschichte des Hauses. Berlin: Verlag das europäische Buch 1986, S. 12 f. – **49** Heinrich Klotz 1995 a.a.O., S. 41 – Evelyn Hils zit. nach Klotz, Heinrich (Hg.): Von der Urhütte zum Wolkenkratzer, Deutsches Architekturmuseum Frankfurt a. M., o. J.; Prestel Verlag GmbH + Co, S. 7 – **53** Wolfgang Kaiser: Romanische Architektur in Deutschland. In Rolf Tomann: Die Kunst der Romanik. Köln: Könemann 1996, S. 50 f. – **54** Horst Büttner / Günter Meißner: Bürgerhäuser in Europa. Stuttgart: Kohlhammer 1981, S. 43 f. – **57** Palladio zit. nach Andreas Beyer / Ulrich Schütte: Andrea Palladio: Die vier Bücher zur Architektur. Nach der Ausgabe Venedig 1570 aus dem Italien. übertragen und hg. Zürich u.a.: Artemis ³1988, S. 132 – Rudolf Wittkower: Grundlagen der Architektur im Zeitalter des Humanismus. München: dtv 1983, S. 60 f. – **58** Friedrich Engels: Die Lage der arbeitenden Klasse in England, Leipzig: Otto Wigand 1845 https://gutenberg.spiegel.de/buch/die-lage-der-arbeitenden-klasse-in-england-5095/5 – **59** Jürgen Paul: Deutsches Institut für Fernstudien an der Universität Tübingen (Hg.): Funkkolleg Moderne Kunst, Studienbegleitbrief 1. Weinheim/Basel: Beltz 1989, S. 78 f. – Heinrich Zille zit. nach Corinna Kolbe: Zilles Berlin. »Man kann mit einer Wohnung töten«. In: Spiegel online, 29.01.2015 http://www.spiegel.de/einestages/heinrich-zille-fotografien-aus-dem-alten-berlin-a-1013931.html – **60** Antoni Gaudí: Casa Batlló, Barcelona https://www.casabatllo.es/de/antoni-gaudi/ – **61** Rainer Zerbst: Antonio Gaudí. Köln: Taschen 1991, S. 162 ff. – **62** Piet Mondrian zit. nach Wilhelm-Hack-Museum (Hg.): Malewitsch–Mondrian. Konstruktion als Prinzip. Kat. Ludwigshafen 1978, S. 158 – **63** Wolf Stadler u.a.: Herder Lexikon der Kunst, Bd. 10. Freiburg/Basel/Wien: Herder 1987, S. 82 – **64** Evelyn Hils-Klotz zit. nach Klotz Heinrich (Hg.) o.J., a.a.O., S. 28 – **65** Bi Nierhaus/Bischoff, Cordula u. a. (Hg.): FrauenKunstGeschichte. Die Korrektur des herrschenden Blicks. Gießen: Anabas 1965, S. 160 ff. – Margarete Schütte-Lihotzky zit. nach Michael Zajonz: Die Frauen des Hauses. Dessau entdeckt die Architektinnen der Avantgarde. In: Der Tagesspiegel, 14.08.2004 https://www.tagesspiegel.de/kultur/die-frauen-des-hauses/539204.html – **66** Mies van der Rohe zit. nach Karin Kirsch: Die Weißenhofsiedlung – Traditionalismus contra Moderne in Stuttgart. Vortrag im Architektur Forum Stuttgart, 2002 http://www.weissenhof2002.de/pdf/Vortrag-Kirsch.pdf – **67** Anonyme Kritik zit. nach ebda. – Christian Norberg-Schulz: Vom Sinn des Bauens. Die Architektur des Abendlandes von der Antike zur Gegenwart. Stuttgart: Klett-Cotta, 1979, S. 199 f. Übers. aus dem Engl. von Grete u. Karl-Eberhardt Felten – **69** Karin Wilhelm in Deutsches Institut für Fernstudien, a.a.O., Studienbegleitbrief 8, 1989, S. 79 f. – Mies van der Rohe zit. nach Detlef Mertins: What did Mies van der Rohe mean by less is more? https://uk.phaidon.com/agenda/architecture/articles/2014/april/02/what-did-mies-van-der-rohe-mean-by-less-is-more/ – **70 f.** Zit. nach Kurt Gustmann: Frank Lloyd Wright. In: Große Architekten, Bd. 1. Hamburg: Gruner + Jahr 6/1994, S. 356 – **73** Hans-Ernst Mittig in: Deutsches Institut für Fernstudien, a.a.O., Studienbegleitbrief 9, 1989, S. 35 f. – Werbeslogan KdF, 1938 https://de.wikipedia.org/wiki/KdF-Wagen#Sparsystem – **75** Le Corbusier: Urbanisme. Paris: Crès 1925, S. 219 – Müller, Werner / Vogel, Gunther: dtv-Atlas zur Baukunst, Bd. 2. München: dtv 7/1992, S. 541 – **76** UN Department for General Assembly and Conference Management German Translation Service 10.12.1948 https://www.ohchr.org/EN/UDHR/Pages/Language.aspx?LangID=ger – **77** Bundesministerium für Familie, Senioren, Frauen und Jugend, 2019 http://mehrgenerationenhaeuser.de/mehrgenerationenhaeuser/was-ist-ein-mehrgenerationenhaus/ – Jörg Aldinger / Aldinger Architekten https://www.aldingerarchitekten.de/ – **78** Tobias Timm: Das Prinzip »Dreimal null«. In: Die Zeit, 07.05.2009 – Werner Sobek: F87 https://www.wernersobek.de/projekte/status-de/fertiggestellt/f87/ – **80** Theo Salet: 3D-gedruckte Häuser für die niederländische Stadt Eindhoven. In: 3D-Natives, 7.6.2018, Übersetzt von Kathrin J. https://www.3dnatives.com/de/3d-gedruckte-haeuser-eindhoven-070620181/

84 Le Corbusier 1969, a.a.O. (wie zu S. 25), S. 84 – Christian Norberg-Schulz 1979, a.a.O., S. 6 – **85** Ieoh Ming Pei zit. nach Gero von Boehm (Hg.): Conversations with I. M. Pei. Light is the Key. München, London, New York: Prestel 2000, S. 85 (übers. aus dem Engl. von R. Spielmann) – **86** Patrick Nuttgens: Die Geschichte der Architektur. Berlin: Phaidon ²2002, S. 96 f. Übers. aus dem Engl. Martin Richter – **87** Le Corbusier 1969, a.a.O., S. 161 – **88** Christian Norberg-Schulz 1979, a.a.O., S. 50 – Michelangelo zit. nach Angela K. Nickerson: A Journey into Michelangelo's Rome. Art Place Series. Roaring Forties Press, Berkeley, California 2008, S. 116 (übers. aus dem Engl. von R. Spielmann) – **90** Paulos Silentarios: Beschreibung der Hagia Sophia oder des Tempels der göttlichen Weisheit. Übers. und mit Anm. begleitet von Joh. Jak. Kreutzer. Mit einem Grundriße der Kirche. Verlag Weigel, Leipzig 1875 http://mdz-nbn-resolving.de/urn:nbn:de:bvb:12-bsb11312238-2 – Le Corbusier zit. nach Christian Norberg-Schulz 1979, a.a.O., S. 50 – **91** Angela Deuber in Benedict Esche und Benedikt Hartl: Reminiscence. München: Edition Architektur Verlag 2016 https://www.baumeister.de/publikation-reminiscence/ – **92** Bernhard Schütz / Wolfgang Müller: Deutsche Romanik. Freiburg/Basel/Wien: Herder 1987, S. 123 f. – **93** Heinrich Klotz 1991, a.a.O., S. 119–125 – David Rabinowitch in Alexander Wasner: Die Kathedrale der Kaiser. Der Speyrer Dom (Dokumentationsfilm). BR, ab 11:30 Min. – **94** Johann Wolfgang von Goethe: Von deutscher Baukunst, in: Goethes Werke, Hamburger Ausgabe, Bd. XII, Hamburg 1960, S. 8 – Lise Anne Couture: wie zu S. 27 – **94 f.** Bodo W. Jaxtheimer: Stilkunde Gotik. München/Zürich: Droemer 1990, S. 123 – **96 f.** Peter Murray: Weltgeschichte der Architektur. Renaissance. Stuttgart: DVA 1989, S. 136 ff. Übersetzt von Grete u. Karl Eberhardt Felten – Brunelleschi zit. nach Thomas Krämer: Die große Kuppel von Florenz. Stuttgart: Verlag freies Geistesleben und Urachhaus 2001, S. 79. Übers. aus dem Italien. von M. Klant – **98** Zit. nach Wilfried Hansmann: Balthasar Neumann. Köln: DuMont 1999, S. 103 – **98 f.** Wilfried Hansmann: Baukunst des Barock. Köln: DuMont 1978, S. 144 ff. – **100** Maria Antonietta Crippa: Antoni Gaudí. Von der Natur zur Baukunst. Köln: Taschen 2015, S. 83 f. Übersetzt von Daniele Dell'Agli – **101** Jordi Faulí in Institut de cultura / Barcelona Plató Film Comission / TMB (Transports Metropolitans de Barcelona) / Nathan Maulorico (Regie): Film »Barcelona. Basilica de la Sagrada Familia – Linia 3 5 10« www.unknownfilms.com. Übers. aus dem Span. von R. Spielmann – **102 f.** Stanislaus von Moos: Le Corbusier. Frauenfeld/Stuttgart: Huber 1968, S. 322 ff. – **103** Le Corbusier zit. nach Coombs, Robert: Mystical Themes in Le Corbusier's Architecture in The Capel Notre-Dame-Du-Haut at Ronchamp. Mellen Studies in Architecture, Volume 2. The Edwin Mellen Press, Lewiston, New York 2000, S. 35. Übers. aus dem Französ. von R.

Spielmann – **104 f.** Tom Heneghan: Die Farben des Lichts. Tadao Ando Architektur. Berlin: Phaidon 2002, S. 15 f. u. 20 f. Übers. aus dem Engl. von Michael Bischoff – **105** Ando zit. nach ebda., S. 15 – **106** Alfons Döringer / Albert Köberl-Christian Weishäupl: Die Kirche, die vom Himmel fiel. Freyring: Edition Lichtland 2012, S. 36 f. – Anonymer Gästebucheintrag zit. nach ebda., S. 66 – **110 f.** Christine Flon u. a. (Hg.): Der große Bildatlas der Architektur. München: Orbis 1990, S. 146 – Aristoteles zit. nach Georg Gustav Fülleborn (Hg.): Die Politik des Aristoteles. Breslau: Korn, 1802, 1269a (II, 8.). Übersetzt aus dem Griech. von Christian Garve (1803) – **112 f.** Nancy H. Ramage / Andrew Ramage: Römische Kunst. Von Romulus zu Konstantin. Köln: Könemann 1999, S. 136 ff. Übers. aus dem Engl. von Ulrike Bischoff – **114 f.** Jürgen Paul: Deutsches Institut für Fernstudien, a.a.O., Studienbegleitbrief 1, 1989, S. 86 ff. – **116** Alberti zit. nach Max Theurer (Hg.): Leon Battista Alberti. Zehn Bücher über die Baukunst. Darmstadt: Wiss. Buchges. 1912, S. 293. Aus dem Ital. übers. von Max Theurer – **116 f.** Philip Wilkinson: Weltberühmte Bauwerke im Detail: Meisterwerke von der Antike bis heute. München: Dorling Kindersley 2013, S. 103. Übersetzt von Peter Friedrich – **118** Ludwig XIV. (zugeschrieben) zit. nach VWA-Akademie online 1/2014-https://www.vwa-akademie-online.de/editorial/letat-cest-moi/ – Eduard Isphording u. a.: Klipp und klar. 100 x Kunst. Mannheim/Wien/Zürich: Bibliografisches Institut 1978, S. 106 – **120 f.** Claude Mignot: Architektur des 19. Jahrhunderts. Köln: Taschen 1994, S. 181 ff. – **123** Jürgen Paul in Deutsches Institut für Fernstudien, a.a.O., Studienbegleitbrief 6, 1989, S. 68 f. und 82 f. – Wikipedia-Eintrag Charles Garnier. Übers. aus dem Französ. von M. Klant https://fr.wikipedia.org/wiki/Charles_Garnier_(architecte) – **124** Walter Benjamin: Illuminationen. Ausgewählte Schriften 1, Suhrkamp, 1977, darin: Paris, die Hauptstadt des XIX. Jahrhunderts, S. 170 – **125** Émile Zola: Au bonheur des dames, Gil Blas Nr. 1162 vom 23.1.1883, S. 3. Übers. aus dem Franz. von M. Klant – **126** Andres Herzog: Ich war zu Tränen gerührt. Interview mit Santiago Calatrava. In: Tagesanzeiger vom 11.09.2015 https://www.tagesanzeiger.ch/kultur/architektur/pIch-war-zu-Traenen-geruehrtp/story/17496280 – **127** Renzo Piano zit. nach Luis Fernández-Galiano: An Island to be Built: Renzo Piano at Kansai International Airport, Video, 21.12.2017. Übers. aus dem Engl. von M. Klant https://www.iconeye.com/architecture/news/item/12870-an-island-to-be-built-renzo-piano-at-kansai – **129** Magdalena Droste: Bauhaus 1919–1933. Köln: Taschen 1990, S. 121 – Walter Gropius: Bauhausbauten Dessau. Reihe Bauhausbücher Nr. 12, 1930 https://www.bauhaus100.de/das-bauhaus/werke/architektur/bauhausgebaeude-dessau/ – **130** Hitler zit. nach Hans-Rudolf Meier / Marion Wohlleben (Hg.): Bauten und Orte als Träger von Erinnerung.

Die Erinnerungsdebatte und die Denkmalpflege. Zürich: Hochschulverlag an der ETH 2000, S. 39 – **130 f.** Hans-Ernst Mittig in Deutsches Institut für Fernstudien, a.a.O., Studienbegleitbrief 9, 1989, S. 64 – Albert Speer: Erinnerungen. Frankfurt am Main/Berlin: Ullstein 1969, S. 169 – **132** Hugo Häring zit. nach Jürgen Joedicke: Zum Problem des Manierismus in der heutigen Architektur. In: Bauen + Wohnen = Construction + habitation = Building + home Nr. 17-1963, S. 307, München: Verlag Bauen und Wohnen http://doi.org/10.5169/seals-331639 – Hans Scharoun zit. nach Müller, Werner / Vogel, Gunther 1992 a.a.O., S. 559 – **135** Marc Zitzmann: Absolutismus in der Wüste. In: Frankfurter Allgemeine vom 10.12.2017 https://www.faz.net/aktuell/feuilleton/kunst/der-louvre-abu-dhabi-und-der-westen-15332500-p2.html – **136** Müller, Werner / Vogel, Gunther 1992, a.a.O., S. 561 – Jacques Herzog zit. nach Roman Hollenstein. Ein Sporttempel für einen totalitären Staat. In: Neue Zürcher Zeitung vom 07.06.2008 https://www.nzz.ch/ein_sport-tempel_fuer_einen_totalitaeren_staat-1.752586 – **138** Institut für Schulentwicklung, Dr. Otto Seydel: Pädagogische Überlegungen zum Thema Schulbau. Überlingen 2009 https://www.zukunftsraum-schule.de/pdf/information/schulgestaltung/Der_dritte_Lehrer.pdf – Friedensreich Hundertwasser: Der Architekturdoktor, in Arbeiterzeitung Wien, 12.02.1990 http://hundertwasser.com/de/oeuvre/78-texte-und-manifeste/4368-der-architekturdoktor – **142** Günter Metken / Gallwitz, Klaus (Red.): Revolutionsarchitektur. Boullée, Ledoux, Lequeu. Kat. Staatliche Kunsthalle Baden-Baden 1970, S. 34 – Étienne-Louis Boullée zit. nach ebda., S. 40 – **142 f.** Günter Metken in ebda., S. 34–41 – **144 f.** Franziska Bollerey: Architekturkonzeptionen der utopistischen Sozialisten. Berlin: Ernst & Sohn 1991, S. 64 ff. – **145** Robert Owen zit. nach Wikiquote, Stichwort Robert Owen. Übers. aus dem Engl. von M. Klant https://en.wikiquote.org/wiki/Robert_Owen – **146 f.** Protestation des artistes und Gustave Eiffel zit. nach Lemoine, Bertrand: La Tour de Monsieur Eiffel. Paris: Gallinard 1989, S. 98 ff. Übersetzung aus dem Franz. von Katrin Zuschlag – Gustave Eiffel: La Tour Eiffel en 1900. Éditions Ligaran, 2015, § 6. Übers. aus dem Französ. von M. Klant – **148** Marinetti zit. nach Hansgeorg Schmidt-Bergmann: Futurismus. Geschichte, Ästhetik, Dokumente Taschenbuch. Reinbek: Rowohlt 1993, S. 75 f. – **148 f.** Antonio Sant'Elia zit. nach Wolfgang Pehnt: Architekturzeichnungen des Expressionismus. Stuttgart: Hatje 1983, S. 321. Übers. aus dem Ital. von Christa Baumgarth – **150** Bruno Taut zit. nach Conrads, Ulrich / Sperlich, Hans G. 1983, a.a.O., S.141 – **151** Wolfgang Pehnt: Die Architektur des Expressionismus. Stuttgart: Hatje 1973, S. 121 f. – **152** Wladimir Tatlin zit. nach Larissa A. Shadowa (Hg.): Tatlin. Weingarten: Kunstverlag 1987, S. 262 Übers. aus dem Russ. von Hannelore Schmör-Weichenhain – Klaus Jan Philipp: Das Buch der Architek-

tur. Ditzingen: Reclam (2)2017, S. 386 – **153** Tatlin zit. nach Larissa A. Shadowa (Hg.) 1987 a.a.O., S. 258 – **154 f.** Paola Antonelli in The Museum of Modern Art / Matilda McQuaid (Hg.): Visionen und Utopien. Architekturzeichnungen aus dem Museum of Modern Art. München: Prestel 2003, S. 86 f. Übers. aus dem Engl. von Norma Kessler – **155** Le Corbusier zit. nach ebda. – **156** Coop Himmelb(l)au zit. nach Jörg H. Gleiter / Ludger Schwarte (Hg.): Architektur und Philosophie: Grundlagen. Standpunkte. Perspektiven. Bielefeld: transcript 2015, S. 260 – Zaha Hadid: Das Gesamtwerk. Mit einer Einführung von Aaron Betsky. Stuttgart: DVA 1998, S. 63 f. Übers. aus dem Engl. von Laila Neubert-Mader – **158** Constantin Brancusi zit. nach Markus Brüderlin, Friedrich Teja Bach (Hg.): ArchiSkulptur. Dialoge zwischen Architektur und Plastik vom 18. Jahrhundert bis heute. Ostfildern-Ruit: Hatje Cantz 2004, S. 15. Übersetzt von Stefan Barmann – **159** Matthias Reichelt: Timm Ulrichs: Versunkenes Dorf, in: Kunstforum 181/2006, S. 363 – **160** Heinrich Klotz 1995, a.a.O., S.241 – **161** Michael Fabricius: Dieser Wolkenkratzer hängt einfach im Weltall. Welt vom 31.03.2017 https://www.welt.de/finanzen/immobilien/article163313367/Dieser-Wolkenkratzer-haengt-einfach-im-Weltall.html – Lise Anne Couture 2008, a.a.O. – **163** Jeff Mottle in Kim O'Connell: 4 Tipps für erste Anwendungen von Virtual Reality in der Architektur. In: Redshift vom 16. Nov 2016 https://www.autodesk.de/redshift/virtual-reality-in-architecture/ – Philip Jodidio: Architecture NOW! Architektur heute/ L'architecture d'auhourd'hui. Köln: Taschen 2001, Bd. 1, S. 418. Übers. aus dem Amerikan. von Karin Haag – **165** Derek Pirozzi in eVolo International Skyscraper Competition Winning Proposal 2013: The Polar Umbrella. Übers. aus dem Amerikan. von M. Klant. Amsterdam: Archello BV-https://archello.com/project/the-polar-umbrella#stories – **166** David Benjamin zit. nach Michaela Haas: Visionen eines Fungi-Tekten. In: Süddeutsche Zeitung Magazin vom 03.02.2018 https://sz-magazin.sueddeutsche.de/die-loesung-fuer-alles/visionen-eines-fungi-tekten-84453 – **167** Ferdinand Ludwig: Abstract zum Vortrag „Innovation als Geduldsprobe: Forschung und Experiment in der Baubotanik" am Hans-Eisenmann-Zentrum für Agrarwissenschaften, 20.7.2017 – http://hez.wzw.tum.de/fileadmin/Hans_Eisenmann_Akademie/Einladung/SS_2017/20Juli2017_Ferdinand_Ludwig.pdf – **168** Barbara Imhof in Hans-Arthur Marsiske: Das Weltraumwurfzelt für eine Mond- oder Marsmission. In: Telepolis vom 27.09. 2015-https://www.heise.de/tp/features/Das-Weltraumwurfzelt-fuer-eine-Mond-oder-Marsmission-3375601.html – **169** Tomás Saraceno zit. nach Heinz Peter Schwerfel: Spiderman. Art Magazin 12/2018, S. 68

Alle Internetzugriffe: 17.03.2019

Bildquellen

Agence Roger-Viollet, Paris: © Musée Carnavalet 125 | akg-images GmbH, Berlin: 33, 44, 53, 59, 88, 110, 122, 123, 143, 144; Album / Asf 50; Album / Juan Manuel Borrero 60; Album / Oronoz 60; Andrea Jemolo 84; arkivi 122; Bildarchiv Monheim 34, 74, 93, 94, 95, 111, 126; Bildarchiv Monheim / Opitz 151; British Library 126; CDA / Guillot 149; Cohen, Manuel 90; De Agostini / Icas94 38; De Agostini Picture Lib. 36; De Agostini Picture Lib. / G. Dagli Orti 113; De Agostini Picture Lib. / U. Marzani 148; De Agostini Picture Library 40, 148; Dirk Laubner 41; Eric Vandeville 31; Erich Lessing 150; euroluftbild.de/Martin Bildstein 33; Florent Pey 25; Gerard Degeorge 84, 91, 91; Heritage Images / Fine Art Images 153; Heritage-Images / Curt Teich Postcard Archives 33; Hook, Jason 41; Imagno / Bruno Taut 150; Manuel Cohen 104; Marc Deville 119; Mel Longhurst 101; Peter Weiss 10, 129; Pictures From History 146; Rabatti & Domingie 117; Rainer Kiedrowski / Bildarchiv Monheim GmbH 52, 52; Schütze / Rodemann / © F.L.C. / VG Bild-Kunst, Bonn 2019 74, 75; Varga, Jean-Claude 118; viennaslide / Harald A. Jahn 114; viennaslide / © Harald A. Jahn 31, 156; © Sotheby's 123. | alamy images, Abingdon/Oxfordshire: Art Collection 2 152; Artokoloro Quint Lox Limited 11; Azoor Travel Photo / © VG Bild-Kunst, Bonn 2019 68; Clarence Holmes Photography 23; Fahd Khan 135; Granger Historical Picture Archive 144; Grun, Uwe 93; Hans Blossey 76; Heritage Image Partnership Ltd 153; History and Art Collection 19; imageBROKER 15, 21, 61; kavalenkava volha 87; Martin Bond 62; Rapp Halour 143; The Picture Art Collection 11; travelpix 68; UtCon Collection 143; Vernon, Daniel 48; Yoshiyuki Kaneko 127. | Asymptote Architecture (Lise Anne Couture and Hani Rashid), New York: 162. | Baubotanik - Living Plant Constructions, Stuttgart: Ferdinand Ludwig / Daniel Schönle / Entwurf für ein Aussstellungsgebäude, 2012. Glas, Beton und baubotanische Baumfassade 167. | Bauhaus-Archiv, Berlin: Foto: Hermann Kiessling / © VG Bild-Kunst, Bonn 2019 13. | Biblioteca Nazionale Centrale, Firenze: Codice Magliabecchiano, II.I.141, f. 42 v 36. | bloomimages, Hamburg: Architektur: Herzog & de Meuron 133. | bpk-Bildagentur, Berlin: 10; CNAC-MNAM / Bertrand Prévost 16; Félicien Faillet 92; Jürgen Liepe 131; Kunstbibliothek, SMB / © VG Bild-Kunst Bonn 2019 12; RMN - Grand Palais | Maréchalle, Stéphane 119; RMN - Grand Palais, Fonds Gustave Eiffel 18; Scala - courtesy of the Ministero Beni e Att. Culturali 96; Staatsgalerie Stuttgart / © VG Bild-Kunst, Bonn 2019 150; The Trustees of the British Museum 50. | Bridgeman Images, Berlin: 27, 120, 120, 121, 121, 142; Ancient Art and Architecture Collection Ltd. 85; De Agostini Picture Library 29; De Agostini Picture Library / Publiaer Foto 40; Granger 22; Mondadori Portfolio/Electa/Marco Covi 20; Private Collection / Prismatic Pictures 9; The Stapleton Collection 27. | Brink, Barbara Verena, Paris: 104, 105. | Brügel, Nora, München: 190. | Bundesministerium der Finanzen/Referat Postwertzeichen, Berlin: Wiese / © VG Bild-Kunst, Bonn 2019 68. | Centraal Museum, Utrecht: inv.nr. 004 A 114a / Rietveld Schröderarchief / Image & copyrights Centraal Museum Utrecht/ Pictoright, Amsterdam / © VG Bild-Kunst, Bonn 2019 63. | Clouds Architecture Office, New York: : Analemma Tower, Clouds Architecture Office © 2016 161; Analemma Tower, Clouds Architecture Office © 2016 161, 161. | Contour Crafting Corporation, Los Angeles: 80. | Courtesy of The Living, New York: Photo by Amy Barkow 166. | Courtesy of Zaha Hadid Architects, London: 33. | Das Bundesarchiv, Koblenz: Bild 146III-373 / Foto aus dem Nachlass Albert Speer 131. | Derek Pirozzi Design Workshop LLC, Sarasota, Florida: 165, 165. | Deutsche UNESCO-Kommission e.V., Bonn: 3 und alle weiteren Stellen, an denen das Weltkuturerbe-Logo erscheint. | Fondation Le Corbusier, Paris: © F.L.C. / VG Bild-kunst, Bonn 2019 155. | Frey, Wolfgang, Freiburg im Breisgau: 37. | Galerie Berinson GmbH, Berlin: © VG Bild-Kunst, Bonn 2019 44. | Galerie Henze & Ketterer AG, Wichtrach/Bern: 12. | Getty Images, München: Corbis NX 164; Hulton Fine Art Collection / Mondadori Portfolio 51. | Grünewald, Martina, Berlin: Sonderpostwertzeichen: Bauhaus Architektur (DDR - Erstausgabe 27. Mai 1980) / Herausgeber: Bundesministerium der Finanzen / Urheber/Gestalter: Lothar Grünewald 128. | Houben / Van Mierlo Architecten, TV Eindhoven: Project Milestone, 2018/2019, Projektskizze, Design: Houben / Van Mierlo architects und TU/e Eindhoven, Bild: Van Wijnen / Weitere Projektpartner: artist impressions: Backbone Visuals and Concepts; Gemeente Eindhoven; Vesteda; Weber Beamix; Witteveen+Bos 80. | Institute of Computer Engineering, Lübeck: flora robotica, Universität zu Lübeck 166; Mateusz Zwierzycki 166. | Interfoto, München: Austrian National Library 6; Hanna Wagner 99. | iStockphoto.com, Calgary: josefkubes 69 | Klant, Michael, Freiburg: 8, 16 o.r., 19 u., 21 l., 22 o.l., 26.1–3, 28 u. r., 40 o. l., 45, 46.1–6, 47.1–6, 55 o. l., 55 u.l., 56 o., 59, 61 u., 66 u., 67 o. l., 67 o. r., 68 o. r., 81, 82, 97 o. r., 105 u.l., 105 u. r., 107, 108.1–6, 109 o., 109.1–6 u., 113 r., 114 u., 116 o., 116 m., 119 u., 127 o., 129 o., 129 u., 130 o., 132 o., 133 m., 134.1–3, 136 o., 139, 140.1–6, 141.1–6 u., 146 o.r., 147, 150 u.r., 158 o.r., 164 l., 164 o., 176 o., 176 u., 177 o., 177 u., 178, 180 o.l., 180 m., 181 o.l., 181 m., 181 r., 181 u., 183 o., 183 o., 184, 185, 186, 187 o., 187 u., 188, 189, 191; Archiv Josef Walch 64, 138; Archiv M. Klant 130; Raphael Spielmann 139, 149; Sammlung J. Walch 46, 54, 55, 58; Sammlung Walch 73; © Mariko Mori, Member Artists Rights Society (ARS), New York / VG Bild-Kunst, Bonn 2019 158; © VG Bild-Kunst, Bonn 2019 68. | Koeberl Doeringer, Passau: Schneekirche Mitterfirmiansreut, koeberl doeringer architekten 106, 106. | Krausse, Joachim, Dessau-Roßlau: 65. | Kunstmuseum Stuttgart,

Stuttgart: Willi Baumeister, Postkarte zur Werkbundausstellung "Wie wohnen?" 1927, Willi Baumeister Stiftung, / das Bild kann unter CC BY-NC-SA 30.0 Germany weiterverwendet werden / VG Bild-Kunst, © Bonn 2019 66. | laif, Köln: Michael Danner 151; Pablo Cabado/VU / Remembrance park. "Monumento al escape", Dennis Oppenheim. © 2017 Titel; Wolfgang Volz / Christo and Jeanne-Claude 44. | Landesmuseum Württemberg, Stuttgart: P. Frankenstein / H. Zwietasch / © Württembergische Landesbibliothek 35. | LIQUIFER Systems Group GmbH, Wien: SHEE: Entfaltbares Habitat für den Mars, 2014 168. | Luther-Melanchthon-Gymnasium, Wittenberg: 138. | mauritius images GmbH, Mittenwald: Bildarchiv Monheim GmbH / Alamy 92; Hackenberg-Photo-Cologne / Alamy 85; Masterfile RM 137. | Milla & Partner GmbH, Stuttgart: 158. | Museen der Stadt Bamberg, Bamberg: Wallfahrtskirche Vierzehnheiligen von Balthasar Neumann, Holzmodell, Seitansicht im aufgeklappten Zustand mit Blick in den Innenraum, Inv. Nr. HVB Rep. 21, Nr. 8, Historischer Verein Bamberg 29. | Museumsstiftung Post und Telekommunikation/Archiv für Philatelie, Bonn: Georg Fritz 130. | MVRDV, RA Rotterdam: Winy Maas, Jacob van Rijs und Nathalie de Vries 163. | Naredi-Rainer, Paul, Matrei am Brenner: 39. | NASA, Washington: 168, 168. | National Geographic Creative, USA-Washington, DC: Fernando G. Baptista 101. | Ochmann, Livia, Berlin: Foto: Eduard Gavailer / Architektur: Hundertwasser / Motiv: Hundertwasser Architekturprojekt Luther-Melanchthon-Gymnasium Wittenberg 138. | Picture-Alliance GmbH, Frankfurt/M.: akg / Bildarchiv Steffens 28; CHROMORANGE/AGF Creative 31; dpa 30, 52, 98; imageBROKER 42, 128; Mary Evans Picture Library 18, 145; SZ Photo 157. | Roland Halbe Fotografie, Stuttgart: 77, 77. | Sauber, Wolfgang, Sarleinsbach: 49. | Scala Archives, Bagno a Ripoli/Firenze: 28; © 2006 141; 2007 16; Digital Image Museum Associates/LACMA/Art Resource NY 140; Digital image, The Museum of Modern Art / © VG Bild-Kunst, Bonn 2019 68; Digital image, The Museum of Modern Art, New York / Privatarchiv Hollein 13; Digital image, The Museum of Modern Art, New York / © F.L.C. / VG Bild-Kunst, Bonn 2019 155; Digital image, The Museum of Modern Art, New York / © F.L.C./ VG Bild-Kunst, Bonn 2019 154; Digital image, The Museum of Modern Art, New York / © The Utzon Archives / Utzon Center 16; Manuel Cohen 100; Mark E. Smith 57; Photo Art Resource 71; The Frank Lloyd Wright Fdn, AZ / Art Resource / © VG Bild-Kunst, Bonn 2019 70; White Images 112; ® 2004 9. | SCHWARZ / ARCHITEKTURFOTOGRAFIE, Berlin: Ulrich Schwarz 76. | Science Photo Library, München: Jose Antonio Peñas 86, 87. | Sepúlveda, David, New York: 85. | Shutterstock.com, New York: Alan Tan Photography 60; Alexandr Medvedkov 137; mandritoiu 43; Nenad Nedomacki 136; Ole GawriloFF 135; Olga Kashubin 41; prochasson frederic 112; StockphotoVideo 125; Urte 163. |

SITE-James Wines LLC, New York: James Wines (President of SITE-James Wines LLC) 164. | Smithsonian Institution, Washington D.C.: Human Origins Program / Karen Carr Studio 48. | Sobek, Werner, Stuttgart: 78, 79, 79; Matthias Koslik 79. | Spielmann, Raphael, Freiburg: 82.1–6, 83.1–6, 96 o., 101 o.r., 102 o., 102 u., 103 o., 103 u., 108.3–4; © F.L.C. / VG Bild-Kunst, Bonn 2019 102, 102, 103. | Stadt Regensburg, Bilddokumentation, Regensburg: Christoph Lang, Bildnummer: 67-35-36 72. | stock.adobe.com, Dublin: ©Anton Ovcharov 89; ©Beboy 124; ©fotoatelier.hamburg 133; ©Freesurf 146; ©mariusklemm 115; ©photlook 49; ©Tierney 33; ©travelpeter 22; ©Windowseat 30. | Studio Tomás Saraceno, Berlin: © 2015, Courtesy the artist; Tanya Bonakdar Gallery, New York/Los Angeles; Pinksummer contemporary art, Genoa; Andersen's Contemporary, Copenhagen; Esther Schipper, Berlin 169; © Photography by Alessandro Coco, 2009 / Courtesy the artist; Tanya Bonakdar Gallery, New York/Los Angeles; Andersen's Contemporary, Copenhaben; Pinksummer contemporary art, Genoa; Esther Schipper, Berlin 169. | ullstein bild, Berlin: euroluftbild.de/Robert Grahn 42; Granger, NYC 95; Heilke Heller 72. | Universalmuseum Joanneum, Graz: Kunsthaus Graz 14, 14, 14, 14; Kunsthaus Graz / U/N. Lackner 14. | Universität für angewandte Kunst, Wien: Kunstsammlung und Archiv, Inv.Nr. 50/8/FW, Foto: Hermann Collischonn 65. | UNStudio, Hong Kong: 15, 15. | VG BILD-KUNST, Bonn: © F.L.C. / 2019 39. | Vitra, Birsfelden: 142; Courtesy of Zaha Hadid Architects 157, 157. | Walch, Josef, Reilingen: 64, 65 u. | Weissenhofmuseum im Haus Le Corbusier, Stuttgart: Ulmer Freunde der Weissenhofsiedlung e.V. 67. | wikimedia.commons: Alberto Contreras González / CC BY-SA 3.0 75. | Wulff, Ingo, Kiel: Bundesministerium der Finanzen 128. | Zooey Braun FOTOGRAFIE, Stuttgart: 24. | © dtv Verlagsgesellschaft mbH & Co. KG, München: dtv-Atlas zur Baukunst Bd. 1, S. 170 110; dtv-Atlas zur Baukunst Bd. 1, S. 400 111; dtv-Atlas zur Baukunst Bd. 2, S. 558 132; dtv-Atlas zur Baukunst Bd. 2, S. 560 136. | © Foster + Partners, London: 7.

Wir arbeiten sehr sorgfältig daran, für alle verwendeten Abbildungen die Rechteinhaberinnen und Rechteinhaber zu ermitteln. Sollte uns dies im Einzelfall nicht vollständig gelungen sein, werden berechtigte Ansprüche selbstverständlich im Rahmen der üblichen Vereinbarungen abgegolten.

Glossar

Fach- und Stilbegriffe, Fremdwörter, Personen

Kursive Ziffern verweisen auf Abbildungen und Zitate. Abkürzungen: AB = Arbeitsblatt, 3D = 3D-Scan, IA = interaktive Anwendung, V = Video

Abakus. Kompositkapitell, → Halbsäule am Passauer Dom, → Barock, 1693
1 (eingeschwungener) Abakus
2 Abakusblume o. Rosette 3 Eierstab
4 Volute 5 Akanthusblatt 6 Halsring.
(3 u. 4 stammen aus der ionischen,
2 u. 5 aus der korinthischen Ordnung.)

A

Abakus: Deckplatte über dem Kapitell *91*
abbinden: beim Trocknen erhärten, erstarren
absolut: (lat.) uneingeschränkt, vollkommen, rein
Absolutismus: (lat.) Form unumschränkter Herrschaft *108, 118, 141*
absolutistisch: unumschränkt herrschend
abstrakt: (lat.) ungegenständlich; in der Architektur ohne → Ornamente

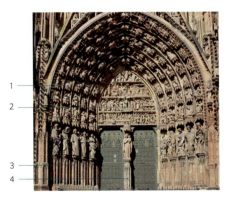

1 **Archivolte**, 2 Tympanon
3 Gewände mit Gewändefiguren
4 Trumeau (Mittelpfeiler). Straßburger Münster, Hauptportal, 1280

Abteikirche: Kirche am Wohnhaus eines Abtes o. einer Äbtissin
Adler, Dankmar (1844–1900), dt.-amer. Architekt der Chicago School of Architecture *19*
Aeropag: (griech.) der 115 m hohe Felsen in Athen, auf dem die → Akropolis liegt; auch der Name des Rats, der hier tagte; *110*
aerosolar: (lat., aus Luft und Sonne), von T. → Saraceno für schwebende, solarbetriebene Architektur gefundener Begriff *169*
Ästhetik: (griech. aisthesis, Wahrnehmung), Wissenschaft u. Lehre vom Kunstschönen, äußere Erscheinung *137*
ästhetisch: (griech.) die → Ästhetik betreffend, geschmackvoll, schön
ätherisch: flüchtig, duftig
Agora: (griech.) meist rechteckiger Versammlungs- u. Marktplatz im antiken Griechenland, umgeben von einer → Stoa, *110*
Akanthus: Ornament, das die Blattform der gleichnamigen Pflanzengattung stilisiert wiedergibt *91, links*
Akkord: (griech.-franz.) Zusammenklang von Tönen; schnelle Arbeit gegen Stücklohn
Akropolis: (griech., Hochstadt) befestigte Siedlung der griech. → Antike *110 f., AB 303*
Akroterion: (griech., höchster, äußerster Teil) bekrönendes Schmuckelement *87*
ala: (lat., Flügel, pl.: alae) Flügelanbau beim → Atriumhaus *51*
Albers, Josef (1888–1976), dt. Maler u. Kunsttheoretiker, Lehrer am → Bauhaus *128*
Alberti, Leon Battista (1404–1472), ital. Architekt u. Kunsttheoretiker *116, 188, IA 302*
Albiker, Karl (1878–1961), dt. Bildhauer *130*
Aldinger Architekten: Architekturbüro in Stuttgart, geleitet von Jörg Aldinger (*1955) *77*
Alen, William van (1883–1954), amer. Architekt des → Art déco *23*
allansichtig: von allen Seiten betrachtbar
Altar: (lat. alta ara) erhöhte Opferstätte
Alterspatina → Patina
Ambo: erhöhter Ort für Predigten *106*
Amphitheater: (griech.) ringsum geschlossenes Theater, meist auf elliptischem Grundriss *111*
analog: (griech.) gemäß, entsprechend
Ando, Tadao (*1941), japan. Architekt *83, 104 f., AB 115*
Analemma: (griech., Umschreibung) Figur einer Acht, die aus den Sonnenpositionen entsteht, die täglich zur selben Ortszeit ein Jahr lang aufgezeichnet werden *161*
Ansicht: Außenansicht, vgl. → Aufriss
Ansichtigkeit: die Frage des aufschlussreichsten Blickwinkels

Antefix: (lat., vorn befestigt) bemalte Tonplatten zur Verkleidung der Traufe antiker Tempel *87*
Anthemios von Tralleis (474–534), spätantiker Mathematiker u. Architekt *90 f.*
anthropomorph: (griech.-lat.) von menschlicher Gestalt
Anthropozän: Zeitalter, in dem der Mensch zu einem der wichtigsten Einflussfaktoren auf den Zustand der Erde wurde *169*
Anthropozentrik: (griech.-lat.) Weltbild, das den Menschen in den Mittelpunkt stellt
Antike: (lat.-franz.) das Altertum u. seine → Kultur; die griech. A. gliedert sich in eine → archaische, → klassische u. → hellenistische Phase *110 f.*
antikisieren: die Antike nachahmen
antirational: (lat.) gegen den → Rationalismus gerichtet, → Hundertwasser
Aphrodite: griech. Göttin der Liebe u. Schönheit (lat.: Venus) *110*
Apoll(on): griech. Gott der Dichtung, Musik, Jugend, Heilkunde u. Weissagung *110*
Apside, Apsis: (griech. Rundung) in der röm. Antike aufgekommener, halbrunder Raum, überwölbt von e. Halbkuppel; im christl. → Sakralbau oft Teil des → Chors; *29*
Aquädukt: (lat.) Brücke mit Wasserleitung *177*
archaisch: (griech.) altertümlich
archaische Antike: Periode der griech. → Antike im 7. u. 6. Jh. v. Chr.
architecture parlante: (franz., sprechende Architektur) Bauwerk mit erzählerischem Charakter *164*
Architekturplastik: Kunstwerk, das Merkmale beider Gattungen vereint *158 f.*
ArchiSkulptur: hier als Abk. für architektonisch aufgefasste Skulptur gebraucht *158 f.*
Architrav: (griech., Hauptbalken), waagrechter Steinbalken, v. a. über den Säulen o. Pfeilern bei Tempeln *86, 87, 126 o., AB 303*
Archivolte: (ital., Oberbogen) plastisch gestalteter Bogenlauf bei → Portalen *95, links*
Areopag: (griech.) Felsen in Athen, auf dem der Rat tagte, danach Areopag genannt 110
Aristoteles (384–322 v. Chr.), griech. Philosoph *111*
Arkade: (lat. arcus, Bogen) über → Pfeilern o. Säulen errichtete Bogenstellung *17*
Arkadengang, Arkadenhof: Architektur mit gereihten → Arkaden *117*
Armierung: Bewehrung, → Spannbeton *20 u.*
Armillarsphäre: (griech.-lat.) astronomisches Gerät zum Messen der Himmelskreise *142 f.*
Arrephoren: (griech.) Dienerinnen der Athena-Priesterin auf der → Akropolis *86*

→ Fensterrose des Straßburger Münsters, S. 180 o.

Art déco: (franz. art décoratif, dekorative Kunst) vom → Jugendstil herkommende Richtung von ca. 1920–1940 mit klareren Formen, u.a. gerundeten Gebäudeecken u. durchlaufenden Bändern 160, *177*

Arts and Crafts Movement: brit. Bewegung von ca. 1860–1920, die die Grenze zw. Kunst u. Handwerk aufheben wollte 128

Asklepios: griech. Gott der Heilkunde 111

Astrolab(ium): (griech.-lat.) altes astronomisches Instrument zur Bestimmung der Position von Sternen 143

Asymptote: Architekturbüro in New York, 1988 gegründet von Lise Anne → Couture u. Hani → Rashid

Atelier Kempe Thill: Architekturbüro, gegründ. von André Kempe u. Oliver Thill, Filialen: Rotterdam, Paris u. Zürich *76, AB 215*

Athena Promachos (griech., die zuvorderst Kämpfende), kolossale Bronzestatue des Bildhauers Phidias auf der Akropolis *86*

atrium: (lat. ater, schwarz, rauchgeschwärzt) Hauptraum → antiker Wohnhäuser mit Innenhofcharakter u. Öffnung nach oben *51*

Atrium corinthicum: Atriumhaus mit → Peristyl im Innern *51*

Atriumhaus: Haustyp mit Innenhof, begründ. in der röm. → Antike 30, *51, 78 f., AB 206*

Attalos III (138–133 v. Chr.), Großneffe von König Attalos I., König von Pergamon 110

Aufklärung: Zeitalter von ca. 1650–1800, in welchem gegen den → Absolutismus gerichtete Ideen von Vernunft, religiöser Toleranz, Naturwissenschaft, Bürgerrechten u. Bildung aufkamen

aufreißen: maßgerecht zeichnen

Aufriss: maßgerechte grafische Darstellung einer → Wand o. → Fassade; → Grundriss, → Schnitt; *11*

Augmented Reality: (engl., erweiterte Realität) natürliche Wahrnehmung der Realität mit Erweiterung um computergenerierte Informationen, → Mixed Reality *163*

Aulenti, Gae(tana) (1927–2012), ital. Architektin u. Designerin *3*

Ausführungszeichnung: exakte technische Zeichnung als Bauanleitung für die Handwerker, auch Werk- o. Reinzeichnung genannt, vgl. → Visierung

ausgeschiedene Vierung: quadrat. Raum, entsteht bei Durchdringung von → Langhaus u. → Querschiff u. Basilika u. ist durch vier gleich hohe → Schwibbögen (Vierungsbögen) abgetrennt, Grundlage des → gebundenen Systems *93, 181 u.*

auskragen: vorspringen, v. a. von Geschossen bei → Fachwerkhäusern *55*

Avantgarde: (franz., Vorhut) Vorkämpfer einer neuen Richtung

Axonometrie: (griech.-lat.) geometrisches Verfahren, die Art der Parallelprojektion, ein räumliches Gebilde mittels deren Koordinaten auf einer Ebene darzustellen, wofür sonst → Grundriss, → Aufriss u. → Schnitt nötig wären; → Isometrie 7, *12*

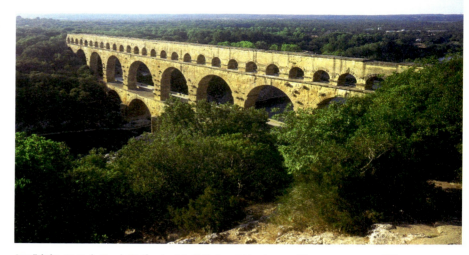

Aquädukt. Pont du Gard, Südfrankreich, Teil einer 50 km langen Wasserversorgungsanlage, 1. Jh. n. Chr. Kalkstein, römische Quaderbauweise (opus quadratum) Länge 275 m, Höhe 49 m, Breite der Wasserrinne 1,2 m, Gefälle 0,4 %, Die vorkragenden Steine dienten der Befestigung der Baugerüste.

B

Bacon, Francis (1561–1626), engl. Philosoph, Jurist u. Staatsmann 144

Baldachin: nach der arab. Stadt Bagdad (baldaqu) ben. Traghimmel aus Seide; Zierdach, → repräsentativer u. schützender dach- o. gewölbeartiger Aufbau über einer Statue, einem Thron etc. *180*

Balkon: (franz.) offener Austritt mit Brüstung

Baptisterium: (griech.-lat., Badebassin) eigenständiger, oft freistehender Bau mit der Funktion einer Taufkapelle

Barock: (portug. barocco, unregelmäßige Perle) auf die → Renaissance im frühen 17. Jh. folgende, von → repräsentativen, bewegten Formen u. Räumen geprägte Stilrichtung, ab 1730 in das → Rokoko übergehend, Vertreter sind u. a. → Bernini, → Bramante, → Neumann, → Sanctis

Barry, Sir Charles (1795–1860), engl. Architekt der Neogotik 120

Basilika: (griech.-lat., Königshalle) Gebäudeform der Antike, die für die frühchristl. Kirchen übernommen wurde 82, *92 ff., AB 106*

Basis: (griech., Fuß) Bestandteil einer → Säule o. eines → Pfeilers

Bauhaus: 1919 von → Gropius gegründ. Kunst- u. Werkschule in Weimar (1919–1925), Dessau (1925–1932) und Berlin, dort 1933 auf Druck der → Nationalsozialisten aufgelöst *128 f., IA 307, AB 120 u. 214, V 307*

Bauhütte: Organisation der Bauleute im hohen Mittelalter mit eigenen Satzungen, die oft nach einer Art → Musterbuch arbeiteten

Bauhüttenbuch: von Steinmetzen geführtes → Musterbuch; das bekannteste ist das des → Villard de Honnecourt *185*

Bauplastik: an Gebäuden angebrachte Plastik bzw. Skulptur *16 o. r.*

Baustoffkunde: Lehre von den natürlichen u. künstlichen Stoffen u. Stoffkörpern, die beim Bauen verwendet werden

Bauweise: 1. Konstruktionsprinzip; 2. die Art der Zuordnung von Baukörpern in Stadtteilen oder Siedlungen *32 u.*

Bauwich: Abstand zw. nebeneinanderliegenden Gebäuden bei offener → Bauweise *32*

Bayer, Herbert (1900–1985), österr. Grafikdesigner, Fotograf, Maler u. Architekt, Lehrer am → Bauhaus *12, 13,* 128

Behnisch, Günter (1922–2010), dt. Architekt u.a. des → Dekonstruktivismus *136,* 156

Art déco. Feuerwehrhaus auf Gibraltar, 1937/38

Campanile di San Marco, Markusplatz Venedig. Baubeginn um 900, oberstes Geschoss mit den Arkaden für die Kirchenglocken 1178/1329, Turmspitze 1510. Höhe 98,6 m, in 15 m Distanz zur Kathedrale San Marco. Rechts der Dogenpalast, Ort des Großen Rats, Südseite 1404 vollendet. Architektur der → Gotik

Behrens, Peter (1868–1940), dt. Architekt zw. → Jugendstil u. → Neuem Bauen *61 u., 66, IA 306*

Beletage: (franz. bel étage, schönes Geschoss) das erste Stockwerk über dem Erdgeschoss, ital. → Piano nobile

Bell, Alexander Graham (1847–1922), engl.-amer. (Mit-)Erfinder des Telefons *160*

Benjamin, David (*1972), amer. Architekt u. Pionier der → Baubotanik *166 o.*

Benjamin, Walter (1892–1940), dt. Schriftsteller u. Philosoph *124*

Bergfried: herausragender Hauptturm einer → Burg *53*

Berkel, Ben van (*1957), holl. Architekt *15*

Berlage, Hendrik Petrus (1856–1934), holl. Architekt *42*

Bernini, Gian Lorenzo (1598–1680), ital. Bildhauer u. Architekt des ital. → Barock *40 m.*

Bernward von Hildesheim (um 955–1022), Bischof ebendort von 993–1022, *92*

Béroud, Louis (1852–1930), franz. Maler *123*

Beton: ein künstlicher Stein, gemischt aus Sand, Kies, Zement u. Wasser, der in flüssigem Zustand in Schalungsformen gegossen wird u. darin → abbindet, *20 u.*

BIM: Abk. für »Building Information Modeling« (engl., Bauwerkdatenmodellierung), Softwaremodule, die Bauprojekte in → CAAD-Programmen mit Informationen vernetzen *14, 15*

biomorph: (griech.-lat.) von den Kräften der Natur geformt o. an diese angelehnt *60 f.*

Bionik: Wissenschaft, Technik u. Architektur auf der Basis von Naturvorbildern, → Cervera, → Otto, → Pioz

Blendarkade (Blendbogen): einer Wand vorgelagerte Bogenstellung ohne Öffnungen *17*

Blob-Architektur: (engl. blob, Klecks) auf Computerberechnungen basierende, → organische, biegsam erscheinende Architektur ohne Ecken u. Kanten, im Ggs. zur »Box-Architektur« (schachtelförmigen A.) → Fournier, → Cook *14*

Blockbauweise: → Bauweise *32*

Boccioni, Umberto (1882–1916), ital. Künstler des → Futurismus *149*

Boezem, Marinus (*1934), holl. Künstler *139, 158, 164, V 507*

Bogen: gewölbte Konstruktion, meist in einer Maueröffnung; fängt die Last ab u. leitet sie auf → Stützen über, im Lauf der Kunstgeschichte vielfältigen, stilistischen Veränderungen unterworfen

Bogenzwickel: → Zwickel

Bonatz, Paul (1877–1956), dt. Vertreter einer traditionellen Architektur, Gegner des → Neuen Bauens *66*

Bonifaz IV. (Bonifatius IV., 550–615) von 608–615 Papst *88*

Botticelli, Sandro (1445–1510), Maler der frühen → Renaissance in Italien *117*

Boulevard: (franz., Bollwerk) Prachtstraße *122*

Boullée, Etienne-Louis (1728–1799), franz. Archit. der Revolutionszeit *141, 142 f., AB 115*

Bourgeois, Louise (1911–2010), franz.-amer. Plastikerin *107*

Bos, Caroline (*1959), holl. Architektin *15*

Bramante, Donato d'Angelo (1444–1514), ital. Architekt des Barock *38*

Brancusi, Constantin (1876–1957), rumän.-franz. Bildhauer *158*

Brandt, Marianne (1893–1983), dt. Künstlerin, von 1924–1929 Studentin am → Bauhaus *44*

Breuer, Marcel (1902–1981), dt.-amer. Architekt u. Designer, Schüler u. von 1925–1928 Lehrer am → Bauhaus *128*

Bronzezeit: Periode der Menschheitsgeschichte von ca. 2 200 bis 800 v. Chr.

Bruegel d. Ä., Pieter (1525/30–1560), niederl. Maler *146 l.*

Bruggen, Coosje van (1942–2009), holl. Kunsthistorikerin u. künstler. Partnerin von Claes → Oldenburg, *164 u.*

Brunelleschi, Filippo (1377–1446), ital. Baumeister der frühen → Renaissance 11, *36, 96 f., AB 208*

Brutalismus: Anfang der 1950er-Jahre aufgekommene Bezeichnung für eine Richtung der Architektur, die den rohen → Sichtbeton (franz. béton brut) bevorzugt *102 f.*

Bühlmann, Josef (1844–1921), schweiz. Künstler u. Architekt *110*

Bündelpfeiler → Pfeiler

Buleuterion: (griech.) Versammlungsraum im antiken Griechenland *110*

Burg: (lat. burgus, kleines Kastell) Wehrbau, verteidigungsfähiger Wohnplatz vor allem des Mittelalters *52 f.*

byzantinische Kunst: christl. Kunst des von Konstantinopel aus regierten oströmischen Reichs, bedeutendstes Bauwerk ist die Hagia Sophia *90 f., IA 304*

Byzanz: 1. die Stadt Byzantion, in die 330 Kaiser Konstantin d. Gr. zog, daher später Konstantinopel genannt (heute: Istanbul); Zentrum der → byzantinischen Kunst *90 f.*; 2. Kurzform für das Byzantinische Reich, das Kaiserreich im östl. Mittelmeerraum, das nach der Teilung des Römischen Reichs (395 n. Chr.) in Westrom u. Ostrom entstand und bis 1453 existierte

C

CAAD: Abk. für Computer Aided Architectural Design (engl., computergestützter Entwurf), Programm für Architekturzeichnungen u. 3D-Simulationen *14*

CAD: Abk. für Computer Aided Design (engl.), computergestützter Entwurf (s. o.) bzw. die Software dafür

Calatrava, Santiago (*1951), span.-schweiz. Architekt *126 u.*

Campanile: (ital.) frei stehender Glockenturm in Italien *97, 146, Abb. oben*

Cantilever: (engl.) Ausleger *70 f.*

Cavea: (lat.; griech.: theatron) halbrunde, ansteigende Sitzreihen im antiken Theater *111, 112*

Celaya, Eloy, zeitgenöss. span. Architekt, Vertreter der → Bionik, *160*

Cella: (lat., Kammer) fensterloser Hauptraum antiker Tempel, Ort des Götterstandbildes, griech. Begriff: → Naos *87*

Cervera, Rosa, zeitgenöss. span. Architektin, verheiratet mit Javier → Pioz, Vertreter der → Bionik

Champs Élysées: (franz., Himmlische Gefilde) Prachtstraße in Paris *164*

Charpentier, Louis (1905–1979), franz. Schriftsteller *37*

Chedanne, Georges Paul (1861–1940), franz. Architekt zw. → Historismus u. → Jugendstil *125 u.*

Cheops: altägypt. Pharao, der von 2620–2580 v. Chr. regierte *30, 85*

Chephren: altägypt. Pharao, der von 2570–2530 v. Chr. regierte *30, 85*

Childs, David (*1942), amer. Hochhaus-Architekt *41*

Chor: (griech.) Verlängerung des → Mittelschiffs einer Kirche über die → Vierung hinaus, oft mit einer → Apsis (o. mehreren Apsiden) abgeschlossen, Ort für den Altar u. das Gebet der Geistlichen *90 ff.*

Christo (Javacheff, *1935) u. Jeanne-Claude (1935–2009), bulgar.-franz.-amer. Landart- u. Verhüllungskünstler *44*

Cicero, Marcus Tullius (106–43 v. Chr.), röm. Staatsmann u. berühmter Redner *108, 188*

Cinquecento: (ital.) das 16. Jahrhundert

Clouds AO (Clouds Architecture Office): Architekturbüro in New York, gegründ. 2010 von Masayuki Sono (*1970) u. Ostap Rudakevych (*1973) *161, 168*

Collage: (franz.) Klebebild *43*

Cook, Sir Peter (*1936), engl. Architekt *14*

Coop Himmelb(l)au: Architektengruppe aus Wien, gegründ. 1968 von Wolf-Dieter → Prix, Helmut → Swiczinsky u. Michael Holzer *156*

Corps de Logis (franz.) Wohntrakt eines Schlosses, oft mittig herausgehoben *119 u.*

Cortile: (ital.) Hof *117*

Cotte, Robert de (1656–1735), franz. Hofbaumeister u. Innenarchitekt des → Barock *118*

Cour d'honneur: (franz.) der von drei Flügeln umgebene Ehrenhof vor einem → Schloss *30, 118 f.*

Couture, Lise Anne (*1959), kanad. Architektin, Büro → Asymptote *27, 162, AB 222, V 505*

cubiculum: (lat.) Schlafzimmer im → Atriumhaus *51*

D

Dada, Dadaismus: während des 1. Weltkriegs gegen die versagenden Traditionen gegründete Antikunst-Richtung

daktylisch: (griech. daktylos, Finger) rhythmischer Wechsel zwischen einer Länge u. zwei Kürzen, → Stützenwechsel

Degelo Architekten: von Heinrich Degelo (*1957) gegr. Schweizer Architekturbüro *109, V 509*

Dekonstruktivismus: 1988 durch eine Ausstellung bekannt gewordener Architekturstil, geprägt von dynamischen Schrägen u. Durchdringungen, → Behnisch, → Coop Himmelblau, → Domenig, → Gehry, → Hadid, → Libeskind; *156 f., AB 122*

dekorativ: (lat.) schmückend

Delannoy, François Jean, franz. Architekt des → Neoklassizismus *124*

Delaunay, Robert (1885–1941), franz. Maler, Begründer des sogen. Orphismus *44*

de l'Orme/Delorme, Philibert (1514–1570), franz. Architekt der → Renaissance *8, 39*

Demiurg: (griech.) Weltbaumeister, Schöpfer *151*

Desertifikation: (lat.) Wüstenbildung *85, 141*

De Stijl: (holl., Der Stil) 1917 gegründ. Künstlergruppe im Umfeld von → Konstruktivismus u. → Bauhaus; → Doesburg, → Mondrian, → Oud, → Rietveld

Deutscher Werkbund: 1907 von Unternehmern, Künstlern u. Architekten (u.a. Henry van de → Velde) gegründ. Vereinigung mit dem Ziel der »Veredelung der gewerblichen Arbeit« *128*, → Arts and Crafts, → Bauhaus

Dienst: langes Säulchen o. → Halbsäulchen, das in der gotischen → Kathedrale die Last von Gurten o. Rippen aufnimmt, meist an einen Pfeiler gegliedert u. oft zu Dienstbündeln gruppiert *17*

diffus: (lat.) zerstreut, verschwommen

diktatorisch: (lat.) gebieterisch, unumschränkt herrschend

Disney, Walt (1901–1966), amer. Trickfilmzeichner u. Filmproduzent *52*

Diskrepanz: (lat.) Unstimmigkeit, Missverhältnis

Distribution: (lat.) Verteilung *124*

divergieren: (lat.) abweichen

Djoser: altägyptischer Pharao, der von ca. 2720–2700 v. Chr. regierte *84*

Doktrin: (lat.) einseitige, erstarrte Lehre

Dom: (lat. domus, Haus) Bischofskirche, auch andere Hauptkirche, → Kathedrale

Domenig, Günter (1934–2012), österr. Architekt des → Dekonstruktivismus *42, 156*

Domus: (lat., Haus) Stadthaus in der → römischen Antike *51*

Donjon: (franz.) Wohnturm einer → Burg bzw. Wohnturm als Burg *53 u.l.*

Doppelhelix: geometr. Gebilde mit doppelter Windung *152*

d'Orbay, François (1634–1697), franz. Architekt des → Barock *118*

Doré, Gustave (1832–1883), franz. Maler, Illustrator u. Bildhauer *58*

Dorigny, Louis (1654–1742), franz.-ital. Maler *57*

dorisch, dorische Ordnung: im 7. Jh. entstandene, nach dem Stamm der Dorier benannte älteste der griech. Ordnungen, legt den Aufbau von Tempeln u. der Teile, darunter die → Säulenordnung fest; → Kapitell; *40 o.r., 86 f., 113, 126, AB 102*

Dynastie: (griech.) Herrschergeschlecht, Herrscherhaus

E

Ecclesia militans: (lat., wehrhafte Kirche) Vorstellung von der Aufgabe der Kirche als eine streitbare, im Ggs. etwa zur »Ecclesia patiens« (leidende Kirche) oder der »Ecclesia triumphans«, der triumphierenden Kirche; *83*

Echinus: (griech., Igel) Teil des dorischen → Kapitells

Edison, Thomas Alva (1847–1931), amer. Erfinder u. Unternehmer *22*

Ehrenhof: → Cour d'honneur

Eiffel, Gustave (1832–1923), franz. Ingenieur, Erbauer des Eiffelturmes *18, 146 f., AB 212*

Einheitsraum: klarer, einheitlicher, überschaubarer Raum *28*

Einstein, Albert (1879–1955), dt. Physiker *150 f.*

Eisen, Charles Dominique Joseph (1720–1778), franz. Maler u. Grafiker *46*

emotiv, emotional: (lat.) gefühlsmäßig

Empore: tribünenähnlicher Aufbau mit Öffnung zu einem Innenraum

en face: (franz.) von vorn

Engels, Friedrich (1820–1895), Staatstheoretiker, Mitbegründer des Kommunismus, → Marx *58*

Entasis: (griech., Anspannung) leichte Schwellung des Schaftes einer Säule in der griechischen Architektur *130*

entmaterialisieren: einem Werkstoff, z. B. Stein, durch künstlerische Bearbeitung den Eindruck des Schweren nehmen. Merkmal der Architektur der → Gotik

Entwurfszeichnung: Plan, der als eine erste → Skizze genauere Vorstellungen von einem Architekturprojekt vermittelt, aber noch keine → Reinzeichnung darstellt *10*

Enumeration: (lat.) Aufzählung *145*

Erechtheion: (griech.) Tempel des mythischen Königs Erechtheus I. auf der → Akropolis von Athen mit → Karyatiden *86*

Erker: → vorkragender, durchfensterter Ausbau an einer → Fassade, ohne Erdberührung *53*

Ernst Ludwig Karl Albrecht Wilhelm von Hessen und bei Rhein (1868–1937), letzter Großherzog von Hessen *61, AB 217*

Esplanade: (span.-franz.) künstlich eingeebnete Zone o. breite Straße *145*

Eugénie de Montijo (1826–1920), Ehefrau von → Napoleon III., von 1853–1870 Kaiserin in Frankreich *123*

Euklid von Alexandria: griech. Mathematiker des 3. Jh. v. Chr. *38*

Exonarthex: äußere Vorhalle, → Narthex *91*

Explosionsaxonometrie: → Axonometrie mit auseinandergezogenen Bestandteilen *7*

Expressionismus: (lat. expressio, Ausdruck) Stilrichtung der 1. Hälfte des 20. Jh., die das innere Erleben betont, → Finsterlin, → Höger, → Mendelsohn, → Taut *10, 25*

F

Fachwerkbau: Typ eines → Gliederbaus mit Holz als tragenden Teilen u. Lehm o. Ziegelsteinen in den dazwischenliegenden → Gefachen, bes. im Mittelalter, *54 f., AB 210*

Fantasie: (griech.-lat.) Vorstellung, Einbildung, Erfindungsgabe u. Einfallsreichtum *140 ff.*

Farrell, Iris (*1951), irische Architektin *28*

Faschismus: (ital. fascio, Rutenbündel) die nach 1917 in Italien aufgekommene pol. Bewegung mit totalitären Zielen parallel zum → Nationalsozialismus

faschistisch: antidemokratisch, totalitär

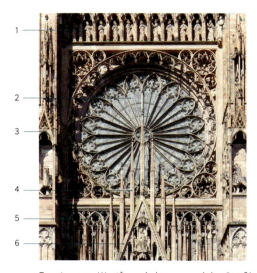

Fensterrose. Westfassade bzw. -wand des Straßburger Münsters, um 1280–1350. Links: Außenansicht, rechts: Innenansicht. 1 Apostelgalerie 2 Rose mit Maßwerk 3 Baldachin 4 Fiale 5 vorgeblendetes Schleiermaßwerk 6 Wimperg, → Gotik

Fassade: (lat. facies, Gesicht) → Hauptansichtsseite eines Gebäudes, an der sich zumeist die innere Gliederung spiegelt *22*

fauces: (lat.) Flur beim → Atriumhaus *51*

Feininger, Lyonel (1871–1956), dt.-amer. Maler, Meister am → Bauhaus *128*

Fenster: (von lat. fenestra) meist verglaste Maueröffnung zur Belichtung u. Belüftung der Innenräume, in der Zeit der → Gotik oft mit → Maßwerk gefüllt

Fensterrose: großes rundes Fenster, gefüllt mit → Maßwerk u. → Glasmalerei, v. a. an Kirchenbauten der → Gotik *95, Abb. oben*

Festigkeitslehre: Lehre vom Widerstand, den ein fester Körper der Trennung o. Verformung entgegensetzt *20*

feudal: (lat.) das Lehnswesen betreffend, herrschaftlich *108*

Feudalherrschaft: Form der sozialen, wirtschaftlichen u. politischen Ordnung v. a. im Mittelalter, bei der eine adelige Oberschicht vom Herrscher lehnsrechtlich mit Grundherrschaft ausgestattet wurde; in der marxistischen Theorie die vorkapitalistische Gesellschaft *108*

Fiale: (griech.) schmale architektonische Zierform der → Gotik, häufig als Bekrönung von → Strebepfeilern o. seitliche Begrenzung von → Wimpergen *17, 22, 95*

Fibonacci, Leonardo (Leonardo von Pisa, 1180–1240), ital. Mathematiker, nach dem die Fibonacci-Zahlenreihe benannt ist *38*

Filarete (eig. Antonio Averlino, 1400–1469), ital. Bildhauer, Baumeister u. Kunsttheoretiker der → Renaissance *141*

filigran: (ital.) feingliedrig wie Schmuck aus kunstvoll gebogenem Gold- o. Silberdraht; im übertragenen Sinn begrifflich auf das feingliedrige Zier- und → Maßwerk in der Baukunst der → Gotik anwendbar

Finsterlin, Hermann (1887–1973), dt. Künstler des → Expressionismus; *25, 150*

flavisch: röm. Kaiserdynastie, → Titus, → Vespasian

flora robotica: 2015 begründetes, interdisziplinäres EU-Forschungsprojekt mit dem Ziel einer neuen Pflanzenarchitektur mittels robotischer Lichtsteuerung *166 r.*

formalästhetisch: (lat.-griech.) unter rein kompositorischen Aspekten, vom Inhalt losgelöst betrachtet

formalistisch: das Formale o. Äußerlichkeiten überbetonend

fortifikatorisch: (lat.) zur Fortifikation, der militärischen Befestigung, gehörend *53*

Foster, Sir Norman (*1935), engl. Architekt *7, 34, 187 U.*

Fotomontage: (griech.-franz.) Zusammensetzung versch. Bildausschnitte zu einem neuen Gesamtbild *13, 43, 152*

Fourier, Charles (1772–1837), franz. Sozialist *141, 144*

Fournier, Colin (*1944), engl. Architekt *14*

Forum: (lat.) freier, offener Platz *108, 191*

Foyer: (franz.) großer Empfangsraum *123*

Francesco di Giorgio Martini (1439–1502), ital. Maler, Bildhauer, Architekt u. Kunsttheoretiker der → Renaissance *36, 37*

Französische Revolution: Umsturz in Frankreich 1789–1799, der am Ende der → Aufklärung den Ständestaat abschaffte, die Menschenrechte ausrief u. eine bürgerliche Verfassung erließ *118, 134, 141 f.*

Fres Architectes: Architekturbüro in Paris, gegründ. 2004 von Laurent Gravier u. Sara Martin Camara *76*

Freud, Sigmund (1856–39), österr. Begründer der → Psychoanalyse *146*

Frey, Wolfgang (*1960), dt. Architekt *37, 44*

Friedrich I. gen. Barbarossa (ital., Rotbart, um 1122–1190), röm.-dt. Kaiser aus dem Geschlecht der Staufer *52*

Fries: schmaler, meist horizontaler Streifen zur Gliederung u. Dekorierung von Bauwerken *126 o.*

Fuller, Richard Buckminster (1895–1983), amer. Ingenieur u. Architekt *29, 142 u.*

funktional: durch Leistung bedingt, wirksam, brauchbar

Funktionalismus: Richtung, nach welcher nur Bauteile eine Berechtigung haben, die auch Teil der Konstruktion sind, → Sullivan

Futurismus: (lat. futurum, Zukunft) Richtung der ital. Kunst des frühen 20. Jh., in der die Geschwindigkeit u. Maschinen verherrlicht werden; Vertreter sind → Marinetti, → Sant'Elia

futuristisch: zum Stil des → Futurismus gehörend, zukunftsweisend

G

Galerie: (ital., »gedeckter Säulengang«) 1. langgestreckter Verbindungsgang in Schlössern der → Renaissance u. des → Barock; 2. Laufgang mit offenen → Arkaden an einer Fassade, → Königsgalerie

Garnier, Charles (1825–1898), franz. Architekt *122 f., AB 112, AB 212*

Gartenstadt: um 1900 entstandene Reformidee, als Typ einer industriefernen Siedlung auf Gemeindegrund, die Garten- u. Ackerbau einschließt u. der Bodenspekulation entgegenwirken will *47, 75, 154*

Gaudí, Antoni (1852–1926), katalan. Architekt des → Jugendstils *60 f., 83, 100 f., AB 113*

gebundenes System: in der → Romanik entwickelte Raumordnung der → Basilika, bei der das Quadrat der → Vierung im → Joch des Mittelschiffs, im Chorjoch u. in den Querarmen wiederholt wird; in den → Seitenschiffen entsprechen dem Quadrat im Mittelschiff zwei Quadrate halber Länge *93*

Gefache: der gefüllte Raum zw. den tragenden Teilen eines → Fachwerkbaus *54 f.*

Gehry, Frank Owen (*1929), kanad. Architekt des → Dekonstruktivismus *26, 107, 134 u., 156, 164 u., IA 302*

Geison: (griech.) Kranzgesims oberhalb vom → Fries des antiken Tempels *87, 126*

Gentrifizierung: (engl. gentry, wohlhabende Schicht) Wandel städtischer Wohnviertel u. Verdrängung Ansässiger durch zahlungskräftigere Eigentümer u. Mieter *76*

geodätische Linie: kürzeste Linie = Gerade zw. zwei Punkten, auch als gekrümmte Linie in nicht messbaren Räumen *142*

Georgian Terraces: (engl., Georgianische Reihenhäuser) nach vier Monarchen benannte Form des engl. → Klassizismus *144*

→ Hauptportal des Straßburger Münsters, S. 176 u. • Außenansicht des Freiburger Münsters, S. 40 o. links

Gewölbe I: Tonnengewölbe, unterteilt durch Gurtbögen. Kathedrale Sé Patriarcal Lissabon, begonnen 1147

II: Kreuzgratgewölbe, Ergebnis der rechtwinkligen Durchdringung zweier Tonnengewölbe. Dogenpalast Venedig, 14. Jh.

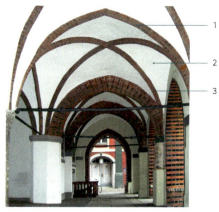

III: Kreuzrippengewölbe.
1 Gurtbogen 2 Kappe 3 Kreuzrippe. Rathaus Stralsund, 13. Jh.

Gerberette: gusseisernes Element einer Tragstruktur, benannt nach dem Ingenieur Heinrich Gerber aus dem 19. Jh. *19, 20*

Gesamtkunstwerk: Werk, das Malerei, Plastik, Architektur vereint 83, 98, *118 f.*

Geschlechterturm: wehrhafter Wohnturm adeliger Familien (Geschlechter) in der Toskana des 13./14. Jh., *146 o. m.*

Gesims (Sims): aus der Mauer vorkragendes, horizontales Bauelement zur Gliederung von Außenwänden

Gewölbe: gekrümmte Raumüberdeckung in verschiedensten Konstruktionen, deren Druck von → Widerlagern aufgefangen wird *17*

Ghetto: (ital., Judengasse) abgesperrter Stadtteil; Quartier mit negativem Image 50

Giebel: meist dreiecksförmige Abschlussform eines Satteldaches o. Bekrönung eines Fensters

Gigantomanie: Größenwahn in Form überdimensionierter Bauwerke *131*

Girart de Roussillon (gest. 877), Graf von Paris, Lyon u. Vienne, Regent des Königreiches Provence–Burgund *6*

Gläserne Kette: Briefwechsel-Gruppe von dem Expressionismus verbundenen Architekten um Bruno → Taut, darunter → Finsterlin, → Gropius, → Scharoun, 150

Glasmalerei: die aus farbigen Glasscheiben zusammengesetzte Verglasung von Fenstern, bes. bei Kirchenbauten der → Gotik

Gliederbau, -konstruktion: → Skelettbau *17*

Gnadenaltar: Altar mit Weihebildern *99*

Gobert, Thomas (1630/40–1708), franz. Architekt u. Ingenieur 164

Goldener Schnitt: Mittel zur Erzielung einer für ideal gehaltenen Proportion *38, 39*

Gotik: vom Italiener → Vasari geprägte, abfällige Bezeichnung für den Stil der barbarischen »Goten« vor Einsetzen der → Renaissance; *22, 40 o.l., 81, , IA 305, V 502*

Gravitation: (lat.) Schwerkraft 142

Gropius, Walter (1883–1969), dt. Architekt, Gründer des → Bauhaus u. von 1919–1927 dessen Direktor *9, 12, 25, 66, 128 f.*, 150, *AB 120, AB 214, IA 307*

grotesk: absonderlich wirkend

Ground Zero: (engl., Ebene Null), das Areal des am 11. 9. 2001 zerstörten World Trade Center in New York *41 u. rechts*

Grundriss: maßgerechter, horizontaler Schnitt durch ein Bauwerk bzw. dessen Geschosse *11, 56, 89, AB 207*; → Aufriss, → Schnitt

Guidice, Rick, amerik. Illustrator *168 o.r.*

Gurtbogen: zwischen zwei → Gewölben angebrachter, der Gliederung u. Verstärkung dienender Querbogen *17, 93, 95*

Gymnasion, Gymnasium: (griech.) Sportstätte o. -halle im antiken Griechenland *110*

H

Haag, Anna (1888–1982), dt. Publizistin, Pazifistin, Politikerin u. Frauenrechtlerin 77

Habitat: (lat. habitare, wohnen) Lebensraum, Aufenthaltsbereich 168

Hadid, Zaha M. (1950–2016), irak.-brit. Architektin des → Dekonstruktivismus 14, 32, *33, 156 f.*

Hadrian (76–138 n. Chr.), von 117–138 röm. Kaiser 88

Häring, Hugo (1882–1958), dt. Architekt, Pionier der → Organischen Architektur *8,* 132

Halbsäule: aus einem → Pfeiler o. einer Wand halb vortretende → Säule; *113, 176*

Hamann, Heiko (*1980), dt. Ingenieur, Prof. für Service-Robotik 166

Hardouin-Mansart, Jules (1646–1708), franz. Baumeister des → Barock, Hofarchitekt unter → Ludwig XIV. *118*

Hardwick, Charles (1822–1892), engl. Architekt des → Klassizismus, Sohn des Philip H., *126*

IV: Freiburger Münster mit Gewölben aus zwei verschiedenen Bauphasen.
1. Oben über der → Vierung ein oktogonales Kuppelgewölbe aus der Zeit der → Romanik, um 1220. Der Übergang von den Vierungspfeilern zum rippenverstärkten → Oktogon erfolgt durch → Trompen, auf denen ein → Tambour sitzt.
2. Hinten, über dem Chor, ein Netzgewölbe aus der Spätgotik, um 1500

Hardwick, Philip (1792–1870), engl. Architekt des → Klassizismus, Vater von Charles H. *126*

Hauptansicht: aufschlussreichste Seite eines frei stehenden Gebäudes → Schauseite, *22*

Haussmann, Georges-Eugène (1809–1891), Pariser Präfekt, Stadtplaner 32, *122, AB 112*

Hawking, Stephen (1942–2018), engl. Physiker *168*

Heinrich II. (973–1024), röm.-dt. Kaiser (1014–1024) aus dem Geschlecht der Ottonen *16*

Heinrich IV. (1050–1106), röm.-dt. Kaiser (1084–1105) aus dem Geschlecht der → Salier, *93*

Heliaia: (griech.) Tempel des griech. Sonnengottes Helios *110*

hellenistische Antike: letzte Periode der griech. → Antike, Ende 4. Jh.–1. Jh. v. Chr.

Helm: spitze Dachform über → polygonalem Grundriss *40 o. links*

Hephaisteieon: (griech.) Heiligtum des griech. Gottes Hephaistos *110*

Hermes: griech. Götterbote *110*

hermetisch: (griech.) dicht verschlossen

Heroon: (griech.) Grabdenkmal o. Heiligtum eines verehrten Helden *86*

Herzog, Jacques (*1950), schweiz. Architekt in Arbeitsgemeinschaft mit Pierre de → Meuron *133, 137, 158, 159*

Hierarchie: (griech.) Rangordnung *131*

hieratisch: (griech.-lat.) priesterlich, hl. Bräuche betreffend *148*

High-Tech-Architektur: Strömung in der Architektur v. a. der 1970er-Jahre, die neue Technologien einsetzt u. offen zeigt *19, 20*

Hine, Lewis W. (1874–1940), amerikan. Fotograf, Lehrer u. Soziologe *9*

historisieren: Anleihen in der Geschichte (der Kunst) machen

Historismus: Richtung v.a. des 19. Jh., die Stilmerkmale aus verschiedenen älteren Epochen entlehnt, → Neobarock, → Neoklassizismus, → Neorenaissance, *IA 302*

Höger, Fritz (1877–1949), dt. Architekt des → Expressionismus *150*

Hohenstaufer (Staufer): schwäbisches Adelsgeschlecht *53*

Holl, Elias (1573–1646), dt. Baumeister der → Renaissance *115*

Hollein, Hans (1934–2014), österr. Architekt in der Nähe der → Postmoderne *13, 40*

Hominini: Tribus der Familie der Menschenaffen (Hominidae) *48*

Houben, Jelle: (*1975), holl. Architekt *80*

Hundertwasser, Friedensreich (eig. Fritz Stowasser, 1928–2000), österr. Künstler, Vertreter einer → organischen, → antirationalen Architektur *61, 138*

Hutton, Louisa (*1957), engl. Architektin, seit 1989 Büro mit M. → Sauerbruch *21*

hyperbolisch-paraboloid: (griech.) nach Art einer Hyperbel bzw. Parabel gekurvt u. gekrümmt

Hypostyl: (griech.) Innenraum mit von Säulen getragenem Dach *110*

I

Ideologie: (griech.) Weltanschauung *137*

Idyll, Idylle: angenehmer, lieblicher Ort, harmonisch-ländliches Leben

ikonografisch: (griech.) den Bildinhalt u. seine Tradition betreffend *122*

Iktinos: griech. Baumeister, erstellte mit → Kallikrates von 447–438 v. Chr. den Neubau des → Parthenon *86 f., AB 303*

imaginär: (lat.) in der Vorstellung, nicht real

imaginativ: auf Einbildungskraft beruhend

imaginieren: sich vorstellen

Imhof, Barbara (*1969), österr. Architektin, Mitbegründerin von → LIQUIFER *168 u.l.*

impluvium: (lat.) Wasserbecken im → Atriumhaus *51*

Industrialisierung: Prozess der Umgestaltung der Wirtschafts- u. Gesellschaftsordnung infolge des Übergangs zur maschinellen Erzeugung in Großbetrieben, vor allem im 19. Jh., *109, 124, 126*

Ingenieurarchitektur, -bau: im 19. Jh. aufgekommene Architektur, begünstigt durch die verstärkte Produktion neuer Materialien (Gusseisen) u. durch neue Konstruktionsweisen mit vorfabrizierten Teilen (→ Montagebau), verbunden mit neuen Bauaufgaben (Bahnhöfe, Brücken, Ausstellungshallen), Hauptvertreter: → Eiffel, → Paxton

innovativ: (lat.) erneuernd, neu

inspirieren: (lat.) anregen

Insula: (lat., pl. Insulae) Insel, Wohnblock, Mietshaus in der → römischen Antike *51, 116*

Interkolumnium: (lat.) Abstand zwischen den Säulenachsen

Internationaler Stil: Bezeichnung für die Architektur des → Funktionalismus u. des → Neuen Bauens, die bes. durch die Emigration von Architekten wie → Gropius o. → Mies van der Rohe nach der Machtergreifung durch die → Nationalsozialisten in Deutschland auch außerhalb Europas Verbreitung fand *22 o. rechts, 66 ff., AB 220*

Interieur: (franz.) Innenausstattung, Innenraumdarstellung *60 u.*

ionisch, ionische Ordnung: nach dem Stamm der Ionier benannte griech. Ordnung, legt den Aufbau von Tempeln u. deren Teilen, darunter die → Säulenordnung fest, → Kapitell; *40 o.r., 113, 176 o.*

irrational: (lat.) mit dem Verstand (der → Ratio) nicht fassbar

Irrationalismus: (lat.) Vorrang des gefühlsmäßigen vor dem verstandesbetonten Erfassen einer Sache

Isidor von Milet (442–537), spätantiker Mathematiker u. Architekt *90 f.*

Isometrie: (griech., gleiches Maß) perspektivische Darstellung ohne Verkürzungen; alle Höhen sind senkrechte Linien, alle Breiten u. Tiefen liegen im Winkel von 30° zur Waagerechten u. werden nicht verkürzt *29*

ISS (International Space Station): bewohnte Raumstation auf der Erdumlaufbahn in internationaler Kooperation, seit 1998 im All *168*

Itten, Johannes (1888–1967), schweiz. Maler, Kunsttheoretiker u. Kunstpädagoge, Lehrer am → Bauhaus *128*

J

Jahn, Helmut (*1940), dt.-amer. Architekt der → Postmoderne *191*

Jeanneret, Pierre (1896–1967), schweiz. Architekt, langjähr. Partner seines Cousins → Le Corbusier 66, 74, *AB 213*

Joch: der einem Gewölbeabschnitt zugehörige Raumteil *93*

Joedicke, Jürgen (1925–2015), dt. Architekt u. Architekturtheoretiker *28*

Jugendstil: Stilrichtung um 1900, die dem → Historismus eine eigenständige, dekorativ-ornamentale Formensprache entgegensetzte, → Modernismo, *125 u.,128 o., AB 216, IA 306*

Julius II. (1443–1513), Papst von 1503–1513, 38

Jurisdiktion: (lat., Rechtsprechung) Gerichtsbarkeit, Gerichtshoheit *152*

Justinian (482–565), von 527–565 röm. Kaiser, 90

Juvenal(is), Decimus Junius (58–140), röm. Dichter u. Philosoph *108*

K

Kämpfer: Zone zw. → Stütze u. → Bogen oder → Gewölbe

Kaiser, Friedrich (1815–1890), dt. Historienmaler *59*

Kalotte: gekrümmte Fläche eines Kugelabschnitts *143*

Kallikrates (470–420 v. Chr.), griech. Baumeister, schuf mit → Iktinos den Neubau des → Parthenon *86 f., AB 303*

Kallmorgen, Werner (1902–1979), dt. Architekt *133 o.*

Kandinsky, Wassily (1866–1944), russ. Maler, Mitbegründer der → abstrakten Kunst, Kopf des expression. Blauen Reiter, 1921–1933 Lehrer am → Bauhaus, *128, AB 214*

Kannelierung: Auskehlung mit senkrechten, konkaven Furchen (an e. Säule) *21 o.l., 126*

Kanon: (griech., Messstab, Maßstab) verbindliche Auswahl o. Regelung 86

Kapelle: kleine Kirche als Betraum

Kapitell: (lat., Köpfchen) Kopfstück von → Säule u. → Pfeiler, Treffpunkt von Stütze u. Last *91, 113, AB 104*

Karl der Große (742–814), König des Fränkischen Reichs von 768–814, ab 800 erster röm-dt. Kaiser seit der Antike

karolingische Kunst: Kunst der Karolinger, d.h. des frühen Mittelalters im Reich von Karl d. Gr., kurz vor 800 bis ins 10. Jh. 83

Kartusche: (franz.) Zierrahmen um ein Wappen, beliebt in → Barock u. → Rokoko, wo sie über → Portal u. → Fenster angebracht wurde

Karyatide: (griech., Tänzerin aus Karyä) Säule in Gestalt eines Menschen, *rechts*

Kassette: (franz.-ital., Kästchen) vertieftes Feld in einer Decke 88, *89, 186 oben*

Kastell: (lat.) befestigte Anlage, vgl. → Burg, → Schloss, *52*

Kathedrale: (griech. kathedra, Sitz des Bischofs) Bischofskirche, → Dom, → Münster, *40 o.l., 93 ff.*

Kemenate: (lat. caminata, Kaminzimmer) beheizter Raum einer → Burg, Frauengemach *53*

Kempe, André (*1968) dt. Architekt, Mitbegründer des → Atelier Kempe Thill *76*

kinästhetisch: (griech.) in der Bewegung wahrnehm- u. erfahrbar *26*

Kirchner, Ernst Ludwig (1880–1938), dt. Künstler des Expressionismus, Kopf der KG (Künstergemeinschaft) Brücke *12*

klassische Antike: Epoche der griech. → Antike im 4. u. 5. Jh., auf die im Lauf der Kunstgeschichte besonders oft zurückgegriffen wurde, so in der → Renaissance u. im → Klassizismus; *86 f., 110*

Klassizismus: Ende des 18. Jh. auf das → Rokoko folgende Richtung; allgemein jede Stilphase, die die klassische griech. Kunst zum Vorbild hat; Vertreter sind → Gärtner, → Hardwick, → Schinkel, → Weinbrenner u. auch NS-Architekten; *126 o., unten*

Klee, Paul (1879–1940), dt.-schweiz. Maler, Mitglied des Blauen Reiter, Lehrer am → Bauhaus *128*

Kloster: (lat. claustrum, das Verschlossene) Anlage für das Leben der Mönche

Klotz, Heinrich (1935–1999), dt. Kunsthistoriker u. Kulturpolitiker *46, 49, 93, 108 f., 160*

Koeberl Doeringer Architekten: dt.-österr. Architekturbüro von Albert Koeberl (*1963) u. Alfons Doeringer (*1971) mit Sitz in Passau u. Schärding, Österreich *106; AB 223*

Koechlin, Maurice (1856–1946), schweiz.-franz. Ingenieur, Partner von G. → Eiffel *18*

Königsgalerie: Reihe von Königsstatuen an Kathedralen der franz. → Gotik, *22 o.l.*

Kolonnade: (lat.-franz.) Säulenreihe mit waagerechtem → Gebälk (→ Architrav) im Ggs. zur → Arkade, *40 m.*

Kolossalordnung: von → Michelangelo u. → Palladio in der späten → Renaissance entwickelte Zusammenfassung mehrerer Geschosse durch stockwerkübergreifende → Halbsäulen oder → Pilaster; *130, AB 211*

Kommunalbauten: öffentlich zugängliche, von der Allgemeinheit nutzbare Bauten (z. B. Rathäuser, Bibliotheken, Krankenhäuser etc.) *107 f.*

Kompartiment: (lat.) abgeteiltes Feld, → Joch

Komplex: (lat.) Verbund (u. a. von Bauten), Gebäudegruppe

Kompositkapitell: (lat. compositum, zusammengesetzt) aus versch. Stilen gemischtes → Kapitell in der → römischen Baukunst *40 o.r., AB 102, IA 302*

Konche: (griech, Muschel) halbrunde Nische o. → Apsis mit Halbkuppel

Konduktion: (lat.) Wärmeleitung *78*

konkav: (lat., hohlrund) nach innen gewölbt, Ggs. → konvex

Konkordat: (lat.) Vertrag zwischen der Kirche u. dem weltl. Staat als Zeichen des politischen Schulterschlusses *40*

Konsole: aus der Mauer vorspringendes Element, das als Stütze dient

konstituieren: (lat.) einsetzen, festsetzen, gründen

konstitutiv: grundlegend, bestimmend

konstruieren: (lat.) entwerfen u. bauen

Konstruktion: Bauart, Gebäude, Plan

konstruktiv: die → Konstruktion betreffend, hilfreich

Klassizismus. Karl Friedrich → Schinkel. Altes Museum, Berlin, 1825–1830. Vor der Freitreppe eine Granitschale aus einem Findling mit ø 6,91 m von Steinmetz Christian Gottlieb Cantian (1794–1866)

(oberer rechter Bildtext:)

Karyatide. Neue Galerie, Kassel, 1871–1877. Skulptur: Karl Echtermeier (1846–1910), angelehnt an die Karyatiden am → Erechtheion auf der → Akropolis in Athen. Architektur: Heinrich von Dehn-Rotfelser (1825–1885), Ausdruck des → Historismus

Konstruktivismus: 1913/14 in Russland entstandene, in den 1920er-Jahren international verbreitete Richtung mit einer Vorliebe für Technik u. Geometrie, verwandt mit → De Stijl u. Ideen des → Bauhaus, Vertreter ist u.a. → Tatlin *152 f.*

Konversation: (lat.) gepflegtes Gespräch

konvex: (lat.) nach außen gewölbt, Ggs. → konkav

korinthisch, korinthische Ordnung: Sonderform der ionischen Ordnung mit Akanthusblatt-Kapitell *40 o.r., 113, 176 o.*

Krabbe: Zierform an gotischen Bauelementen *17*

Kraft: Einwirkung auf einen Körper *17*

Krafteck: grafische Darstellung der Verhältnisse zw. Kräften *17*

Kräfteparallelogramm: die Darstellung der Vereinigung zweier Kräfte als Vektoren zu einer Resultierenden *17*

Krepis: (griech.) oberirdischer Teil des Unterbaus (Stereobat) des griech. Tempels *87*

Kreuzblume: dekoratives Element am Bauwerk der → Gotik, *17*

Kreuzgang: in → Arkaden geöffnete Gänge um den Hof eines → Klosters, diente zu Prozessionen mit dem Kreuz *30*

Kreuzgratgewölbe, Kreuzgewölbe, Kreuzkappengewölbe: ein → Gewölbe, das durch Verschneiden zweier gleich hoher → Tonnengewölbe entsteht *93, 113, 181*

Laterne. Filippo → Brunelleschi: Dom von Florenz, 1417–1446. Gesamthöhe des Baus 114 m, Höhe der Laterne 24 m. **1** Helm **2** Fiale **3** Strebebogen mit Volute **4** Rippe

Kreuzpfeiler: Pfeiler mit kreuzförmigem Grundriss, oft an Knotenpunkten einer Anlage, z. B. der → Vierung

Kreuzrippengewölbe: → Kreuzgewölbe mit Rippen als Verstärkungen an den Graten; konstruktive Voraussetzung für Gewölbeformen der → Gotik *17, 181 unten*

Krypta: (griech.) unter dem → Chor liegender Raum als Grabstätte oder Aufbewahrungsort von Reliquien

Kubismus: ab 1908 entwickelte Stilrichtung, gekennzeichnet von facettenartigen Formen u. dem Verzicht auf perspektivische Richtigkeit *141, 150*

Kultur: (lat.) die gesamten künstlerischen u. geistigen Leistungen einer Gemeinschaft

Kuppel: Überwölbung eines Raumes auf meist runder oder → oktogonaler Basis *16 u., 89 ff., 96, 181 u. rechts, Abb. oben (Detail), AB 208*

L

Lamb, William F. (1883–1952), amer. Architekt, Hochhauspionier *23*

Langhaus: Innenraum einer Kirche zw. Westfassade u. Querhaus bzw. Chor *28 u.l.*

Laterne: Aufbau über der Scheitelöffnung einer → Kuppel *97, Abb. oben*

Laugier, Marc-Antoine (1713–1769), franz. Geistlicher u. Architekturtheoretiker *46*

Laurana, Luciano (1425–1479), dalmat.-ital. Architekt der Renaissance *116 f.*

LaVerdiere, Julian (*1971), amer. Künstler *23*

Le Brun, Charles (1619–1690), franz. Künstler, Rektor der Kgl. Kunstakademie, Leiter der Ausstattung im Schloss Versailles *119*

Le Corbusier (eig. Charles Edouard Jeanneret, 1887–1965), schweiz.-franz. Architekt, Mitbegründer des → Purismus, Erfinder des → Modulor *10, 12, 24, 39, 66, 67, 74 f., 83, 84, 90, 102 f.,* 151, *154 f., AB 104, AB 117, AB 213*

Le Nôtre, André (1613–1700), franz. Gartenarchitekt des → Barock für Sonnenkönig → Ludwig XIV. *118, AB 111*

Le Vau, Louis (1612–1670), franz. Baumeister, Hofarchitekt von → Ludwig XIV. zur Zeit des → Barock, *118*

Ledoux, Claude Nicolas (1736–1806), franz. Architekt der Revolutionszeit *141, 142, 164*

Legislative: (lat.) Gesetzgebung, gesetzgebende Gewalt bzw. Versammlung *152*

Lehrgerüst: Hilfsgerüst zum Bau eines Bogens o. eines Gewölbes *18 u.l.*

Leonardo da Vinci (1452–1519), ital. Maler, Bildhauer, Baumeister u. Wissenschaftler, Universalgenie der → Renaissance *36*

Libeskind, Daniel (*1946), poln.-amer. Architekt des → Dekonstruktivismus *16, 32, 156*

Lichtgaden: → Obergaden

Lichthof: oben offener, oft von einem Glasdach überdachter Innenhof *61*

LIQUIFER: von Barbara → Imhof u. Susmita Mohanty 2003 gegründetes Weltraumarchitekturbüro in Wien *168 u.l.*

Lisene: (franz.) senkrechter, vorstehender Mauerstreifen mit gliedernder u. stützender Funktion, oben oft mit → Blendarkaden untereinander verbunden, Merkmal bes. der → Romanik

Lissitzky, El (1890–1941), russ. Künstler des → Konstruktivismus *152 f.*

LiterArchitektur: literarische, erzählerische Architektur *13 o., 164 f.*

Liturgie: (griech., Dienst am Volk) amtliche o. gewohnheitsrechtliche Form des Gottesdienstes *AB 209*

liturgisch: den Gottesdienst u. seinen Ablauf betreffend *AB 209*

Loge: (franz.) zum Innenraum geöffnete → Empore für Besucher *123*

Loggia, pl. Loggien: (ital.) offene, von → Säulen getragene Bogenhalle; überdachter Gebäudeeinschnitt *75, 117*

longitudinal: (lat. longitudo, Länge) längs, der Länge nach *10*

Longitudinalbau bzw. -raum: Bau mit dominierender Längsachse, Ggs. zum → Zentralbau *23, 28*

Loos, Adolf (1870–1933), österr. Architekt, Wegbereiter des → Funktionalismus *8, 25*

Ludwig XIV. (1638–1715), franz. »Sonnenkönig«, residierte im Schloss von Versailles *41, 118 f., 122, AB 111*

Ludwig, Ferdinand (*1980), dt. Architekt, Pionier der → Baubotanik *167*

Luftwaffenmoderne: von E. → Sagebiel begr. Stil der → NS-Architektur, Beispiele sind u.a. das Reichsluftfahrtministerium Berlin (heute Sitz des Bundesfinanzministeriums) u. der Flughafen Berlin-Tempelhof *127 o.*

M

Magna Carta: (lat., M. C. Libertatum, große Urkunde der Freiheiten) im Jahr 1215 vom engl. König besiegelte Vereinbarung, die dem engl. Adel politische Freiheiten u. der Kirche Unabhängigkeit garantierte; Grundlage des engl. Verfassungsrechts *118*

Maisonette: (franz., Häuschen) zweistöckige Wohnung in einem Haus *75*

Manierismus: (lat. maniera, persönl. Handschrift) von der → Renaissance zum → Barock über leitende Kunstrichtung des 16. Jh., Bezeichnung für stilistische Übertreibungen in der Spätphase einer Richtung

Manifest: (lat.) Grundsatzerklärung, Aufruf, Programm

Manifestation: (lat.) Offenlegung, Bekenntnis, Bekundung

Mansarde: (franz.) bewohnbar ausgebautes Dachgeschoss, benannt nach dem franz. Architekten Jules Mansart (1646–1708)

March, Werner (1894–1976), dt. Architekt u.a. von NS-Großbauten *130 o., 136 o., AB 121*

Marinetti, Filippo Tommaso (1876–1944), Dichter u. Begründer des → Futurismus

Marx, Karl (1818–1883), dt. Staatstheoretiker, Mitbegründer des Marxismus u. Kommunismus, → Engels, *144*

massiv: durchgehend aus einem Material, nicht hohl, von grober Wirkung

Massivbau, Massebau: Bauweise bzw. -prinzip, bei dem im Ggs. zum → Skelettbau sowohl die tragenden Funktionen als auch der Raumabschluss von einer homogenen Konstruktion übernommen werden

Mastaba: (arab.) ägypt. Bankgrab, Ziegel- o. Steinhügel auf rechteckigem Grundriss mit senkrechtem Schacht zur Grabkammer *84*

Maßwerk: Bauornament der → Gotik aus geometrischen Formen, z. B. an den → Fenstern *17, AB 103, IA 302*

Materialität: (lat.) stoffliche Beschaffenheit

Materialgerechtheit, -gerechtigkeit: Wahl des richtigen Werkstoffs; richtiger Umgang mit dem Material *21*

Mauerverband: Verbindungsart gleich geformter Steine

Mauerwerk: aus natürlichen o. künstlichen Steinen bestehendes Gefüge

May, Ernst (1886–1970), dt. Architekt, Vertreter einer funktionalen Bauweise u. des → Neuen Bauens *64 f.*

Mechatroniker: Beruf, der Mechanik, Elektronik u. Informatik verbindet (früher: Elektromechaniker) *166*

Medici: Dynastie aus Florenz, die zw. dem 15. u. 18. Jahrhundert zahlreiche Großherzöge der Toskana, Päpste u. zwei Königinnen von Frankreich stellte u. Künstler wie Michelangelo förderte *116*

Megalith: (griech.) großer Stein für Grabbauten *84*

Membrane: (lat.) dünne Haut

Mendelsohn, Erich (1887–1953), dt. Architekt des → Expressionismus *10, 124*

→ Dom von Florenz, S. 38, 96 f.,

Meridian: (lat.) Längenkreis, größter Kreis an der Himmelskugel (astronom.)

Metallfiligran → filigran

metaphorisch: (griech.) sinnbildlich

Metaphysik: (griech.) Lehre von den Gründen u. Zusammenhängen des Seins

metaphysisch: die übliche Erfahrung überschreitend, übersinnlich

Metope: (griech., zwischen der Öffnung) der Raum zwischen zwei → Triglyphen, Teil am → Fries der dorischen Ordnung *87, 126 o.*

Metroon: (griech.) Heiligtum der Göttermutter Kybele in der griech. → Antike *110*

Metropole: (griech.-lat., Mutterstadt) Großstadt, Weltstadt *58 f.*

Meuron, Pierre de (*1950), schweiz. Architekt, Arbeitsgemeinschaft mit J. → Herzog *133, 137, 158, 159*

Meyer, Hannes (1889–1954), schweiz. Architekt, von 1928–1930 Direktor am → Bauhaus *8, 128*

Michelangelo Buonarroti (1475–1564), ital. Maler, Bildhauer u. Architekt der → Renaissance u. des → Manierismus, Universalgenie seiner Zeit *9, 16, 27, 88*

Michelozzo di Bartolommeo (1396–1472), ital. Architekt der frühen → Renaissance *116, AB 107*

Mierlo, Bas van, holl. Architekt *80*

Mies van der Rohe, Ludwig (1886–1969), dt. Architekt, von 1930–1933 Direktor am → Bauhaus *9, 22, 24, 30, 45, 66 ff.,* 160, *AB 118, AB 216, V 504*

Milla & Partner: Stuttgarter Agentur, gegründ. von Johannes Milla (*1961) *158 u.*

Minarett: (arab.) Turm neben einer Moschee für den Gebetsrufer *91*

Ministerialer: (lat.) Dienstmann im Mittelalter, Vorform des Beamten *53*

Mittelschiff: der mittlere Raum eines mehrschiffigen → Langhauses *17, 92 f., 55*

Mixed Reality: (engl., gemischte Realität) Vermischung der natürlichen Wahrnehmung mit der einer künstlichen, computergenerierten Realität, ähnlich → Augmented Reality *163*

Modell: plastischer Entwurf *16*

Moderne: (lat. modernus, neuzeitlich, gegenwärtig) kontrovers verwendeter Begriff, der eine neue Epoche beschreibt: in der Geschichtswissenschaft oft schon ab dem Beginn der Neuzeit um 1500 verwendet, meist aber auf den Übergang von der feudalistischen zur bürgerlichen Gesellschaft um 1800 bezogen; in der Kunstgeschichte auch erst ab Ende des 19. Jh., als abstrahierende Stilrichtungen aufkamen (Impressionismus etc.); in der Architektur v. a. in Verbindung mit einer Versachlichung u. Reduzierung der Schmuckformen im frühen 20. Jh;, Ggs. → Postmoderne

Modernismo: span. Variante des → Jugendstils, → Gaudí *60 f., 100 f.*

Modul: Grundmaß, sich wiederholende Grundeinheit *75*

Modulation: (lat. modulatio, Takt, Rhythmus) Abwandlung

Modulor: (lat.) von der menschlichen Figur abgeleiteter »Maßregler« für die Architektur von → Le Corbusier auf Basis des Goldenen Schnitts *39, 75, AB 104*

Moholy-Nagy, László (1895–1946), ungar. Maler, Plastiker u. Fotokünstler des → Konstruktivismus, Lehrer am → Bauhaus *128*

Moment: Begriff der Statik, das Produkt aus Größe der Kraft u. ihrer Entfernung zum Auflager- oder Drehpunkt (Hebelarm) *17*

Mondrian, Piet (1872–1944), holl. Künstler, Mitglied der Gruppe → De Stijl *62*

Moniereisen: → Armierung, → Stahlbeton

Monochord: (griech.) Musikinstrument mit nur einer Saite *37*

Montagebauweise: Bauen mit vorfabrizierten Teilen

Montefeltro, Federico da (1422–1482), ehemal. Söldnerführer, Herzog von Urbino *117*

monumental: (lat.) riesig, denkmalartig

Moore, Charles (*1925), amer. Architekt der → Postmoderne *25*

Moore, Henry (1898–1986), engl. Plastiker, Mitbegründer abstrakter Kunst 162, *AB 222*

Mori, Mariko (*1967), japan. Künstlerin *158 o.*

morphologisch: (griech.) die äußere Gestalt betreffend, von der Form her *32, 33*

Morus, Sir Thomas (1478–1535), engl. Staatsmann u. Humanist *131, 144*

Mottle, Jeff, amer. Gründer des online-Magazins CGarchitect Digital Media Corporation für Architekturgrafik *163*

Muche, Georg (1895–1987) dt. Maler, Meister am Bauhaus *AB 206*

Münster: (lat. monasterium), Kloster, in der → Gotik in Südwestdeutschland jede größere Kirche → Dom, → Kathedrale

Musk, Elon (*1971), südafr.- kanad.-amer. Unternehmer *168*

Musterbuch: von mittelalterlichen Steinmetzen von Bauhütte zu Bauhütte mitgeführtes Buch (Bauhüttenbuch), → Villard de Honnecourt, *Abb. o.*

Mutschler, Carlfried (1926–1999), dt. Architekt *AB 218*

MVRDV: 1991 in Rotterdam von Winy Maas (*1959), Jacob van Rijs (*1964) u. Nathalie de Vries (*1965) gegründete holl. Architektengruppe *163 o.*

Mykerinos: altägypt. Pharao, der von 2530–2510 v. Chr. regierte *30, 85*

Mylne, Robert (1733–1811), schott. Architekt u. Bauingenieur *18*

Myoda, Paul (*1967), amer. Künstler *23*

N

Naos: (griech.) fensterloser Hauptraum des griech. Tempels, lat. → Cella *87, IA 303*

Napoléon III. (1808–1873), Neffe von Napoléon I., franz. Kaiser des → Second Empire von 1852–70, 122, *AB 112*

Narthex: einstöckige Vorhalle am Eingang einer Kirche *91*

Musterbuch. Blatt aus dem Bauhüttenbuch des → Villard de Honnecourt, Gotik, um 1230/35. Bibliothèque nationale, Paris

Nationalsozialismus: → faschistische Ideologie, von 1933 (Machtergreifung Hitlers) bis 1945 (Ende des 2. Weltkriegs) dauernde Phase diktatorischer Herrschaft in Deutschland, während der alle architektonischen Vorhaben im Dienst der staatlichen Doktrin standen *42, 72 f.*; Architekten: → March, → Sagebiel, → Speer, → Troost

Nebukadnezar II. (605–562 v. Chr.), Herrscher von Babylon *146*

Negativraum: Leerraum, von Gebäuden umgrenzter Raum *31*

Neobarock: Wiederaufleben → barocker Stilformen ab der 2. Hälfte des 19. Jh., eine Form des → Historismus, *28, 122 f.*

Neoklassizismus: Wiederaufleben der Stilmerkmale des → Klassizismus, u.a. in der 1. Hälfte des 20. Jh., eine Form des → Historismus; *130 u.*

Nero (Nero Claudius Caesar Augustus Germanicus, 37–68 n. Chr.), von 54–68 Kaiser des Römischen Reiches *112*

Netzgewölbe: → Gewölbe mit netzartig angelegten Rippen der späten → Gotik *181*

Neues Bauen, Neue Sachlichkeit: Richtung der ökonomischen Architektur der 1920er-Jahre → May, → Schütte-Lihotzky, *64 ff.*

Neumann, Balthasar (1687–1753), dt. Architekt der → Barock 25, *29, 98 f., AB 209*

Newton, Isaac (1643–1727), engl. Physiker, Mathematiker u. Astronom *142 f.*

Nike von Samothrake (griech. Siegesgöttin von S.), → hellenistische Skulptur im Musée du Louvre, Paris *148*

Nische: einseitig offene Aussparung in einer Mauer

Oculus. Öffnung mit ⌀ 8,2 m in der → Kassettendecke des → Pantheon, Rom, 118–128 n. Chr.

Nomade: Angehöriger eines Wandervolkes

normannische Architektur: in der Normandie im 11. Jh. ausgebildeter Baustil, der für die → Gotik wegweisend wurde *53*

normieren: einheitlich festlegen *120*

Nouguier, Emile (1840–1898), franz. Ingenieur, Partner von G. → Eiffel *18*

Nouvel, Jean (*1945), franz. Architekt *124, 135*

Nullenergiehaus: Haus mit ausgeglichener Energiebilanz (Erzeugung = Verbrauch), vgl. → Passivhaus, → Plusenergiehaus; *24*

O

Obelisk: (griech., Bratspieß) hoher rechteckiger Steinpfeiler mit Pyramidenspitze, im Alten Ägypten dem Sonnengott Re geweiht; Denkmalsform, *89*

Obergaden (Lichtgaden): durchfensterter Wandteil über den Seitenschiffdächern einer → Basilika *17, 83, V 502*

Observatorium: (lat.) Beobachtungsstation, Stern-, Wetterwarte *150, 151*

Obus: (franz.) Granate *155*

Oculus: (lat., Auge) Rundfenster *oben, AB 115*

Odeion, Odeon: (griech.) überdachtes, meist halbrundes Gebäude für Aufführungen *110*

Oktogon: (griech.) Achteck, → Kuppel

oktogonal: (griech.) achteckig

Olbrich, Joseph Maria (1867–1908), österr. Architekt u. Designer des Jugendstils *61 u., IA 306*

Oldenburg, Claes (*1929), schwed.-amer. Plastiker der Pop Art *164 u.*

Onyx: Halbedelstein

Oppenheim, Dennis (1938–2011), amer. Künstler *Umschlag, 81*

Orchestra: (griech.) Spielrund, Tanzplatz im antiken Theater *111*

Organik: Lehre vom natürlich–funktionalen Formverlauf *133*

organisch: an die Form von Körperteilen angelehnt, natürlich geformt

Organische Architektur: Richtung des 20. Jh., die auf die Umgebung Rücksicht nimmt u. eine Harmonie zwischen Ge-

bäude u. Natur herzustellen sucht, Vorläufer u. a. im → Jugendstil; Hauptvertreter sind → Häring u. → Wright, s.a. → Hundertwasser, → Scharoun, → Steiner

ornamental: (lat.) schmückend, zierend

Ornament: Schmuckelement

orthogonal: (griech.) rechtwinklig

Orthostat: (griech., Aufrechtstehender) hochkantiger, großer Steinblock am → Sockel von antiken Gebäuden *87*

Otis, Elisha Graves (1811–1861), amer. Mechaniker, Erfinder des Fahrstuhls (1853) *160*

Otto, Frei (1925–2015), dt. Architekt, Wegbereiter der → Bionik in der Architektur *12, 18, 20, 136, 166, AB 218*

ottonische Kunst: Kunst im Zeitalter der Ottonen (950–1024) zu Beginn der → Romanik

Oud, Jacobus Johannes Pieter (1890–1963), holl. Architekt des → De Stijl *34, 66 f.*

Owen, Robert (1771–1858), engl. Ökonom, Moralphilosoph u. Sozialutopist *141, 144 f.*

P

Paläolithikum: (griech.) Altsteinzeit, erste Periode der Urgeschichte mit überlieferten Steinwerkzeugen *54*

Palästra, Palaistra: Ringerschule im antiken Griechenland *110*

Palas: Wohntrakt einer → Burg *53*

Palazzo: (ital., pl.: Palazzi) Palast der → Renaissance *56, 116 f.*

Palazzo de'Signori (Palazzo della Signoria): Ratsherrenpalast in Florenz *114 u.*

Palazzo Pubblico: (ital., öffentlicher Palast), Rathaus in Siena *31 u., 114 o.*

Palladianismus: Richtung der Architektur, beeinflusst vom Stil → Palladios *IA 302*

Palladio, Andrea (1508–1580), ital. Hauptbaumeister des 16. Jh. *9, 37, 56 f., AB 211, V 503*

Pallas Athene: griech. Göttin der Weisheit, des Krieges, von Kunst u. Handwerk, Namensgeberin der Stadt Athen *56*

Pandroseion: Tempel auf der Akropolis von Athen, Pandrosos geweiht, der ersten Priesterin der Göttin Athene *86*

Panem et circenses: (lat., Brot und Spiele), Ausspruch → Juvenals, *108, 110*

Pantheon: (griech.) antiker Tempel für alle Götter, größter Kuppelbau der → Antike *29 o. links, 35, 38, 40, 88 f., 96 f., AB 115*

Parabolkurve: aus einem Kegelschnitt resultierende Steilkurve *100, 101, 106*

paradox: (griech.) widersprüchlich, widersinnig

Parterre: (franz.) ebenerdiges Geschoss

Parthenon: (griech., Jungfrauengemach) Tempel auf der → Akropolis, der Stadtgöttin → Pallas Athene geweiht, *86 f.*

partizipieren: (lat.) teilhaben

Passage: (franz.) überdachter Durchgang zw. Gebäuden *124*

Passignano, Domenico (eig. Domenico Cresti, gen. Il Passignano, 1559–1636), ital. Maler der späten → Renaissance *9 o. links*

Passivhaus: Gebäude, das den Energiebedarf v. a. aus passiven Quellen wie Abwärme u. Sonnenenergie bezieht, vgl. → Nullenergiehaus u. → Plusenergiehaus, *24*

Patel, Pierre (1604–1676), franz. Maler des → Barock *118*

Patina: durch Alterung o. chemisch-künstliche Bearbeitung entstandene, die → Ästhetik prägende Schicht, bes. auf Metallen

Patriotismus: (lat.) Vaterlandsliebe

Patrizier: (lat.) Angehörige des Geburtsadels im alten Rom; im Mittelalter die Oberschicht der Städte (Kaufleute, → Ministeriale, Großgrundbesitzer) *56, 112*

Paul IV. (1476–1559), Papst *9*

Paxton, Joseph (1801–1865), engl. Landschaftsgärtner u. Architekt, Wegbereiter der → Ingenieurarchitektur *120 f.*

Pei, Ieoh Ming (1917–2019), chines.-amer. Architekt der → Postmoderne *84, 85, 134 o.*

Pechnase: erkerartiger Ausguss für heißes Pech, meist über dem Tor einer → Burg *53*

Pendentif: (franz., Hängendes) → Zwickel in Form eines → sphärischen Dreiecks als überleitender Teil einer → Kuppel *90*

Pentagramm: (griech.) Fünfeck *39*

Pergola: (ital.) eine meist von Pflanzen überrankte Laube o. offener Säulengang mit geradem Dachabschluss *70, AB 123*

Peripherie: (griech.-lat.) Randgebiet

Peripteros: (griech.) Tempeltyp mit Säulenumgang *87*

Peristyl: (griech.) von Säulen umstanderer Innenhof *21, 51*

personifizieren: (lat.) vermenschlichen

Pevsner, Nikolaus (1902–1983), dt. Kunsthistoriker *103*

Pfeiler: senkrechte Stütze mit rechteckigem oder, wie bei Bündelpfeilern, mit → polygonalem Querschnitt; *17, 113*

philanthropisch: (griech.) menschenfreundlich *144*

Philharmonie: (griech.) Konzertgesellschaft; Konzertsaal; Orchester *132 f.*

Philipp der Gute (1396–1467), Herzog von Burgund

Phokas (547–610), Kaiser des Byzantinischen (Oströmischen) Reichs von 602–610

Photovoltaik: Umwandlung von (Sonnen-) Licht in elektrische Energie durch Solarzellen *78 f.*

Piano, Renzo (*1937), ital. Architekt *19, 20, 43, 127*

Piano nobile: (ital., edles Geschoss) → repräsentatives Stockwerk über dem Erdgeschoss; franz. Bel étage bzw. Beletage; *116 f.*

Pilaster: (lat.) einer Wand vorgelagerter, nur wenig heraustretender → Pfeiler, *113*

Piloti: (franz.) Betonstütze, die an die Stelle eines Erdgeschosses tritt; Erfindung von → Le Corbusier *74 f.*

Pioz, Javier, zeitgenöss. span. Architekt, Vertreter der → Bionik, → Cervera, *160*

Piranesi, Giovanni Battista (1720–1778), ital. Kupferstecher u. Architekt *18, 88, 140*

Pirozzi, Derek, amer. Designer mit Studio in Florida *165, IA 402*

Pius IV. (1499–1565), von 1559–1565 Papst 56

Plastilin: weich bleibende Modelliermasse 16

Planimetrie: (griech.) die ebenen, flächigen geometrischen Figuren u. ihre Berechnung, im Ggs. zur → Stereometrie

Plebejer: (lat. plebs, Volk) in der röm. Republik das einfache Volk (Bauern, Handwerker), die nicht den Patriziern angehörten; sie erhielten nach Ständekämpfen im 3./4. Jh. den Schutz des röm. Rechts 112

Plinthe: (griech.) quadratische Fußplatte unter → Säule o. → Pfeiler (o. Skulptur)

Plusenergiehaus: Gebäude, das mehr Energie erzeugt, als es bezieht; vgl. → Passivhaus u. → Nullenergiehaus *24, 78 f.*

Podium: (lat.) Unterbau, Rednerpult

Podiumstempel: erhöht stehender, nur von einer Seite aus zugänglicher Tempel der röm. → Antike, *unten*

Poelzig, Hans (1869–1936), dt. Architekt des → Expressionismus, *37, 66,* 150

Poikile: (griech.) Säulenhalle mit Gemäldeschmuck im Innern 110

Point de vue: (franz., Blickpunkt) Blickfang am Ende einer Sichtachse, Merkmal bes. der → barocken Stadtplanung, *27, 33,* 145

Polis: (griech., pl.: poleis) Stadtgemeinde, daher der Begriff »Politik«, 110

Polychromie: (griech.) Mehrfarbigkeit 60

polygonal: (griech.) vieleckig

Polonceau, Camille (1813–1859), franz. Ingenieur *18*

Pontifex maximus: (lat.) »oberster Priester« im alten Rom 108

Pop Art: (engl. pop, Knall, populär) in den 1960er-Jahren dominierende Kunstrichtung, die Motive des Alltags u. des Konsums ins Bild setzte *13, 164 u.*

Porta, Giacomo della (1540–1602), ital. Architekt, vollendete die Kuppel des Petersdoms nach → Michelangelos Modell *16 u.*

Portal: (lat.) künstlerisch gestalteter, großer Eingang *22, 61, 95, 126*

Portikus: (lat.) von Säulen o. Pfeilern getragene Vorhalle eines Gebäudes *56, 110, 131 u., o. rechts, AB 211*

Postament: (lat.) Unterbau einer → Stütze o. Statue

Podiumstempel. Maison Carrée in Nîmes, Frankreich, ab 19 v. Chr. Hinten: Kulturhaus Carré d'Art von Norman → Foster, 1993

Postmoderne: Richtung der neueren Architektur seit den 1960er-Jahren, die mit Zitaten arbeitet, → Hollein, → Jahn, → Stirling; *25, 160, 191, IA 302*

potentiell, potenziell: (lat.) möglich

präzedenzlos: beispiellos, o. Vorläufer 135

Prestige: (franz.) Geltung, Ansehen 134

Prix, Wolf Dieter (*1942), österr. Architekt, Mitglied von → Coop Himmelb(l)au 156

Profanarchitektur, Profanbau: (lat. profanus, vor dem hl. Bezirk) weltliche Architektur im Ggs. zum → Sakralbau; vgl. S. 9, 82

Proletariat: (lat.-franz.) die abhängige, besitzlose Klasse der Arbeiter

Pronaos: (griech.) Vorhalle 87

Propaganda: (lat.) Werbung, bes. für Politik u. → Ideologie

Proportion: (lat.) Maßverhältnis, → Goldener Schnitt

Propylon, Propyläen: (griech.) großer Torbau eines meist von einer Mauer umschlossenen griech. Tempelbezirks *86 f.*

Prototyp: (griech.) Urbild, Muster

pseudo-: (griech.) Vorsilbe in der Bedeutung »Schein-«, »falsch-«

Pueblo: (span.) Indianersiedlung

Purismus: (lat. purus, rein) 1. übertriebenes Streben nach Stilreinheit; 2. von → Le Corbusier mitbegründete, geometrische Richtung in der Malerei der 1920er-Jahre

Pythagoras: griech. Philosoph (um 500 v. Chr.) *35, 37*

Pyramide: Grabbau ägypt. → Pharaonen *30, 84 f.*

Q

Quattro libri dell'architettura: (ital., Vier Bücher über die Architektur), Titel eines 1570 erschienenen Buches von → Palladio

Querhaus (Querschiff, Transept): quer zum → Langhaus verlaufender Bauteil, z. B. 92, 99, 100

Quintessenz: (lat.) Hauptinhalt, Wesen einer Sache 57

R

Rabinowitch, David (*1943), kanad. Bildhauer 93

radial: (lat.) in Radiusrichtung, strahlenförmig

Radialstadt: Stadt mit von einem Zentrum ausstrahlenden Straßen u. Bauwerken *32 o.r.*

Rähm: Rahmholz, über den Ständern liegendes, waagerechtes Holz beim → Fachwerkbau *54 f.*

Rampe: schräg ansteigende Zufahrt *117,* 119, 123, *134 m.*

Rashid, Hani (*1958), ägypt.-kanad. Architekt, → Asymptote 162

Rasmussen, Steen Eiler (1898–1990), dän. Architekt *20, 27, 29*

Rathaus: → repräsentativ gestaltetes Gebäude als Sitz der Gemeindeverwaltung *31, 114 f.*

Portikus. Löwenhof in der Alhambra, Granada, Spanien, maurischer Stil, 2. Hälfte 14. Jh.

Ratio: (lat.) Vernunft, Verstand; Berechnung; Zahlen-, Seitenverhältnis 57

rationale Architektur: um 1960 entstandene Richtung von formaler Strenge *22 o.r.*

rationalisieren: zweckmäßiger gestalten, straffen; verstandesmäßig begründen 65

Rationalismus: Geisteshaltung, die nur das Denken als Quelle der Erkenntnis anerkennt 141

rationell: sparsam → rational

Raumkontinuum: lückenloser Zusammenhang von Räumen 68

Refektorium: Speisesaal in einem → Kloster

Reform: (lat.-franz.) Um- o. Neugestaltung im Sinne einer Verbesserung

Regal: (lat.) Königsrecht

Regime: (franz.) diktatorische Herrschaft

Reich, Lilly (1885–1947), dt. Designerin, Mitarbeiterin von → Mies van der Rohe u. am → Bauhaus 68

Reinzeichnung: → Ausführungszeichnung

relativ: (lat.-franz.) verhältnismäßig, vergleichsweise

Reliquie: (lat.) körperlicher Überrest eines Heiligen, seiner Kleidung, Marterwerkzeuge o.Ä., Gegenstand religiöser Verehrung

Renaissance. Fassade der →
Basilika Santa Maria Novella,
1456–1470 geschaffen von Leon
Battista → Alberti in klaren geometrischen Formen

Renaissance: (franz.) »Wiedergeburt« der
→ Antike u. ihrer diesseitsorientierten Eigenschaften, löste als Stilrichtung die jen-
seitsorientierte mittelalterliche → Gotik ab
u. leitete die Neuzeit ein; → Bramante, →
Brunelleschi, → Filarete, → Francesco di
Giorgio Martini, → Holl, → Laurana, → Leonardo; *40 m., 55 u.r., 56 f., 96 f., 115 ff.*

Rendering: (engl.) digitale Berechnung eines
Bildes oder Films, auch das Resultat dieses Prozesses *33*

repräsentativ: (lat.-franz.) stellvertretend In-
teressen wahrnehmend (politisches Prin-
zip in Demokratien); etwas darstellend,
ansehnlich

»Res publica es res populi.« – »Die öffentliche Sache [der Staat] ist eine Angelegenheit des Volkes.« (→ Cicero)

Revell, Viljo Gabriel (1910–1964), finn. Architekt *31*

Ribart, Charles-François, franz. Architekt
des 18. Jh., *164*

Rietveld, Gerrit (1888–1964), holl. Künstler
der Gruppe → De Stijl *62 f., AB 119*

Rigaud, Hyacinthe (1659–1743), franz. Hof-
maler des → Barock, *119*

Risalit (ital. risalto, Vorsprung; franz. Avant-
corps, vor dem Körper): aus einem Baukörper hervorspringender, meist mittig
angeordneter Gebäudeteil, der z. B. bei
Schlossbauten der → Renaissance u. des
→ Barock die Fassade gliedert *119*

rituell: einem kultischen Brauch folgend *156*

Rocaille: (franz.) muschelartiges, asymmet-
risches Ornament, Stilmerkmal des → Rokoko, *99, IA 302*

Rodler, Hieronymus (1485–1539), dt. Druck-
grafiker *54*

Roebling, John August (1806–1869), dt.-
amer. Brückeningenieur *23*

römische Kunst: die Kunst der → Antike in
Italien bzw. im röm. Kaiserreich vom 5. Jh.
v. Chr. bis zum 5. Jh. n. Chr. (Zerfall des
Reichs), geprägt vom Rundbogen, u. a.
bei Großbauten u. Ingenieursleistungen,
→ Atriumhaus, → Domus, → Insula

Rogers, Richard (*1933), ital.-engl. Architekt *19, 20*

Rokoko: (von franz. → Rocaille) aus dem →
Barock hervorgehende, höfische Richtung
des 18. Jh. *189, IA 302*

Romanik: (lat.) der → Gotik vorausge-
hende Kunst des Mittelalters von ca. 950–
1200/1250, eingeleitet von der → karolin-
gischen, gefolgt von der → ottonischen u.
der → salischen Kunst; architektonisch ist
bes. der Kirchenbau von Bedeutung; der
Name begründet sich durch den Rückgriff
auf den »römischen« (lat. romanus) Rundbogen *25, 92 f., IA 302*

Rose: gotisches → Maßwerkfenster an der →
Fassade von → Kathedralen *22, 95, 180*

Rotunde: (lat.) Rundbau, → Zentralbau auf
kreisförmigem Grundriss *29*

Rustika: (lat. rusticus, bäuerlich) grob zube-
hauenes Mauerwerk, oft aus Bruch- o. Bu-
ckelsteinen *116 o.*

rustiziert: durch starke Fugen gegliedert
116 o.

S

Sagebiel, Ernst (1892–1970), dt. Architekt der
→ Luftwaffenmoderne der NS-Zeit *127 o.*

Sakralarchitektur, Sakralbau: (lat. sacer,
heilig) Bezeichnung für Bauten, die kultischen oder kirchlichen Zwecken dienen,
Ggs. zu → Profanbau; vgl. S. 9, 82 ff.

säkularisieren: (lat.) etwas ursprünglich Heiliges verweltlichen

Sakristei: (lat.) Nebenraum für den Geistlichen u. die → liturgischen Geräte

Salet, Theo: holl. Ingenieur, Pionier des 3D-
Drucks *80*

Salier: ostfränkisches Adelsgeschlecht vom
10. bis 12. Jh., das von 1024–1125 die rö-
misch-deutschen Könige und Kaiser
stellte; → Heinrich IV., *93*

Saline: (franz.) Salzwerk, -grube *142 o.*

salische Kunst: die mittelalterliche Kunst in
Deutschland während der Regierungszeit
der → Salier (1024–1125), auf die → ottonische Kunst folgend, Blütezeit der → Romanik; *93*

Salon: (franz.) elegant eingerichteter Raum
30, 77, 117, 142

Sanctis, Francesco de (1679–1731), ital. Architekt des → Barock *27*

Sant'Elia, Antonio (1888–1916), ital. Architekt
des → Futurismus *18, 148 f.*

Säule: bedeutendes Architekturelement,
stützendes Bauglied mit rundem, → polygonalem o. profiliertem Querschnitt bestehend aus → Basis, Schaft u. → Kapitell;
*17 f., 21, 24, 30, 36, 39, 40, 51, 56 f., 60 f., 86 ff.,
92 f., 101, 110 f., 113, 120 f., 126, 130 f.*

Säulenordnung, -kanon: die Gestaltung u.
Proportionierung von → Säulen o. Gebälk,
im Lauf der Geschichte vielfältigen Veränderungen unterworfen *40, AB 102*

Saraceno, Tomás (*1973), argent. Künstler *169*

Sauerbruch, Matthias (*1955), dt. Architekt,
seit 1989 gemeinsames Büro mit L.
→ Hutton *21*

Schäfer, Carl Wilhelm Ernst (1844–1908),
dt. Architekt u. Hochschullehrer *55*

Scharoun, Hans (1893–1972), dt. Vertreter
der → Organischen Architektur *66 f., 132,
150, AB 216*

Schauseite: die hervorgehobene Seite eines
Gebäudes (bei Kirchen die Westwand) *22*

Scheidbogen, Scheidarkade: Bogen, der →
Mittel- u. → Querschiff trennt, → Joch;

Scheinarchitektur: durch illusionistische
Malereien u. Reliefs vorgetäuschte Architektur an Wänden o. Decken *57 o.l.*

Scherkraft: verzerrende, verformende →
Kraft

Schiff: Innenraum in → Langbauten, v. a. bei
→ Sakralbauten, zu unterscheiden in →
Mittel-, → Quer-, → Seitenschiff; *17 u. Kurs
Sakralbau*

Schildmauer: Mauer einer → Burg *53*

Schinkel, Karl Friedrich (1781–1841), dt. Architekt des → Klassizismus *11, 183, AB 101*

Schlemmer, Oskar (1888–1943), dt. Künstler,
1920–1929 Meister am → Bauhaus *128*

Schloss: befestigter Wohnbau, zugleich Verwaltungsgebäude mit → repräsentativen
Aufgaben; vgl. → Burg, → Palazzo; *118 f.*

Schlüsselfigur: maßgebende Grundform *36*

Schlussstein: stabilisierender letzter Stein im
Scheitel eines → Bogens o. → Gewölbes *17*

Schmitthenner, Paul (1884–1972), dt. Vertreter einer traditionellen u. der → NS-Architektur, Gegner des → Neuen Bauens *66*

Schnitt: maßgerechter Schnitt durch einen
Baukörper, entweder in der Längsachse
als »Längsschnitt« oder als quer dazu verlaufender »Querschnitt« *10, 11, 89, 96*; →
Aufriss, → Grundriss

Schönle, Daniel (*1976), dt. Architekt, Pionier
→ der Baubotanik *167*

Schrapnell: Splittergranate *155*

Schrein: hölzerner Behälter, v.a. bei → Flügel-al-
tären; Aufbewahrungsort *83*

Schröder-Schräder, Truus (1889–1985),
holl. Innenarchitektin u. Designerin, Partnerin von → Rietveld *62 f.*

Schub: diagonal wirkende → Kraft, z. B. bei
einem → Gewölbe, wo sie durch → Strebebögen u. -pfeiler aufgenommen wird *17*

Schütte-Lihotzky, Margarete (Grete, *1897),
dt. Innenarchitektin *64 f.*

Schwitters, Kurt (1887–1948), dt. Künstler
des → Dadaismus *158*

Science-Fiction: (engl., Wissenschaftsfanta-
sie), Richtung der Literatur *168*

Seconde Empire: (franz., auch Empire fran-
çais) durch Staatsstreich von → Napo-

léon III. errichtetes Zweites Kaiserreich in Frankreich von 1852–70, 122 f.

Sédille, Paul (1836–1900), franz. Architekt 125

Seelenhäuschen: Grabbeigabe aus Ton im Alten Ägypten 50

Seitenschiff: zum → Mittelschiff parallel laufendes Schiff, mit diesem durch Öffnungen (→ Arkaden) verbunden 17

Semper, Gottfried (1803–1879), dt. Architekt des → Klassizismus 34

Separatismus: (lat.) Streben nach Abspaltung u. Unabhängigkeit 144

Sepúlveda, David, amer. Architekt u. Innenarchitekt 84, 85 u., AB 124

Serlio, Sebastiano (1475–1554), ital. Architekt u. Theoretiker der → Renaissance 56

Sheddach: (engl. shed, Schuppen), Dach in Sägezahnform mit mehreren gereihten, pultartigen Fensteraufbauten, häufig verwendet bei Fabrikhallen 121

Sichtbeton: (franz. béton brut) unverputzter Beton, Merkmal des → Brutalismus 21

sieben Weltwunder der Antike: die hängenden Gärten u. Stadtmauern von Babylon, der Artemis-Tempel von Ephesos, die Zeus-Statue von Olympia, das Mausoleum von Halikarnass, der Koloss von Rhodos, der Leuchtturm von Alexandria

signifikant: (lat.) bezeichnend, auffällig, wichtig

Silentiarius, Paulus (?–580), byzantinischer Dichter 90

Silhouette: (franz.) Schatten- o. Umriss, benannt nach einem sparsamen franz. Finanzminister

Sima: Traufgesims des griech. Tempels 87

Simulation: Vortäuschung 162

SITE: (Sculpture in the Environment), 1970 gegründete Gruppe von Architekten, Technikern u. Künstlern 164 m.

Skelettbau (Gliederbau): Bauweise bzw. -prinzip, bei dem die Tragfunktionen von einem System von Gliedern übernommen werden, deren Form in erster Linie vom Kräfteverlauf bestimmt wird; die Funktion des Raumabschlusses wird von nichttragenden Füllungen geleistet, z. B. im → Fachwerkbau o. bei der gotischen → Kathedrale; 17, 18, 54 f.

Skene: (griech.) Bühne im antiken Theater 111

Skizze: (ital., Spritzer) flüchtige Zeichnung, Entwurf 10 o., 37 o., 120 o.l., 154 f.

skurril: (etrusk.-lat.) sonderbar, verschroben

Slum: (engl.) Elendsviertel 48

Snofru: altägyptischer Pharao, der von 2670–2620 v. Chr. regierte 84

Sobek, Werner (*1953), dt. Ingenieur u. Architekt 24, 78 f.

Sockel: 1. am Boden vorspringender Teil eines meist → repräsentativen Gebäudes (Sockelgeschoss) 2. Unterbau einer Säule o. Plastik bzw. Skulptur 127

Soffi(t)te: (lat.-ital.) herabhängendes Deckendekorationsstück bei einer Bühne

Solararchitektur: (lat.) Architektur, die Sonnenenergie nutzt, z. B. zur Stromerzeugung u. Klimatisierung

SOM (Skidmore, Owing and Meril): Planungsbüro von Architekten u. Ingenieuren mit Hauptsitz in Chicago 41, 42

Spannbeton: ein → Stahlbeton, in den eine Druckvorspannung durch eine Armierung (ein Moniereisen) mit eingebaut ist, die bei Belastung durch → Zug abgebaut wird 20 u.

Speer, Albert (1905–1981), dt. Architekt des → Nationalsozialismus 22, 42, 131

Spektrum: (lat.) Bandbreite

spezifisch: (lat.) arteigen

sphärisch: (griech.) auf die Kugel bezogen gekrümmt 83

spirituell: (lat.) geistig, geistlich

Spreckelsen, Johann Otto von (1929–1987), dän. Architekt 31

Stadtbaukunst, Städtebau: Gestaltung eines städtischen Gefüges auch unter künstlerischen Aspekten 32 f.

Ständerbohlenbau: Typ des → Fachwerkbaus 54

Stahl: im Hochofen erschmolzenes Roheisen

Stahlbeton: Beton mit stabilisierenden Armierungseisen, nach dem Erfinder, dem französischen Gärtner Monier, auch als → Moniereisen bezeichnet 20

Staken: Füllung der → Gefache mit geflochtenen, von Lehm umgebenen Stakhölzern beim Fachwerkbau 54

Stalin, Josef Wissarionowitsch (1878–1953), sowj. Politiker, Diktator der → Sowjetunion (1927–1953)

stalinistisch: aus der Zeit → Stalins

Stam, Mart (1899–1986), holl. Architekt des → Neuen Bauens 66 f.

Stanford-Torus: an der Stanford University in Kalifornien entwickelte, fiktive Raumkolonie in Form eines → Torus, in der erdähnliche Lebensbedingungen herrschen sollen 168 o.r.

Statik: (lat. stare, stehen) Lehre vom Gleichgewicht u. der Standfestigkeit 17

Statussymbol: (lat.-griech.) Zeichen, das die Zugehörigkeit zu einer angesehenen Gruppe o. Schicht dokumentiert 146

Steiner, Rudolf (1861–1925), kroatischschweiz. Philosoph, Begründer der Anthroposophie, auch als Architekt tätig, Vertreter einer → Organischen Architektur 150

Steingruber, Johann David (1702–1787), dt. Architekt 164 o.l.

Stereobat: (griech.) Unterbau des griech. Tempels 87

Stereometrie: (griech.) Teilgebiet der Geometrie, die räumliche Gebilde untersucht

stereometrisch: raum-geometrisch

Stichkappe: kleines, in ein größeres, quer laufendes Hauptgewölbe einschneidendes → Gewölbe

Stirling, James (1926–1992), engl. Architekt der → Postmoderne 134 m.

Rocaille. Schmuckelement des → Rokoko. Ausschnitt aus einem Deckenfresko von Johann Baptist Zimmermann (1680–1758), Schloss Nymphenburg, München, 1758

Stoa: (griech.) als Treffpunkt genutzte Säulenhalle im antiken Griechenland 110

Stölzl, Gunta (18897–1983), dt. Textildesignerin, 1925–1931 erste u. einzige Meisterin am → Bauhaus 128

Strategeion: (griech.) Kammer auf der → Agora in Athen, Versammlungsort der zehn Strategen 110

Strebebogen: Bogen außerhalb der gotischen → Kathedrale, Teil des → Strebewerks 17

Strebepfeiler: vorstehende Verstärkung der Mauerzunge am Widerlager des → Gewölbes, Teil des → Strebewerks 17

Strebewerk: vortretendes System von Strebebögen u. -pfeilern zur Ableitung des Schubs u. zur Abstützung der Mauern in der gotischen → Kathedrale 17

Struktur: (lat.) Gliederung, Aufbau, Anordnung der Teile zu einem Ganzen

strukturieren: gliedern, ordnen

Stuck: plastisch geformter Gipsmörtel auf meist verputzten Decken, Gewölben u. Wänden, bes. als Dekoration in Innenräumen

Stütze: Oberbegriff für → Pfeiler u. → Säule

Stützenwechsel: Wechsel von → Pfeiler u. → Säule, bes. in der → Romanik

Stützenwechsel, daktylischer o. sächsischer: Stützenwechsel im Rhythmus a, b, b, a, b, b, a 92

Stylobat: (griech.) oberste Stufe des → Stereobats beim griech. Tempel 12, 86, 87

subjektiv: (lat.) von der eigenen Person aus gesehen, im Ggs. zu → objektiv

Subvention: (lat.) finanzielle Förderung aus öffentlichen Mitteln 76

Sullivan, Louis Henry (1856–1924), amer. Architekt, Hochhauspionier; sein Satz »form follows function« ist programmatisch für den → Funktionalismus 19, 22, 160, AB 102

→ Außenansicht von Schloss Nymphenburg, S. 119

Vedute. Nora Brügel: Stettin, An der Oder, 2018 (Ausschnitt). Tuschestifte und Brush Pen auf Papier, 25,5 x 18 cm

Swiczinsky, Helmut (*1944), poln.-österr. Architekt, Mitglied von → Coop Himmelb(l)au 156

Swift, Jonathan (1667–1745), irisch. Schriftsteller der frühen → Aufklärung 168

Synthese: (griech.) Verknüpfung, Zusammenfügung 91, 148

Syrlin, Jörg d. J. (um 1455–1521), dt. Bildhauer u. Zeichner 35

T

taberna: (lat.) Ladengeschäft beim → Atriumhaus 51

Tabernakel (lat. tabernaculum, Hütte, Zelt) kleine, überdachte Nische an Gebäuden, z.B. für Figuren 17

tablinum: (lat.) Raum (Geschäftszimmer) im → Atriumhaus 51

Tabularium: (lat.) Staatsarchiv im alten Rom; gab wg. seiner Architektur dem Tabulariummotiv (a. Theatermotiv) den Namen; Aufrissschema mit Säule-Gebälk-Kombination vor Pfeiler-Bogen-Stellung mit Tragfunktion, → Arkade, 113

Tambour: (franz., Trommel) zylinderförmiger Unterbau einer → Kuppel mit Fenstern als Lichteinlass 96 f., 181 u.

tangieren: (lat.) berühren

Tao Te King: Buch des Laotse mit Aphorismen über das Leben 30

Tatlin, Wladimir (1885–1953), russ. Künstler des → Konstruktivismus 152 f.

Taut, Bruno (1880–1938), dt. Architekt des → Expressionismus u. des → Neuen Bauens 40, 66, 150, AB 114

Taut, Max (1884–1967) dt. Architekt, Bruder von Bruno Taut 150

Technologie: (griech. techne, Kunst) Lehre u. Wissenschaft von der Gewinnung, Bearbeitung o. Verformung von Stoffen

Tektonik: (griech.) Lehre vom Zusammenfügen der Bauteile, Art des Aufbaus 17

Tempel: (lat.) Bezeichnung für alle nichtchristlichen → Kultbauten 12, 17, 21, 25, 29 o.l., 30, 34, 37, 82, 86 ff.

Tempietto: (ital.) kleiner Tempel 38 u.r.

Terra amata: (lat., geliebtes Land) archäologische Fundstätte in Nizza 48

Terrain: (franz.) Gebiet, Gelände, Baugrundstück

Terrakotta: (lat., gebrannte Erde) gebrannter, unglasierter Ton 87

Terrasse: (lat. terra, Erde) 1. stufenförmige Erderhebung; 2. nicht überdachter größerer Platz vor einem Gebäude

Theozentrik: (griech.) Weltbild mit Gott im Mittelpunkt, Jenseitsorientierung

Thill, Oliver (*1971) dt. Architekt, Mitbegründer des → Atelier Kempe Thill 76

Tholos: (griech.) Rundtempel 110

Thran, Christian (1701–1778), dt. Gartenarchitekt 33 o.r.

Titus (T. Flavius Vespasianus, 39–81 n. Chr.), röm. Kaiser von 79–81, 112

Tonnengewölbe: ein → Gewölbe mit zwei gleich langen parallelen → Widerlagern, z. B. als Rundtonne o. Spitztonne 18 l., 181

Topografie: (griech.) Landschaftsbeschreibung u. -darstellung

Torsion: (lat.) Verdrehung, → Kraft

Torus: (lat., Ring) mathematisches, wulstartiges bzw. ringförmiges Objekt 168 o.r.

toskanische (tuskische) Ordnung: römische Abwandlung der → dorischen Ordnung; → Säulenordnung, → Kapitell 40 o.r.

traditionell: (lat.-franz.) herkömmlich

transluzent (lat.): durchschimmernd 136

Travertin: Kalkgesteinsart 134 m.

Trennungskörper: Raumgrenzen wie Wand, Boden, Decke, → Gewölbe 28

Triangulation: (lat.) Einsatz des Dreiecks als Maß- u. → Proportionseinheit, v. a. in der → Gotik; 35

triclinium: (lat.) Esszimmer im → Atriumhaus 51

Triglyphe: (griech., drei Rillen) Platte mit zwei vollen inneren u. zwei halben äußeren Furchen, flankiert von → Metopen, am → Fries der dorischen Ordnung 87, 126 o.

Trissino, Gian Giorgio (1478–1550), ital. Dichter, Förderer von → Palladio 56

Triforium: (lat., Dreibogenöffnung) Laufgang zw. den → Arkaden o. → Emporen u. der Fensterzone einer Kirche 17

Triumphbogen: frei stehender Torbogen zu Ehren einer Person

Trojanisches Pferd: in der griech. Mythologie ein riesiges, arglos von den Trojanern in ihre Stadt geholtes Pferd, in welchem sich die griech. Krieger versteckt hielten, die nachts die Stadttore von Troja für ihr Heer öffneten; Täuschungsmanöver 137

Trommel: 1. zylindrische Stücke, aus denen die Schäfte von → Säulen zusammengesetzt sind 2. dt. für → Tambour

Trompe: → Zwickel mit Öffnung nach unten 181 u. rechts

Trompe-l'œil: (franz., Augentäuscher) illusionistische Malerei 57

Troost, Paul Ludwig (1878–1934), dt. Architekt, u.a. des → Nationalsozialismus 130 u.

Turner, Richard (1798–1881), irisch. Eisengießer u. Gewächshausarchitekt 120

Turrell, James (*1943), amer. Land-Art- u. Licht-Künstler 105

Tympanon: (griech.) dreieckiges Giebelfeld eines antiken → Tempels 87; Bogenfeld über dem Portal einer christl. Kirche 95, 176

Typologie: (griech.) System von Merkmalen, Typenlehre

U

Ulrichs, Timm (*1940), dt. Konzeptkünstler 158, *159, V 508*

UNESCO (United Nations Educational, Scientific and Cultural Organization): Organisation der Vereinten Nationen für Bildung, Wissenschaft u. Kultur *3, 104 f.*

UNStudio: holl. Achitekturbüro, gegründ. von Ben van Berkel u. Caroline Bos *15*

urbanisieren: (lat. urbanus, städtisch) städtebaulich erschließen

Urbanisierung: Verstädterung, Verbreitung städtischer Lebensformen *126*

urbanistisch: Verstädterungskonzepten folgend *64*

Utopie: Traum(land) mit gesellschaftlichem Idealzustand, benannt nach dem Roman »Utopia« von → Morus; *140, 169*

utopisch: zukunftsorientiert, schwärmerisch, unerfüllbar

Utzon, Jørn (1918–2008), dän. Architekt *16, 41*

V

Vasari, Giorgio (1511–1574), ital. Künstler u. Kunsthistoriker *27*

Vauquelin, Jean (ca. 1428–1452), franz.-burgund. Schriftsteller *6*

Vedute: (ital. veduta, Ansicht) → topografisch richtige Wiedergabe eines Gebäudes, einer Stadt o. Landschaft *44, 190*

Velde, Henry van de (1863–1952), belg. Architekt u. Designer des → Jugendstils, *128 o.*

Vespasian (Titus Flavius V., 9–79), röm. Kaiser, Gründer der flavischen → Dynastie *112*

Vestibül: (lat.) Eingangs-, Vorhalle *123*

Viadukt: (lat. via, Weg; ductus, Führung) Überführung, hohe Straßen- o. Eisenbahnbrücke *18*

Vierung: Raum, den → Querschiff u. → Langhaus gemeinsam haben, begrenzt durch Vierungspfeiler u. Vierungsbogen *181 u., V 502*

Vierungsturm: der in → Romanik u. → Gotik oft über die → Vierung gebaute Turm *92, 94 f.*

Villa: (lat.) Landhaus, Landgut *56 f.*

Villard de Honnecourt (nachweisbar 1230–35), franz. Baumeister der → Gotik, von dem das einzig erhaltene → Bauhüttenbuch aus dieser Epoche stammt *10, 185*

Ville radieuse: (franz., strahlende Stadt), städteplanerische Idee von → Le Corbusier *154 f.*

Viollet-le-Duc, Eugène (1814–1879), franz. Architekt u. Kunsthistoriker *123*

Virtual Reality: (VR, engl., Virtuelle Realität) Darstellung u. Wahrnehmung einer vom Computer simulierten Wirklichkeit *163*

virtuell: (lat.-franz.) möglich, scheinbar, im Computer simuliert *162*

Virtuelle Architektur: computergenerierte Architektur, die nur im → Cyberspace existiert, → MVRDV

Visierung: exakte Entwurfs- oder → Ausführungszeichnung der Gotik *35*

Vision: (lat.) Erscheinung vor dem geistigen Auge, zukunftsweisende Idee *140 ff.*

visionär: im Geist geschaut, seherisch

Vitruv (Marcus Vitruvius Pollio, ?–15 v. Chr.), röm. Architekt, Ingenieur u. Architekturtheoretiker, schrieb 33–22 v. Chr. sein Buch »De Architectura« *35, 37, 40 r., 56, 92, AB 102*

Volumen: (lat.) Inhalt

voluminös: massig, umfangreich

Volute: (franz.) Schnecken- o. Spiralform, häufig an → Konsolen, → Giebeln o. → Kapitellen, *176 o., IA 302*

Voute: Deckenkehle, → konkav geformter Übergang zwischen Decke u. Wand

W

walk-through: (engl.) Durchwanderung *15*

Wallot, Paul (1841–1912), dt. Architekt *7, 34*

Waltz, Sasha (*1963), dt. Choreografin *158 u.*

Wardé, Hala, franz.-libanes. Architektin *135*

Wasserburg: Typ der von Wasser umgebenen → Burg *53*

Wasserspeier: vorkragendes, figürlich ausgestaltetes, wasserabführendes Rohr *17, 25*

Wardé, Hala: (*1965) libanes.-franz. Architektin *135*

Wehrgang: Verteidigungsgang einer Stadt- o. Burgmauer mit Schießscharten *53*

Weimarer Republik: von 1919–1933, bis zur Machtergreifung durch die → Nationalsozialisten während Demokratie in Deutschland *128*

Werkzeichnung: Ausführungszeichnung *12*

Whitwell, Thomas Stedman (1770–1840), engl. Architekt *144, 145 f.*

Widerlager: festes Mauerwerk, das → Schub o. Druck von Gewölben o. Mauern auffängt

Wiechula, Arthur (1867–1941), dt. Landschaftarchitekt, Pionier der → Baubotanik *166*

Wilhelm I. (1797–1888), preuß. König, von 1871–1888 erster dt. Kaiser *158*

Wimperg: mit → Maßwerk versehener Ziergiebel der → Gotik *22, 95, 180 o. links*

Wittwer, Hans (1894–1952), schweiz. Architekt *128 u.r.*

Wohnmodul: → Modul, *168*

Wright, Gebrüder Wilbur (1867–1912) u. Orville (1871–1948), amer. Flugpioniere *127*

Wright, Frank Lloyd (1869–1959), amer. Hauptvertreter einer → Organischen Architektur *12, 68, 70 f., 132, 160, IA 401, AB 116*

Z

Zahnschnitt: aus der → ionischen Ordnung hervorgegangener Fries mit regelmäßig vorspringenden, rechteckigen Steinabschnitten als Abschluss des Gebälks

Zangenloch: beim Hochhieven der Mauersteine entstandene Spur der Greifzange *18*

Zeilenbauweise: → Bauweise, *32*

zelebrieren: (lat.-franz.) feiern

Zenit: (arab.-ital.) Höhepunkt, Scheitelpunkt

Zentralperspektive: die in der → Renaissance entwickelte Linearperspektive, bei

Zuganker. Helmut Jahn: Sony Center, Berlin, 1995–1998. Dachkonstruktion aus Glas und Stoffbahnen über dem sogen. → Forum, mit Zugankern am Stahlring befestigt. Die Dachform ist ein Zitat der Form des Vulkans Fuji in Japan, eine Strategie der → Postmoderne.

der sich die in eine scheinbare Tiefe gehenden, als Schrägen dargestellten Fluchtlinien eines Gegenstands o. Gebäudes in einem Fluchtpunkt treffen *11, AB 201*

Zentralbau bzw. -raum: Bau o. Raum mit etwa gleich langen Hauptachsen, von denen keine dominiert, sodass der Eindruck von Ruhe entsteht *28, 83*

Zeremoniell: (lat.-franz.) Regeln zum Ablauf einer feierlichen Handlung *27, 123*

zersiedelte Stadt: Stadtanlage, bei der die Verkehrswege die Oberhand bekommen haben *32, 33*

Zeus: höchster Gott in der griech. Mythologie *110*

Zille, Heinrich (1858–1929), Berliner »Milljöh«-Zeichner u. Fotograf *59*

Zikkurat: (babyl., Himmelshügel) abgestufter Tempelturm im alten Mesopotamien *146*

Zinne: oberer Abschluss von Wehrmauern durch Mauerzacken, auch als dekorative Mauerbekrönung *53*

Zocchi, Giuseppe (1711–1767), ital. Maler von → Veduten *27*

Zola, Émile (1840–1902), franz. Schriftsteller, Maler und Journalist *125*

Zug, Zugkraft: → Kraft, die am Baukörper zieht, etwa durch Zugseile wie bei Zugbrücken o. durch Windsog *17, 23, 106, Abb. oben*

Zwickel: Teilgewölbe, das zu einer → Kuppel oder einem Klostergewölbe überleitet, → Pendentif *90, 99*

Online-Materialien zum GRUNDKURS KUNST 3

www.grundkurs-kunst.de (Hinweise zum Einloggen siehe Innenklappe dieses Buches vorn)

ARBEITSBLÄTTER

Produktionsorientierte Arbeitsblätter

SDL 10967-101 Perspektivische Konstruktionen

SDL 10967-102 Säulenordnungen

SDL 10967-103 Konstruktion von Maßwerk

SDL 10967-104 Das menschliche Maß in der Architektur

SDL 10967-105 Gestaltung eines Kapitells

SDL 10967-106 Die Rekonstruktion einer Basilika

SDL 10967-107 Der Palazzo Medici-Riccardi in Florenz

SDL 10967-108 Farbige Fassadengestaltung

SDL 10967-109 Städteplanung – Nachverdichtung eines Stadtteils

SDL 10967-110 Umbau einer Festungsstadt

SDL 10967-111 Grundriss der Schlossanlage in Versailles

SDL 10967-112 Entwurf eines Konzerthauses an der Baustelle der Opéra Garnier, Paris

SDL 10967-113 Die idealen Kurven der Sagrada Familia von Antoni Gaudí

SDL 10967-114 Eine architektonische Utopie nach Bruno Taut

SDL 10967-115 Lichtöffnungen in der Decke von Gebäuden

SDL 10967-116 Entwurf zur Umbauung eines Stücks Natur

SDL 10967-117 Fassadengestaltung durch Fensteröffnungen

SDL 10967-118 Der offene Grundriss nach Mies van der Rohe

SDL 10967-119 Fassadengliederung am Haus Schröder in Utrecht

SDL 10967-120 Das Körper-Raum-Verhältnis am Bauhaus-Gebäudekomplex in Dessau

SDL 10967-121 Eine neue Nutzung für das Olympiastadion Berlin

SDL 10967-122 Entwurf für einen dekonstruktivistischen Anbau

SDL 10967-123 Grüne Technologien – wachsendes Baumaterial

SDL 10967-124 »Geometrische Evolution« nach David Sepúlveda

SDL 10967-125 Das Baumhaus

SDL 10967-126 Storyboard für einen Architekturfilm

Theorieorientierte Arbeitsblätter

SDL 10967-201 Vergleich zwischen Fluchtpunktperspektive und Parallelprojektion

SDL 10967-202 Der Architekt – Künstler oder Handwerker?

SDL 10967-203 Aspekte des Städtebaus

SDL 10967-204 Parthenon of Books von Marta Minujín

SDL 10967-205 Innen- und Außenraum beim Pantheon in Rom

SDL 10967-206 Atriumhäuser im Vergleich

SDL 10967-207 Grundrissvergleich: St. Michael in Hildesheim und Speyerer Dom

SDL 10967-208 Die Konstruktion der Domkuppel in Florenz

SDL 10967-209 Zusammenhänge zwischen Liturgie und Grundrissgestaltung

SDL 10967-210 Elemente des Fachwerkbaus

SDL 10967-211 Zwei Bauwerke von Palladio im Vergleich

SDL 10967-212 Kontroverse um den Eiffelturm

SDL 10967-213 »Fünf Punkte einer neuen Architektur« von Le Corbusier und Pierre Jeanneret

SDL 10967-214 Malerei und Architektur der 1920er-Jahre im Vergleich

SDL 10967-215 Regelungen des sozialen Wohnungsbaus

SDL 10967-216 Das Jugendstil-Ensemble auf der Mathildenhöhe Darmstadt

SDL 10967-217 Gebäude der Weißenhofsiedlung in Stuttgart

SDL 10967-218 Die Multihalle in Mannheim, u. a. von Frei Otto

SDL 10967-219 Vom Kaufhaus zum Internetversand

SDL 10967-220 Tokyo Metropolitan Government Building von Kenzo Tange

SDL 10967-221 Manifest »Vernunft für die Welt«

SDL 10967-222 Architektur und Plastik im Vergleich: Asymptote und Henry Moore

SDL 10967-223 Kontroverse um die Ästhetik der Schneekirche

SDL 10967-224 Ikonen der Architekturgeschichte

INTERAKTIVE ANWENDUNGEN

Architekturgeschichtliche Zuordnungen

SDL 10967-301 Ikonen der Architekturgeschichte

SDL 10967-302 Stilelemente der Architektur

SDL 10967-303 Der Parthenon in Athen

SDL 10967-304 Die Hagia Sophia in Istanbul

SDL 10967-305 Die Kathedrale von Amiens

SDL 10967-306 Das Jugendstil-Ensemble auf der Mathildenhöhe in Darmstadt

SDL 10967-307 Das Bauhausgebäude von Walter Gropius in Dessau

3D-Modell / Detailansichten

SDL 10967-401 Haus Fallingwater von Frank Lloyd Wright im 3D-Modell

SDL 10967-402 Aus der Nähe betrachtet: Polar Umbrella von Derek Pirozzi

VIDEOS

Dokumentationen

SDL 10967-501 Zwischen den Zeiten – Münsterbauhütten am Oberrhein

SDL 10967-502 Die Konstruktion der Kathedrale von Amiens – eine Animation

SDL 10967-503 Architektur der italienischen Renaissance – Andrea Palladio in Venedig und Vicenza

SDL 10967-504 Die Weißenhofsiedlung in Stuttgart

SDL 10967-505 Guggenheim Museum Guadalajara – der Wettbewerbsentwurf von Asymptote

SDL 10967-506 Projekt »flora robotica« – Pflanzen und Lichtroboter als Baumeister

Architektur und Kunst

SDL 10967-507 Die Grüne Kathedrale von Marinus Boezem in Almere, Holland

SDL 10967-508 Versunkenes Dorf von Timm Ulrichs in München-Fröttmaning

SDL 10967-509 Zeit Räume. Abriss und Neubau der Universitätsbibliothek Freiburg – ein essayistischer Architekturfilm

Systemvoraussetzungen für optimale Darstellungen der 3D-Ansichten: extra Grafikkarte (nicht onboard), Treiber und Browser auf aktuellem Stand